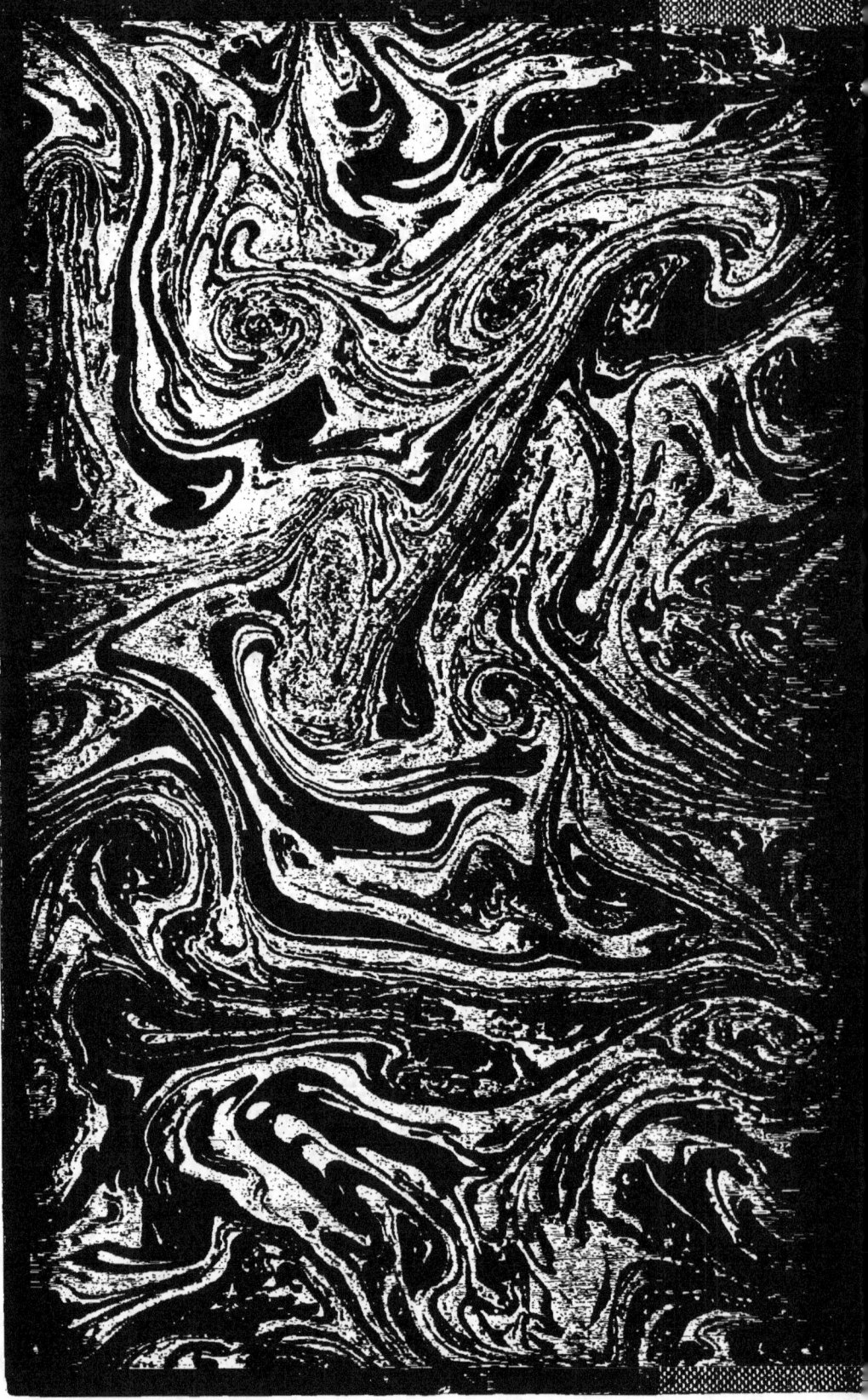

Collection Henri LEBLANC
DESTINÉE A L'ÉTAT

La Grande Guerre

ICONOGRAPHIE -- BIBLIOGRAPHIE -- DOCUMENTS DIVERS

TOME PREMIER

CATALOGUE RAISONNÉ

des

Estampes, Originaux, Affiches illustrées, Imageries, Vignettes,
Cartes Postales, Médailles, Bons de Monnaies, Timbres, etc.

du 1ᵉʳ Août 1914 au 31 Décembre 1915

— 12 ILLUSTRATIONS HORS TEXTE —

Préface de Georges CAIN

PARIS
ÉMILE-PAUL FRÈRES, ÉDITEURS
100, RUE DU FAUBOURG-SAINT-HONORÉ, 100

1916

La Grande Guerre

C. LÉANDRE — **Germania.**
L'Allemagne satisfaite de sa culture.

(L'original fait partie de la collection Henri LEBLANC.)

Collection Henri LEBLANC
DESTINÉE A L'ÉTAT

La Grande Guerre

ICONOGRAPHIE -- BIBLIOGRAPHIE -- DOCUMENTS DIVERS

TOME PREMIER

CATALOGUE RAISONNÉ
des
Estampes, Originaux, Affiches illustrées, Imageries, Vignettes,
Cartes Postales, Médailles, Bons de Monnaies, Timbres, etc.

du 1ᵉʳ Août 1914 au 31 Décembre 1915

— 12 ILLUSTRATIONS HORS TEXTE —

Préface de Georges CAIN

PARIS
ÉMILE=PAUL FRÈRES, ÉDITEURS
100, RUE DU FAUBOURG-SAINT-HONORÉ, 100
—
1916

ACHEVÉ D'IMPRIMER
le 30 Octobre 1916
SUR LES PRESSES DE L'IMPRIMERIE CHAIX

Il a été tiré de cet Ouvrage mille exemplaires
et cinquante exemplaires sur papier vergé d'Arches,
tous numérotés.

AVERTISSEMENT

Nous accomplissons un agréable devoir en adressant en tête de cet ouvrage nos remerciements à nos collaborateurs : M. Charles CALLET, à qui est due la rédaction de ce premier tome; M. Marcel RIEUNIER, qui prépare les deuxième et troisième tomes; Mmes Wilt et Leroy Mlles Bail, Joyeux et Ramaux, nos secrétaires.

Avec une touchante modestie, depuis deux années, au milieu des difficultés persistantes de notre organisation, ils ont fait preuve non seulement d'un dévouement inlassable, mais encore de qualités professionnelles remarquables.

Leur tâche n'est cependant qu'au début, mais nous savons que nous pouvons compter sur leur précieux concours pour mener à bonne fin l'œuvre patriotique que nous avons entreprise.

Louise LEBLANC.
Henri LEBLANC.

Octobre 1916.

PRÉFACE

La Collection Henri LEBLANC

Comme tout le monde, j'avais entendu parler de la collection rassemblée à grands frais — et surtout à grands soins — par M. et Mme Henri Leblanc. Comme tout le monde, j'admirais l'idée si patriotique, si élevée qui avait poussé ces deux bons Français à réunir, à sérier, à classer tous les documents ayant trait à la guerre actuelle... à la Grande Guerre !

Si jamais collection s'imposa, si jamais documents furent sacrés, ce sont sûrement cette collection et ces documents. Que ne donnera-t-on pas plus tard pour étudier, contempler, compulser ces images, ces affiches, ces cartes, tous ces témoins multiples qui évoqueront directement les mois à la fois si longs et si courts où se sera jouée cette tragédie suprême d'où dépend le salut de la Patrie et de l'Humanité.

Au musée Carnavalet — qui est le musée des Collections historiques de la Ville de Paris — nous savons peut-être mieux qu'ailleurs de quels respects, de quel culte, sont entourées les reliques du Passé. Nous avons vu, de nos deux yeux vu, des Français contemplant, les larmes aux yeux, telle affiche appelant les patriotes à défendre la Patrie en danger, ou tel enrôlement volontaire ; nous avons vu de braves gens porter à leurs lèvres frémissantes des fragments de soie lacérés par les balles ou toucher avec une respectueuse émotion telle cocarde ou tel sabre d'honneur... et il nous est facile ainsi de deviner quel sera, dans l'avenir, le sort de tous ces trésors de la collection Leblanc, ce cinéma de la Victoire !

Lorsque, pour la première fois, il nous fut donné de visiter ces archives de la guerre, établies au n° 6 de l'avenue Malakoff, nous restâmes étonnés ! Jamais nous n'eussions cru qu'il fût possible à deux simples particuliers, quels que fussent leur dévouement, leur fortune, leur zèle, leur résolution, de réunir tant et tant d'objets variés. Il faut en avoir tâté soi-même pour savoir au prix de quels efforts les meilleures bonnes volontés arrivent à triompher des incompréhensibles obstacles que semblent leur créer à souhait la sottise, la routine, l'inertie !

D'ailleurs, elle est tout à fait curieuse l'histoire de cette collection où, très rapidement, le sujet fit éclater le cadre primitif.

« Dès les premiers jours de la guerre, nous contait M. Leblanc, ma femme et moi avions décidé de réunir les journaux et les publications périodiques racontant au jour le jour la sanglante tragédie pour les mettre plus tard à la disposition de nos amis, dès leur retour des armées. Bientôt, nous joignîmes à cette petite collection les livres et les dessins inspirés par le grand drame. Mais leur nombre s'augmentant rapidement, il nous apparut clairement qu'il faudrait élargir le plan primitif et que, non seulement il pourrait être agréable, par la suite, à tous les curieux, mais encore qu'il serait utile aux historiens de consulter dans un musée permanent cette réunion de documents. Notre volonté fut alors de constituer un musée documentaire où, non seulement les savants, les artistes, les lettrés pourraient venir poursuivre leurs travaux, mais encore où les ignorants même trouveraient matière à revivre le passé, à documenter leur enthousiasme.

» Il n'existe — nous le croyons du moins — aucun musée-bibliothèque relatif à la guerre de 1870, aussi les leçons se dégageant de cette terrible lutte semblent-elles avoir été oubliées par beaucoup d'entre nous. Ils n'y voyaient plus qu'un épisode effacé et déjà lointain de notre Histoire et l'un de nos meilleurs conférenciers ne nous racontait-il pas qu'il vit un jour sa causerie interrompue — alors qu'il parlait de « *la Guerre* », — par cette interrogation : « Quelle guerre ? s'il vous plaît ? » L'interrupteur avait oublié 70 !

» Pour la guerre actuelle, pour la Grande Guerre, pour la guerre de l'Indépendance et de la Liberté des peuples, cette lacune n'existera plus. Durant des siècles, on pourra venir chez nous se remémorer les gloires et les horreurs de cet immense conflit, on pourra se documenter et, du même coup, remplir son âme de l'amour de la France et de l'horreur de l'Allemagne et de l'Allemand, car notre musée sera en quelque sorte la mise en œuvre de cette Ligue à laquelle préside M. Jean Richepin : « *Souvenez-vous* », ligue créée pour glorifier l'Héroïsme de nos soldats et entretenir la Haine sacrée contre nos ennemis, voleurs, assassins, incendiaires et bourreaux !

» Le premier de nos devoirs, continua M. Leblanc, comprenait le respect absolu de toutes les manifestations de la pensée ; nous n'avions pas à prendre parti, puisque le rôle que nous nous étions tracé consistait simplement à réunir, à grouper les opinions les plus diverses. Aussi nous refusâmes-nous le droit de faire un choix quelconque parmi les innombrables publications nationales ou étrangères.

» C'est Mme Henri Leblanc qui a tenu tout spécialement à s'occuper du département des Estampes. Munie d'une autorisation régulière, émanant du Ministère de la Guerre, elle s'est rendue périodiquement en Suisse pour se procurer les documents allemands ou pro-allemands et, pour ma part, je me suis réservé la section des livres, des brochures, des revues, des journaux, si bien que cette modeste organisation qui, au début, ne comprenait que quelques bonnes volontés agissantes, est devenue vite une petite administration comptant aujourd'hui douze auxiliaires : secrétaires, artistes, archivistes, dont la collaboration intelligente et dévouée a su produire le résultat que vous connaissez. Il me suffira de citer le nom si apprécié de M. Charles Callet à qui nous devons — je me plais à le redire — la parfaite rédaction de notre catalogue d'Estampes et celui de M. Marcel Rieunier, l'archiviste distingué auquel incombe la charge difficile de documenter notre catalogue des livres, pour vous donner idée de notre méthode de travail.

» Le tome premier du catalogue va sortir de l'impression, première pierre d'un monument que nous nous proposons d'élever à la gloire de la France!

» En pareille matière, l'intention est tout et je serais tenté de commencer cette histoire d'une collection par la phrase sacramentelle empruntée aux conteurs gaulois : « Excusez les fautes de l'auteur ».

» D'ailleurs, ne serions-nous pas en droit de plaider les circonstances atténuantes?

» Combien de temps durera la guerre? Nul ne le sait,

toujours est-il que pendant les vingt-six premiers mois nous avons déjà réuni plus de 22.000 pièces, dont 4.632 estampes et 6.355 vignettes, cartes postales, papiers spéciaux, timbres de guerre. Ces deux chiffres vous donnent une idée du reste, car nous nous sommes imposé la tâche de ne rien négliger et c'est ainsi que vous retrouverez dans notre collection aussi bien des bons de monnaie que des calendriers et des jouets de tranchée.

» Ce n'est pas tout : nous avons même, ce que je me permets d'appeler « *notre musée des horreurs* », une collection de documents autrichiens, allemands, turcs, bulgares, qui ne seront pas sans impressionner le public. N'est-il pas bon de connaître l'opinion de ses pires ennemis et de les juger d'après eux-mêmes ! « *Peints par eux-mêmes* », le titre choisi par Paul Hervieu reste toujours de circonstance. D'ailleurs leurs mensonges sont là comme autant de témoins vengeurs. Jetez un regard sur ces deux documents : n'en disent-ils pas long sur le cynisme allemand ? L'un a trait aux fausses bombes que des aviateurs — à en croire l'officieuse correspondance bavaroise du 2 août 1914 — « *avaient jetées sur la ligne Nuremberg-Kissingen et sur la ligne Nuremberg-Ansbach* », et, dans l'affiche qui fait pendant à cet audacieux mensonge, ces tartufes, qui voudraient passer pour respectueux du droit des neutres, dénoncent le viol de la neutralité de la Belgique « *par des officiers français qui, sous un déguisement,*
» *ont traversé le territoire belge en automobile pour pénétrer en*
» *Allemagne* ». Avec les ordres de fusillade, les avis d'exécution (y compris celui de Miss Cavell), les ordres de pillage, de fusillades et d'incendie, tout cela, vous en conviendrez, constitue un assez complet *musée d'horreurs* que ne déparent nullement les effigies des gredins qui les ont ordonnées.

« Ces pièces-là seront autant de documents à charge au grand jour de la reddition des comptes. »

Nous feuilletions hier les quatre cent cinquante pages du premier volume de ce considérable catalogue : « Volume consacré aux seules affiches, images, estampes, cartes postales, etc., etc. », et nous restions émerveillés devant la multiplicité de cette collection et la richesse de cette documentation. Jugez plutôt : Ici se rencontrent non seulement l'œuvre complet de plusieurs artistes, mais encore l'ensemble des images consacrées à la Guerre. Ici étincellent les noms glorieux de François Flameng, de Forain, Steinlen, Cappiello, Raemaekers, Devambez, Ibels, Geoffroy, Abel Truchet, Lepère, Ch. Jouas, Maurice Neumont, Jonas, Poulbot, Léandre... Combien d'autres encore, que je m'excuse de ne pas citer, pour finir par les spirituelles imageries de Guy Arnoux et le programme illustré de la *Chanson de France* ou les albums endiablés d'Abel Faivre, de Brouet, de Bernard Naudin... et je néglige à regret les gravures, dessins, prospectus, avis, exécutés par nos amis : Anglais, Belges, Italiens, Russes, etc..., et aussi ces « affichages » votés par la Chambre des Députés, dont les phrases héroïques sonnent comme des appels de tocsins.

Cependant, je considérerais comme un impardonnable oubli de ne pas noter ces menues choses si touchantes : les éphémérides, les calendriers, les papeteries, les albums coloriés et ces découpages pour tranchées ! La liste seule des jeux n'est-elle pas émouvante : le *Jeu de la Bombarde*, le *Jusqu'au bout*, le *Notre Joffre*, le *Tacticien* (jeu stratégique avec la carte du champ de bataille collée sur carton octogone), le *Jeu des Devinettes*, la *Loterie des Poilus*, le *Tir d'appartement*, les *Ombres de la Revanche* (quinze planches à découper)... Notons encore les programmes, les insignes, les billets de satisfaction et fleurissons d'une mention spéciale les images d'Épinal, chères à l'ami Lucien Descaves.

Dans ces vénérables images, cueillons trois titres qui résumeront tout le programme : *Le petit Bé et le vilain Boche, Tricoti-Tricota*, dédié aux tricoteuses de France et enfin *l'Histoire d'un brave petit soldat* qui, vous l'avouerez, pourrait s'appliquer à chacun de nos combattants.

Enfin, je ne voudrais pas en finir avec cette énumération sans saluer quelques inventions charmantes qui, elles aussi, ont leur place marquée dans la section des jeux, telle huit de ces découpures que, jadis, nous appelions des « Patiences », *Nos Bêtes et la Guerre*; là, presque au hasard, nous cueillerons quatre délicieuses légendes : Deux lapins se font des confidences : *Pourquoi pleures-tu? — Le Kronprinz m'a volé mon terrier*. Deux oies s'indignent : *Appeler leur abominable parade le pas de l'oie! — Quelle injure pour notre race...*

Plus loin, un troupeau de vaches protestent contre l'abus qu'on fait de leur nom en l'appliquant aux Allemands et, pour finir, cette conversation entre aigles et vautours : *Zut, j'en ai assez, je fiche le camp de ses casques... — Et moi de ses drapeaux...*

Que d'imprévu dans ces réunions de documentations si diverses! Quel formidable dossier! Que de pièces accusatrices! Que de témoignages irrécusables! Car tout s'y trouve, depuis l'épouvantable *Ordre à la population liégeoise*, qui n'est qu'un certificat de boucherie et où se lit cette phrase véritablement incroyable à notre époque : *Avec mon autorisation, le général qui commandait ces troupes a mis la ville en cendres et a fait fusiller 110 personnes!...*

à Liège, le 22 août 1914, signé : Général von Bulow, jusqu'à cet ordre de réquisition, carte à payer imposée le 29 août 1914 par le général von Fasbender, commandant en chef le premier corps bavarois d'armée de réserve : *La commune de Lunéville fournira jusqu'au 1er septembre 1914, sous peine de 300.000 francs, en cas de refus ou d'opposition :*

1° *100.000 cigares ou 200.000 cigarettes ou 5.000 kilogs de tabac;*

2° *50.000 litres de vin, en tonneaux ou en bouteilles, etc.*

Toute réclamation passe pour nulle et non arrivée.

Meurtriers et voleurs, c'est complet! Et, maintenant, j'espère qu'il ne se rencontrera personne pour accorder, au jour de la terrible reddition des comptes, les circonstances atténuantes à ces criminels de droit commun!

Ce n'est pas tout, la collection Leblanc nous montre, non seulement la tragédie de la Grande Guerre, mais encore ses curiosités, si j'ose dire. Ceci, certes, n'est qu'un petit côté de la question, une vétille, mais combien piquante!... Vous plairait-il savoir quelle est exactement la cote des timbres que l'effondrement des colonies allemandes a nécessairement raréfiés? Voici : « Timbres de guerre : Togo, 3 marks (650 francs); Togo, 2 marks (1.250 francs); Togo, 50 pfennings (1.500 francs). »

Après ces citations, on comprendra facilement que choisir dans une collection aussi diverse n'est pas chose commode... Nous risquerions en prônant certains documents de sembler négliger les autres, alors que tous mériteraient une citation, alors que tous pourraient évoquer un fait, car c'est un monde que cette réunion où surgissent et s'amoncellent les bibelots et les souvenirs.

Comme nous sortions des appartements (une série de

chambres fussent-elles nombreuses et fort grandes ne suffiraient pas à abriter tant de numéros), nous fumes violemment attirés par une vitrine de faïences, rappelant étrangement ces collections d'assiettes, de brocs, de pichets, de plats, datant de la Révolution et figurant en bonne place dans les collections historiques de la Ville de Paris. C'étaient des assiettes, des pichets, des tasses et des plats relatifs à la Grande Guerre, c'étaient des inscriptions et des images commémorant nos glorieuses journées : *Aux héros de l'Yser, aux Vainqueurs de la Marne, à notre Joffre, Vive Foch!, au 75, à la Victoire!* Toutes nos fabriques, Creil, Limoges, Sarreguemines, Choisy-le-Roi, ont rivalisé d'art et de goût, toutes sont ici représentées, mais une place à part fut, comme de droit, réservée à la pièce-type... la « firme » de notre glorieuse manufacture nationale, le cachet de Sèvres militarisé : un canon de 75 entouré de feuilles de chêne et de lauriers s'enlevant en relief léger sur une plaque de grès cérame, ce grès admirable avec lequel les grands artistes qui, hier encore, modelaient des bacchantes, des nymphes ou des amours à fossettes, fabriquent aujourd'hui ces récipients gigantesques, ces vases énormes, ces cuves de Gargantua, dont l'armement se sert pour malaxer les acides, condenser les vapeurs, produire les explosifs nécessaires à la Victoire.

Et n'est-ce pas une jolie pensée, bien réconfortante, que de songer que ces mêmes mains qui, naguère, modelaient en tendre biscuit des pétales de roses et tressaient des couronnes de fleurs, s'emploient aujourd'hui à faire éclore des lauriers...

Ces exemples suffiraient amplement pour justifier notre enthousiasme devant l'œuvre utile, nécessaire, nationale et si désintéressée à laquelle se sont voués M. et Mme Leblanc.

Un mot encore : en réunissant toutes ces pièces qui sont comme autant de témoins dans le grand procès historique des peuples, ces deux bons patriotes n'ont eu qu'une préoccupation, qu'un désir, doter leur pays d'un incomparable musée de souvenirs.

Ils ont tout donné à la France, sans rien retenir et sans rien demander pour eux. Ils ont, sans compter, dépensé leur temps, leur argent et ce qui vaut plus encore, leur cœur, à former cette collection unique et le pays reconnaissant n'oubliera certes pas ceux qui se sont si bien employés à élever ce pieux monument : *Ad majorem Patriæ gloriam.*

GEORGES CAIN.

Octobre 1916.

ÉTAT NUMÉRIQUE DE LA COLLECTION
au 30 septembre 1916

DOCUMENTS BIBLIOGRAPHIQUES

Ouvrages	5.188
Périodiques	396
Journaux quotidiens	9
Journaux du front	56
Affiches texte	381
Musique	936
Programmes	25
Cartes géographiques	285

DOCUMENTS ICONOGRAPHIQUES

Estampes	4.632
Œuvres originales	522
Affiches illustrées	202
Cartes postales illustrées	4.012
Cartes pour correspondance	511
Cartes-lettres distinctes	21
Papier à lettres (boites)	12
— (feuilles)	16
Catalogues, Menus	50
Vignettes	1.353
Dessins découpés dans les journaux	1.908
Calendriers	78
Programmes	90
Diplômes	20
Bons points	216
Imageries	235
Bons de monnaie	824
Timbres-poste	372
Cartes postales timbrées	29
Photographies	2.493

DIVERS

Porcelaines	101
Tapis	6
Tissus	11
Sujets bois, terre, métal	32
Boîtes peintes	2
Jeux	27

TABLE DES MATIÈRES

ET

DISPOSITION GÉNÉRALE DES CHAPITRES

	Pages.
AVERTISSEMENT.	V
PRÉFACE.	VII
ÉTAT NUMÉRIQUE DE LA COLLECTION au 30 septembre 1916.	XVII
LISTE ALPHABÉTIQUE DES NOMS D'ARTISTES. — Œuvres gravées ou reproduites par des procédés industriels.	1
LISTE ALPHABÉTIQUE DES NOMS D'ARTISTES. — Œuvres originales, dessins, aquarelles, peintures, etc.	51
NOTICES ANALYTIQUES SUR LES ESTAMPES ET LES ORIGINAUX.	59
Tableau synoptique.	60
La France et ses Alliés : Nations et chefs d'États alliés	61
Officiers généraux.	67
Troupes, costumes.	73
Artillerie.	80
L'Allemagne et ses Alliés : Le Kaiser, Germania, Kultur.	83
Le Kronprinz.	112
François-Joseph II.	116
Le Sultan Mehemmed V.	122
Ferdinand Ier de Bulgarie.	125
Troupes, officiers et soldats.	126
Les Neutres.	139
La Lutte : Mobilisation.	145
Batailles, combats, sièges.	149
Guerre aérienne et sous-marine.	157
Barbaries allemandes.	160
Ruines, dévastations, monuments.	173
Gestes et mots héroïques.	183
Vie du soldat dans la tranchée et à l'arrière.	191
Les Auxiliaires : Ambulances, hôpitaux.	199
Compositions religieuses.	205

TABLE DES MATIÈRES

	Pages.
Hors des Champs de bataille : Prisonniers, ôtages, réfugiés. .	209
Familles des combattants	215
Compositions d'ordre général : Compositions allégoriques, patriotiques, sentimentales.	225
Compositions humoristiques, satiriques	248
Animaux	281
Portraits	285
IMAGERIE, JEUX, LIVRES D'ENFANTS	293
Imagerie d'Épinal.	295
Constructions.	298
Soldats à découper	301
Jeux d'assemblage et albums de planches à découper.	303
Albums à colorier.	304
Jeux divers.	305
Livres illustrés pour enfants.	306
Billets de satisfaction	307
Programmes (1915) : Théâtres et concerts	308
Expositions et Œuvres.	310
Journées	312
Calendriers : Almanachs.	314
Éphémérides	317
Papeterie.	318
Affiches illustrées : France	320
Angleterre.	327
Italie	336
Cartes postales : France	337
Angleterre.	376
Italie	388
Pologne.	396
Russie.	396
Suisse.	396
République Argentine (Amérique)	397
Section photographique de l'Armée (Ministère de la Guerre).	399
VIGNETTES ET TIMBRES DE GUERRE	401
BONS DE MONNAIE : France	412
Colonies, Algérie, Tunisie, Gafsa, Martinique.	419
Angleterre.	420
Colonies anglaises	420
Belgique.	420
Hollande.	421
Roumanie.	421
Russie.	422

	Pages.
Suède	422
Suisse	422
TIMBRES-POSTE DE LA GUERRE : Belgique	423
France	424
Monaco	424
Bureaux français	424
Protectorats français, Maroc	424
Tunisie	425
Colonies françaises. Afrique occidentale	425
Colonies françaises. Asie. Amérique. Océanie	425
Grande-Bretagne	426
Nouvelle-Bretagne	427
Nouvelle-Guinée	427
Nord-Ouest Pacifique	428
Samoa	428
Cameroun	429
Indes Néerlandaises	429
Italie	429
Roumanie	430
Russie	430
Suisse	430
Togo	431
Afrique équatoriale. Gabon	433
Moyen Congo	433
Poste italiane	433
Serbie	434
Tunisie	434
République portugaise	434
République française. Alsace	434
Papier timbré	434

ŒUVRES GRAVÉES OU REPRODUITES

PAR DES PROCÉDÉS INDUSTRIELS

LISTE ALPHABÉTIQUE

DES NOMS D'ARTISTES

NOTA. — Quelques estampes et originaux ne portent aucune indication de légende. Les titres que nous leurs avons prêtés, pour la commodité des recherches, sont écrits *en italiques*.

ŒUVRES GRAVÉES

OU REPRODUITES

PAR DES PROCÉDÉS INDUSTRIELS

		Pages.
ABEILLÉ (Jack).	1. — La Bravoure allemande. The German bravery	160
	2. — *Le Dragon blessé*	183
	3. — La Grande sœur	183
	4. — La Mère : « Qu'est-ce qu'il avait donc fait ? ».	160
ADLER (Jules) .	5. — Ceux qui restent	215
ANDRIVET. . .	6. — Les Morts	215
ANONYME. . .	7. — Au Vatican	141
	8. — La Fuite	85
	9. — Incendie de la forêt de Compiègne. 1914	173
	10. — 1412. Jehanne Darc. 1431	205
	11. — Joffre	67
	12. — Le Kas allemand	249
	13. — Nurse Cavell	227
ANTHONY-THOURET. .	14 à 25. — Reims. 12.. 1914.	173
ARANGO. . . .	26. — Le Cardinal Mercier	227
ARMENGOL . .	27. — Kolossal...	157
ARNOUX (Guy).	28. — L'Arrivée du vaguemestre	191
	29. — Maurice Barrès	287
	30. — Paul Déroulède	287
	31. — Vers la victoire. Grenadiers de France	227
ARRUET. . . .	32 à 38. — Le kaiser et ses petits n'enfants.	85

		Pages.
ATCHAIN A.) .	39. — Taisez-vous!! Méfiez-vous!!	249
	40. — Les Temps n'ont pas changé	85
AUGIS (Marcel).	41. — Arras	173
	42. — Basilique d'Albert (Somme).1915. .	173
	43. — Cathédrale de Reims bombardée . .	173
	44. — Dixmude. L'Hôtel de Ville.	173
	45. — Église d'Erbevillers	173
	46. — Église de Fontenoy (Aisne).	173
	47. — Église de Gerbeviller	173
	48. — Église de Lampermisse	174
	49. — Église de Lihons	174
	50. — Église de Pervyse.	174
	51. — Église de Pont-Arcy (Aisne)	174
	52. — Église d'un village aux environs de Reims, après le bombardement. 1914-1915	174
	53. — Église St-Éloi (Neuve-Chapelle). . .	174
	54. — Église de Xivray (Meuse).	174
	55. — Entrée du village de Barcy, 1915 (Bataille de la Marne)	174
	56. — Faubourg moyen de Gerbeviller . .	174
	57. — Ferme détruite, aux environs de Sarrebourg (Alsace).	174
	58. — Hôtel de ville d'Arras	174
	59. — Louvain. L'église Ste-Gertrude et la Dyle. 1914	174
	60. — Malines. La Cathédrale	174
	61. — Moulin à Ramscapelle	175
	62. — Moulin près Hazebrouck. 1914 . . .	175
	63. — Nieuport. Les halles après le bombardement	175
	64. — Pièce de 75. Plaine des Flandres . .	175
	65. — Réparation de fortune du pont de Meaux. 1915	175
	66. — Rue principale du bourg de La Bassée.	175
	67. — Ruines de l'abbaye de Villers (Belgique).	175
	68. — Ruines de l'église d'Ablain-St-Nazaire.	175

OEUVRES GRAVÉES

		Pages.
AUGIS (Marcel).	69. — Ruines de l'église de Perthes. . . .	175
	70. — Ruines de l'église de Sommessous. .	175
	71. — Ruines de Louvain. 1914.	175
	72. — Village belge, près de l'Yser. 1914 .	175
	73. — Village lorrain bombardé. 1915. . .	175
	74. — Ville-en-Woëvre. 1915	175
	75. — Ypres. Les halles et l'Hôtel de Ville. 1914.	176
	76. — Ypres. Le musée après le bombardement	176
	77. — Zone inondée, près de Ramscapelle.	176
AÜRRENS (H.) .	78. — Bonbons anglais	249
	79. — Pruneaux français	249
BAC (F.)	80. — Le Berger sans troupeau	227
	81. — La danse du foulard.	250
	82. — Les Déménageurs.	112
	83. — Le Fossoyeur.	85
	84. — L'Incendiaire.	160
	85. — La Lorraine	85
	86. — Le Louveteau.	112
	87. — La Marseillaise	201
	88. — Le Miracle	205
	89. — L'Otage	211
	90. — Renouveau. . . , ...	227
	91. — Le Tocsin	183
	92. — La Veuve.	215
BADUFLE (A.) .	93. — La Démence teutonne (bistre) . . .	86
	94. — La Démence teutonne.	86
BARRÈRE . . .	95. — François-Joseph, l'imputrescible empereur des vautours.	116
	96. — Guillaume II, l'impérial cabotin . .	86
BATAILLE (R.).	97. — *Éventail double sur même feuille.* . .	80
	98. — La Fin tragique d'un fort	149
	99. — Gloire aux héros	183
	100. — Mais tirez donc! Les gars	183
	101. — La Prise d'un drapeau. Souvenir de la revanche. . . . '	184
	102. — Sénégalais contre Garde impériale .	149
	103. — Turcos contre batterie allemande. .	149

		Pages.
BATAILLE (R.).	104. — Un jeune héros	184
	105. — Une jeune victime	160
BEERTS (Albert).	106. — Dévotion. Dévouement. « Je sui dame de la croi-rouge. »	215
	107. — Donnez-nous aujourd'hui notre pain KKotidien	126
	108. — Du cuivre pour notre Kaiser, S.V.P.	126
	109. — Le Kaiser avait raison....	126
	110. — Notre « Kultur ! ».	126
	111. — Patriotisme. « Non j' veu pa fair le boche. »	215
	112. — Quelle chance que notre bon vieux dieu soit avec nous	126
	113. — La soupe!... Serrez les c...rangs	127
BENIGNI. . . .	114. — Comment ils sont entrés à Paris	127
	115. — En Galicie. Cosaque de la Garde	73
	116. — Nos vaillantes troupes coloniales	149
	117. — Prise d'un drapeau allemand.	184
BENITO	118. — L'Aide à l'aveugle.	201
	119. — Alea jacta est.	147
	120. — Le Prestige de la Force	250
BERNARD (E.) .	121. — *Le Défi.*	250
	122. — Hommage à S. M. Albert	63
	123. — Honneur au 75.	80
	124. — La Petite guerre	86
	125. — *La Rivière. Wilhem II tombé à l'eau* .	86
BERNARD (V.) .	126. — *La France étrangle l'aigle allemand.*	227
BÉRONNEAU (Marcel) .	127. — *La Revanche*	227
	128. — *Le Rêve des poilus.*	191

Guerre libératrice de 1914 :

BESNIER. . . .	129. — Bataille de la Marne (7-15 sept. 1914)	67
	130. — Bataille de la Wartha (Pologne, nov. 1914)	150
	131. — Bataille de l'Yser (octobre 1914)	149
	132. — Combat de cavalerie à la bataille du Nord (octobre 1914).	150
	133. — Combat de St-Blaise (Haute-Alsace, août 1914).	150

OEUVRES GRAVÉES

Pages.

BESNIER	134. — Épisode de la bataille de la Marne (6-14 septembre 1914)	150
	135. — Héroïque défense de Liège (août 1914)	151
	136. — Nos grands chefs militaires	67
	137. — Prise d'Altkirch (Alsace, août 1914).	151
BIGOT	138. — Le Butin. Jeux de Kronprinz . . .	112
BILLIC	139. — Dépêche officielle (Agence Wolff) : Nous avançons	127
	140. — Pour raisons stratégiques	86
BIROT (Albert) .	141. — Je ne marche plus	86
	142. — Le pied de nez de Marianne	86
	143. — Le pied de nez de Marianne (en bleu).	86
BLOCH (Marcel).	144. — Les Ombres. Ces braves tommy . .	73
	145. — Les Ombres. Héros belges	73
	146. — Représailles françaises. Comment se vengent nos mères et nos sœurs .	201
	147. — Le Semeur. Plus fort que la Mort .	228
	148. — Vers l'abime	86
BOCCHINO . . .	149. — Joffre, généralissime des armées françaises	68
BOGNARD . . .	150. — Le Beau régiment. N° 1. En route vers Calais	127
	151. — Le Beau régiment. N° 2. Retour avant Calais	127
	152. — L'Occupation allemande en Belgique. La proclamation du gouverneur. Ses effets	127
	153. — L'Occupation allemande en Belgique. La terreur provoquée par l'occupation allemande en Belgique . . .	127
	154. — Vitikultur !!!	128
BOICHARD . . .	155. — A la honte de l'impérialisme de Guillaume II et des armées allemandes.	228
BOIRY	156. — L'Absolution sous la mitraille . . .	205
	157. — Match européen de 1914-1915 . . .	250
BONFILS (R.) . .	158. — L'honneur	228
	159. — La Marseillaise	228
	160. — Patrie	228
BORIONE (B.) .	161. — Un sale individu	112

OEUVRES GRAVÉES

		Pages.
BORIONE (B.)	162. — Vers l'arrière.	201
BOUCHET	163. — L'œil du maître	68
	164. — Sous la rafale	63
BOUCHOR	165. — Le Salut au monument	205
	166. — A la Sœur Julie. Gerbeviller.	287
BOULANGER (C.)	167. — Après le déluge des atrocités.	228
	168. — Par la force et l'union.	228
BOURGONNIER.	169. — Le Briseur de chaînes.	250
	170. — Ça craque	87
	171. — Le Colleur d'affiches.	250
	172. — La Danse macabre	87
	173. — Des canons, des munitions.	250
	174. — Le Fort	250
	175. — Kamarades.	128
	176. — Kamerad.	160
	177. — Moisson de lauriers.	228
	178. — L'Ogre et le Petit-Poucet.	63
	179. — Les Parques	87
	180. — Le Petit bochon.	87
	181. — La Prise du drapeau	184
	182. — Ugolin II.	87
	183. — La Vérité et le mensonge	87
BOUTET (Henri)	184. — Allo! La tranchée. Souvenir de Noël 1914.	232
	185. — Le Boucher.	87
	186. — Le Cadeau des Parigotes.	251
	187. — Carnaval 1915. La Parade	87
	188. — Commune de Ville-d'Avray (diplôme)	229
	189. — Étrennes 1915. Produits boches.	251
	190. — Étrennes 1915. Produits français	251
	191. — Les Étrennes du poilu, 1915	251
	192. — Je t'implore	205
	193. — La Lettre de l'absent	251
	194 à 204. — Les Mots et les maux de la guerre. 10 lithographies originales.	251
	195. — N° 1. « Les Mains fraternelles ».	251
	196. — N° 2. ... « Et quinze mille balles ne nous font pas peur ! ».	251
	197. — N° 3. Je demande la parole	251

		Pages.
BOUTET (Henri)	198. — N° 4. « Voilà l'ennemi »	251
	199. — N° 5. Article unique : Pendant la durée de la guerre les discours seront remplacés par le buste de Danton.	251
	200. — N° 6. La sixième arme	252
	201. — N° 7. « L'État, c'est moi »	252
	202. — N° 8. « Taisez-vous ! »	252
	203. — N° 9. « Et y s'plaignent de la Censure ! »	252
	204. — N° 10. Quand même	252
	205. — Pâques 1915. Aux alliés	229
	206. — Pâques 1915. Aux voleurs et aux assassins	229
	207. — Le Retour	252
	208. — Souvenir de Noël. 1914	252
BRÉGER, éditeur	209. — Les Nations alliées poursuivant le crime	229
BROUET. . . .	210. — Les Blessés	191
	211. — Campement à l'arrière	191
	212. — Les Convoyeurs	191
	213. — L'Espion	128
	214. — Les Évacués	211
	215. — Impressions de guerre	191
	216. — Impressions de guerre, reproduction	191
	217. — Les Prisonniers	211
	218. — La Relève	192
	219. — La Veillée	192
BRUN (Clément)	220. — Le Garde-voie. 1914	192
BRUN (Charles).	221. — Armée française (uniformes avant la guerre de 1914)	73
	222. — Armée française (uniformes pendant la guerre de 1914)	73
	223 à 240. — Nos soldats. 15 planches avec texte	73
CAMIS.	241. — Diplôme, souvenir patriotique aux combattants de la grande guerre	229
CANET (Marcel).	242. — Un poilu de la 22ᵉ	192
	243. — Vive la France!	184
CAPPIELLO . .	244. — Leur bouclier	161
	245. — L'Empereur de la mort	116

		Pages.
CAPPIELLO . .	246. — Fin d'un empire	230
	247. — 1915.	229
CAPON, éditions .	248. — K. Boches. M..., c'en est.	253
	249. — K. Boches. Suprême injure	253
CARLUS (J.) . .	250. — Ainsi soit-il	88
	251. — La Censure.	253
	252. — La Dernière manifestation de la Kultur	161
	253. — C'est un petit garçon boche	216
	254. — La Magnifique Serbie	63
	255. — Le Noël des petits Serbes	230
	256. — Le Permissionnaire	216
	257. — Nos poilus	253
	258. — Pro Patria	216
CARREY	259. — A la gloire de l'artillerie française. Notre « 75 ».	80
	260. — Les alliés en campagne. — Armée anglaise. Artillerie de campagne. En position d'attente	74
	261. — Armée belge. Généralissime : le roi Albert Ier.	74
	262. — Armée russe. Cosaques	74
	263. — Le Général Joffre à Thann.	68
CAUSÉ.	264. — Le Kaiser prend le commandement des armées austro-hongroises et allemandes.	88
CAVOLO	265. — *Les Barbares. L'Empereur Guillaume, en guenilles, joue de l'orgue.* . . .	88
	266. — *Un caporal agitant des drapeaux* . .	230
	267. — *Zouave agitant un pantin.*	280
CHAIX (Imprimerie) .	268. — A ton tour, Martin	253
	269. — A tous les coups l'on gagne	253
	270. — Balle à bocher	253
	271. — Boujez pas mes agneaux... ça ne sera pas long *(sic)*.	254
	272. — Chacun son tour	254
	273. — Le Chien jappe au nez.	254
	274. — Le Cochon : Ah ! la sale gueule . .	88
	275. — Il y a la goutte à boire !	151

OEUVRES GRAVÉES

Pages.

CHAIX (Imprimerie).	276. — La « Kulture »	128
	277. — Leur courage est proverbial	128
	278. — Ne bougeons plus.	80
	279. — Oh ! non, pas la baïonnette	128
	280. — Sauve qui peut.	254
	281. — Te débines pas, l'Taube, je vais te photographier	157
	282. — Toi baïonnette à dents, moi couteau dans les dents	254
CHALON. . . .	283. — Le Favori. 1914.	216
	284. — Mobilisation. 2 août 1914	216
CHANOT (A.). .	285. — Ah... non... assez....	88
	286. — Entre, Guillaume, tu es digne de nous.	88
	287. — Épopée.	230
	288. — Ils seront au-dessus de tout	88
	289. — Leurs traces	161
	290. — La Méprisable petite armée du maréchal French. Demain	254
	291. — La Méprisable petite armée du maréchal French. Hier.	254
CHANTEAU (A. et G.)	292. — Fier d'inscrire son nom dans la grande épopée	74
	293. — A Joffre. Gloire à toi devant qui recule...	68
CHAPELIER (Ph.)	294. — Nous progressons.	151
CHAPERON (J.).	295. — Les Alliés ont décidé de ravitailler l'Allemagne	254
	296. — Économies.	254
	297. — Gaz asphyxiants . . . . ,	254
	298. — Les Plaisirs de la caserne en 1915 .	255
	299. — P'stt!... la belle enfant! Vous nous emmenez?...	255
CHAPERON (E.).	300. — Les Vedettes	230
CHAPRONT (H.).	301. — Épiphanie MCMXV	88
	302. — Symphonie héroïque	231
CHARTIER. . .	303. — Les Alliés en campagne. Armée française. Chasseur à cheval. En reconnaissance	74

OEUVRES GRAVÉES

Pages.

CHARTIER...	304. — Les Alliés en campagne. Armée française. Cuirassier. Le porte-étendard............	74
CHEVIOT (L.)..	305. — « A Terrier »...........	283
	306. — Scots tried and true.......	283
COLOMBO, édit.	307. — La France accueille la Belgique. 1914.	63
	308. — Les Vaillants alliés de 1914....	64
COMBE, éditeur.	309. — Glorieux trophées. 1914-1915....	151
COMINETTI..	310. — Charge de dragons........	152
	311. — La Montée............	152
CONINCK (R. de)	312. — Comme maman.........	216
	313. — Le Lacet.............	211
COURBOIN (Eug.).	314. — L'Héroïque Écossais........	152
	315. — L'Impérial cambrioleur......	112
COUSIN....	316. — L'Impérial savetier........	89
	317. — Le Petit Poucet..........	89
	318. — Le Serpent et la lime.......	89
	319. — *Le Tennis*. Play ? Ready ?.....	255
CRAMPEL (Paul)	320. — Kaiser Caïn...........	89
	321. — Kolossal Kultur.........	89
CRÉTÉ.....	322. — Carte symbolique de l'Europe. (Première édition.).........	231
	323. — Carte symbolique de l'Europe. (Nouvelle édition.)..........	231
CUTTUARD...	324. — Kultur..............	176
DAMARÉ....	325. — Le Châtiment. La fin du barbare..	89
	326. — La Dernière lettre. Mort au champ d'honneur...........	216
DANTIGNY...	327. — *Jeanne d'Arc*. Cathédrale de Reims. (Sept. 1914.)...........	231
DEBAT-PONSAN	328. — Ceux qui veillent.........	192
DEBUT (Jacques)	329. — Le Béguin. 1916........	255
DELAYE (A.)..	330. — Adaptation au prussien... Si l'enfer s'éteignait...........	89
	331. — L'Ange de la paix........	90
	332. — Le Doux Guillaume après la défaite.	90
	333. — Impérial tête-à-tête........	90
	334. — Le Rêve du fou..........	90
DELAYE (Ch.), imp.	335. — Équilibre instable.........	90

OEUVRES GRAVÉES

		Pages.
DELAYE (Ch.), imp.	336. — Le Kronprinz cambrioleur.....	113
DELLEPIANE..	337. — Souvenir de la guerre. Diplôme pour inscriptions	68
DELZERS (A.).	338. — Albert Ier, roi de Belgique.....	287
DESBARBIEUX (H.)...	339. — L'Allemagne par-dessus tout....	90
	340. — La Bête est déchaînée. Le gorille Wilhem....	91
	341. — Caïn................	125
	342. — Cyclope	90
	343. — Les Empoisonneurs.........	91
	344. — La Lame s'use	91
	345. — Les Ruines............	117
	346. — La Sorcière............	91
	347. — Le Titre fixe...........	91
DÉTÉ.....	348. — Gravure sur bois. Maréchal French.	288
DETHOMAS..	349. — Au profit de l'hôpital de St-Ay...	74
DEVAMBEZ (A.).	350. — Pastilles incendiaires.......	128
DEVAMBEZ, édit.	351. — Au champ d'honneur.......	231
	352. — Au champ d'honneur.......	231
DICKSEE....	353. — Rescued (the red cross dog.)....	283
DION (Raoul). (Voir Vion Raoul)	354. — Leur première victoire	161
DJERNER (J.)..	355. — Les Barbares à l'œuvre	161
DOMERGUE (G.)	356. — Devant Constantinople	122
	357. — Mélancolie............	91
	358. — Pleureuses d'un jour	216
	359. — Pleureuses éternelles	217
	360. — Une héroïne : assassinat de miss Cavell	162
	361. — Un zéro en chambre	255
	362. — Victime boche, la vie chère à Berlin.	255
	363. — Victime de l'art.........	91
	364. — Victime du pessimisme	256
	365. — Victime du sommeil	157
	366. — Victime de la vieillesse	256
DOMERGUE (J.-Gabriel).	367. — L'Agence Wolff.........	256
	368 à 407. — Les Atrocités allemandes...	162
	368. — A Bertrix.............	162
	369. — A Béton-Bazoche (Seine-et-Marne).	162
	370. — A Champuis (Marne)	162

OEUVRES GRAVÉES

DOMERGUE (J.-Gabriel).

	Pages.
371. — A Coulommiers...	162
372. — A Hallembaye...	162
373. — A Lebbeke-les-Termonde...	162
374. — A Maixe (Meurthe-et-Moselle)...	162
375. — A Noměny (Meurthe-et-Moselle), les Allemands...	163
376. — A Noměny, un vieillard de 86 ans...	163
377. — A Pont-Brûlé...	163
378. — A Rebais...	163
379. — A Saint-Denis-les-Rebais...	163
380. — A Sommeilles (Meuse)...	163
381. — A Tamines...	164
382. — A Triaucourt, ils incendièrent le village...	164
383. — A Triaucourt, Madame Procès...	164
384. — A Triaucourt (Meuse), une vieille femme...	164
385. — A Wacherzel...	164
386. — Au château de... sur le territoire de la Ferté-Gaucher...	164
387. — Ben quoi, le Kaiser a bien violé la Belgique...	164
388. — C'est S. A. R. I. le prince Eitel-Frédérick...	164
389. — Le curé de Buecken, âgé de 83 ans, est...	165
390. — Dans la commune de Courtacon...	165
391. — Dans le gros bourg de Suippes...	165
392. — Dans un hameau du pays de Liège...	165
393. — L'Échevin V. L...	165
394. — Le nommé Burn (J. L.), du 24ᵉ de ligne...	165
395. — Près de Marquéglise (Oise)...	166
396. — Le Responsable...	166
397. — Sept soldats auxquels le docteur Veiss...	166
398. — Le 6 septembre à Champguyon...	166
399. — Sur l'ordre de deux officiers...	166
400. — Le 3 septembre à Baron...	166

		Pages.
DOMERGUE (J.-Gabriel).	401. — Le 3 septembre à Suippes	166
	402. — Un lieutenant-colonel du corps expéditionnaire de France écrit	166
	403. — Une troupe allemande en passant par Buken	166
	404. — Le 20 août, à Nomény	167
	405. — Le 29 août, à Hérent	167
	406. — Le 20 octobre sur l'Yser après un assaut	167
	407. — Le 24 août, à Louvain	167
	408. — La Botte allemande	128
	409. — La Botte française	256
	410. — Chez les hommes on appelle ça un acte inamical	283
	411. — L'Empereur fantôme	117
	412. — Friction au Portugal	256
	413. — Les Gaz asphyxiants	91
	414. — La Guerre aux firmes anglaises	92
	415. — La Main fraternelle	256
	416. — Mater dolorosa	205
	417. — Notre Culture	256
	418. — Nuit blanche	157
	419. — Le Paon germanique	92
	420. — Les Petits Cadeaux entretiennent l'amitié	122
	421. — Le Prisonnier	232
	422. — Le Professeur de « kultur »	256
	423. — Victoire des Flandres	92
	424. — La Vraie journée du 75	80
	425. — Zeppelin	157
	426. — Zeppelinade	157
DONILO	427. — Papa !	217
DORIA (Suz.)	428. — Le Cavalier seul	128
	429. — Le Fou furieux	92
	430. — Le Gâteux	117
	431. — Le Mélancolique	122
DORVILLE (N.).	432. — L'Assassinat de miss Edith Cavell	167
	433. — Le Bouclier humain	167
DOUAY	434. — Les Atrocités allemandes	168

OEUVRES GRAVÉES

		Pages.
DUFY	435 à 444. — Les Alliés. Panorama des uniformes (petit album)	75
	445. — Dans la tranchée. 1914-1915.	75
DUMAS	446. — Aurore.	232
	447. — Et maintenant, tais ton bec, l'oiseau	257
DUPONT (H.)	448. — Amance. Le Grand-Couronné de Nancy.	176
	449. — Chapelle aux environs de Nieuport.	176
	450. — Église de Nieuport. Janvier 1915	176
	451. — Hôtel de Ville d'Arras.	176
	452. — Sampigny. Maison de M. Poincaré.	176
DURASSIER	453. — Le Cauchemar du Kaiser	92
	454. — Taisez-vous, méfiez-vous!...	192
DUTAILLY	455. — L'Enfant au fusil de bois.	168
	456. — Sacrifice (en couleurs).	206
	457. — Sacrifice. Évocation de la grande guerre.	206
	458. — Le Serment d'adieux	184
	459. — Le Serment d'adieux (en noir).	184
	460. — Un jeune héros.	185
	461. — Vaincre ou mourir. Message du commandant en chef	68
	462. — Vaincre ou mourir. Veille de la grande bataille de la Marne	69
DUTRIAC	463. — *Le Récit du blessé*	217
	464. — *Le Retour au foyer.*	217
	465. — *Le Retour du marin*	217
DUVENT	466. — Le Général Gouraud.	69
	467. — Le Général Pau en Lorraine.	69
EHRMANN, édit.	468. — L'Armée française. Le général Joffre. Les principaux généraux.	69
	469. — Le Canon de 75	80
	470. — Le Chien sanitaire et patriote	283
	471. — L'Organisateur de la victoire. Le général Joffre.	69
ERVIN (Paul)	472. — L'Attila des temps modernes.	92
FABIANO	473 à 476. — Graine de héros.	185
	473. — L'Enfance héroïque. François Ratto (16 ans)	185

		Pages.
FABIANO . . .	474. — Héroïsme admirable d'un enfant. Émile Desprès	185
	475. — Un capitaine et vingt hommes sauvés par un enfant de 13 ans. André Lange	185
	476. — Un héros de 15 ans. Gustave Chatain	186
	477. — Où est papa ?.	257
	478 à 482. — Pages glorieuses.	186
	478. — Alain de Fayolles. Charge en gants blancs	186
	479. — Comme le chevalier d'Assas	186
	480. — En Alsace : Et maintenant, mes enfants, allez tuer mon fils qui sert dans l'armée allemande	187
	481. — En Alsace : La première leçon . . .	187
	482. — Les Honneurs sous la mitraille. . .	187
FAIVRE (Abel) .	483 à 514. — Album.	257
	483. — A Berlin. La guerre des modes. . .	257
	484. — A Berlin. La victoire de « Lusitania »	158
	485. — A la Chambre. Sacrée union. . . .	257
	486. — L'Alcool	257
	487. — L'Allemagne attaquée. Fable. . . .	92
	488. — Allons, ne g... pas, c'est pas des liquides enflammés.	257
	489. — Bout de l'an	92
	490. — Des canons, des munitions.	257
	491. — C'est un ministre, mon petit, qui vient inaugurer nos ruines	258
	492. — Ceux qui demandent des comptes. .	257
	493. — Concours du Conservatoire. Tragédie 1915. Le rideau	93
	494. — En Russie	128
	495. — Et après. Faites-moi penser, je vous prie, à écrire à l'accordeur	257
	496. — Les Étrennes de la maison de Hohenzollern	129
	497. — Jeu de massacre.	93
	498. — Le Jour des Morts.	232
	499. — Le « Kamerad ».	211

OEUVRES GRAVÉES

		Pages.
FAIVRE (Abel) .	500. — Lourd le sac?	258
	501. — La Louve du Capitole	64
	502. — Ma Maman!	129
	503. — Miss Edith Cavell. La grande Allemagne	168
	504. — « Nos » neutres.	141
	505. — Oh! oui, quelle guerre terrible! Moi, j'ai perdu mes meilleurs danseurs.	258
	506. — Pensons aux pessimistes.	258
	507. — Poésie allemande	93
	508. — Propagande allemande.	129
	509. — Sur les sommets. Suivez le guide. .	93
	510. — Le Tacticien	258
	511. — Tu vois, mon vieux, comme on peut être rigolo avec des jambes	258
	512. — Veillez aussi à économiser nos victoires.	93
	513. — Voué au blanc	258
	514. — Y aura de quoi faire des bagues	258
	515. — Nous sommes encore bien bons de ne pas réquisitionner votre lait.	129
	516. — Noël 1914. A la belle étoile	232
	517. — La Reprise des affaires. M. Baedeker.	177
	518. — (Sans titre)	129
FATTORINI, édit.	519. — Banquet raté.	93
FAUCONNET. .	520. — A Kalais.	129
	521. — Enkore	158
	522. — Gott mit uns.	129
	523. — Kultur.	129
FAVEROT. . .	524. — Gott mit uns. Dieu avec nous. Comme il est avec eux.	130
	525. — Hommage à M. Maurice Barrès. La Messe sur le front	192
	526. — Les Ordres de Sa Majesté	93
	527. — Le Saltimbanque.	94
FÉLIU (Manel). .	528. — Les Sublimes.	201
FLAMENG . . .	529. — Hommage aux héros français inconnus et sans gloire	232

OEUVRES GRAVÉES

		Pages.
FLOWER....	530. — Arras. 1915	177
	531. — Malines. 1915	177
	532. — Rheims. Cathédral	177
FORAIN (J.-L.).	533. — Au pays des fouilles	142
	534. — L'Autre danger	261
	535. — Aux Correspondants	130
	536. — Le Bon feu	211
	537. — Bredouilles	158
	538. — Chez Mme Béchoff	259
	539. — Communiqué de 3 heures. Nous les aurons	259
	540. — Conscience tranquille	261
	541. — La Croix-Rouge	201
	542. — Dans les faubourgs de Londres. Délikatessen	177
	543. — Devant la mort : pauvre bougre, il ne verra pas le Rhin !	261
	544. — L'École des héros	202
	545. — L'École des neutres	141
	546. — L'École des neutres, n° 2. Comme notre Wilson va nous venger	141
	547. — L'École des neutres, n° 3	141
	548. — L'Emprunt pour la victoire	217
	549. — En avant	260
	550. — En Champagne : Je suis le vague-mestre	141
	551. — En France : Moi aussi, chai des enfants	130
	552. — En représailles	260
	553. — En tirailleurs	259
	554. — Le Film	130
	555. — Ils parlent de Paris	130
	556. — L'Inlassable	232
	557. — Inquiétude	259
	558. — Les Kamerad	130
	559. — Leurs couloirs	260
	560. — Loin du front	259
	561. — Miss Cavell, assassinée	168
	562. — Noël. Aujourd'hui c'était sur l'Église qu'il fallait tirer	177

		Pages.
FORAIN (J.-L.).	563. — Les Notables	212
	564. — L'Offizier	212
	565. — Paysage grec	142
	566. — Paysages de guerre. I	177
	567. — Paysage de guerre. II	177
	568. — Paysage de guerre. III	260
	569. — Paysage de guerre. IV	260
	570. — Le Permissionnaire. Faut bien aller les rassurer	260
	571. — Le Permissionnaire s'en va	217
	572. — La Perquisition	130
	573. — Les Pessimistes	260
	574. — La Peur des braves	260
	575. — La Philosophie du front	159
	576. — Poum, poum, poum	260
	577. — Pour la France	259
	578. — Le 1ᵉʳ Mai	260
	579. — Le 4 Août 1914. Les hostilités commencent	168
	580. — La Reconnaissance	130
	581. — Le Retour au foyer	217
	582. — Sunt lacrimæ rerum. Pourquoi pleure-t-elle?	217
	583. — Sur le front (Le bréviaire)	258
	584. — Le « Tableau ». Alignez-les, le général va passer	168
	585. — Une victime de la guerre	259
	586. — La Vraie cible. Le Golgotha, champ de tir	130
FORMISYN. . .	587. — Les Barbares	131
	588. — L'Ignoble fou	94
	589. — Paris, Paris, mais où qu'c'est Paris?	131
FOUQUERAY (Ch.).	590. — Combat pour des ruines	152
	591. — Dans la plaine inondée	152
	592. — Dans la tranchée	192
	593. — Dans les Dardanelles	75
	594. — La Fin du « Bouvet »	158
	595. — Fusiliers marins à Ypres	152

		Pages.
FOUQUERAY (Ch.).	596. — Interrogatoire de prisonniers à Dixmude.	212
	597. — La Prise d'Ablain.	152
	598. — Sur la route de Kaegmem à Dixmude	152
FOURIE (Albert).	599. — La Marseillaise	232
FRAIPONT. . . .	600. — Arras (couleur).	177
	601. — Arras	177
	602. — Arras. 1915.	177
	603. — Ceux que les boches chassent	212
	604. — Ceux qui chassent les boches.	81
	605. — Dixmude.	178
	606. — France toujours! France quand même!.	233
	607. — Texte de l'estampe : France toujours! France quand même!.	233
	608. — Louvain	178
	609. — Reims.	178
	610. La Relève du petit poste.	193
	611. — Ypres	178
	612. — Ypres. 1915	178
FREBET (René).	613. — La Chasse au coq	261
	614. — La Corrida européenne. 1914.	94
	615. — Le Pain K. K.	261
	616. — Un tire-au-flanc.	261
FRITEL.	617. — Miss Cavell.	288
GALIGNIER . .	618. — Agen ne fournit plus	94
	619. — A l'instar de Bonnot. Le coup du Père François	94
	620. — Le Brillant État-Major en Champagne	94
	621. — Mais, hélas! ce n'était qu'un rêve...	233
GARDETTE. . .	622. — Généralissime Joffre.	288
	623. — Général Pau	288
GARNOT. . . .	624. — Général Joffre	288
GATIER	625 à 644. — Album. Une liaison	288
GAUTIER (Gilb.).	645. — La Chauve-souris	94
GAUTIER (Luc.).	646. — Arras. Le Beffroi	178
	647. — Beffroi d'Ypres en ruines	178
	648. — Cathédrale de Reims (après)	178
	649. — Cathédrale de Reims (avant)	178

OEUVRES GRAVÉES

		Pages.
GAZAN (J.)...	650. — Le Flot.............	95
GENNARO (G. de).	651. — Dégoûtant comme un rat!.....	113
	652. — L'Empereur des sauvages.....	95
	653. — La Fin d'un veau.........	122
	654. — France renaissante........	233
	655. — Le Hideux assassin de l'humanité.	95
	656. — Humanité française........	202
	657. — La Revendication du droit.....	233
	658. — Rossé comme un chien!......	117
	659. — La Veillée pour le soldat!.....	217
GEOFFROY...	660. — Autres temps, autres mœurs....	131
	661. — Aux mères, aux veuves......	95
	662. — Les Boy-Scouts français......	75
	663. — La Cathédrale...........	178
	664. — Ce chien de Kronprinz.......	113
	665. — L'Enfant au fusil de bois......	168
	666. — France!! Belgique!!........	233
	667. — Il y a « feu » et « feu »......	261
	668. — Le Martyre de la Belgique.....	95
	669. — « L'Oncle Sam ».........	142
	670. — L'Ours russe............	262
	671. — Le Petit volontaire de 1914. Gustave Chatain..............	188
	672. — Le Prestigitateur (sic).......	95
	673. — « Le Réfugié »...........	212
	674. — Une victime d'un taube. Denise Cartier................	158
	675. — Le Village évacué.........	261
GERVAIS (Ch.).	676. — « Toi, qui nous fis la guerre... »..	234
GILSOUL....	677. — Les halles d'Ypres en feu....	178
	678. — Retour de la prière........	206
GISLAIN (de)..	679. — Je croyais être pourtant de la taille du petit Corse!..........	95
GLAF......	680. — La Barricade...........	153
	681. — Le Calvaire............	152
	682. — Champs de morts.........	153
	683. — Les Dunes............	153
	684. — Et ils firent demi-tour.......	152
	685. — En marche sur Paris.......	153

		Pages.
GLAF	686. — Le Ravin.	152
	687. — Les Ruines.	153
	688. — Soirs de guerre.	152
GOFFART . . .	689. — The ruins of Ypres	178
GOTTLOB (F.). .	690. — A tête carré, poing carré	64
	691. — L'Aveugle et le paralytique	96
	692. — Hein! je vous les grignote. La partie d'échecs.	69
	693. — Le Petit cadeau. Joffre... : avec mes meilleurs souhaits pour 1915 . . .	69
	694. — Pour l'absent.	218
	695. — Pour l'absent.	218
GOZ (François).	696. — Chevauchée victorieuse	234
	697. — *Le Clairon*	234
GRANDJOUAN .	698. — Qu'importe l'existence des neutres .	142
GRÉBEL	699. — A ceux des régions envahies. . . .	212
	700. — Après l'attaque (18 décembre à Carnoy)	193
	701. — En attendant la contre-attaque. (Nuit du 17-18 décembre, à Carnoy). . .	193
	702. — Intérieur du « Café de la Paix », en première ligne.	193
	703. — Nos appartements à « Aquatic City »	193
	704. — Nuit froide à Carnoy. Décembre 1914.	193
	705. — Retour de la côte 125, devant Mametz. (28 octobre 1914).	193
	706. — Rêve de poilu. 1915.	193
	707. — Sentinelle (novembre 1914, à Carnoy).	193
	708. — Une bonne soupe (décembre 1914, à Carnoy)	193
GROUX (H. de).	709. — *Les Otages*	212
	710. — Prisonniers.	212
GRÜN	711. — *Le Général Joffre*	288
GUILLAUME (Alb.)	712. — Viens avec nous, petit, viens. . . .	262
GUILLONNET. .	713. — « Pour le salut du monde ». Aux mères des héros.	218
GUINEGAULE. .	714. — *Cathédrale de Reims enflammée* . . .	179
GUINIER (H.) .	715. — *Église d'Albert*	179

		Pages.
GUMERY. . . .	716. — Le Brillant second	118
GUSMAN. . . .	717. — Consummatum est	179
GUYE (E.) . . .	718. — Mobilisation 1914-1915. Souvenir des frontières	147
	719. — Occupation des frontières. 1914-1915	147
GUYLO.	720. — La Bonne aventure (telle que prédite au tarot)	263
HAMPOL (A. d')	721. — L'Aigle allemand en 1915	234
HANNEAUX (E.)	722. — *Le Baiser de la France*.	70
HANRIOT. . . .	723. — La Prise d'un drapeau.	188
	724. — Un roi soldat.	64
HANSI.	725. — *Alsacienne priant sur une tombe*. . .	234
	726. — Armée allemande. Soldats du régiment du Kronprinz (tenue de campagne).	131
	727. — La Bataille de la Marne	263
	728. — Le 152e Poilus	75
	729. — *Le Kronprinz*	110
	730. — Son premier jouet	218
	731. — Seiner Majestat. Le vieux Dieu. Alter Gott.	263
	732. — Le vieux Dieu de Sa Majesté Guillaume II	260
HARMON-VEDDER. . .	733. — Les Alliés en 1914. Princes indiens au front.	64
HARRAP, édit. .	734. — « Show thy pity upon all prisoners and captives ».	206
HÉRAUT	735. — La Deuxième récompense	194
HERMANN-PAUL.	736. — Le Bouclier.	169
	737 à 757. — La Dernière guerre (20 dessins).	131
	758. — Le Départ de Tipperary	147
	759. — Le Départ pour le front	147
	760. — Dites donc, si le Christ voyait tout ça.	202
	761. — En voilà des papas	218
	762. — Grand-Père.	70
	763. — Guéri! Et vous saviez ce que j'ai fait en Belgique et ailleurs	202

		Pages.
HERMANN-PAUL.	764. — Hôpital 107…Le Blessé	202
	765. — La Macédoine.	234
	766. — Pendant la guerre. (Album de 12 dessins.).	264
	767. — Les Atrocités allemandes.	265
	768. — La Bague.	264
	769. — Conseils.	264
	770. — Dans les tranchées	264
	771. — Deuil boche	264
	772. — En pays envahi. Pleurez pas tant.	264
	773. — Été 1915.	265
	774. — Laissez-moi pleurer… je suis fière.	265
	775. — *Mauvais climat*.	264
	776. — Planche II.	264
	777. — Qu'est-ce que tu étais avant la guerre?	265
	778. — Ris ou je te fais fusiller	264
	779. — *Le Récit du blessé* (en couleur)	202
	780. — *Le Récit du blessé* (en noir).	202
	781. — Saluez.	265
HÉROUARD…	782. — Le Filleul imprévu.	265
HONER…	783. — La Dernière incarnation.	96
HOWARD CHANDLER CHRISTY.	784. — « On the Field of Honour. He loved Honour more than he feared Death. » Reproduction polychrome.	206
	785. — Reproduction monochrome.	206
HUGUENIN…	786. — Théâtre de la guerre européenne 1914-1915.	234
IBELS…	787. — L'Antechrist perdra sa couronne et mourra dans la solitude et la démence	96
	788. — Le Commandeur… Qu'est-ce qu'ils f…ichent donc tous mes croyants.	123
	789. — Dans le lac.	118
	790. — Guillaume le maudit	96
	791. — Guillaume : Mes traités, mes conventions !.	97
	792. — Guillaume : Que je t'entende encore crier Kamerad !	118

		Pages.
IBELS	793. — Guillaume : Qu'est-ce que nous prenons...	96
	794. — L'Homme au chiffon de papier . . .	133
	795. — L'Insomnie du kaiser	97
	796. — Joffre. Par ici la sortie.	70
	797. — Kaiser Bonnot	97
	798. — Le Kronprinz : Ça te va bien de parler de respect filial.	113
	799. — Nos ennemis. M. Lebureau.	265
	800. — Oh! les salauds!	179
	801. — Place de la Concorde	218
	802. — Regarde, François-Joseph, comme mes cheveux...	97
	803. — La Retraite russe	234
	804. — Le Sultan a décidé de rester à Constantinople.	123
	805. — Tristesse d'automne.	97
	806. — Von der Goltz!!! Rassemblement. .	133
	807. — Von der Goltz Pacha : Que veux-tu, ô grand Mahomet V, dès que j'arrive tes soldats...	123
	808. — Vraiment, vous n'entendez rien, Monsieur le Major ?	266
ICARD (Louis) .	809. — L'Angleterre victorieuse.	234
	810. — La France victorieuse	234
IRIBE (Paul) . .	811. — Hellas!... ce que nous ne verrons jamais	235
JACQUE (F.) . .	812. — Montmartre dans la nuit du 20 au 21 mars 1915	158
JACQUIER (H.) .	813. — Général Joffre	288
JANUS.	814. — Ah! Non... lavez-moi tout ce que vous voudrez...	202
	815. — Chez les boches. Une visiteuse allemande	202
	816. — Est-il en cuivre ?	97
	817. — Les Soldats de plomb qui parlent. .	266
JEANNIOT . . .	818. — Après avoir commis de nombreux actes de pillage à Lunéville... . . .	169
	819. — Assassins.	169

JEANNIOT...	820. — J. Bédier, pages 24 et 26 du Carnet du Soldat............	169
	821. — Ceux qui survécurent au feu de....	169
	822. — A Tamines.............	169
JOB.......	823. — *Aux corbeaux*, Kamerad!!!....	133
	824. — Bataille de l'Yser.........	153
	825. — Boutons-les dehors........	206
	826. — Expiation.............	97
	827. — Le Libérateur...........	70
	828. — Le Trophée............	153
JOHNSON-RIDDEL & Cº..	829. — Hark!! Hark!! Série comique, map of Europe at war........	266
JONAS (L.)...	830. — *L'Aide au blessé (en Belgique)*....	203
	831 à 886. — Armée anglaise (album), 55 dessins au fusain.......	75
	887. — Gott mit uns...........	133
	888. — Hardi, mes enfants!........	188
	889. — Il a porté comme Lui sa croix jusqu'au Calvaire..........	206
	890. — « La Marne », anniversaire....	235
	891. — *Otages et prisonniers civils*.....	212
	892. — *La Protection divine*........	206
JOU (Louis)...	893 à 905. — Nos héros. 12 eaux-fortes originales.............	153
	894. — Le Beau tableau..........	153
	895. — Les Bons diables........	153
	896. — Ceux qui ont fait le miracle....	153
	897. — Des braves............	153
	898. — Et ils tiennent..........	153
	899. — Et si c'était lui..........	153
	900. — Ils ont voulu se terrer.......	153
	901. — Je peux encore mourir......	153
	902. — Jusqu'au bout..........	153
	903. — Mais qu'est-ce qu'il a pris.....	153
	904. — Triste retour...........	153
	905. — Voulaient sauver leur fils.....	153
	906. — L'Orage a passé..........	235
	907. — L'Orage passe...........	235
	908. — 1914. Les Otages. 1915......	212

		Pages.
JOU (Louis)	909 à 924. — Spolium. 14 eaux-fortes.	153
	910. — Le Billet de logement	154
	911. — Cherchant le père	154
	912. — Les Corbeaux gris	154
	913. — La Corvée des cultes	154
	914. — L'Exode	154
	915. — Des francs-tireurs	154
	916. — On réquisitionne	154
	917. — Les Otages	154
	918. — Parce que jeunes	154
	919. — Parce que vieille	154
	920. — Par prudence	154
	921. — Plus rien	154
	922. — Salauds!!!	154
	923. — Une victoire	154
	924. — La Vie sortant des ruines	154
JUILLERAT	925. — L'Idéal de la sainte Germanie	97
JULIEN (Jean)	926. — Leur Kultur...	133
	927. — Les Prisonnières	213
KIRCHNER (R.).	928. — La Petite guerre en 1915 (en noir).	266
	929. — La Petite guerre en 1915 (en couleur)	266
	930 à 931. — La Petite guerre (une seule feuille, deux compositions). Avant la bataille, après la bataille.	266
	932. — Pour le droit et la liberté	235
KOECHLIN.	933. — Il voulait être le pivot du monde.	98
KUFFERATH.	934. — La Cible humaine. Namur.	213
	935. — Le Retour du propriétaire	267
LABUSQUIÈRE (Léo)	936. — Les Désastres turcs et von der Goltz-Pacha.	123
	937. — En Égypte... Au Caucase... Communiqué allemand...	123
	938. — Le Gâteux conscient.	118
	939. — Général Maunoury	70
	940. — Kômment... y à enkôre tu monte...	134
	941. — Le Rat d'égout. Les animaux peints par eux-mêmes	113
L. C.	942. — *Les Dragons*	195
LACAILLE.	943. — Le Châtiment du barbare	235

		Pages.
LACAILLE...	944. — Consolation.	219
	945. — Ferdinand : « Et après cela, Sire! »	125
	946. — La Lumière qui tue.	98
	947. — Marne... le coup de massue de l'un.	98
	948. — Mutilée....	219
	949. — L'Orage	98
	950. — Przemyzl..., le coup de massue de l'autre	118
	951. — Réconciliation	125
	952. — Le Retour au pays	219
	953. — Les Ruines!!!.	219
	954. — La Sublime-Porte.	123
	955. — Supplice de la Pologne, vision tragique.	169
LALAUZE...	956. — Au Drapeau. Août 1914.	188
	957. — Hommage des anciens.	236
	958. — La Marne, septembre 1914.	188
	959. — Le Poilu.	194
LANDEKER...	960. — S. M. Albert, roi des Belges	289
	961. — Field Marshal Kitchener.	289
LAPARRA...	962. — L'Art d'être grand-père	98
	963. — Aux neutres	142
	964. — Son rêve.	236
LATUNER...	965. — L'Heure de la Justice	236
LAWSON-WOOD	966. — Beware of the dog! A « stern »	134
	967. — A british warm.	267
	968. — Les Courageux Huns	134
	969. — More work for the navy	267
	970. — « Old Pals »	194
	971. — The Idol of the regiment	194
LÉANDRE (C.) .	972. — Le Banquet de la paix.	236
	973. — Les Belles alliées et la bête monstrueuse.	236
	974. — Le Centenaire de Bismarck	267
	975. — Dans la tranchée	267
	976. — La Dégradation du vieux bon dieu allemand	99
	977. — *Le Général Joffre*	70
	978. — La Guerre et la paix	236

OEUVRES GRAVÉES

		Pages.
LÉANDRE (C.)	979. — Pour la patrie. Quand même!...	219
	980. — Leur première victoire......	236
	981. — *La Résistance belge. Albert Ier*....	237
	982. — Leur sourire. Le Kaiser devant Louvain............	99
	983. — Leur sourire. Le Kronprinz devant la cathédrale de Reims en flammes	113
LEBEDEFF...	984. — *Cathédrale de Reims en flammes*...	179
LE BLANT...	985. — Cinéma...........	267
	986. — Convalescents..........	203
	987. — Retour au front.........	219
LELOIR....	988. — Frères d'armes.........	203
	989. — Là-bas.............	219
	990. — Mes chéris. Pendant la grande guerre............	194
LÉON (Fréd.)..	991. — Les Aveugles. Suivez-moi, n'ayez pas peur...........	99
	992. — La Brimade..........	99
	993. — Chacun la sienne........	99
	994. — Dernier effort..........	99
	995. — Le Jeu de quilles........	268
	996. — Jeux icariens..........	123
	997. — Sainte Vierge, nous n'avons plus de maman............	219
	998. — Sous bonne garde........	268
	999. — La Vivante muraille.......	169
LÉONNEC...	1000. — Où l'héroïsme redevient femme..	203
LÉONY.....	1001. — *Une main tient la tête du Kaiser*...	100
LEPÈRE (A.)...	1002. — Après le combat (bois original)..	154
	1003. — La Concentration (bois original)..	147
	1004. — Le Tzar en costume de sacre....	65
	1005. — L'Empereur d'Autriche......	119
	1006. — L'Empereur Guillaume en colère..	100
	1007. — L'Empereur Guillaume sur son yacht	100
	1008. — Francs-tireurs..........	169
	1009. — La Guerre est déclarée......	147
	1010. — Le G. V. C............	195
	1011. — La Mort et les Passions vont fondre sur le monde..........	237

LEPÈRE (A.)..	1012. — Le Paysan russe	64
	1013. — Le Roi Pierre	64
	1014. — Le Soldat prussien	134
	1015. — Les Fugitifs (fragment)	213
	1016. — Les Fugitifs	213
LE RICHE...	1017. — *Trois portraits de M. Poincaré*.	289
LESIEUR....	1018. — Fils de France	219
LEVEN et LEMONIER.	1019. — A Vienne. Celles qui pensent à l'absent	268
	1020. — A Vienne. Les Lettres qu'on écrit..., ta petite...	268
	1021. — A Vienne. Les Veuves joyeuses.	268
	1022 à 1029. — Les Poilus :	
	1022. — Artilleur	77
	1023. — Chasseur alpin	77
	1024. — Chasseur à pied	77
	1025. — Fusilier marin	77
	1026. — Lignard	77
	1027. — Tirailleur algérien	77
	1028. — Tirailleur sénégalais	77
	1029. — Zouave	77
	1030. — Le retour au foyer	220
	1031 à 1035. — Les Villes mutilées :	
	1031. — Arras	179
	1032. — Dixmude. Hôtel de Ville	179
	1033. — Dixmude	179
	1034. — Pervyse	179
	1035. — Ypres	179
	1036. — Vive l'Italie !	65
LÉVY (Alphonse)	1037. — Le Forgeron de la victoire	237
	1038. — Oh ! guerrier de honte.	100
LEVITSKA (Mme).	1039. — La Délivrance de la Pologne	237
LOBEL-RICHE .	1040. — Le Cisailleur	195
	1041. — Dans la tranchée	195
	1042. — Un mouton enragé	195
	1043. — Violation de la Belgique	170
LOHRER....	1044. — A tête carrée, poing carré	268
LORENZI....	1045. — Après la lutte acharnée autour de Lizerne. (Bataille des Flandres.).	154

OEUVRES GRAVÉES

Pages.

LORENZI. . . .	1046. — Bataille de la Marne. Une compagnie de zouaves s'empare d'une batterie allemande.	155
	1047. — Brillante attaque des Indiens à Neuve-Chapelle	154
	1048. — Sanglant échec des Allemands sur l'Yser.	154
	1049. — Sikhs chargeant dans un bois de sapins.	155
LOUBÈRE . . .	1050 à 1057. — Pro Patria (8 gravures) :	
	1050. — L'Absolution	188
	1051. — Admirable courage d'un brancardier	188
	1052. — Le Bon évêque de Meaux	189
	1053. — La Croix de l'aumônier	189
	1054. — L'Héroïne de Gerbeviller (Sœur Julie)	189
	1055. — Je suis prêtre.	189
	1056. — La Prière dans la tranchée. . . .	189
	1057. — Une messe dans les ruines. . . .	189
LUCE	1058. — Bestialité.	100
	1059. — Le Champ d'honneur	155
	1060. — Les Dieux s'abreuvent.	100
	1061. — Guillaume agrikulteur.	100
	1062. — *Les Massacreurs. Courrières*	179
	1063. — A Waterloo. Rêverie. 1915. . . .	100
LUNOIS	1064. — Bravoure française	155
	1065. — Mater dolorosa	220
MADA	1066. — Albert Ier	65
	1067. — Notre Joffre	71
MACKLIN . . .	1068. — « Kultur » allemande.	100
MAGLIN (F.). .	1069. — S. M. Albert Ier, roi de Belgique . .	65
	1070. — Fidèle jusqu'à la mort.	283
	1071. — La Grande blessée.	180
	1072. — Leur première victoire.	170
	1073. — La Maison de Dieu	207
MAGNIEN . . .	1074. — Gloire à notre armée et à nos alliés	65
MAHLER (P.). .	1075 à 1084. — Nos chiens sur le front. Album de 10 estampes	284
MALESPINA . .	1085. — Dans les choux.	134
MALFREY (Ch.).	1086. — Défense contre aéronefs	158

		Pages.
MALTESTE . . .	1087. — Ah! c'est vous le généralissime. .	71
MANFRA	1088. — La Tombe de Ch. Péguy, à..... . .	207
MANFREDINI. .	1089. — L'Angélus. (Épreuve visée par le Commissaire de police.)	134
MANSARD . . .	1090. — Anvers. Coucher du soleil sur le port.	180
	1091. — Bruges. Le Lac d'amour	180
MARTINI. . . .	1092. — Avanti Italia!	119
MATON-WICAR.	1093. — C'est pas ma pendule	269
	1094. — Cochon d'eau	269
	1095. — Encore « Champagne ».	269
	1096. — Y a pas bon ti boche.	269
MAUBAN . . .	1097. — *Produit boche*	134
MAYEUR . . .	1098. — Aux vaillants défenseurs du front d'Artois, Mont-Saint-Eloy, les Tours, en 1915.	180
	1099. — Aux vainqueurs d'Artois. Aux héros de Carency, Ablain-St-Nazaire, Souchez et Neuville-St-Vaast . .	180
	1100. — L'Éperon de Lorette. La Chapelle .	180
	1101. — L'Hôtel de Ville d'Arras en flammes. 1914	180
	1102. — L'Hôtel de Ville d'Arras	180
MESPLÈS (Eug.)	1103. — Rien n'arrête les barbares	101
MÉTIVET (L.) .	1104. — *Germania*.	101
MONGE (Jules).	1105. — *Une religieuse verse la goutte à des soldats*	203
MORIN (Louis) .	1106. — Le Baiser de Jeanne d'Arc (couleurs).	207
	1107. — Le Baiser de Jeanne d'Arc (noir). .	207
	1108. — C'est encore les zeppelins.	159
	1109 à 1130. — Les Chevauchées de la Valkyrie. Couverture et eaux-fortes originales	170
	1131. — Galanterie allemande.	135
	1132. — Glorieux blessé	204
	1133. — Heureux ceux qui sont morts dans une juste guerre.	207
	1134. — Les Illusions perdues.	135

		Pages.
MORIN (Louis)	1135 à 1154. — L'Imbécile cruauté (20 eaux-fortes originales)	170
	1155. — Le Kaiser est d'une humeur massacrante	101
	1156. — Pour être empereur d'Occident	102
MORINET	1157. — Allez-vous-en, mon petit ; il n'y a rien à faire ici	71
	1158. — Bandit, tu déshonores l'histoire	102
	1159. — En Champagne. Moi aussi, j'faisons des prisonniers	269
	1160. — L'Homme rouge	102
MOSLEY	1161. — Three pals	196
MOURLEIN (Albert)	1162. — *Les soldats de 92 et le poilu de 1914. Salut des anciens*	77
NABOULET	1163. — Haute « Kultur »	135
	1164. — La Purge française	269
NAM	1165. — *Les Coqs alliés*	237
NAMUR	1166. — Le 75 blessé	81
NAUDIN	1167 à 1200. — Croquis de campagne 1914-1915	196
	1201 à 1219. — Croquis de campagne, 2ᵉ série	197
	1220. — Dans l'jardin d'mon père	220
NEUMONT (Maurice)	1221. — Les Assassins	102
	1222. — Le Bataillon sacré	237
	1223. — Le Bon apôtre	102
	1224. — Bravoure allemande	170
	1225. — Le Noël aux armées	270
	1226. — Paris « Fluctuat nec mergitur ». 1914. J'ai reçu le mandat de défendre Paris	71
	1227. — Le Roi des braves devant l'Histoire	65
	1228. — Les « Tauben » sur Paris	159
NIKÉ	1229. — Le Dernier discours du Kaiser	102
	1230. — Je ne veux pas me salir les mains	103
	1231. — Le Kronprinz	114
	1232. — Mon cheval a eu peur	114
	1233. — Pourquoi se battent-ils ?	103
	1234. — Si petit et si méchant	103

	OEUVRES GRAVÉES	35
		Pages.
NIKÉ	1235. — La Soupe du chien.	270
	1236. — Les Temps sont durs.	114
	1237. — Un beau spectacle	103
NOÉ, Éditeur. .	1238. — Amiral Boué de Lapeyrère	291
	1239. — Amiral Jellicoe	290
	1240. — Cathédrale de Malines	181
	1241. — Cathédrale de Reims.	180
	1242. — Général de Castelnau.	290
	1243. — Général Dubail	291
	1244. — Général Eydoux	290
	1245. — Général Foch	290
	1246. — Général Franchet d'Esperey. . . .	290
	1247. — Général de Maud'huy	290
	1248. — Général Maunoury.	290
	1249. — Général Renemkampf	290
	1250. — Général Sarrail	291
	1251. — Hôtel de Ville d'Arras	181
	1252. — Hôtel de Ville de Louvain.	181
	1253. — Lord Kitchener	290
	1254. — Maréchal French.	290
	1255. — Paul Déroulède	291
	1256. — S. A. Alexandre de Serbie	290
	1257. — S. A. duchesse de Luxembourg . .	290
	1258. — S. A. grand duc Nicolaievitch. . .	289
	1259. — S. M. Albert Ier	289
	1260. — S. M. l'empereur du Japon. . . .	290
	1261. — S. M. George V. roi d'Angleterre .	289
	1262. — S. M. l'Impératrice de Russie . . .	289
	1263. — S. M. Nicolas II, empereur de Russie	289
	1264. — S. M. Pierre Ier, roi de Serbie. . .	289
	1265. — S. M. la reine d'Angleterre	289
	1266. — S. M. le roi de Grèce.	290
	1267. — S. M. Victor-Emmanuel, roi d'Italie.	290
O'GALOP . . .	1268. — La Grande guerre. Le bon berger .	71
OILETTE. . . .	1269. — Their majesties the King and Queen of the Belgians with Their Children	291
OREL	1270. — Les Suites d'un surmenage intensif.	114

		Pages.
OSTOYA (d')	1271. — L'Avenir prochain de François-Joseph	120
	1272. — Le Char de la victoire	120
	1273. — Le Ciel. Nous venons pour demander à M'sieu le bon Dieu...	270
	1274. — Le Diable	103
	1275. — Le Fameux trio ou les bouchers du siècle	103
	1276. — Hommage de la Pologne à la Belgique	66
	1277 à 1300. — L'Invasion des Barbares : XII livres	104
	1278. — 1er Livre : No 1. Gott mit uns	104
	1279. — No 2. Le Brûle-parfums de l'empereur de l'univers	104
	1280. — IIe Livre : No 3. L'Hymne des intellectuels	104
	1281. — No 4. L'Allemand ne craint que Dieu	104
	1282. — IIIe Livre : No 5. Un dîner au Quartier Général	104
	1283. — No 6. Le Sacrifice de la Pologne	104
	1284. — IVe Livre : No 7. Le Général Joffre	104
	1285. — No 8. L'Histoire des Hohenzollern	104
	1286. — Ve Livre : No 9. Kamerat, Kamerat...	105
	1287. — No 10. Le Surhomme à travers les âges	105
	1288. — VIe Livre : Nos 11 et 12. Berlin mobilisé	105
	1289. — VIIe Livre : No 13. L'Italie se réveille	105
	1290. — No 14. Les Vieux abonnés	105
	1291. — VIIIe Livre : No 15. Les Deux faucheurs	105
	1292. — No 16. Les Fruits de l'arbre des pirates	105
	1293. — IXe Livre : No 17. La Danse de Salomé... « Germania »	105
	1294. — No 18. Debout les morts	105

OEUVRES GRAVÉES

Pages.

OSTOYA (d')	1295. — Xe Livre : N° 19. Le Dernier voyage de Guillaume	105
	1296. — N° 20. Rendez-vous, braves Serbes.	105
	1297. — XIe Livre : N° 21. L'Orage sur Berlin	106
	1298. — N° 22. Le Ciel allemand	106
	1299. — XIIe Livre : N° 23. Frédéric Barberousse	106
	1300. — N° 24. Sancho Pança. A S. M. le roi d'Espagne	106
	1301. — Le Kronprinz. Ce n'est pas César... c'est Auguste	114
	1302 à 1320. — Leurs têtes aux corbeaux. (Album.)	135
	1303. — Bethmann-Holweg	135
	1304. — Comte Zeppelin	135
	1305. — François-Joseph	120
	1306. — Général Hindenbourg	123
	1307. — Général von Bulow	135
	1308. — Général von Heeringen	136
	1309. — Général von Hoetzendorf	136
	1310. — Général von Kluck	136
	1311. — Général von Mackensen	136
	1312. — Le Kaiser	106
	1313. — Le Kronprinz	114
	1314. — Liman von Sanders	136
	1315. — Mohamed	124
	1316. — Le Prince Hans de Bulow	136
	1317. — Roi de Bavière	106
	1318. — Von der Goltz-Pacha	136
	1319. — Pendant l'orage	65
	1320. — Le Rêve de François-Joseph	120
	1321 à 1325. — Sourires et coups de sabre (5 estampes) :	
	1321. — Le Rêve de Guillaume	106
	1322. — La Garde meurt... et moi je me rends à Berlin	107
	1323. — Il l'a échappé belle	107
	1324. — La Navette (sur le front occidental).	135

		Pages.
OSTOYA (d')...	1325. — La Navette (sur le front oriental) .	135
PANN (Abel)...	1326. — Les Alliés.	78
	1327. — A qui la faute ?	270
	1328. — Bochophile et Russophile.	270
	1329. — Caïn	107
	1330. — La Classe 1935 se débrouille. . . .	270
	1331. — La Défense du foyer	220
	1332. — Le Défenseur de Paris	71
	1333. — Évacués russes	213
	1334. — Leur abri.	136
	1335. — Les Otages (enfants).	170
	1336. — Les Otages (grandes personnes) . .	170
	1337. — Plaisanterie teutonne	136
	1338. — Réquisition	136
	1339. — La Soif	78
	1340. — La Tête de l'armée.	71
	1341. — Les Traqués.	237
	1342. — Un brave.	220
	1343. — Une brave.	220
	1344. — Un héros	78
	1345. — Une victime.	159
	1346. — Le V'la ! vite, cache ta poupée. . .	220
PAULUS (Pierre)	1347. — La Fuite	213
	1348. — Funérailles de guerre	213
	1349. — Une belle victoire	137
PETIT (Gérard-Pierre).	1350. — La Vision.	238
LE PETIT PARISIEN. .	1351. — L'Héroïne de Loos	291
PIERLIS. . . .	1352. — Les Français en Alsace.	78
PIERRE	1353. — Les Fusiliers marins en Belgique .	78
	1354. — L'Allemand vampire.	170
	1355. — Après Montmirail. Prisonniers bien gardés	170
	1356. — Les Martyrs de Nomény	170
	1357. — La Mort du garde-champêtre . . .	170
	1358. — Mort de M. Simon, buraliste à Senlis.	170
	1359. — Mort d'une infirmière anglaise . .	170
	1360. — Les Otages de Coulommiers. . . .	171

	OEUVRES GRAVÉES	Pages.
PIERRE	1361. — Le 5 à 7 du « Taube allemand ». Touché!.	171
	1362. — Un enfant héroïque	171
	1363. — Zouaves chargeant une batterie allemande	78
PINAL.	1364. — Barcy. Septembre 1914.	181
	1365. — Barcy. Septembre 1914.	181
PLUMEREAU. .	1366. — A la mémoire de...	238
	1367. — Gloire à l'artillerie française et à son fidèle « 75 ».	81
POILLOT (Geo).	1368. — Généralissime Joffre	72
POIRÉ (Léopold)	1369. — Flirey. Église de Flirey (Lorraine).	155
	1370. — Pont-à-Mousson	155
	1371. — Salut à la tombe. Champenoux 1915.	220
PORTRAITS PHOTOGRAPHIQUES	1372. — Général de Castelnau	291
	1373. — Général Gallieni.	291
	1374. — Généralissime Joffre	291
	1375. — S. M. Elisabeth de Belgique. . . .	291
POULBOT . . .	1376. — Arrêtez! Chacun son tour à faire le général Joffre	220
	1377. — C'est sa main	221
	1378. — Le Cheval du capitaine.	221
	1379. — Cours dire à maman qu'on est prisonnier avec la boite au lait. . .	220
	1380. — Le Départ. Mais mon pauvre vieux, quand on nous appellera... . . .	222
	1381. — Les Éclaireurs.	222
	1382. — L'École des mousses	222
	1383. — Et si i gèle cette nuit.	271
	1384. — Et si on trouvait un petit boche...	221
	1385. — Fais attention à tes cartes, joues-tu ou joues-tu pas?.	271
	1386. — Finissez de tirer ou je descends vous botter le derrière	271
	1387. — Le Fourneau	222
	1388. — Halte-là.	222
	1389. — Heureusement que mon paletot est trop grand, ils n'ont pas vu mes mains.	221

		Pages.
POULBOT . . .	1390. — Ils nous prennent pour des artilleurs.	221
	1391. — Les Infirmières	222
	1392. — Laissons-le d'abord donner à boire.	222
	1393. — C'est un coup de fourreau de sabre.	221
	1394. — Encore un nouveau petit frère . . .	221
	1395. — Et les mômes boches ils embrassent leur père ?	221
	1396. — Ils sont là.	221
	1397. — Là, c'est un boche, je lui mets des fleurs tout de même	221
	1398. — Maman ! Maman ! Pourquoi ? . . .	221
	1399. — Oh ! moi, c'est avec des vrais petits boches que je voudrais jouer à la guerre	221
	1400. — Oui mais, il est fort, papa... . . .	221
	1401. — Pauvre petite poupée, tu entends le canon	221
	1402. — Sans l'officier, les soldats nous auraient peut-être rien fait. . .	221
	1403. — Si j'étais grand	221
	1404. — Un chien, c'est pas un boche . . .	221
	1405. — Mon pauvre vieux, t'es touché... .	271
	1406. — *Les Orphelins*	222
	1407. — *Fugitifs*.	213
	1408. — *La petite guerre*	222
	1409. — *Petits réfugiés*	213
	1410. — *Petits réfugiés*	213
	1411. — *Sur la route*.	222
	1412. — Ton seau ! c'est ton seau veux-tu ma main...	271
	1413. — *Vers l'arrière*	197
	1414. — Vous, les ignobles otages	137
POZZI	1415 à 1427. — 13 compositions enluminées.	238
PRATELLI (O.).	1428. — Le Sort de la nouvelle triplice. . .	238
PUBLICATION PRO PATRIA.	1429. — Dans la poigne des Alliés.	107
	1430. — Turpin	291
PULGAR. . . .	1431. — Laissez les enfants s'approcher de moi.	107
	1432. — La Patrie, la Foi, l'Amour	238

OEUVRES GRAVÉES

PUNCH JOURNAL. 1433. — Accomplissement 271
                1434 et 1435. — A l'exercice 272
                1436. — Au poste d'honneur 272
                1437. — Consolations in extremis. 271
                1438. — Criminel de droit commun. . . . 272
                1439. — La Délivrance de l'Alsace. 272
                1440. — La Dernière amie 271
                1441. — Dieu (et les Femmes), notre seul bouclier. 271
                1442. — Elle m'aime, un peu, beaucoup, passionnément. 272
                1443. — En avant la Russie!!. 272
                1444. — En tournée. 272
                1445. — L'Excursionniste 271
                1446. — Le Fils de Dieu 272
                1447. — Garçon de café 272
                1448. — Gargouille de Notre-Dame 272
                1449. — George V au front 272
                1450. — Grand triomphe naval 272
                1451. — Gymnastique suédoise 272
                1452. — Hier et aujourd'hui 272
                1453. — Hommes d'action 271
                1454. — Indomptable. 271
                1455. — L'Insensible Américain. 271
                1456. — « Kultur » 271
                1457. — Le Nouveau vieux dieu 271
                1458. — Nouvelle danse 272
                1459. — Pacifisme. 272
                1460. — Patriotisme. 272
                1461. — Photographie officielle 271
                1462. — Raid manqué 272
                1463. — Un chiffon de papier. 271
                1464. — Un nouveau rôle. 271
                1465. — La Victoire 272
PUTOIS . . . . . 1466. — Récompense. 239
RABIER . . . . 1467. — Je t'en prie, Chantecler, f... moi la paix 272
                1468. — 1915... Cocorico 239
RABUTEAU (J.). 1469. — Cathédrale de Reims (1429-1914) . 181

OEUVRES GRAVÉES

Pages.

RADIGUET...	1470. — La Culture française en 1914. Le sergent Jacobini.........	189
RAEMAEKERS.	1471. — Aux neutres. Qui ne proteste pas est complice...........	241
	1472 à 1505. — La Baïonnette. 34 reproductions............	240
	Het Toppunt der Beschaving.....	239
	1506 à 1518. — 1re série........	239
	1519 à 1531. — 2e série........	239
	1532 à 1544. — 3e série........	239
	1545 à 1557. — 4e série........	240
	1558 à 1570. — 5e série........	240
	1571 à 1583. — 6e série........	240
RÉGAMEY...	1584. — La Bête horrible, 1914......	107
	1585. — Le Cauchemar de Guillaume...	107
	1586. — Conflit européen 1914. Les Alliés. Et maintenant, il faut en finir avec cette bête puante de Hohenzollern :...........	108
	1587. — La Guerre à l'allemande. 1914..	272
	1588. — Nous autres, Allemands, nous ne craignons rien.. 1914......	137
	1589. — Les « Petits Belges » leur en bouchent un coin. Conflit européen, 1914.	273
	1590. — Les Tournedos bordelaises. 1914..	272
	1591. — Les voilà, les deux qui voulaient dévorer l'Europe. Conflit européen. 1914..............	108
REINTHAL, édit.	1592. — ... and bring him safely home (couleur)...............	241
	1593. — ...and bring him safely home(noir).	242
	1594. — Que votre volonté soit faite....	222
	1595. — Not my will, but thine be done..	222
	1596. — Somewhere in France.......	242
RENAULT...	1597. — Élève digne du maître.......	72
RENEFER...	1598. — *Le Kaiser mis en croix sur sa propre épée*.............	108
RENOUARD..	1599. — *Les Aveugles*..........	204
RICHARD FRITZ	1600. — Ceux qui restent.........	222

RIPART	1601. — Général French; Général Joffre, Général Pau	72
	1602. — Notre glorieux « 75 »	81
ROBERT (André)	1603. — Boutez-les hors! Jeanne d'Arc	242
	1604. — Péril jaune et péril germain	242
	1605. — Le Sacre	108
ROBIDA	1606. — L'Arrivée du Taube. Les gargouilles de Notre-Dame de Paris	242
	1607. — La Délivrance	242
ROË (Fred.) ..	1608. — Le Martyrdom of Nurse Cavell	171
ROLL	1609. — La Jeune République	242
ROSEMONT ..	1610. — Belgique	242
ROSENKRANTZ (ARILD).	1611. — When the battle's lost and won	242
ROUBILLE (A.).	1612. — Bêtes féroces	137
	1613. — Folle ambition	108
	1614. — L'Infirmière	204
	1615. — 1916	242
	1616. — Minuit chrétien	243
	1617. — Le Seigneur de la guerre	108
	1618. — Vaine poursuite	243
ROWLANDSON.	1619. — For King and Country	155
	1620. — Neuve-Chapelle	155
SALLES (Léon).	1621. — École des filles de Sermaize	181
	1622. — Mairie de Revigny. (Bataille de la Marne.)	181
SANDY-HOOK .	1623. — Le Convive inattendu	197
	1624. — Dans la forêt d'Augustowo (Russie).	156
	1625. — Dans les arbres	156
	1626. — Destruction du sous-marin U-15, par le Birmingham	159
	1627. — Général Joffre. Les estampes populaires G. W. D.	72
	1628. — L'Indien et la sentinelle	156
	1629 à 1640. — Nos Alliés. 12 estampes :	
	1629. — Artilleurs	78
	1630. — Australiens	78
	1631. — Auto blindée	78
	1632. — Aviateurs	78
	1633. — Aviateurs prisonniers	78

		Pages.
SANDY-HOOK .	1634. — Belges	78
	1635. — Écossais	78
	1636. — Indiens	78
	1637. — Japonais	78
	1638. — Monténégrins	78
	1639. — Russes	78
	1640. — Sous-marin	78
	1641. — Nuit impériale	108
	1642. — Nuit impériale (ton bleu)	108
	1643. — On ne passe pas !... votre livret militaire ! En marge de la guerre	273
	1644. — Retour du front	156
	1645. — Le Torpillage du « Falaba »	159
SAR... (Jeanne).	1646. — L'Avalanche	109
SASSO, vendeur. .	1647. — Coq gaulois, tu es le droit, tu écraseras l'aigle germanique	244
SCOTT (George).	1648. — A nos héros. La Veillée	78
	1649. — Le Drapeau	78
	1650. — Le Tambour bat, le clairon sonne...	243
SCOTT (Septimus) .	1651. — Frères d'armes	78
	1652. — Group of british and french staff officers	72
	1653. — La Promesse de la victoire	243
SEIGNAC . . .	1654. — Enfin.... 1915	243
SÉLUGES . . .	1655. — Ah ! c'te guerre....	273
	1656. — Les Étrennes à son poilu	273
	1657. — Pas de papiers, mais qu'est-ce qui me prouve...	273
	1658. — Quelle est votre situation militaire ?	273
SEM.	1659. — Le Kronprinz	114
SESBOUE . . .	1660. — Aidez-vous les uns les autres	273
	1661. — L'Entente plus que cordiale	274
S. H. & Cº . . .	1662. — Nurse Édith Cavell	291
SICILIANO. . .	1663. — Général Joffre	72
SIRAT.	1664. — Le Crime allemand. Joffre	72
SKELTON . . .	1665. — Charge of the scots greys	156
SOLOMKO . . .	1666. — Les Alliés	243
	1667. — Dans les Karpathes	148
	1668. — Va t'en	243

OEUVRES GRAVÉES

Pages.

STANLEY . . .	1669. — La Consultation du Kaiser.	110
	1670. — La Toilette du Kaiser	110
STEINLEN . . .	1671. — *Aide aux mutilés*	243
	1672. — *Aide aux mutilés*	243
	1673. — *Aide aux mutilés*	243
	1674. — *L'Aide aux mutilés de la guerre*	204
	1675. — *Le Bouclier*	171
	1676. — Chiens errants	198
	1677. — Convalescents	204
	1678. — Le Coup de vent vers l'inconnu	213
	1679. — Courageuse	222
	1680. — *Deux Poilus*	78
	1681. — Errant	214
	1682. — *Évacués*	214
	1683. — *Évacués*	214
	1684. — Les Évacués	214
	1685. — L'Exode belge	214
	1686. — L'Exode 1915	214
	1687. — Familles en fuite, près d'Anvers	214
	1688. — La Gloire	223
	1689. — Les Internés. Les entrées dans les geôles en Allemagne	214
	1690. — Le Légionnaire	78
	1691. — Le Légionnaire en pied	78
	1692. — La Marseillaise	244
	1693. — Les Orphelins de la guerre	223
	1694. — Les Otages. Sorties des geôles en Allemagne	214
	1695. — Pour les familles dispersées	223
	1696. — Pour les fillettes des soldats tombés au champ d'honneur	223
	1697 à 1700. — 4 eaux-fortes	198
	1701. — La République nous appelle	244
	1702. — Le Secours national	204
	1703. — Sous la botte	137
	1704. — Les Trois compagnons	204
	1705. — Veuve d'un louis	274
SYNAVE . . .	1706. — Le Crapaud et la fleur	244
	1707. — La Lettre à p'tit père	233

OEUVRES GRAVÉES

		Pages.
SYNAVE	1708. — Le Ministère de la défense nationale.	66
	1709. — Le Tricot pour papa.	223
	1710. — Un civil. Un poilu	274
TABOURET	1711. — Contre la Croix-Rouge	204
	1712. — Paris allemand ?... pas encore.	274
TAMAGNO	1713. — Albert Ier, roi des Belges	292
	1714. — Feld-Maréchal French.	292
	1715. — Général Joffre	292
TAP	1716. — Au front.	274
	1717. — Le Binettoscope.	72
	1718. — Le Bon cuisinier	109
	1719. — La Kultur Germanique en 1914	171
	1720. — La Kultur Germanique en 1914	171
	1721. — La Kultur Germanique en 1914	171
	1722. — Le Malheureux jardinier.	120
	1723. — Les Plaies	274
	1724. — *Saint-Pierre et le vieux bon dieu*	274
	1725. — Une vraie nuit à zeppelins.	274
TAYLER-CHEVALLIER	1726. — Croiseur coulant un sous-marin	159
TENRÉ	1727. — Le Banc de l'entente	274
THÉRON	1728. — J'ai beau serrer, je ne puis l'empêcher de crier	137
THIERS	1729. — Enfin !!!	292
	1730. — Tyrans, descendez au cercueil	109
THOMASSE	1731. — Cent ans après	244
	1732. — Gloire au canon de « 75 »	91
	1733. — Haut les cœurs.	244
TOFANI	1734. — Le Nouveau Saint-Georges	244
	1735. — Le Serment des alliés	244
TROUSSARD	1736. — Ceux-là, au moins, on ne me les prendra pas	110
	1737. — François-Joseph organise la mobilisation de ses troupes	121
TRUCHET (Abel)	1738. — Les Affaires.	274
	1739. — Les Anglais	275
	1740. — Anniversaire.	110
	1741. — Berliner Tageblatt	275
	1742. — Les Bouches inutiles	275
	1743. — La Cathédrale	137

OEUVRES GRAVÉES

			Pages.
TRUCHET (Abel)	1744.	— Chanson d'avril.	275
	1745.	— Les Cloches s'en vont à Rome	275
	1746.	— Combat naval	275
	1747.	— Le Communiqué	275
	1748.	— Les Conquérants	137
	1749.	— Les Coqs. Bravo! mon frère	245
	1750.	— Debout les morts !	245
	1751.	— L'Embusqué	275
	1752.	— En Champagne	275
	1753.	— Féminisme	275
	1754.	— La Galette des rois	110
	1755.	— La Guerre économique	275
	1756.	— La Gueuse va bien finir par m'apercevoir	121
	1757.	— Herr Frégoli	137
	1758.	— Les Lâches	137
	1759.	— La Lettre du p'tit homme	276
	1760.	— La Mode	276
	1761.	— Les Monstres	138
	1762.	— Optimisme	276
	1763.	— L'Ordinaire	110
	1764.	— L'Ordonnance	276
	1765.	— Permissionnaire	276
	1766.	— Les Poilus	276
	1767.	— Préparation militaire	138
	1768.	— Printemps	245
	1769.	— 14 Juillet	276
	1770.	— 14 Juillet 1915	245
	1771.	— Rapatriement	171
	1772.	— Récits de guerre	276
	1773.	— Les Reliques	245
	1774.	— Semailles	245
	1775.	— La Survivante	245
	1776.	— Les Tranchées pacifiques	276
	1777.	— Le Tuyau	278
	1778.	— L'Uniforme	277
	1779.	— Vers l'intervention	110
	1780.	— Les Villes martyres	277
VALLÉE (Georges).	1781.	— L'Allemagne encerclée	110

			Pages.
VALLÉE (Georges).	1782.	— Les Chiens de Germania.	110
VALLET (R.).	1783.	— Gavrocheries : Espions de marque.	277
	1784.	— Les Gaz asphixiants	277
	1785.	— Soif de brute.	277
	1786.	— La Terreur des boches.	277
VALVÉRANE.	1787.	— La Culture française en 1914. Les Combats de fusiliers marins à Ypres	156
	1788.	— La mort de Jean Bouin	190
	1789.	— La Mort héroïque du jeune Émile Desprès	190
	1790.	— Nos héroïques turcos	156
VARGUEZ-DIAZ.	1791.	— Dans les ruines.	204
	1792.	— Les Mères. Dévouement	223
	1793.	— Les Mères pleurantes. devant les ruines.	223
	1794.	— Les Rois mages.	245
VEBER (Jean).	1795.	— Ah ! j'en ai vu... 1914.	204
	1796.	— L'Arbre a des drapeaux.	245
	1797.	— Aux armes !	190
	1798.	— La Brute est lâchée. 1914	138
	1799.	— La Brute est lâchée (couleur).	138
	1800.	— La Chasse est ouverte (avant la lettre).	110
	1801.	— La Chasse est ouverte (après la lettre).	110
	1802.	— Le Curé de Moyenvic	172
	1803.	— Le 10 août, à Dannemarie.	172
	1804.	— Août 1914, à Linsmeau	172
	1805.	— En Lorraine, près Martincourt	156
	1806.	— Le 8 août, en Belgique, ils ont fusillé...	172
	1807.	— Marmites... pots de fleurs... pruneaux..., etc.	277
	1808.	— Nous sommes unis dans la détresse et dans la mort.	190
	1809.	— Le petit héros de Magny.	172
	1810.	— Première victoire.	172
	1811.	— *Un soldat allemand menace une fillette.*	198

VEBER (Jean) . .	1812. — La Ville de Paris, au mois d'août 1914.	246
	1813. — Vive l'Angleterre!.	246
VERDEAU . . .	1814. — A Carpathes!.	121
	1815. — La Rupture	121
VIGNOLA . . .	1816. — 1915. Campagne d'Allemagne, d'après Meissonnier	111
VILLEMINOT (J.)	1817. — Cré nom de nom! c'est bien ma veine	278
VINCENT (René)	1818. — *Avant la guerre*.	278
	1819. — *Le Départ*	278
	1820. — Le Départ de l'Ambusqué	278
	1821. — *Pendant la guerre*.	278
	1822. — Le Retour de l'Ambusqué	278
VINCENT-ANGLADE . .	1823. — Le Rêve	246
VINCK.	1824. — A la poursuite du maudit	111
VION (Raoul). Erratum, lire : DION .	1825. — A la baïonnette.	246
	1826. — *La Justice poursuivant le crime* . . .	111
	1827. — Leur première victoire.	172
	1828. — Leur tirelire	223
	1829. — 1915.	246
	1830. — Le Noël du Kronprinz.	115
VOURY	1831. — Une belle histoire.	66
WAIDMANN . .	1832. — Les Cloches de Magnures. Environs de Gerbeviller	181
	1833. — Gerbeviller.	182
WARNOD . . .	1834. — Dans un camp de prisonniers (l'hôpital)	214
	1835. — Dans un camp de prisonniers (le poteau)	214
	1836. — Prisonnier de guerre	214
	1837. — Prisonniers de guerre.	214
WEAL.	1838. — Benoît XV .	143
	1839. — Général Joffre	72
	1840. — Guillaume II .	111
	1841. — Président Wilson.	143
WEISSER (Ch.).	1842. — Le Dernier habitant.	284
	1843. — Inviolable	182

		Pages.
WEISSER (Ch.).	1844. — Plus fort que la mort, l'instinct le ramène à la tombe de son maître.	284
WIDHOPFF	1845. — Classe 1917.	246
	1846. — La Classe 1934	246
	1847. — Frère. The martyr 1915.	172
WILKINSON	1848. — Bataille navale d'Heligoland	156
WILLETTE	1849. — Au profit de l'hôpital militaire de Saint-Ay.	246
	1850. — Au seuil du Vatican.	247
	1851. — *Bénédiction d'une tombe*	247
	1852. — La Bêtise au front de taureau est vaincue par la France.	247
	1853. — Chant des Girondins	223
	1854. — Dans nos tranchées.	279
	1855. — Grâce! je suis une petite fille!	224
	1856. — Jugé par l'histoire	111
	1857. — Mais regarde-toi donc mourir...	247
	1858. — Marche et défilé en Belgique et en France de l'armée du crime	280
	1859. — Le Retour du boche dans ses foyers.	138
	1860. — Les Semailles.	247
	1861. — Terteif!... ce n'est pas mon vieux bon Dieu.	111
	1862. — Texte de l'estampe : Grâce! je suis une petite fille	224
	1863. — La Vraie culture	247

POULBOT. — « Sans c'tte chameau d' concierge, on gagnait la bataille. »

L'original fait partie de la collection Henri LARUSSE.

ŒUVRES ORIGINALES

DESSINS, AQUARELLES, PEINTURES.

LISTE ALPHABÉTIQUE

DES NOMS D'ARTISTES

NOTA. — Les numéros des originaux sont précédés du chiffre zéro.

ŒUVRES ORIGINALES

		Pages.
ALBA (d') . . .	01. — Auberge du Cheval blanc	249
	02. — Le Bombardement de Thann. . . .	249
	03. — Chez eux. Fabrication du pain K. K.	248
	04. — Dans les tranchées	248
	05. — De mal en pis...	249
	06. — Sauvé	249
	07. — En Allemagne	249
	08. — Les Envois utiles	249
	09. — L'Escargot	248
	010. — Esprit d'imitation.	248
	011. — L'Esprit des choses	248
	012. — Gardien du drapeau.	248
	013. — Jusqu'à leurs chiens	248
	014. — Leur odorat	249
	015. — Leur politesse envers les soldats . .	248
	016. — Maisons bombardées	248
	017. — Le Moderne Néron	248
	018. — Mon Dieu ! Ils sont lourds.	249
	019. — Les Nouvelles recrues.	248
	020. — *Poilu portant un blessé.*	248
	021. — Visions de guerre. L'évacué	248
ANONYME . . .	022. — Déménagement du harem	122
ARNOUX (Guy).	023. — C'était un grenadier qui revenait des Flandres	191
	024. — *Dragon*	191
AUFRAY. . . .	025. — En patrouille, au Godat	184
BENITO	026. — *Femme évacuée*	215
BIBIKOFF (Mlle) .	027. — Cosaque de l'Oural	73

		Pages.
BOGNARD . . .	028. — Aux gavroches belges	230
BUSSON	029. — Ier Spahi marocain	74
BUSTAMENTE .	030. — « Et je le croyais déplumé »	87
CADEL (Eug.) . .	031. — La Bistrocratie	252
	032. — *La Lettre du front*	215
	033. — *La Marche à l'étoile*	229
	034. — *Pieux pèlerinage*	216
CAPPIELLO . .	035. — Les Loustics	252
CARLUS	036. — Au doux pays de l'industrie . . .	253
	037. — L'Impérial gâteux	116
	038. — Kamerad ! Kamerad !	253
	039. — Le Marmarasme	253
	040. — Ti viens voir	253
	041. — Les Veinards ! i's battent dans les caves !	253
CARREY	042. — *Cosaques chargeant*	74
CHANOT	043. — Les Envahisseurs. Fusillez-le . .	128
	044. — Qu'il soit avec nous	230
CHARME	045. — *Vue de Reims*	176
CHOQUET . . .	046. — *A l'assaut d'une tranchée allemande* .	151
COMBE	047. — Chasseurs alpins	74
DEWAMBEZ (A).	048. — *Dans un village*	192
	049. — *Tranchées françaises et ennemies* . . .	192
DOMERGUE (Géo).	050. — *Année 1916*	232
	051. — Délikatesse boche	161
	052. — l'auvre proprio	253
DOMERGUE (Jean-Gabriel)	053. — *Paul Déroulède*	288
	054. — *Un artilleur*	75
DRAMIS	055. — La Fosse Calonne	176
FABIANO	056. — La Première leçon	187
FAG	057. — La Ferme Bareims	176
	058. — La Maison rouge	177
FAIVRE (Abel) .	059. — *(Sans titre)*	129
FELIU (Manel) .	060. — Les Sublimes Croix-Rouges	201
FORAIN (Jean-Louis)	061. — Et les cure-dents ?	259
FOUQUERAY (Ch.)	062. — *Charge à la baïonnette*	152
	063. — La Sonate dans les ruines	177
GALANIS	064. — L'Évacuation	131
GAZAN (H.) . . .	065. — Les Loups	233

		Pages.
GAZAN (H.)	066. — Le Réchaud du soldat.	193
	067. — Troupe de couverture.	193
GENNARO (G. de)	068. — M. Millerand.	288
	069. — Par la confiance et le courage, la justice triompher.	233
GERVAIS.	070. — « ... Il est pistonné ».	262
	071. — « Je n'appelle plus ma fille « Germaine » ».	262
	072. — « Maman a pris le train ce matin ».	262
	073. — Mon père à moi...	262
	074. — « Y s'appelle Guillaume ».	262
GOLIA.	075. — « Little von Tips has lost ».	262
	076. — 1870. XX Septembre 1915.	117
GRANDJOUAN.	077. — Les Neutres.	262
HAMPOL (d').	078. — L'Aigle allemand en 1916.	263
HENRIET.	079. — Moi je continue.	263
	080. — Le Torpillage de l'Ancona.	158
HERMANN-PAUL	081. — La Bague.	131
	082. — La Dernière guerre.	218
HORATIO.	083. — « Ça va très mal, l'ennemi a pris... »	265
	084. — « Et si l'Espagnol nous affame ».	265
	085. — Que signifie ce grand cheval de bois ?	265
JANUS.	086. — *Est-il en cuivre ?*	97
JODELET.	087. — Ablain-St-Nazaire.	194
	088. — Ablain-St-Nazaire. Le guetteur.	194
	089. — Aix-la-Noulette. La relève.	194
	090. — Goumier conduisant des prisonniers.	194
	091. — Les Gosses du front.	266
	092. — Les Majors allemands.	202
	093. — N.-D.-de-Lorette. Ma cagna de la Haie.	194
	094. — Poste d'écoute.	194
	095. — La Relève.	194
JONAS (Lucien).	096. — *L'Aumônier Narp.*	289
	097. — *Le Conciliabule d'officiers.*	70
	098. — *La Dernière lettre.*	218
	099. — *Les Grands blessés.*	203
	0100. — *Officier allemand prisonnier.*	212
	0101. — *Le Soldat Pétrol.*	289

		Pages.
JONAS.	0102. — *Soldats se reposant*	194
	0103. — Toussaint de 1914	218
LACAILLE	0104. — Marne. Le coup de massue	98
	0105. — Przemysl. Le coup de massue	98
LALAUZE.	0106. — *En reconnaissance*	194
LAURI.	0107. — *Le Plongeon*	267
LÉANDRE	0108. — C'est à en perdre la tête	99
	0109. — Germania. L'Allemagne satisfaite. Sa « Kultur »	99
LEKA	0110. — Le Deutsch kupidon	267
	0111 à 0315. — 204 originaux	267
LOBEL-RICHE	0316. — Clermont-en-Argonne	179
	0317. — Clermont-en-Argonne. Route de Verdun. La rue principale	179
	0318. — La Cuistance des artiflots	195
	0319. — Le Cuistot sommelier	195
LORTAC	0320. — Dans une tranchée à Ablain-St-Nazaire	195
	0321. — Quelques diables bleus	195
MAB.	0322 à 0335. — Compositions décoratives	195
MALCONN	0336. — Alpin	77
	0337. — Anglais dans la tranchée	77
	0338. — Spahis et hussard de la mort	77
	0339. — Turco	77
MALESPINA	0340. — *Un convoi*	196
MALHERBE.	0341. — 14 têtes de boches	134
MANFREDINI.	0342. — L'Angélus	134
	0343. — Le Bruit court...	134
	0344. — Comme à Berlin	100
	0345. — Deux mots !... François-Joseph	119
	0346. — D'une minute à l'autre	119
	0347. — Gavroche prisonnier	268
	0348. — Du Kuivre, des Kanons !!	203
	0349. — « Kommuniqué »	101
	0350. — L'Opération finale	101
	0351. — Réorganisons !!	268
	0352. — Les Rois	101
	0353. — La Situation à Vienne	119
	0354. — La Tournée de l'archiduc	119

OEUVRES ORIGINALES

		Pages.
NAMUR	0355. — La Grande rue	180
	0356 à 0377. — 22 dessins au crayon. . . .	269
	0378 à 0388. — Croquis de guerre au crayon.	196
NEDGE.	0389. — Comment il rêve d'entrer au Caire.	102
	0390. — *Le Kaiser dans une plaine couverte de croix*	102
NIKÉ.	0391. — *Le Kronprinz avec sa famille*. . . .	114
ORANGE. . . .	0392. — Fatha, tirailleur marocain.	77
OSTOYA (d'). .	0393 à 0417. Étude du boche. 24 dessins . .	135
	0418. — Coburgus, bochus princeps	125
	0419. — Mehemmed V	120
PELLUS	0420. — *Étude de tête*	291
POULBOT . . .	0421. — *Le Blessé*.	270
	0422. — Qu'est-ce que c'est que ces deux là ?.	271
	0423. — Toi, tu regardes la bataille sans rien faire...	271
RAMIRO-ARRUE	0424. — Le Mot de Cambronne	142
	0425. — *Un blessé*.	204
REDON (Georges)	0426. — Aux héros de la défense de Verdun.	241
RENEFER. . . .	0427 à 0432. — Croquis. Aquarelles	197
	0433. — *Soldats au repos*	197
	0434. — *Un soldat observateur*	197
SANDY-HOOK. .	0435. — *Torpillage du « Falaba »*	159
SÉLUGES. . . .	0436 à 0448. — Originaux	273
	0449. — Pas le syllabus !	109
STEINLEN . . .	0450. — *La France embrasse un mutilé* . . .	243
	0451. — Pour les réfugiés de la Meuse . . .	244
TABART	0452. — Marocain (Casablanca)	78
	0453. — *Tirailleur algérien*	78
TAP	0454. — Impression d'art	109
	0455. — 26 août 1914, près de Malines . . .	171
THIBAUDEAU (J.)	0456. — Épisode de la vie à Reims pendant un bombardement.	181
THOMASSE. . .	0457. — Le Châtiment d'un monstre. . . .	100
TOFANI	0458. — Le Nouveau Saint-Georges	244
	0459. — Le Serment des Alliés.	244
TRUCHET (Abel).	0460. — Camard !	275
	0461. — Printemps.	245
	0462. — Travaux agricoles.	138

58 OEUVRES ORIGINALES

		Pages.
VALLÉE	0463. — L'Allemagne fatiguée.	110
	0464. — Les Chiens de Germania	110
VALVERANE . .	0465. — *Turcos attaquant à la baïonnette*. . .	156
VIGNAL (Pierre).	0466. — *Pargny-sur-Saulx*.	181
WENDT	0467 à 0487. — Durant la guerre 1914-1915. Fantaisies humoristiques	278
	0488 à 0494. — Produits variés de culture impériale et royale.	279

ILLUSTRATIONS HORS TEXTE

(Les originaux font partie de la collection Henri LEBLANC)

CADEL (E.) . . .	La Bistrocratie	252
DEVAMBEZ (A.)..	Le Retour de la patrouille	294
FAIVRE (A.) . . .	La Mission allemande à Athènes	138
FORAIN (J.-L.). .	Et les cure-dents	190
HERMANN-PAUL.	La Bague.	82
JONAS (L.) . . .	Les Grands blessés	204
LÉANDRE (C.) . .	Germania	11
NEUMONT (M.). .	Devant Verdun	354
POULBOT	Sans c'tte chameau de concierge on gagnait la bataille	50
STEINLEN	Pour les réfugiés de la Meuse	320
TRUCHET (A.) . .	Printemps . , ...	280
WILLETTE (A.). .	Comme l'Empereur	400

NOTICES ANALYTIQUES

SUR LES

ESTAMPES ET LES ORIGINAUX

TABLEAU SYNOPTIQUE DU CLASSEMENT

DES ESTAMPES ET DES ORIGINAUX

(DIVISIONS ET SÉRIES)

		Pages.
LA FRANCE ET SES ALLIÉS	Nations et chefs d'États alliés	63
—	Officiers généraux	67
—	Troupes, costumes	73
—	Artillerie	80
L'ALLEMAGNE ET SES ALLIÉS	Le Kaiser, Germania, Kultur	85
—	Le Kronprinz	112
—	François-Joseph Ier	116
—	Mehemmed V	122
—	Ferdinand Ier	125
—	Troupes, Soldats, Officiers	126
LES NEUTRES	Les Neutres	139
LA LUTTE	Mobilisation	147
—	Batailles, Combats, Sièges	149
—	Guerre aérienne et sous-marine	157
—	Barbaries allemandes	160
—	Monuments, Ruines, Dévastations	173
—	Gestes et mots héroïques	183
—	La vie du soldat dans la tranchée et à l'arrière	191
LES AUXILIAIRES	Services de santé, Ambulances	
	Hôpitaux	201
—	Compositions religieuses	205
HORS DES CHAMPS DE BATAILLE	Prisonniers, Otages, Réfugiés	211
—	Familles des combattants	215
COMPOSITIONS D'ORDRE GÉNÉRAL	Compositions allégoriques, patriotiques, sentimentales	227
—	Compositions humoristiques, satiriques	248
—	Animaux	281
PORTRAITS	Portraits	285

LA FRANCE ET SES ALLIÉS

NATIONS ET CHEFS D'ÉTATS ALLIÉS

122 — BERNARD (Édouard). — **Hommage à S. M. Albert.** — Le roi Albert est à cheval. Une République, planant sous les plis du drapeau tricolore, couronne le roi de lauriers.

<small>Lithographie en couleurs. — H. 37.8. — L. 29.</small>

164 — BOUCHET (A). — **Sous la rafale (Under the Avalanche).** — *Le roi Albert, en uniforme de sous-lieutenant, dirigeait lui-même le feu des tranchées, tandis que la reine Elisabeth soignait les blessés.*
(*Les journaux*) Combat d'Ypres, 20 novembre 1914 (1).

<small>Lithographie en couleurs. — Librairie de l'Estampe, 68, Chaussée d'Antin. Paris. — H. 30. — L. 38,2.</small>

178 — BOURGONNIER. — **L'Ogre et le Petit Poucet.** — Le Petit Poucet, c'est-à-dire le roi des Belges, arrache au géant ivre, l'une de ses bottes.

<small>Lithographie 1915. — H. 29. — L. 41.</small>

254 — CARLUS (Jacques). — **La Magnifique Serbie.** — La Serbie, toute petite, répond à l'attaque du terrible vautour allemand.

<small>Lithographie en couleurs. — H. 45,5. — L. 32.</small>

307 — COLOMBO (H). [Édit. Genève.] — **La France accueille la Belgique. 1914.**

   « *O Belgique héroïque et dont le sort nous navre.*
   Toi qui cédas au nombre des vainqueurs,
   O notre sœur, voici le port, voici le havre,
   Et, pleins d'amour, voici nos cœurs. »

La Belgique, fuyant son pays ravagé, trouve un refuge au Havre et une protection sur la poitrine d'un soldat français brandissant le drapeau tricolore.

<small>Photolitho Renaux Rojoux Scanfelberger, Genève. — H. 38. — L. 26.</small>

---

(1) Tous les textes *en italiques* font partie de l'estampe. Les textes en romain sont du rédacteur du catalogue.

308   **Les Vaillants alliés.** — En médaillons : roi de Belgique, général Leman, George V, maréchal French, Nicolas II, général Rennenkampf, général Joffre, général Pau, Poincaré, général Castelnau, général Galliéni, Pierre Ier de Serbie, prince Alexandre, Mikado, roi du Monténégro, prince Danilo. Drapeaux, écussons, lauriers encadrant le tout.

Procédé industriel. — H. 47. — L. 31.

501 — FAIVRE (Abel). — **La Louve du Capitole.** — Elle a brisé sa chaîne et regarde en grondant du côté de l'Allemagne.

Reproduction lithographique. Épreuve signée par l'artiste. — H. 28. — L. 28.

699 — GOTTLOB. — **Knock out !** — *A tête carrée, poing carré.* — Le Président de la République envoie au kaiser un magistral coup de poing.

Lithographie en couleurs. n° 1. — Copyright H. Wagram, 48, rue de la Victoire, Paris. — H. 47,5. — L. 28,5.

724 — HANRIOT. — **Un roi soldat.** — « *Depuis le commencement des hostilités, le vaillant roi des Belges partage l'existence et les dangers de son armée. On peut le voir souvent dans les tranchées, au milieu de ses soldats, les encourageant de sa présence et faisant même le coup de feu contre les Allemands.* »
Épisodes de la guerre. 1914.

Les Estampes populaires G. W. D. n° 2. Procédé industriel en couleurs. — H. 26,6. — L. 33.

733 — HARMON-VEDER (Simon). — **Les Alliés en 1914.** — (*Princes Indiens au front*), *le Maharajah de Cooch Behar, le Maharajah de Patiala, le Maharajah de Bikanir, le Maharajah de Kishangarth, Sir Pertab Singh.*

Photogravure en couleurs. — Les Arts graphiques, édit. Vincennes. — Impr. Pulman, Londres. — H. 20. — L. 30.

981 — LÉANDRE. — La Résistance belge. Le roi des Belges armé d'un fusil. A droite, sur un rebord de terrain, le lion belge déchire la poitrine de l'aigle allemand.

Reproduction en couleurs. 1914. — Édit. A. G. L., rue du Delta, Paris. H. 41. — L. 30.

1012 — LEPÈRE (A.). — **Le Paysan russe.** — Les hommes jeunes se battent au loin ; le vieillard, resté au village, ensemence les sillons.

Bois original, signé par l'artiste. — Sagot, édit. Paris. — H. 20,5. — L. 15.

1013 **Le Roi Pierre.**

Bois original, signé par l'artiste. — Sagot, édit. Paris. — H. 20,5. — L. 15.

1004   **Le Tzar en costume de sacre.**
      Bois original, signé par l'auteur. — Sagot. édit. Paris. — H. 21. — L. 14.

1036 — LEVEN et LEMONIER. — **L'Italie intervient dans le conflit européen aux côtés des alliés... Vive l'Italie !** — Les alliés sont rangés dans une tranchée ; l'Italie, armée d'un fusil, vient se joindre à eux et leur serre la main.
      Lithographie en couleurs. 1915. — H. 30. L. 47.

1066 — MADA. — **Albert I**^{er}.
      « *Il était sous Anvers à la tête des siens,*
      Au barbare opposant sa loyale patrie.
      Il se joignit à nous et conserve en ses mains
      Le fer qui vengera la Belgique meurtrie. »
      Reproduction lithographique d'un dessin à la plume. — Delaporte et fils, édit. Paris. — H. 38,5. — L. 28,5.

1069 — MAGLIN (F.). — **Souvenir de la guerre de 1914.** — S. M. Albert Ier, *roi de Belgique, soldat du droit, de la loi, de la liberté.*
      « *Grand roi, héros simple et sublime,*
      En qui ton peuple s'incarna
      Pour nous préserver de l'abîme,
      Vers ta face, aube sur la cîme,
      Le monde entier chante Hosanna ! »
                                        Jean RICHEPIN (de l'Académie Française).
      Procédé en couleurs. — Imprimerie du Croissant, Paris. — H. 19. — L. 24.

1074 — MAGNIEN. — **1914. Gloire à notre armée et à nos Alliés.** — Seize médaillons sont fixés sur une porte architecturale aux colonnes d'un ionique grec. Quatre chefs d'État occupent l'entablement : tzar, roi d'Angleterre, roi de Belgique, Poincaré. Sur les fûts de colonne s'étagent : Castelnau, Pau, Eydoux, Dubail, grand-duc Nicolas, Rennenkampf, Leman, French, Foch, Maunoury, Galliéni, Joffre.
      Procédé en couleurs. — Édit. Geligné, Paris. — H. 26. — L. 17,7.

1227 — NEUMONT (Maurice). — **1914-1915. Le Roi des braves devant l'Histoire.** — *Excusez-moi de me présenter couvert de poussière.* — *Vous n'êtes pas rempli de poussière, Sire, vous êtes rempli de gloire.*
                              (*L'histoire du roi des Belges.*)
      Estampe n° 7, à S. M. Albert Ier.
      Procédé en couleurs. — A. Lasnier, édit. Paris. — H. 44. — L. 28.

1319 — OSTOYA (d'). — **Pendant l'orage.** — *Hommage des mères polonaises à la Suisse hospitalière. 1914-1915.*
      Lithographie sur chine et japon, signée par l'auteur. Remarque à droite. — H. 38,2. — L. 33,2.

1276 **Hommage de la Pologne à la Belgique.** — *La Pologne : prenez cette palme, Sire, pour moi elle fut le symbole du martyre, pour vous elle sera celui de la victoire.*

Lithographie. Remarque à droite. Épreuve signée par l'auteur. — H. 37,5. — L. 33.2.

1708 — SYNAVE. — **L'Union sacrée.** — **Le Ministère de la Défense nationale.** — *Toutes les compétences. Toutes les énergies.* — Têtes de MM. Briand, Galliéni, Lacaze, Méline, Malvy, Bourgeois, de Freycinet, Combes, Viviani, Ribot, Sembat, Cambon, Doumergue, Painlevé, Guesde, Godart, Besnard, Denys-Cochin, Clémentel, Métin, Thomas, Thierry, Nail, Dalimier.

Croquis lithographiés. — H. 94. — L. 66.

1831 — VOURY. — **Une belle histoire.** — Quatre compositions relatives à l'invasion de la Belgique et au rôle glorieux du roi Albert.

Photogravure. — H. 20. — L. 30.

OFFICIERS GÉNÉRAUX

11 — ANONYME. — **Joffre, « commandant en chef des armées de la Troisième République ». 1914-1915.** — *Joffre Joseph-Jacques-Césaire), né le 12 janvier 1852, à Rivesaltes (Pyrénées-Orientales), entre à l'Ecole Polytechnique en 1866, sous-lieutenant en 1870, lieutenant en 1872, capitaine en 1876, chef d'escadron en 1889, lieutenant-colonel en 1894, colonel en 1897, général de brigade en 1901, général de division en 1905, chef d'état-major de l'armée en 1911, chevalier de la Légion d'honneur en 1885, officier en 1894, commandeur en 1903, grand-officier en 1909.*
Décoré de la Médaille Militaire, le 26 novembre 1914.

<small>Procédé en couleurs. — Imp. boulevard Raspail, 99, Paris. — H. 49. — L. 27.</small>

129 — BESNIER (F.). — **Guerre libératrice de 1914. Bataille de la Marne 7-15 septembre 1914.** — *Les Allemands avaient formé le projet d'entrer à Paris en quinze jours. Ils s'avancèrent en masses profondes vers la Sambre et la Meuse, quoique très gênés par la vaillance et la loyauté des Belges. Le généralissime Joffre se replia savamment et glorieusement en faisant subir de grosses pertes à l'ennemi, il forma son armée en demi-cercle jusqu'au nord de la Marne et reprit alors une irrésistible offensive. La bataille dura sept jours et sept nuits, les Allemands partout culbutés par les armées franco-anglaises se retirèrent en desordre vers le Nord, nous laissant un grand nombre de prisonniers et un gros matériel de guerre.*
Cette estampe est la sixième...

<small>Procédé en couleurs. — Passage du Caire, Paris. — Schneider et Cⁱᵉ. — H. 22. — L. 37.</small>

136 — **Guerre libératrice de 1914. Nos grands chefs militaires.** — *Joffre, généralissime des armées françaises, maréchal French, commandant en chef de l'armée anglaise d'opérations, général de Castelnau, général Pau, général Galliéni, général Foch, général Maunoury, général Dubail.*
Cette estampe est la cinquième....

<small>Procédé en couleurs. — Passage du Caire, Paris. — H. 22. — L. 38.</small>

149 — BOCCHINO. — **Joffre, généralissime des armées françaises. Gloire à nos héroïques soldats.** — Joffre, en pied, est vu de trois-quarts.

Derrière le chef, des dragons; une jeune Gauloise, à cheval, tient le drapeau français.

Procédé en couleurs. — G. Delberque, 6, rue Schœlcher, Paris. — H. 43. — L. 28.

163 — BOUCHET (A.). — **L'Œil du maître. The master's eye.** — Le général Joffre sur le champ de bataille.

Lithographie en couleurs. — Librairie de l'Estampe, Paris. — H. 39. — L. 38,2.

263 — CARREY (H.). — **Le Général Joffre à Thann.** — « *Notre retour est définitif, vous êtes Français pour toujours... Je suis la France, vous êtes l'Alsace, je vous apporte le baiser de la France.* » Paroles du général Joffre à des Alsaciens, à une fillette qui lui offre un bouquet.

Procédé en couleurs. — H. 36. — L. 25.

293 — CHANTEAU (A. et G.). — **A Joffre.**

« *Gloire à toi devant qui recule*
L'odieux monstre épouvanté !!!
Que ton glaive, ô nouvel Hercule,
En délivre l'humanité !..... »

Joffre, à cheval, terrasse la pieuvre.

Lithographie en couleurs. — Imp. Bouquet, 182, rue Lafayette, Paris. — H. 47. — L. 30,2.

337 — DELLEPIANE (D.). — **1914. Souvenir de la guerre.** — Diplôme pour inscriptions.

A droite, le général Joffre montre un point sur une carte. A gauche, le drapeau.

Photogravure. — Imprimerie Noullot, Marseille. — H. 24. — L. 16,2.

458, 459. — DUTAILLY. — **Le Serment d'adieux. Épisode de la grande guerre.** — *Paroles mémorables du général :*

« *Va, mon fils, tu as la plus belle mort qu'on puisse souhaiter, je te jure que nos armées te vengeront en vengeant toutes les familles françaises.* »

Procédé en couleurs. Une épreuve en noir. — Édit. Camis. — H. 40. — L. 38,6.

461 **Vaincre ou mourir. Veille de la grande bataille de la Marne** — *Message du commandant en chef, 6 septembre, 9 heures :*

« *Au moment où s'engage une bataille dont dépend le sort du pays, il importe de rappeler à tous que le moment n'est plus de regarder en arrière. Tous les efforts doivent être employés à attaquer et refouler l'ennemi. Une troupe qui ne peut presque plus avancer devra, coûte que coûte, garder le terrain conquis et se faire tuer sur place plutôt que reculer. Dans les circonstances actuelles aucune défaillance ne peut être tolérée.*

» Signé : Joffre. »

Le général, sur un perron, harangue des troupes.

Héliogravure. — Imp. Camis. — H. 21. — L. 31.

462 **Vaincre ou mourir. Veille de la grande bataille de la Marne.** — Le général Joffre, sur un perron, harangue les troupes.

Procédé en couleurs. — Imp. Camis. — H. 39,5. — L. 56.

466 — DUVENT (Ch.). — **Le Général Gouraud.** — Assis sur le rebord d'une embarcation. A l'horizon : côtes fortifiées.

Photogravure, ton carmin. — H. 27. — L. 20,5.

467 **Le Général Pau en Lorraine.** — Dans un bois. Au second plan, des cavaliers; plus loin, un village.

Photogravure en couleurs. — H. 25,2. — L. 19,8.

468 — EHRMANN (édit.). — **La guerre 1914-1915. L'armée française, le Général Joffre, les principaux généraux.** — De Castelnau, Dubail, Foch, Joffre, Maunoury, Galliéni, Pau.

Sous ces portraits, marchent des soldats de toutes armes.

Photogravure. — Éditions Pro Patria, Paris. — Phot. Branger, Harlingue et Henri Manuel. — H. 27. — L. 41,5.

471 **L'Organisateur de la victoire. Le Général Joffre.**
Le général est au premier plan, une carte dans la main. Derrière, des batteries, des cavaliers, des fantassins. Dans le ciel, des aéroplanes, des apparitions symboliques.

Photogravure. — Pro Patria. Édition. — H. 28. — L. 42.

692 — GOTTLOB. — **La Partie d'échecs.** — **Hein! je vous les grignotte!** — Dans cette partie que jouent le kaiser et le général Joffre, Joffre a l'avantage.

Lithographie en couleurs. n° 3. — H. Wagram, édit., Paris. — H. 17. — L. 28,2.

693 **Le Petit cadeau. « J'offre..., avec ses meilleurs souhaits pour 1915. »** — Notre généralissime présente au kaiser un joli obus de 75, entouré d'une faveur tricolore.

Lithographie en couleurs, n° 3. — H. Wagram. — H. 16. — L. 27,8.

722 — HANNAUX (E.) [d'après le bas-relief de E. Hannaux]. — *Paroles du généralissime Joffre : « Notre retour est définitif, vous êtes Français pour toujours. La France apporte, avec les libertés qu'elle a toujours représentées, le respect de vos libertés à tous, des libertés alsaciennes, de vos traditions, de vos convictions, de vos mœurs.*

» *Je suis la France, vous êtes l'Alsace, je vous apporte le baiser de la France* ».

Héliogravure. — J.-E. Bulloz, édit. — Vendu au profit de la Société de Prévoyance et de Secours Mutuels des Alsaciens-Lorrains. — D. cercle de 16 c.

762 — HERMANN-PAUL. — **Grand-Père**. — Joffre tient par la main ses deux filles qu'il a retrouvées : l'Alsace et la Lorraine.

Bois en couleurs. Épreuve signée par l'auteur. — Imprimerie Chachoin. Paris. — H. 20,8. — L. 30.

796 — IBELS (H.-G.). — « *Par ici la sortie.* » — Renseignement gracieux que Joffre donne au kaiser, blessé, dépenaillé et fort désireux de s'échapper de France.

Procédé en couleurs. — G. Boutte, édit., 29, rue des Trois-Bornes, Paris. — H. 17,5. — L. 21.

827 — JOB. — **Le Libérateur**. — Précédant l'armée, qui marche drapeaux aux vents, le général Joffre s'avance à cheval, sur un sol jonché de fleurs aux trois couleurs. Une Alsacienne et une Lorraine tiennent les brides de la monture. Devant eux, gît le poteau-frontière allemand.

Procédé en couleurs. — H. 57. — L. 42,5.

097 — JONAS (Lucien). — Conciliabule d'officiers.

Peinture à l'huile. — H. 56. — L. 78.

939 — LABUSQUIÈRE. — **Général Maunoury**. — *Communiqué de 23 heures, 13 mars :*

« *Au cours de l'inspection d'une tranchée de première ligne, à 30 mètres de l'ennemi, le général Maunoury, commandant une de nos armées, et le général Villaret, commandant un des corps de cette armée, ont été blessés par une balle tandis qu'ils examinaient les lignes allemandes à travers les créneaux.*

» *Les médecins n'ont pas encore pu se prononcer sur la gravité de leurs blessures.*

» *Décorés de la Médaille militaire par le Président de la République Française sur la proposition du généralissime Joffre.* »

Lithographie 1915. Remarque à droite et à gauche. — H. 45. — L. 38.

977 — LÉANDRE. — **Le Général Joffre**. — Les bras croisés, de trois-quarts, il regarde.

Sur un rebord de terrain, le vautour allemand est tombé,

blessé à mort. Au-dessus de la bête de proie, chante en vainqueur le coq celtique.

<small>Reproduction en couleurs. — Éditions A. G. L., 26, rue du Delta, Paris. — H. 42. — L. 30.</small>

1067 — MADA. — **Notre « Joffre »**.

<small>Reproduction lithographique d'un dessin à la plume. — Delaporte et fils, édit., Paris. — H. 38.5. — L. 30.</small>

1087 — MALTESTE (Louis).

— « *Oh! it's you, is it, the general in chef?*
Very wel'! continue! »
— « *Ah! c'est vous le généralissime?*
Eh bien! continuez! »

Paroles de Napoléon à Joffre.

<small>Lithographie en couleurs. — E. Sagot, édit., Paris. — H. 33. — L. 30.</small>

1157 — MORINET. — *Allez-vous en, mon petit, il n'y a rien à faire ici pour vous, nous n'avons pas le temps.*

Réponse du général Joffre à un petit polisson d'Amour qui vient rôdailler dans le camp.

<small>Procédé lithographique en couleurs. — H. Wagram, édit., Paris. 1915. — H. 42. — L. 27.</small>

1226 — NEUMONT (Maurice). — *1914.* « *J'ai reçu le mandat de défendre Paris contre l'envahisseur. Ce mandat, je le remplirai jusqu'au bout.* »

(Galliéni, 3 septembre 1914.)

Paris « Fluctuat nec Mergitur ».

<small>Estampe n° 6. Au général Galliéni.
Procédé en couleurs. — A. Lasnier, édit., Paris. — H. 41. — L. 29.</small>

1268 — O'GALOP. — **La Grande guerre. Le bon berger.** — Le général Joffre regarde défiler ses troupes.

<small>Remarque à droite. Lithographie en couleurs. — Camis, imp.-édit., Paris. — H. 41. — L. 56.</small>

1332 — PANN. — **Le Défenseur de Paris.** — Le corps du général Galliéni, hérissé de baïonnettes, couvre Paris. Ses dix doigts sont d'immenses canons dirigés contre l'envahisseur.

<small>Lithographie. — Eug. Verneau, H. Chachoin, successeur. Édit. « La Guerre » 111, avenue Victor-Hugo, Paris. — H. 47. — L. 47.</small>

1340 **La Tête de l'armée.** — Le corps du général Joffre, c'est toute l'armée française, ses deux bras sont des bataillons qui s'avancent vers l'ennemi.

<small>Lithographie. — Verneau, H. Chachoin, successeur, Paris. Édit. « La Guerre ». H. 42. — L. 46.</small>

1368. — POILLOT (Geo). **Généralissime Joffre.** — *1914. Nous triompherons!*
<small>Lithographie « d'après photo ». — Imp. J. Bas, 9, rue Laromiguière. Paris.— H. 45. — L. 33.</small>

1597 — RENAULT (E.). — **Élève digne du maître.** — Joffre est penché sur une carte, l'ombre de Napoléon l'inspire.
<small>Héliogravure. — H. 36. — L. 25.</small>

1601 — RIPART. — Le général Joffre ; à gauche, le maréchal French ; à droite, le général Pau. Tous trois à cheval et tournés vers la droite.
<small>Procédé en couleurs. Nervet, color. — Imp. Desvignes, 97, rue d'Alésia, Paris. — H. 39.5. — L. 35.</small>

1627 — SANDY-HOOK. — Le général Joffre passe à cheval dans la campagne. A sa gauche, un officier supérieur ; derrière, un cavalier. Encadrement de scènes de combats.
<small>Lithographie en couleurs. Les Estampes populaires. G. W. D. — H. 45. — L. 34.</small>

1652 — SCOTT (Septimus) — **Group of british and french staff officers.** — Général sir D. Haig, général Joffre, général sir H. Smith-Dorrien, F. M. sir John French, général de Castelnau, général Pau.
<small>Procédé en couleurs. — Copyright. T. c. and E.C. Jack, Edinburg and London. Published by George Pulman and Sons. L. T. D. London W. — Great war series, n° 7. — H. 30. — L. 20.</small>

1663 — SICILIANO. — **Général Joffre.**
<small>Photogravure en couleurs. Éditions Durand. — Imp. Provençale, Marseille. — H. 45. — L. 35.5.</small>

1664 — SIRAT. — **Le Crime allemand. 1914-1915. Joffre.** — *« Et le fauve était ivre de carnage et de sang, mais il avait compté sans la valeur du chef et des soldats de France. »*
Le général Joffre maîtrise et enchaîne le tigre allemand.
<small>Lithographie en couleurs. — Chachoin, Paris. — Édit. « La Guerre », Paris. — H. 51. — L. 35.5.</small>

1670 — STANLEY. — La Toilette du kaiser. — (Voir : le kaiser.)

1717 — TAPP. — **Le Binettoscope.** — *Le Général Joffre ou le bon chien de garde.*
<small>Procédé industriel. La Rénovatrice. — Imp. édit., Bayonne. — H. 28. — L. 37.7.</small>

1718 **Le Bon cuisinier.** — (Voir : le kaiser.)

1839 — WEAL. — **Général Joffre.**
<small>Photogravure en couleurs. 1915. — Méricant, édit., Paris. Copyright. — H. 33. — L. 22.</small>

TROUPES — COSTUMES

113 — BENIGNI (P.). — **Guerre 1914. En Galicie. Cosaque de la Garde.**
> Procédé photographique. — Édition Guiraud. Imp. provençale, Marseille. — H. 37. — L. 26.

027 — BIBIKOFF (Massia, Mlle). — **Cosaques de l'Oural en reconnaissance en Pologne.**
(Croquis d'après nature.)
> Dessin au crayon noir sur papier gris. 1915. — H. 33. — L. 46.

144 — BLOCH (Marcel). — **Les Ombres. Ces braves tommy.** — Défilé de troupes écossaises.
Cette estampe est la troisième...
> A. Lasnier, éd., Paris. — H. 17,5. — L. 25,5.

145   **Les Ombres. Héros belges.** — Des troupes défilent et de braves chiens sont attelés à des voiturettes.
Cette estampe est la deuxième...
> Procédé en deux tons : figures noires sur fond vert. — A. Lasnier, édit. Paris. — H. 18. — L. 25,5.

221 — BRUN (Ch.) [Peintre du Ministère de la Guerre]. — **Armée française.** — Uniformes réglementaires avant la guerre de 1914.
> Procédé en couleurs. — H. 25. — L. 71.

222   **Armée française.** — Costume des troupes pendant la guerre de 1914.
> Procédé en couleurs. — H. 25. — L. 71.

223 à 240 **Nos soldats.**
> 15 planches en couleurs, avec texte et croquis.
> Éditions Delandre, 14-16, rue des Petits-Hôtels, Paris. — H. 24,5. — L. 32,7.

029 — BUSSON (Georges). — **1ᵉʳ spahis marocain.** — *Maizicourt, septembre 1914.*

Aquarelle signée par l'auteur. — H. 31. — L. 47.

260 — CARREY (H.). — **Les Alliés en campagne.** — *Armée anglaise. Artillerie de campagne. En position d'attente.*

Cette série est consacrée à toutes les armes des alliés. Procédé en couleurs. 1914. Nº 2. — A. Lasnier, édit., Paris. — H. 36,2. — L. 25.

261 **Les Alliés en campagne. Armée belge, généralissime, le roi Albert Iᵉʳ.** — Le roi fait le coup de feu sur le champ de bataille.

Cette estampe fait partie d'une série qui paraîtra durant la guerre. Procédé en couleurs. 1914. — A. Lasnier, édit., Paris. — H. 36,2. — L. 25.

262 **Les Alliés en campagne. Armée russe, Cosaques. Les virtuoses de la lance.**

Cette série est consacrée à toutes les armes des Alliés. Procédé en couleurs. 1914. — A. Lasnier, édit., Paris. — H. 35. — L. 24,2.

042 Cosaques chargeant.

Dessin au crayon et à la plume, signée par l'auteur. — H. 41. — L. 29.

292 — CHANTEAU (A. et G.).

 « *Fier d'inscrire son nom dans la grande épopée.*
 » *Qui clame à l'univers le triomphe du droit,*
 » *French, aimé de sa troupe et béni de son roi,*
 » *Nous offre son courage et sa loyale épée.* »

Sous les plis du drapeau anglais, sous la figure de French, tirent les soldats de l'Angleterre et de ses colonies.

Lithographie en couleurs. — Imp. Bouquet, Paris. — H. 47. — L. 30.

303 — CHARTIER (H.). — **Les Alliés en campagne.** — *Armée française. Chasseur à cheval. En reconnaissance.*

Procédé industriel en couleurs. 1914. — A. Lasnier, édit., Paris. — H. 33. — L. 22,6.

304 **Les Alliés en campagne.** — Armée française. — Cuirassier. — Le porte-étendard.

Procédé en couleurs. 1914. — Lasnier, édit. — H. 35. — L. 22.

047 — COMBE (Pierre). — **Chasseurs alpins.**

Aquarelle signée par auteur. — H. 35. — L. 19.

349 — DETHOMAS (Max). — *Au profit de l'hôpital auxiliaire de St-Ay (Loiret).* — Un fantassin en armes.

H. 48. — L. 35.

TROUPES. — COSTUMES

054 — DOMERGUE (Jean-Gabriel). — Un artilleur.
> Croquis au crayon noir, sur papier brun, signé par l'auteur. 1915. — H. 48. — L. 35.

435 à 444 — DUFY (Raoul). — **Les Alliés. Petit panorama des uniformes n° 1.**
> 10 images en couleurs. — Copyright Paul Iribe et Cⁱᵉ, imp., 104, Faub. Saint-Honoré, Paris. — H. 17. — L. 10.

445 **Dans la tranchée. 1914-1915.** — Soldats anglais.
> Procédé lithographique. — H. 47,5. — L. 38,2.

593 — FOUQUERAY. — **Dans les Dardanelles.** — Sur le pont d'un navire de guerre, un officier indique de la main un but distant.
> Photogravure en couleurs. — H. 26,8. — L. 20.

662 **Les Boy-scouts français.** — « *La prestation du serment par les éclaireurs de France, devant le pylône élevé à la mémoire des soldats morts pour la patrie.* »
(1ᵉʳ novembre 1914.)

> Photogravure Goupil et Cⁱᵉ. 1915. — Copyright Manzi, Joyant et Cⁱᵉ. — H. 39. — L. 50.

728 — HANSI. — **Le 152ᵉ poilus.** — *Image d'Épinal, 1914-1915*, genre supérieur hors groupe. — 4 bandes de soldats avec explications pour les petits garçons de France.
> Procédé en couleurs. Épreuve signée par l'auteur. — H. 46. — L. 29.

831 à 886 — JONAS (Lucien). — **Armée anglaise.** — *Au grand quartier général anglais.*
1. Field maréchal sir John French.
2. Général sir Douglas Haig.
3. Brigiday Maurice.
4. Général Lambton. État-major.
5. Paul Forbes.
6. Soldat du Train des équipages.
7. Général G. de S. Barron.
8. Colonel M. E. Willonghby.
9. Colonel John Altkins.

Chez les Indiens.

10. Lt-colonel A. P. Brown.
11. Lt-colonel L. L. Maxwell.
12. Ct. A. G. Pritchard.
13. Ct. Cottra.
14. Tommy.
15. Major S. A. Cooke.

16. Major C. A. C. Godwin.
17. Capitaine A. Hartley.
18. Capitaine G. E. E. Wylly.
19. Ct. R. G. A. Fellows.
20. Lt. T. A. Clarke.
21. Capitaine T. H. Westmacott.
22. Capitaine R. I. Macnabb.
23. Capitaine I. R. Hutchison.
24. Capitaine R. S. Abott.
25. Général Butler.
26. Indiens.
27. La revue des cuirs.
28. Ressaldar.
29. Daffadar.
30. Campement indien.
31. Indiens accroupis.
32. Indiens fumant.
33. Indiens au pansage.
34. Indiens de garde.
35. Ct. le Guali de Villeneuve.
36. André Triolet.
37. Raymond Quentin.
38. André Brun.
39. Le volontaire franco-anglais Arpels.
40. Un Écossais.
41. Trois Écossais.
42. Deux Écossais.

La mission française.

43. Colonel Reboul.
44. Capitaine Jean Hennesy.
45. Capitaine Roques.
46. Le même (en pied).
47. Capitaine Boudeville.
48. Capitaine de Lavergne, Lt de Lastours.
49. Petrole, dans le wagon qu'il a sauvé.
50. Le même, (dans le wagon) . . . (salle à manger).
51. Toujours lui, cuisinier.

La mission belge.

52. Colonel comte de Jonghe d'Ardoye.
53. Capitaine Mignolet.

Ypres.

54. Une rue.
55. La Cathédrale.

Juin 1915. — Pas-de-Calais. — Nord et Belgique.

55 dessins au fusain, numérotés. Reproductions en photogravure. — H. 32,5. — L. 25.

TROUPES — COSTUMES

1022 — LEVEN et LEMONIER. — **Les Poilus. Artilleur.**
Lithographie. Épreuve signée par les auteurs. — H. 42,6. — L. 26,3.

1023 **Les Poilus. Chasseur alpin.**
Lithographie. Épreuve signée par les auteurs. — H. 42,6. — L. 26,3.

1024 **Les Poilus. Chasseur à pied.**
Lithographie. Épreuve signée par les auteurs. — H. 42,5. — L. 26,2.

1025 **Les Poilus. Fusilier marin.**
Lithographie. Épreuve signée par les auteurs. — H. 42,5. — L. 26,4.

1026 **Les Poilus. Lignard.**
Lithographie. Épreuve signée par les auteurs. — H. 42,5. — L. 26,3.

1027 **Les Poilus. Tirailleur algérien.**
Lithographie, Épreuve signée par les auteurs.

1028 **Les Poilus. Tirailleur sénégalais.**
Lithographie. Épreuve signée par les auteurs. — H. 42,5. — L. 26,2.

1029 **Les Poilus. Zouave.**
Lithographie. Épreuves signées par les auteurs. — H. 42,5. — L. 26,2

1049 — LORENZI. — Sikhs chargeant dans un bois de sapin raviné par l'artillerie anglaise. Cote 60, sud-ouest d'Ypres. Mai 1915. (Voir : Batailles, combats, etc.)

0336 — MALCONN (?). — Alpin.
0337 Anglais dans une tranchée.
0338 Spahi et hussard de la mort.
0339 Turco.
Aquarelles. — H. 41. — L. 20. — H. 33. — L. 26.

1162 — MOURLEIN (Albert). — Les soldats de 92, les grognards de Napoléon saluent le poilu de 1914.
Eau-forte. Épreuve signée par l'auteur. — H. 37,5. — L. 29,8.

0392 — ORANGE. — **Fatha, tirailleur marocain.**
Aquarelle signée par l'auteur. — H. 60. — L. 46.

1326 — PANN. — **Les Alliés.** — Un fantassin français, bras croisés, l'air gavroche, rit joyeusement de savoir, derrière lui, une foule d'alliés : Russes, Écossais, Anglais, Italiens, Arabes, Nègres, Hindous, Canadiens, Australiens, etc.
Lithographie en couleurs. Remarque à gauche. — Copyright by « Librairie de l'Estampe ». 1915. Paris. — H. 39. — L. 66.

LA FRANCE ET SES ALLIÉS

1344 **Un héros.** — Cavalier russe dans la neige.
Lithographie « coloriée par l'artiste ». — H. 36. — L. 26.

1339 **La Soif.** — Un chasseur boit dans une flaque d'eau.
Lithographie, « coloriée par l'artiste ». — H. 34. — L. 51.

1352 — PIERLIS. — **Les Français en Alsace.** — La troupe défile au milieu de l'enthousiasme général.
Photogravure en couleurs. — Paris-Nancy, Berger-Levrault. — H. 25. — L. 30,5.

1353 — PIERRE. — **Les Fusiliers-marins en Belgique.**
Photogravure en couleurs. — G. Le Gall, imp.-grav., 33, rue du Petit-Musc, Paris. — H. 21,5. — L. 34.

1363 **Zouaves chargeant une batterie allemande.**
Photogravure en couleurs. — G. Le Gall, Paris. — H. 21,6. — L. 34.

1629 — SANDY-HOOK. — Artilleurs.
1630   Australiens.
1631   Auto-blindée.
1632   Aviateurs.
1633   Aviateurs prisonniers.
1634   Belges.
1635   Écossais.
1636   Indiens.
1637   Japonais.
1638   Monténégrins.
1639   Russes.
1640   Sous-marin.
Procédé en couleurs. Impressions artistiques de G. Bertrand, Paris. — H. 13,2. — L. 20.

1648 — SCOTT (George). — **A nos héros.** — La Veillée. — Un poilu en faction, près d'un village ruiné.
Procédé en couleurs. — Devambez, édit. — H. 25. — L. 18,5.

1649 **Le Drapeau (1915).** — Porte-drapeau et sa garde. Au fond, les tambours.
Photogravure en couleurs. — Devambez, édit. — H. 45. — L. 33.

1651 — SCOTT (Septimus). — **Frères d'armes.** — Marins français et marins anglais se serrent la main.
Procédé en couleurs, n° 20890. — Copyright. — H. 45,5. — L. 35,5.

TROUPES — COSTUMES

1680 — STEINLEN. — Deux poilus.
Lithographie. 1915. — H. 45. — L. 36.

1690 Le Légionnaire. Paris, 30 juillet 1915.
Lithographie. — H. 30. — L. 27.

1691 Le Légionnaire en pied. Paris, 30 juillet 1915.
Lithographie. — H. 43. — L. 23.

0452 — TABART. — **Marocain (Casablanca).**
Aquarelle (signée en arabe). — H. 21. — L. 31.

0453 Tirailleur algérien.
Aquarelle (signée en arabe). — H. 21. — L. 31.

ARTILLERIE

97 — BATAILLE (R.). — Éventail double sur même feuille.
Un canon « 75 », monté par une Bellone, flanqué des drapeaux alliés, couvre la partie « Allemagne » d'une mappemonde flottant sur la mer.
Procédé industriel en couleurs. Marque « Néo ». — H. 21. — L. 41.

123 — BERNARD (Édouard). — **Honneur au « 75 ».** — Un « 75 » fume encore d'avoir tiré. Dans l'air, vision des troupes alliées chevauchant, drapeaux déployés.
Lithographie rehaussée de quelques tons. 1914. — H. 55. — L. 45.

259 — CARREY (H.). — « **A la gloire de l'artillerie française.** **Notre « 75 »**. — Le canon et les servants font leur devoir.
Procédé lithographique en couleurs. — H. 30. — L. 41.

278 — CHAIX (Imprimerie). — *Ne bougeons plus!* commande à un boche suppliant et agenouillé un artilleur français monté sur un 75.
Procédé lithographique en couleurs. — H. 44,5. — L. 20.

424 — DOMERGUE (Jean-Gabriel). — **La Vraie journée du 75.** — Une Bellone, l'épée droite, le bouclier au bras, apparaît dans la fumée du canon « 75 ».
Lithographie en couleurs. — H. 59. — L. 36,8.

469 — EHRMANN (éditeur). — **Le Canon de 75. La merveille de la guerre 1914-1915. Les inventeurs.** — Angle supérieur gauche de l'estampe : médaillon du général Deport.
Angle supérieur droit : Sainte-Claire Deville. Entre les deux médaillons, scène de combat.
Moitié inférieure de l'estampe : le canon en action, avec ses servants.
Photogravure. — Édit. « Pro Patria ». — Phot. Pirou et Pierre Petit. — H. 30,5. — L. 40,8.

ARTILLERIE

604 — FRAIPONT. — **Ceux qui chassent les boches.** — Passage d'artilleurs et de canons.

Procédé lithographique en couleurs. Épreuve signée par l'auteur. — H. 15,8. — L. 41,2.

1166 — NAMUR. — **Le « 75 » blessé.** *A toi aussi.* — Un enfant couronne un 75.

Lithographie. Épreuve signée par l'auteur. — H. 19. — L. 23,2.

1367 — PLUMEREAU. — **Gloire à l'artillerie française et à son fidèle 75.**

Procédé en couleurs. 'Au profit des œuvres militaires. Paris.' — G. Lespinat et Cie, édit., Paris. — H. 32,2. — L. 48,5.

1602 — RIPART. — **Notre glorieux 75.** — La France tient le drapeau d'une main, haut et ferme. Son autre main, armée de l'épée, touche le canon 75.

Procédé en couleurs. — Nervet, color. — Impr. Desvignes, 97, rue d'Alésia. Paris. — H. 24. — L. 38,5.

1732 — THOMASSE. — **Gloire au canon de 75.**

Composition allégorique. Lithographie en couleurs, 1914. — Librairie de l'Estampe. — Copyright. — H. 28,5. — L. 18,5.

HERMANN-PAUL. — **La Bague.** « Envoie le doigt avec, ce sera plus délicat »

(L'original fait partie de la collection Henri Lemasne.)

L'ALLEMAGNE ET SES ALLIÉS

KAISER — GERMANIA — KULTUR

8 — ANONYME. — **La Fuite.** — *François-Joseph : « Dis-donc, tu n perds pas le Nord ? »*
Guillaume : « Hum !... hum ! ! en attendant, je suis forcé de lâcher un peu de lest. »
Les deux souverains traversent la mer dans la nacelle d'un ballon bombardé de tous côtés. Guillaume se débarrasse de l'Autrichien pour éviter la chute, et se sauver. (V. François-Joseph.)
Procédé en couleurs. — H. 18,7. — L. 26.

32 à 38 — ARRUET. — **Le Kaiser et ses petits n'enfants.** — Six reproductions lithographiques en couleurs : R. Kaiser — Clown-Prinz — Joachin — Adalbert — Auguste — Eitel-Fritz — Oscar.
H. 49. — L. 32,5.

40 — ATCHAIN. — **Les temps n'ont pas changé !** — .. *Habillons-nous pratiquement avec les laissés pour compte des grands musées.*
Le kaiser, parcourant une collection d'armures anciennes, songe à les utiliser.
Lithographie. Remarque à gauche. — H. 28. — L. 36.

85 — BAC (F.). — **La Lorraine.** — Le kaiser contemple tristement, de loin, la terre convoitée. Dans le ciel, Jeanne d'Arc, à cheval, menace l'empereur de son épée.
Lithographie, ton bistré. Vente réservée au profit des veuves et des orphelins. — H. 34. — L. 41,5.

83 **Le Fossoyeur.** — Comme Hamlet, dans la scène du cimetière, Wilhem II tient le crâne que vient de lui donner le fossoyeur de la Mort. Il médite profondément et tristement sur le néant des orgueils humains.
Lithographie. 1915. Vente réservée au profit des veuves et des orphelins. — H. 34. — L. 41,5.

93-94 — BADUFLE (A.). — **La Démence teutonne.** — Wilhem II, Samson dérisoire, brise lui-même les colonnes de son empire.

Dans le ciel vole, sous une étoile rayonnante, un char quadrige qui transporte la Belgique et la France, l'Angleterre et la Russie brandissant des couronnes.

<small>Héliogravure, ton bistré. Sèvres. Une seconde épreuve, légèrement colorée. — H. 33. — L. 22,8.</small>

96 — BARRÈRE (A.). — **L'Impérial cabotin.** — Wilhem II, sur les planches, fait son boniment, insoucieux des petits bancs, des gros sous, des pommes cuites, des carottes, des cannes, etc., qui pleuvent sur lui.

<small>Procédé litho en couleurs. — Paris. Imp., 26, rue Philippe-de-Girard. — H. 55. — L. 47.</small>

124 — BERNARD (Édouard). — **La Petite guerre.** — Un Wilhem II, en neige, est assailli par les boules d'une bande de gamins.

<small>Lithographie en couleurs. — H. 34. — L. 61.</small>

125 La Rivière. — 1er acte : Wilhem II, tombé à l'eau, avec un poteau de frontière, va se noyer. Sur le bord, Marianne le nargue en dansant.

2e acte : Marianne trempe une ligne à l'endroit où disparaît Wilhem, elle pêche le casque du boche.

<small>Lithographie en couleurs. — H. 36. — L. 31.</small>

140 — BILLIC. — **Pour raisons... stratégiques, entrée triomphale à Paris... ajournée.** — Le coureur cycliste Wilhem II, pédalant vers Paris, fait une chute formidable au kilom. 40. Un coq le regarde avec dédain.

<small>Procédé en couleurs. 1914. — G. Vallet, édit., 2, rue du Cygne, Paris. — H. 20. — L. 38.</small>

141 — BIROT (Albert). — **Je n' marche plus !** — Réponse dégoûtée du bon vieux dieu aux avances de l'empereur allemand.

<small>Gravure sur bois. 1915. Estampe décorative, n° 4. — 37, rue de la Tombe-Issoire, Paris. — H. 34. — L. 25.</small>

142-143 **Le Pied de nez de Marianne.** — Marianne, derrière une haie de baïonnettes innombrables, nargue le kaiser grimaçant et furieux.

<small>Gravure sur bois. 1915. Épreuve en bleu, épreuve en bistre. L'Estampe décorative. — H. 24. — L. 45,5.</small>

148 — BLOCH (Marcel). — **Les Ombres... Vers l'abîme.** — Le kaiser descend une côte, traînant son cheval.

<small>Procédé en deux tons. Figures noires sur ciel rouge. Paris. Cette estampe est la première d'une série qui paraîtra pendant la guerre. — H. 17,5. — L. 25.</small>

155 — BOICHARD. — « **A la honte de l'impérialisme de Guillaume II et des armées allemandes.** » (V. Compositions allégoriques.)

170 — BOURGONNIER. — **Ça craque**. — Germania veut traverser le Pas-de-Calais sur une corde raide, mais la corde se brise et la lourde Germania va s'abîmer dans les flots.
Lithographie. 1915. Remarque à gauche. — H. 39. — L. 29.

172 **La Danse macabre**. — La Mort dirige la sarabande. Guillaume, François-Joseph, le Sultan, le tzar de Bulgarie dansent ivres et déments.
Lithographie. 1915. Ton noir violacé. Une remarque à gauche : ours dansant. — H. 43. — L. 32.

179 **Les Parques**. — Le kaiser, l'empereur d'Autriche, le Sultan tissent et coupent le fil de la destinée.
Lithographie. 1915. Remarque à gauche : un vautour et un hibou. — H. 50. — L. 32.

180 **Le Petit bochon**. — Germania allaite amoureusement son rejeton, un petit porc dodu.
Lithographie. 1915. Remarque à droite. — H. 41. — L. 35.

182 **Ugolin II**. — *Il dévore ses enfants pour leur conserver un père.* — Les petits de Guillaume-Ugolin ont des figures de cochons. Derrière le groupe, la mer ; les vaisseaux anglais assurent le blocus.
Lithographie. 1915. — H. 41. — L. 31.

183 **La Vérité et le mensonge**. — Le kaiser regarde dans le miroir que lui présente la Vérité.
Lithographie. 1915. Remarque à gauche. — H. 39. — L. 28.

185 — BOUTET (Henry). — **Le Boucher**. — Le boucher Wilhem II a presque épuisé ses réserves de chair. Il répond aux clients : « *Nous n'avons plus que du nouveau-né...* »
Lithographie. — Georges Crès et Cⁱᵉ, édit., Paris. — H. 30. — L. 46.

187 **Carnaval 1915. La parade**. — Guillaume II, en lutteur forain, fait le boniment sur l'escalier de sa baraque, il annonce les dernières représentations. Derrière lui, son fils grimace, singe grotesque, et la Mort fait retentir grosse caisse et cymbale.
Lithographie. Autour de la guerre. — H. 32. — L. 44,8.

030 — BUSTAMENTE. — Guillaume, voyant le coq se jeter sur lui, s'écrie : « *Et je le croyais déplumé !* »
Aquarelle signée par l'auteur. 1915. — H. 19. — L. 29,5.

250 — CARLUS (Jacques). — **Ainsi soit-il !** — Wilhem II médite amèrement dans un cachot. Ainsi soit-il, dira toute l'humanité.

Lithographie en couleurs. 1915. — H. 33. — L. 45.

264 — CAUSÉ. — *Le Kaiser prend le commandement des armées austro-hongroises et allemandes.*

(*Les journaux.*)

« *Vaincus à l'Orient, les deux grands scélérats ramènent les débris de leurs nombreux soldats.* »

Une composition allégorique.

Estampe déposée sous le n° 1418. Reproduction interdite. Propriété de l'auteur. — H. 34. — L. 45.

265 — CAVOLO (A.). — L'empereur Guillaume, en guenilles, joue de l'orgue; un singe turc tend sa casquette aux passants, et le caniche François-Joseph porte divers accessoires. A la ceinture du patron, pend, mort, l'aigle noir.

Procédé en couleurs. 1915. — H. 32. — L. 23,5.

274 — CHAIX (Imprimerie). — *Le cochon : ah ! la sale gueule.* — Une tête de cochon, sur un plat, cravatée de persil, regarde, dégoûtée, une tête de kaiser, sur un plat, et cravatée de persil.

Procédé lithographique en couleurs. — H. 11,5. — L. 20.

283 — CHANOT (A.). — **Deutchland über alles.** — **Ils seront au-dessus de tout.** — L'Allemand est accroché à la haute potence, le voilà enfin qui domine tout. Sous ses pieds gisent ossements, débris divers, aigle teutonique.

Lithographie en couleurs. — H. 49. — L. 43.

286   **Entre, Guillaume, tu es digne de nous.** — Des sorcières et la Mort font signe à Guillaume de pénétrer dans leur caverne.

Eau-forte et aqua-tinta. Épreuve signée par l'auteur. Remarque à gauche : paysage à la plume. — H. 29,30. — L. 25.

285   **Oh ! non ! assez !** — La Mort elle-même est lasse. Elle crie : Assez ! au moustachu Guillaume.

Eau-forte et aqua-tinta. Épreuve signée par l'auteur. Remarque à gauche : paysage à la plume. — H. 29,8. — L. 24,6.

301 — CHAPRONT. — **Épiphanie.** — MCMXV. — Les trois rois, Guillaume, François-Joseph, le Sultan, ne peuvent soutenir le regard de l'Enfant-Divin.

Eau-forte, tirée en bleu. 1915. Signée par l'auteur. — H. 23. — L. 17.

317 — COUSIN. — **Le Petit Poucet.** — L'ogre Guillaume somnole, les alliés lui enlèvent ses bottes.
Lithographie en couleurs. Tirage limité à 200 exemplaires. — H. 32,5. — L. 48,5.

316 **L'Impérial savetier.** — Wilhem le savetier travaille à rapetasser vingt paires de souliers baillants et lamentables : armées de Flandre, armées de Pologne, etc. Les savates « Autriche » sont reconnues *non réparables*.
Lithographie. Tirage limité à 200 exemplaires. — H. 31. — L. 22.

318 **Le Serpent et la lime.**
« *Pauvre ignorant ! que prétends-tu faire ?*
» *Tu te prends à plus dur que toi.* »
(LA FONTAINE.)
Le serpent kaiser use ses dents à la lime Joffre.
Lithographie en couleurs. — H. 29. — L. 44.

320 — CRAMPEL (Paul). — **Kaiser Caïn.** — Wilhem II, accroupi dans le sang, ayant derrière lui des cadavres et un rideau de flammes, baisse le dos, terrifié, sous le regard d'une tête de Christ qui semble envolée des ruines de la cathédrale de Reims.
Lithographie enluminée par Saudé. — Eug. Favié, édit., 20, rue de l'Odéon, Paris. — H. 44,4. — L. 32,5.

321 **Kolossal kultur.** — Germania a passé, les bottes rouges de sang, casquée, armée, insolente et hideuse. Sa main droite tient une grappe d'enfants égorgés.
Au loin, maisons en flammes.
Lithographie enluminée par Saudé. — Eug. Favié, Paris. — H. 43,5. — L. 32,6.

325 — DAMARÉ (L.). — **Le Châtiment.** — *La fin du barbare.* — Au milieu de la plaine sanglante, hérissée de croix noires, roulent le vautour allemand blessé à mort et une hideuse tête humaine : la tête du kaiser. Un corbeau s'est posé sur son front scélérat et lui dévore les yeux.
Lithographie en couleurs. — L. Damaré, 13, rue Bouchardon, Paris. — H. 37,5. — L. 26.

330 — DELAYE (A.). — *Adaptation au prussien d'une célèbre poésie de Victor Hugo. In adaptation to the prussien of Victor Hugo's well known lines.*
« *Si l'enfer s'éteignait dans l'ombre universelle,*
» *On le rallumerait certe avec l'étincelle*
» *Qu'on peut tirer de... Guillaume heurtant le Kronprinz.* »
Le diable tente l'expérience et une énorme étincelle jaillit du heurt du kaiser contre le kronprinz.
Photogravure. — Imp. Delaye, 74, rue Amelot, Paris. — H. 30. — L. 22.

331 **L'Ange de la paix. The angel of peace.**
« *Vous êtes les damnés en rupture de ban,*
» *Donc lâchez les vivants et lâchez les empires.*
» *Chiens du tombeau, voici le sépulcre, rentrez !* »
L'ange montre du doigt l'entrée du gouffre infernal. Les alliés, à coup de bottes, y poussent Wilhem II et son digne fils. Les neutres regardent et applaudissent.
Lithographie en couleurs. — Delaye, imp., Paris. — H. 27. — L. 23.

332 **Le Doux Guillaume après la défaite. Gentle William after his liking.** — Enfermé dans une cage, presque nu, il ronge, la mâchoire en sang, des petits soldats en acier.
Procédé en couleurs. — Imp. Ch. Delaye, Paris. — H. 23. — L. 30.

333 **Impérial tête à tête, père et fils.** « *Ça va mal.* » — Accroupis, en territoire allemand, le père, diable vert, le fils, rat gris, échangent leurs propos anxieux. Tout autour de leurs frontières, petits drapeaux français, belges, anglais, russes.
Procédé en couleurs. — Ch. Delhaye, Paris, 1914. — H. 22. — L. 28.

334 **Le Rêve du fou. The madman's dream.** — Carte de l'Europe. De la terre allemande jaillit la tête du kaiser : ses griffes cherchent à déchirer l'Angleterre et la France, sa botte veut donner de l'éperon contre l'Algérie ; Pologne, Autriche, Serbie sont ensanglantées.
Procédé en couleurs. — Imp. Delaye, Paris. — H. 23. — L. 32.

335 — DELAYE (Ch.), impr. — **Équilibre instable.** — « *A l'instar du penseur.* »
« *Je pense... Je pense... que je vais me f... la g... par terre.* »
Le kaiser est assis sur un trône dont les quatre pieds reposent sur la boule du monde. Le moindre mouvement de la boule doit le faire chavirer.
Photogravure. — Imp. Delaye, Paris. — H. 28. — L. 17,5.

339 — DESBARBIEUX. — **L'Allemagne par dessus tout.** — Femme énorme, nue et tachée de sang, un couteau ébréché à la main, elle est affalée sur le contenu d'une boîte à ordures.
Traités déchirés, bouteilles vides, ossements, charcuterie avariée emplissent la fétide boîte. Un chien lève sur elle une patte dédaigneuse.
Lithographie. 1915. — H. 47. — L. 36.

342 **Cyclope.** « *... A perdu un œil sur le front...* » — Derrière le colosse blessé, symbole de l'armée allemande, qui va, en serrant le poing de rage, défilent, tête basse, des prisonniers.
Lithographie. 1915. — H. 38,2. — L. 31,2.

343 **Les Empoisonneurs.** — Le vautour impérial couve, sous son duvet, toute une légion de fraudeurs et d'empoisonneurs. Ils regardent avec admiration un soldat boche qui chemine comme un conspirateur, en brandissant une bombe aux émanations délétères.
Lithographie. 1915. — H. 34. — L. 48,5.

344 « **La Lame s'use** » — Germania s'inquiète de constater que son arme s'ébrèche.
Lithographie. 1915. — H. 34,5. — L. 23.

346 **La Sorcière.** — La sorcière Germania, après avoir consulté le tarot, le marc de café, etc., regarde, épouvantée, les résidus que rejette le bouillon de la marmite infernale : les ossements d'une jambe brisée. Derrière la hideuse Germania, apparait la Mort, drapée de blanc et tenant un sablier.
Lithographie. 1915. — H. 48. — L. 35,5.

347 **Le Titre fixe.** — Sur l'écriteau de l'impérial pendu, on lit : *Assassin*. Le kaiser gardera ce titre aussi longtemps que vivra l'humanité.
Lithographie. 1915. — H. 39. — L. 25.

340 Le gorille Wilhem est lâché par le monde ; griffes en avant, gueule ouverte, il se précipite sur les paisibles populations.
Lithographie. 1915. — H. 36. — L. 46.

357 — DOMERGUE (Géo). — **Mélancolie.** — Le kaiser est debout, le kronprinz, assis sur une borne qui marque la distance de Paris (2.200 kilom.). Ils regardent l'horizon.
Légende : « *Dire que nous devions être à Paris pour la chute des feuilles ; les voilà repoussées, et nous sommes encore là !...* »
Lithographie. Épreuve signée par l'auteur. — H. 48. — L. 37,4.

363 **Victime de l'art.** — « *Pourquoi t'obstines-tu toujours à faire le portrait de Guillaume ?*
— » *Laisse-moi faire, ma chérie, tu verras qu'à l'huile sa tête fera très bien !!...* »
La scène se passe dans un atelier de peintre.
Lithographie. 1915. — H. 25. — L. 37.

396 — DOMERGUE (Jean-Gabriel). — **Les Atrocités allemandes.** *Le Responsable.*— Le kaiser, épouvanté, foule un champ infini, couvert d'ossements et de crânes. Des corbeaux volent dans le ciel noir.
Lithographie. Mai 1915. — H. 26. — L. 42.

413 **Les Gaz asphyxiants.** — Une gigantesque Germania se gonfle de gaz meurtriers pour détruire l'univers.
Lithographie en deux tons. — H. 34. — L. 23.

414 **La Guerre aux firmes anglaises. « Encore une... »** — « *L'empereur d'Allemagne a décrété la guerre aux firmes anglaises et toutes leurs marques ont été rigoureusement supprimées.* »
L'impérial boche saute d'indignation en lisant W.C. sur la porte d'un petit cabinet privé.
Lithographie en couleurs. Déc. 1914. — Édit. « La guerre ». — H. 36. — L. 27.

419 **Le Paon germanique.** « *Ils ont leur roi soleil; moi, je suis comme la lune !* » Paroles mises dans la bouche de Guillaume tenant la pose, portant le costume du portrait de Louis XIV, au Louvre, par LARGILLIÈRE.
Lithographie en couleurs. Déc. 1914. — H. 44. — L. 31.

423 **1914-1915. Victoire des Flandres.** — Le kaiser, suivi de son armée, revient tout mélancolique; les chevaux ont de l'eau jusqu'à mi-jambe.
Lithographie en couleurs. 1914. — Édit. « La Guerre ». — H. 48. — L. 60.

429 — DORIA. — **A Charenton. Le Fou furieux.** — Le kaiser dans sa cellule.
Procédé en couleurs, sur carton gris. — H. 37. — L. 21.

453 — DURASSIER (E.). — **Le Cauchemar du Kaiser.** — Cinq squelettes apparaissent au kaiser, qui se redresse sur son lit. L'un des squelettes le tient par les cheveux et lui montre cette inscription :
  « Tu t'en iras les pieds devant,
  » O toi qui mens lorsque tu signes.
  » ... Sourit comme un masque grimace ;
  » Voici la camarde qui passe,
  » Tu t'en iras les pieds devant..... »
Lithographie en noir. — H. 47. — L. 43.

472 — ERVIN (Paul). — **L'Attila des temps modernes.** — *L'herbe ne repousse jamais sous les pieds de mon cheval !...*
Guillaume passe sous un accoutrement barbare; des têtes d'ennemis pendent au poitrail de son cheval.
Héliogravure. — H. 16,5. — L. 11,5.

487 — FAIVRE (Abel). — *L'Allemagne attaquée. Fable. L'Aigle :* « *Au secours* ».
Ce rapace qui ose crier : *Au secours!* se précipite sur de candides agneaux en train de brouter.
Lithographie. Épreuve signée par l'auteur. — H. 35. — L. 30.

489 **Bout de l'an.** — *La famille : ... Et personne pour nous serrer la main... pas même le suisse!*

Les trois copains, le kaiser, François-Joseph et le Sultan, constatent ce fait avec mélancolie.
> Reproduction lithographique. Épreuve signée par l'auteur. — H. 28. — L. 28.

493 **Concours du Conservatoire.** — *Tragédie 1915. Le rideau.* Sur la petite scène du Conservatoire est tombé un terrible rideau : *Le manteau du kaiser.*
> Reproduction photographique. Épreuve signée par l'artiste. — H. 28. — L. 28.

507 **Poésie allemande.** — « *Est-il un plus doux procédé de guerre, est-il un procédé plus conforme au droit des gens que de lâcher une nuée de gaz qu'un vent léger emporte doucement vers l'ennemi?* »
> *(La Gazette de Cologne.)*

Un Allemand symbolique presse délicatement, dans une tranchée, la poire d'un vaporisateur.
> Reproduction lithographique. Épreuve signée par l'artiste. — H. 28. — L. 28.

497 **Jeu de massacre. Encore deux places.** — Trois têtes coupées, celles de François-Joseph, de Méhemmed, de Ferdinand, sont piquées sur les lances d'une grille comptant cinq barreaux. Guillaume montre aux rois amateurs qu'il reste *encore deux places.*
> Lithographie. Épreuve signée par l'auteur. — H. 25. — L. 30.

509 **Sur les sommets. Suivez le guide.** — Le *guide*, c'est Guillaume lui-même. il marche en aveugle, il va tomber dans l'abime et entraîner ses compagnons : François-Joseph, Mchemmed V et Ferdinand de Bulgarie.
> Lithographie. Épreuve signée par l'auteur. — H. 35. — L. 30.

512 **Veillez aussi à économiser nos victoires!** — Très sage conseil donné aux commandants d'armées par le kaiser, chevauchant sur les cadavres de trois ou quatre millions de soldats allemands.
> Lithographie. Épreuve signée par l'auteur. — H. 35. — L. 30.

519 — FATTORINI (imp.). — **Banquet raté.** — *Ces Parisiens ne savent pas recevoir. Ils manquent totalement de « Kultur ».*
Le kaiser, cul-de-jatte, retourne seul dans son pays et très mécontent des Français.
> Procédé lithographique en couleurs. Signé M. P. Fattorini et Crespin, imp., Paris. — H. 21. — L. 19.

526 — FAVEROT. — **Les ordres de Sa Majesté.** — « *Allo! Allo! c'est toi, mon bon vieux Dieu allemand? Eh bien, si dans quarante-huit heures tu ne m'as pas flanqué la victoire, je te fais fusiller!* »
> Procédé industriel. — La Rénovatrice. Imp.-édit., Bayonne. — H. 28. — L. 38.

527 **Le Saltimbanque.** — Pendant que François-Joseph bat le tambour, Guillaume s'apprête à soulever les haltères France, Russie, Belgique, Angleterre: un gavroche lui jette : « T'as beau être costaud, faut laisser ça là, mon vieux. »
> Procédé industriel. — La Rénovatrice. Imp.-édit., Bayonne. — H. 28. — L. 37.

588 — FOMISYN (A.). — **L'Ignoble fou.** — Le kaiser est debout, la traîne de sa redingote s'étale sur le sol hérissé de pointes de casques, il regarde avec épouvante des corbeaux attirés par l'odeur cadavérique qui se dégage des casques innombrables.
> Épreuve en sanguine. Signée par l'auteur. Eau-forte. 1915. — H. 23. — L. 18.8.

614 — FREBET. — **La Corrida européenne.** — Le taureau kaiser est attaqué par les alliés.
> Lithographie en couleurs. — H. 37,2. — L. 63.

618 — GALINIER. — **Agen ne fournit plus.** — *Comme nous sommes à la fin Dubail avec la France, Joffre à dîner ce soir, et tu sais que je ne Maunoury pas avec des pêches, tu mettras la poule au Pau et des d'Amades farcies.....*
— *Mais, sire, vous oubliez les pruneaux, j'en ai reçu six caisses de la Marne !!!.....*
Le kaiser et son maître-d'hôtel.
> Procédé en couleurs. 1914. « 44 ans après », n° 4. — « Artistic-Gallery ». — H. 30. — L. 20.

620 **Le Brillant État-Major en Champagne.** — *Guillaume II.* — « *Alors vous voilà encore ivres comme trois apaches...* »
Major von Mommsek. — *Te fâche pas, Wilhem, tu nous avais promis du Suresnes, de l'Argenteuil et on se contente du Clicquot.*
> Procédé en couleurs. « 44 ans après », n° 3. — « Artistic-Gallery ». — H. 21. — L. 39.

619 **Le coup du père François-Joseph!** — *A l'instar de Bonnot.* (V. François-Joseph...)

645 — GAUTHIER (Gilbert).— **La Chauve-Souris.**— Guillaume II, les bras étendus, est fixé sur une porte, comme une chauve-souris. Des inscriptions sont attachées à son corps :
Traité de Francfort : « *Mes chers officiers, je vous invite à déjeuner à Paris le 11 août 1914.*
» *Guillaume.*
» *Je veux la Champagne et 50 milliards.*
» *Mon sabre ne sortira de mon fourreau que pour y rentrer bien ébréché.* »

Enfin, la légende de Guillaume Ier : En 1849, il rencontra une sorcière et lui demanda son avenir, elle lui dit : « *Additionne les quatre chiffres de l'année... la guerre... nommé... empereur. 1849 + 1 + 8 + 4 — 9 = 1871.*

— Et après, demanda Guillaume Ier? — *Additionne toujours et tu auras la date de ta mort.*

1871 + 1 + 8 + 7 + 1 = 1888.

— Et après, demande encore Guillaume? — « *Additionne toujours et tu auras, l'année qui suivra, la date de la déchéance de ton fils, roi barbare, banni de toutes les puissances.*

1888 + 1 + 8 + 8 + 8 = 1913 + 1 = 1914.

Photogravure. — H. 33. — L. 22.

650 — GAZAN. — **Le Flot.** — Le kaiser et ses grands officiers dirigent à la gaffe, d'interminables radeaux, mais des cadavres flottants, toujours plus nombreux, entravent leur avance.

Lithographie. — H. 36. — L. 58.

652 — GENNARO (G. de). — **Collection artistique. L'Empereur des sauvages.** — Rapports physiques de Wilhem II avec un chef de peaux-rouges.

Photogravure. — H. 22. — L. 18.

655 **Le Hideux assassin de l'humanité.** — Le kaiser, géant, monstre et diable à trois visages, dévore des humains par ses trois bouches.

Lithographie. 1914. — H. 30. — L. 45.

661 — GEOFFROY. — **Aux mères, aux veuves.** — « *Oh! je finira bien par t'avoir aussi, toi, Guillaume!* »
Déclaration de la Mort à Guillaume.

Procédé en couleurs. — Schneider et Co, grav., 76-78, passage du Caire, Paris. — H. 32. — L. 25.

668 **Le Martyre de la Belgique.** — « *Elle me résistait, je l'ai assassinée* », dit Guillaume II, un couteau sanglant à la main. La Belgique est à genoux, inanimée, aux pieds d'un crucifix portant cette inscription : *Gott mitt uns. Wilhem.* »

Lithographie coloriée à la main par l'auteur. 1915. — H. 28. — L. 24.

672 **Le Prestigitateur** (sic). — *Le Kaiser :* « *Dormez, je le veux!* »
L'Italie : « *Si vous croyez qu'il est possible de dormir dans tout ce vacarme...* »

Lithographie coloriée à la main par son auteur. 1915. N° 1. — H. 26. — L. 23.

679 — GISLAIN (J. de). — « *Je croyais être pourtant de la taille du petit Corse.* »

Le pygmée Wilhem II se regarde dans une psyché, il porte la redingote et le petit chapeau de Napoléon, mais le petit chapeau lui descend jusqu'au bas des oreilles et la redingote fait la traîne.

Lithographie en couleurs, n° 1 c. s. — Paris. Édit. J. de Gislain. — H. 37. — L. 26,5.

691 — **GOTTLOB. — L'Aveugle et le Paralytique.** — C'est la composition du maître statuaire Turcan. Le kaiser porte sur son dos François-Joseph. Derrière le groupe, des cadavres, des corbeaux ; Reims en flammes.

Lithographie en couleurs. Épreuve signée par l'auteur. — H. 55. — L. 40,2.

783 — HONER. — **La dernière incarnation.** — « *Le Kaiser vient de renvoyer au roi d'Angleterre et à l'empereur de Russie tous ses titres et décorations.* »

(*Les journaux.*)

Il a toujours son casque et ses moustaches, mais ce n'est plus qu'un squelette à cheval, que les corbeaux environnent. En bas, la cathédrale de Reims.

Photogravure. — Paris-Londres. Édit. F. D. A. M. — H. 41. — L. 25,6.

787 — IBELS. — « *L'Antechrist perdra sa couronne et mourra dans la solitude et la démence.* »

(*Prophétie de Johannès.*) Verset 37.

Wilhem II, les mains et les jambes rouges de sang, danse, les yeux hagards.

Lithographie en deux tons. 1914.

789   **Dans le lac.** — « *Tu sais, je le retiens, ton bon vieux Dieu allemand !* » (V. François Joseph.)

793   « Guillaume » gardant la chambre dit à François-Joseph, aussi malade que lui : « *Qu'est-ce que nous prenons pour mon rhume.* »

Lithographie. Octobre 1914. — H. 30. — L. 56.

790   « **Guillaume le maudit** ». — Guillaume et son fils regardent avec intérêt des soldats assassinant une mère et ses deux enfants.

» *Hideux bourreaux d'enfants, de femmes, de vieillards,*
» *Pour qui tous les traités sont vulgaires chiffons.*
» *Ivrognes, pétroleurs, assassins et pillards,*
» *Ne connaissant de droit que celui des Teutons !*
» *Tous tes sujets, Guillaume, du plus humble au plus grand,*
» *Tels les Huns, leurs aïeux, sont d'horribles bandits !*
» *Maudits seront ton peuple et le peuple allemand ;*
» *Et toi tu resteras « Guillaume le maudit ! »*

L. d'Arranis.

Lithographie en couleurs. — H. 41. — L. 59.

791 *Guillaume : « Mes traités! mes conventions! en ai-je gâché de ces excellents papiers à chiffons. »*
Regrets d'un homme pratique qui sait la valeur d'une feuille de papier en pur fil, ou d'un parchemin.
<small>Lithographie tirée en bleu. — H. 38. — L. 58.</small>

795 **L'insomnie du Kaiser.** — Il se soulève sur sa couche et voit surgir, dans l'ombre, des enfants morts, des enfants mutilés, des mères qui lui tendent de chers petits cadavres.
<small>Lithographie en couleurs. 1914. — H. 38. — L. 54.</small>

797 **Kaiser-Bonnot.** — Guillaume II, en apache de barrière.
<small>Lithographie en couleurs. 1914. — H. 43. — L. 23.</small>

796 *« Par ici la sortie. »* — Renseignement gracieux que Joffre donne au kaiser blessé et dépenaillé, et fort désireux de s'échapper de France. (V. France, officiers.)

792 *« Que je l'entende encore crier « Kamerad! Kamerad! »* (V. François-Joseph.)

802 *Regarde, François-Joseph, comme mes cheveux ont blanchi!*
— *Moi, c'est après Sadowa que j'ai commencé à perdre les miens!...*
Guillaume et François-Joseph se font des confidences.
<small>Lithographie en bistre. — H. 37. — L. 93,5.</small>

805 **Tristesse d'automne.** — *« Allons, mes enfants, avant que les feuilles tombent des arbres, nous serons tous rentrés dans notre chère patrie. » (Proclamation de Guillaume à ses soldats.)*
Le kaiser, arrêté dans les allées d'un parc, regarde les arbres, et, songeant à ses promesses officielles, murmure : *« Comme elles tombent tôt, les feuilles, cette année. »*
<small>Lithographie en couleurs. — H. 30. — L. 44.</small>

086 — JANUS. — Visitant une église dévastée, le kaiser découvre, parmi les décombres, un crucifix. Est-il en cuivre? se demande-t-il?
<small>Lithographie retouchée, colorée et signée par l'artiste. — H. 36,5. — L. 29,8.</small>

816 *« Est-il en cuivre? »*
<small>Lithographie en couleurs. Copyright by « Librairie de l'Estampe ». 1915. Paris. — H. 37. — L. 29,5.</small>

826 — JOB. — *« Expiation. »* — Guillaume II est saisi à l'épaule par un fantassin français. Dans le ciel, rouge des flammes de Reims, apparaissent Jeanne d'Arc et toute une théorie de rois de France au manteau bleu fleuri de lys d'or.
<small>Procédé en couleurs. — H. 54. — L. 37.</small>

925 — JUILLERAT. — **L'Idéal de la Sainte Germanie.** — Germania, cuirassée, casquée, un couteau sanglant dans une main,

une chope de bière dans l'autre, écrase sous son talon des cadavres d'enfants, de femmes, de jeunes hommes.

A l'horizon, la cathédrale de Reims se détache en noir sur les flammes claires des incendies.

Lithographie. 1915. Épreuve signée par l'auteur. — H. 35,8. — L. 24.

933 — KOECHLIN. — *1914-1915*. « *Il voulait être le pivot du monde, mais il est obligé de plier sous le poids de ses victimes et la réprobation universelle...* »

C'est un casque allemand qui plie sous le poids du globe chargé de victimes.

Eau-forte et pointe sèche. — L. Jamault, édit., Paris. — H. 27,5. — L. 24,3.

945 — LACAILLE. — Ferdinand : « *Et après cela ?* » (V. Ferdinand.)

946 **La lumière qui tue.** — Wilhem II fuit éperdu, quand sont étalés au grand jour les incendies, les assassinats, les pillages, les viols commis par les extraordinaires scélérats, gradés ou non, qui composent ce qu'on appelle l'armée allemande.

Lithographie. Épreuve signée par l'auteur. — H. 40. — L. 23.

947 **Marne. Le coup de massue de l'un.** — L'Allemand est étourdi, presque assommé par le coup de la Marne. *Przemysl, le coup de massue de l'autre*, fait pendant à cette composition.

Lithographie coloriée par l'auteur et revêtue de sa signature. — H. 27. — L. 22. (V. compositions allégoriques...)

0104 **Marne. Le coup de massue.** — Le kaiser en est presque assommé. (Fait suite : *Przemysl. Le coup de massue.*)

Dessin à l'encre de Chine et aux crayons de couleur. Signé par l'auteur. — H. 20. — L. 16.

949 **L'Orage.** — Les trois associés se serrent sous le parapluie allemand, ils constatent que « *décidément ça gronde de tous les côtés* ».

Les nuages : Japon, Italie, Angleterre, Russie, France, Belgique, Serbie, Monténégro, et ??? les menacent de près ou de loin.

Lithographie. Épreuve signée par l'auteur. — H. 41. — L. 29.

951 **Réconciliation.** — (V. Ferdinand.)

962 — LAPARRA (W.). — **L'Art d'être grand-père.** — « *Voyez-vous, mon fils, où mènent ces idées de droit, d'honneur et de liberté.* »

Le kaiser montre à son petit enfant deux femmes mises en croix : la Belgique et la Serbie.

(V. compositions allégoriques.)

Eau-forte et aqua-tinta. Remarque à gauche. Épreuve signée par l'auteur. — H. 25,6. — L. 35,8.

975 — LÉANDRE. — **Dans la tranchée!** — *Mein Gott!!! C'est à en perdre la tête!*
   Reproduction d'un dessin à la plume (V. 0108), encrage noir sur teinte verte. — H. 31,2. — L. 41.

976 **La Dégradation du bon vieux Dieu allemand.** — Le kaiser, avec un geste de chourineur, arrache au vieux dieu sa croix de guerre.
   Lithographie. 1915. — H. 26. — L. 39,2.

0109 **Germania.** — *L'Allemagne satisfaite de sa culture.* — Femme énorme, cuirassée, le chef coiffé d'un casque à tête de mort, elle s'appuie sur sa lance, et ses pieds foulent des cadavres. Des têtes coupées pendent accrochées à sa ceinture. La hideuse Germania se détache sur un fond d'incendie et, bésicle à l'œil, elle regarde devant elle, impassible et fière.
   Aquarelle signée par l'artiste. — H. 105. — L. 40.

982 **Leur sourire.** — *Le kaiser devant Louvain.*
   Lithographie en couleurs. 1914. — C. Boutie, édit., Paris. — H. 21. — L. 16.

0108 Le kaiser est assis de face, sur un pli de terrain, dans l'attitude d'un homme qui écoute. Derrière, au ras de la tranchée, François-Joseph et le Sultan, vus de dos. Des obus leur emportent la tête.
   Dessin à la plume, sur indications en bleu. Papier bristol. En marges : Dessin inédit de Léandre, et quelques notes. Première idée de titre : « *Vous tenez là-haut! Surtout ne perdez pas la tête!* ». Le titre adopté sur l'estampe est : *Mein gott! C'est à en perdre la tête!* »
   H. 27. — L. 41.4. — (V. compositions humoristiques et satiriques).

994 — LÉON (Fréd.). — **Dernier effort.** — Les alliés tirent un bout de la corde. Le kaiser, François-Joseph et le Turc tirent l'autre bout; la corde casse, et les trois complices s'effondrent sur leur derrière.
   Lithographie. Épreuve signée par l'auteur. — H. 25. — L. 45.

991 **Les Aveugles.** — *Suivez-moi... n'ayez pas peur...* — Le kaiser, aveugle, dirige ses deux compagnons, aveugles comme lui, François-Joseph et le Sultan. Il va tomber et les entraîner dans sa chute.
   Lithographie. — H. 25. — L. 33,3.

992 **La Brimade.** — Les quatre alliés, tenant chacun l'angle d'une couverture, bernent le kaiser.
   Lithographie. Épreuve signée par l'auteur. — H. 33. — L. 37.

993 **Chacun la sienne.** — Le kaiser, François-Joseph et le Sultan regardent, d'un air piteux, la veste qu'ils viennent de remporter.
   Lithographie. Épreuve signée par l'auteur. — H. 27.

L'ALLEMAGNE ET SES ALLIÉS

996   **Jeux icariens.** — (V. Sultan et Turquie.)

1001   Une main vengeresse tient par les cheveux la tête coupée du kaiser.
      Lithographie en couleurs. — H. 47. — L. 29.

1006 — **LEPÈRE (A.).** — **L'Empereur Guillaume en colère.** — Il est sur son yacht et s'avance, crispé par la rage.
      Bois, original, signé par l'artiste. — Sagot, édit. Paris. — H. 20,4. — L. 16.

1007   **L'Empereur Guillaume sur son yacht.**
      Gravure sur bois originale, signée par l'auteur. — Sagot, édit. Paris. — H. 22. — L. 15.

1038 — **LÉVY (Alph.).** — *Oh! guerrier de honte, tueur d'enfants!* Le mépris de Napoléon écrase Guillaume II.
      Lithographie, épr. 73, sur 525. — H. 25,2. — L. 33,5.

1058 — **LUCE.** — **Bestialité.** — L'Allemagne actuelle, retournée à la bestialité du légendaire homme-gorille, est assise sur les œuvres de ses penseurs, au milieu des ruines qu'elle a accumulées.
      Photogravure. Épreuve signée par l'auteur. — H. 19. — L. 22.

1060   **Les Dieux s'abreuvent.** — La Mort, le dieu de la guerre, la déesse de la kulture allemande, font ripaille avec du sang humain.
      Photogravure. Épreuve signée par l'auteur. — H. 21. — L. 26.

1061   **Guillaume agrikulteur.** — C'est à coups de canons que l'empereur boche et son rejeton veulent retourner la terre pour les semailles futures.
      Photogravure. Épreuve signée par l'auteur. — H. 21. — L. 28.

1063   **Waterloo. Rêverie 1815-1915?** — Guillaume et son fils rêvent à la vue du lion de Waterloo.
      Photogravure. Épreuve signée par l'auteur. — H. 19. — L. 26.

1068 — **MACKLIN.** — « **Kulture allemande** » **The angel of peace!** — Guillaume le pacifiste a jeté son masque, il pousse des cris de guerre, il tient d'une main, une torche enflammée, de l'autre, une épée rougie de sang: il foule aux pieds les traités consentis, des cadavres par milliers et par millions, et tout autour du champ de mort l'horizon n'est qu'un brasier.
      Photogravure en couleurs. — H. 34. — L. 23,5.

0344 — MANFREDINI. — Le kaiser, dans son camp, s'adresse à un officier d'ordonnance, qui tient par la bride un cheval étique.

Légende : *Comme à Berlin.*
— *Et la garde impériale? Qu'est-ce qu'elle fout donc la garde impériale ?*
— *Elle tourne le dos, sire.....*
Dessin à l'encre de Chine, plume et pinceau, quelques traits au crayon noir. Papier Ingres. Signé par l'auteur. — H. 29. — L. 21.

0349 « **Kommuniqué.** » — Un officier au bureau de l'agence Wolff. Son fond de culotte garde des traces de coups de pieds.
Légende : « *Du grand quartier général...* »
Urgent!!.. Nouvelle grande victoire en Champagne!! J'ai les détails sur moi...
Dessin à l'encre de Chine, sur bristol, avec des indications en bleu. Signé par l'auteur. — H. 26,6. — L. 21,4.

0350 **L'Opération finale.** — « Guillaume II va être opéré, peut-être de suite. » (Les journaux.)
Guillaume, la tête passée entre les rideaux de son alcôve, entend de savants chirurgiens lui dire ;
« *Du courage, sire... il vaut mieux y passer tout de suite que d'attendre les alliés.* »
Dessin à l'encre de Chine, sur bristol, avec des indications en bleu. Signé par l'auteur. — H. 26,6. — L. 21.

0352 **Les Rois.** — Guillaume, François-Joseph et le Sultan, hissés sur le même chameau, s'inquiètent de la route : *On ne trouvera plus jamais le chemin... Ça fait dix-sept mois qu'on a perdu de vue... l'étoile !!*
Dessin à l'encre de Chine, sur bristol, avec des indications en bleu. Signé par l'auteur. — H. 26. — L. 21.

1103 — MESPLÈS (Eug.). — **Rien n'arrête les barbares.** — Le kaiser ordonne à ses soldats de tirer sur un groupe de petits enfants faisant des pâtés ou jouant à la poupée.
Lithographie en couleurs. — Librairie de l'Estampe. Oct. 1914. — H. 28. — L. 20.

1104 — MÉTIVET (Lucien). — Germania s'enfuit sur un vieux cheval, et surchargée de paquets. Un soldat français la poursuit baïonnette en avant, et, derrière le poilu, courent les alliés, enseignes déployées.
Photogravure. — H. 28,4 — L. 50.

1155 — MORIN (Louis). — **Le Kaiser est d'une humeur massacrante.** — Tueries, incendies, ruines.
Reproduction en couleurs. — G. Boutitié, 29, rue des Trois-Bornes, Paris. — H. 26. — L. 1',8.

1156 **Pour être empereur d'Occident.** — Dans le but d'établir sa souveraineté, le kaiser a recours à toutes les cruautés, toutes les perfidies, toutes les scélératesses imaginables.
   Lithographie. Épreuve signée par l'auteur. — H. 42. — L. 57.

1158 — MORINET (G.). — Napoléon dit à Guillaume II : « *Bandit ! tu déshonores l'histoire !* »
   Lithographie 1915. — H. Wagram, édit. Paris. — H. 20. — L. 30,5.

1160 **L'Homme rouge.** — Le kaiser, appuyé sur sa grande épée, autour de laquelle s'enroule un serpent, le serpent de ses mensonges et de ses perfidies.
   Lithographie. Tons rouge, vert et jaune. — H. Wagram, édit. Paris. — H. 43. — L. 28.

0389 — NEDGE. — Le kaiser est à cheval sur le grand sphynx d'Égypte. Il brandit son épée dans un geste théâtral. Des musulmans prosternés crient : Allah ! allah ! Au-dessus de l'horizon, l'éblouissant soleil des pyramides s'esclaffe de rire.
   Légende : *Comment il rêve d'entrer au Caire.*
   Dessin à l'encre de Chine et au pinceau. Signé par l'auteur. — H. 32,5. — L. 43.

0390 Le kaiser parcourt, comme un fou, une plaine hérissée de croix. Un mort lui tend les os de son bras. Wilhem II se précipite pour les dévorer.
   Dessin à la plume, coloré d'un ton d'aquarelle bleu verdâtre. Signé par l'auteur. — H. 30. — L. 44.

1221 — NEUMONT (Maurice). — **1914. Les Assassins.** — Guillaume et François-Joseph, masqués, vêtus de noir, le couteau en main, foulant aux pieds les traités signés, l'honneur, etc., pataugent dans le sang et exécutent leurs crimes.
   Estampe n° 1. Reproduction industrielle. Tons noirs et rouges. — A Lasnier, édit. Paris. 1914. — H. 31. — L. 25.

1223 **Le Bon apôtre !** — « *Et dire que les peuples ne peuvent pas comprendre que c'est au nom de la civilisation, et pour le bien de l'humanité, que mes soldats massacrent et incendient les villes.* »
                                                              (Gustave Téry.)
   La silhouette du kaiser sur un fond d'incendie.
   Estampe n° 1. Procédé en couleurs. — Lasnier, édit. Paris. — H. 43. — L. 31.

1229 — NIKÉ. — **Le Dernier discours du Kaiser.**
   « *Autrefois les temps étaient durs,*
   On mettait en croix les voleurs ;
   Aujourd'hui les temps sont meilleurs,
   On met les croix aux voleurs. »

The last kaiser's speech.
In ancient times, i say't with grief
Upon wood cross they hung thief
But now, i say't with relief
We hang iron cross upon thief. »
Le kaiser, enthousiasmé de voir son digne fils revenir avec des paquets volés, lui remet une croix de fer.

N° 3. Procédé en couleurs. — Le Prince, édit. Paris. — H. 26. — L. 23.

1230 **Je ne veux pas me salir les mains... — I dont want to dirt my hands...**
Un soldat anglais prend le kaiser avec des pincettes.

Procédé en couleurs. — H. 20. — L. 26.

1234 **Si petit et si méchant... So little and so naughty...**
Un cosaque pousse ce cri en soulevant le kaiser par son collet.

Procédé en couleurs. — H. 20. — L. 25.

1233 *« Pourquoi se battent-ils?*
Pour avoir du pain de paille, Majesté.
Ah! ah! ils n'en ont pas encore goûté? »
« Wy do they fight?
To got straw bread.
Ach! ach! have they not yet tasted it? »

H. 24. — L. 19.

1237 **Un beau spectacle... — A Funny sight...**
Un fantassin français entraîne le kaiser par un bout de moustache, à la grande joie d'une Alsacienne et d'un gamin témoins du fait.

Procédé en couleurs. — H. 18. — L. 33.

1274 — OSTOYA (d'). — *Le Diable.* — *« Tu vois, petit ingrat, malgré que tu ne m'aies jamais fait de réclame comme à ton bon dieu allemand, je t'ai gardé une belle place dans ma casserole. »*
Satan, en long manteau de cour, adresse ces paroles flatteuses à Wilhem II, qui frémit d'effroi devant la casserole brûlante où l'attendent ses vieux copains et complices, François-Joseph, le Sultan, etc.

Lithographie en couleurs. — H. 41. — L. 31.

1275 **La Guerre au crayon. Le Fameux trio ou les bouchers du siècle.**
Les trois débitants de chair humaine, Wilhem II, François-Joseph, le Sultan, plastronnent à la devanture de leur boutique, *« Boucherie de la Kulture, maison fondée en 1914 ».* Des quartiers de uhlans pendent aux crocs de l'étal, et du saucisson de landwer est offert à la gourmandise du public.

Procédé industriel en couleurs. Remarque à droite. — Le Prince, édit. Paris. — H. 38. — L. 26.

1277 à 1300   L'Invasion des barbares, 1914-1915.

1278 — N° 1. *Gott mit uns !*
Jésus console des femmes et des enfants, un boche furieux l'interpelle : *Qu'est ce qui commande ici, toi qui n'est qu'un J, simple petit juif, ou moi qui possède 13 quartiers de noblesse?*

1279   N° 2. *Le Brûle-parfums de l'empereur de l'univers.*
Guillaume II, vêtu d'un manteau d'hermine, vautré sur un divan, respire les parfums qui se dégagent de la cathédrale de Reims enflammée.

1280   N° 3. *L'Hymne des intellectuels :*
Pillons, brûlons et massacrons!
Des Borusses et marcomanes
Allains, heuilles et nocthemanes
Des Bayouvards, des Longobards,
Des Ostrogoths, des Visigoths...
(Ainsi que d'autres saligauds.)

1281   N° 4. *L'Allemand ne craint que Dieu et les enfants chargés de fusils de bois.*
Des hussards de la Mort mettent en joue deux enfants dont l'un tient un petit fusil de bois.

1282   N° 5. *Un diner au quartier général...*
On servit aussi une tête de porc ornée de feuilles de laurier, car en Allemagne on a l'habitude de couronner de laurier le front des cochons.
(Germania, par Henri Heine.)

1283   N° 6. *Le Sacrifice de la Pologne.*
(A M. Poincaré, Président de la R. F.)
L'Hymne po'onais.
Parmi les incendies fumant des frères
Une clameur s'élève, ô Seigneur, vers tes cieux
Un râle effroyable, une plainte dernière
Dont les cris horribles font blanchir les cheveux.
Sans gémir, nous sentons, oubliant tous nos chants
S'incruster dans nos fronts la couronne d'épines
Tandis que vers le ciel, se dressent suppliants
Nos bras, témoins muets de ta fureur divine.
C. Ujejski, 1863.

1284   N° 7. *Deux livres d'histoire.*
Le Général Joffre : campagne des Gaules, 1914-1915.
Un humble hommage à notre Joffre.

1285   N° 8. *Deux livres d'histoire.*
L'histoire des Hohenzollern.
Un humble hommage à S. A. I. le grand duc Nicolas Nicolaïwitch.

1286   N° 9. *Le Retour au foyer.*
Après avoir accompli dans une maison toutes les infamies et toutes les cruautés possibles, un soldat allemand, voyant venir un soldat français, lève les bras et crie : *Kamerat, bon kamerat, sozial-demokrat!*

1287   N° 10. *Le Surhomme à travers les âges.*
Quatorze médaillons indiquent les régressions depuis l'ancêtre pithécanthrope jusqu'au kronprinz actuel : *Produit nec plus ultra d'une kultur intensive.*

1288   Nos 11, 12 (double page). *Berlin mobilisé...*
  « *Ils traînent sur (la Ville) qui les voit s'étaler*
  « *Des sabres qu'au besoin ils pourraient avaler...* »
                    (Victor Hugo.)

1289   N° 13. *L'Italie se réveille.*
  « *O Frères, l'Italie se lève*
  « *Du casque de Scipion ceignant son front altier.* »
                    (Hymne de Mamelli.)
Humble hommage à S. M. le roi d'Italie.

1290   N° 14. *Les Vieux abonnés.*
Guillaume, François-Joseph et le Sultan regardent, d'une loge confortable, les scènes de tueries et de pillages qu'ils chérissent avec passion.

1291   N° 15. *Les Deux faucheurs.*
Le temps travaille pour nous et... la Mort aussi!

1292   N° 16. *Les Fruits de l'arbre des pirates.*
Au bon vieux temps des vieilles corvettes, des brigantines, et de la justice expéditive...
Un pont de navire, des pirates pendus au grand mât.
Humble hommage à S. M. George V, roi de la Grande-Bretagne, etc.

1293   N° 17. *La Danse de Salomé.*
Germania. Musique de M. Rheinhardt, costumes de la maison Béchoff-David.
Humble hommage à M. Delcassé. Remarque à droite.

1294   N° 18. *Debout les morts!*
Humble hommage à M. Millerand.

1295   N° 19. *Le Dernier voyage de Guillaume.* — Il le fait sur les épaules de Satan.

1296   N° 20. « *Rendez-vous, braves Serbes!* »
  « *Parlez au général Cambronne!* »
Humble hommage à S. M. Pierre de Serbie.

1297   N° 21. *L'Orage sur Berlin.*
        La foudre décapite une statue de Bismarck.
        Humble hommage à M. Briand.

1298   N° 22. *Le Ciel dans l'imagination allemande.*
        Le bon vieux dieu cire les bottes du kaiser. Des soldats ailés marchent au pas de parade. Petites tables pour boire de la bière. Piano, tonneaux de choucroute, etc. Remarque à droite.

1299   N° 23. *En attendant le triomphe ou... la débâcle.*
        « *Frédéric Barberousse : Est-il temps de me lever, vieux compagnon fidèle?*
        « *Le Corbeau : Endormez-vous pour toujours, Sire, il n'y aura bientôt plus rien à faire.* »
        A M. Hervé, avec tous mes sentiments de gratitude. Remarque à droite.

1300   N° 24. D'après G. Doré. — *Après trois siècles de progrès.*
        Sancho Pança : Vous parlez d'honneur, de la défense des faibles, et vous vous rendez ridicule, sénor, vous ne voyez donc pas à qui vous avez à faire?
        Sancho Pança rappelle à la réalité don Quichotte, dont les discours font mourir de rire les Allemands qui les entendent.
        Humble hommage à S. M. le roi d'Espagne. Remarque à droite.
        12 livraisons; les épreuves sont signées par l'auteur. — Dimension moyenne : H. 45. — L. 39. — Le Prince, édit. Paris. — Lithographie H. Armaudeau.

1312   **Le Kaiser.** — La tête du kaiser est piquée sur un roseau, un corbeau lui dévore un œil, disant : *Ainsi votre majesté ne verra pas les larmes qu'elle a fait couler.*
        Procédé en couleurs. N° 1 — Le Prince, édit. Paris. — H. 31. — L. 22.

1321   **Le Rêve de Guillaume.**
        La Mort : Tu m'en donnes, du travail, sacré vaurien; mais j'arriverai bien à te prendre avant que ton peuple te coupe la tête.
        On dit que tu es fou, parce que tu as volé
        Aux mères leurs petits gars, aux épouses leurs époux,
        Qu'on doit te pardonner au lieu de te punir
        Et qu'on doit t'admirer au lieu de te haïr!...
        Ne crois pas tout cela, empereur du malheur.
        Pour ta race nous aurons la haine dans nos cœurs.
        Et nous serons vengés lorsque ton fier orgueil
        Avec toi descendra au fond de ton cercueil.
        Lithographie en couleurs. N° 1. — Le Prince, édit. Paris. — H. 34,8. — L. 32. — Forme ovale.

1317   **Roi Louis de Bavière.**
        Le Corbeau : Ah! mon vieux Louis, où sont les beaux jours où tu posais en matamore et où tu engu...irlandais la Prusse et Guillaume Bluffding!!?
        Procédé en couleurs. N° 14. — Le Prince, édit. Paris. — H. 31. — L. 22.

1322   **Sourires et coups de sabre. N° 1.**
La Garde meurt... et moi, je me rends à Berlin.
Paroles amères du kaiser devant l'effort inutile de ses soldats.

Lithographie en couleurs. 1914. « Cette estampe est la première d'une série qui paraîtra pendant la guerre ». — A. Lasnier, édit. — H. 27,5 — L. 21,5.

1323   **Sourires et coups de sabre. N° 4.**
Il l'a échappé belle !
— C'était pour voir si ton heure était arrivée.
                                    Thielt, 1er nov. 1914.
La Mort surgissant du faîte d'un mur, regarde l'heure qu'il est à la montre même du kaiser.

Lithographie en couleurs. — H. 29. — L. 20,5.

1329 — PANN. — **Caïn.**
Peuples écartez-vous, cet homme
Porte un signe ;
Laissez passer Caïn !
Il appartient à Dieu.
                                    (Victor Hugo.)
Le noir cavalier impérial passe, des foules épouvantées se précipitent vers la porte de la vill , abandonnant leurs morts.

Lithographie en couleurs. — Copyright by Librairie de l'Estampe, Paris. — H. 28,5. — L. 35,5.

1429 — PRO PATRIA. — **Dans la poigne des alliés.** — L'Allemand assassin, fourbe et incendiaire, agonise dans le poing des alliés.

Photogravure. — H. 34. — L. 24.

1431 — PULGAR. — **Laissez les enfants s'approcher de moi.**
— Guillaume II, massacreur et bourreau d'enfants, tressaille d'épouvante en entendant le Christ prononcer ces paroles.

Lithographie. — H. 45,5. — L. 34,5.

1584 — RÉGAMEY. — **1914!!** — *La Bête horrible. The horrible beast.*
« *C'est par le fer et le feu que nous vous ferons goûter les douceurs de notre « Kultur » allemande.* »
« *It is with i ron and fire that we will make you feel the sweetness of our German « Kultur ».*
L'Allemagne sous la figure d'un hideux et menaçant gorille.

Héliogravure. — E. Le Deley, imp. Paris. — H. 28. — L. 18.

1585   **Le Cauchemar de Guillaume!** — « *Eh bien, polisson, je t'avais bien dit que tu ne ferais que des sottises !* »
« *Will you, rascal ! i told you that you would make nothing but mistakes !* »

Guillaume étouffe et hurle. Bismarck est sur sa poitrine et pique son épée sur sa gorge.

<small>Héliogravure. — Le Deley, imp. Paris. — H. 28. — L. 18.</small>

1586 **Conflit européen 1914.**
Les Alliés : « *Et maintenant il faut en finir avec cette bête puante de Hohenzollern.* »
« *Well now, we must finish up with this beast of Hohenzollern.* »
Les soldats font leur serment. Le Français a le pied sur un poteau-frontière allemand renversé.

<small>Héliogravure. — Le Deley, imp. Paris. — H. 28,5. — L. 20.</small>

1591 **Conflit européen.** — « *Les voilà, les deux qui voulaient dévorer l'Europe.* »

<small>(V. compositions humoristiques.)</small>

1598 Le kaiser est mis en croix sur sa propre épée, dont la pointe traverse la poitrine du vautour allemand.

<small>Eau-forte et aqua-tinta. Épreuve signée par l'auteur. — H. 54,5. — L. 36,5.</small>

1605 — ROBERT (André). — **Le Sacre.** — Le kaiser est au pilori, sous cet écriteau :
« *Guillaume, roi des Vandales, apostat, iconoclaste. Louvain, Malines, Termonde, Senlis, Reims.* » Derrière lui, Jeanne d'Arc, son étendard en main, plonge son épée dans la poitrine du vautour allemand. Elle regarde un Christ sortant des flammes de la cathédrale de Reims.

<small>Héliogravure. — Michard, graveur-imp., 206, boul. Voltaire, Paris. — H. 34. — L. 21,8.</small>

1613 — ROUBILLE (A.). — **Folle ambition.** — Le kaiser voulait s'opposer au mouvement du globe ; il est, lui et son aigle, précipité dans le vide.

<small>Procédé industriel. Épreuve signée par l'auteur. — H. 25,5 — L. 36.</small>

1617 **Le Seigneur de la guerre.** — Guillaume II, sous l'habit de cocher de corbillard, attend le moment du départ. La Mort tient la bride du cheval, et Satan assiste à la cérémonie. Le sol est pavé de crânes et, jusqu'à l'horizon, s'élèvent de petites croix.

<small>Photogravure. Épreuve signée par l'auteur. — H. 25. — L. 36.</small>

1641 et 1642 — SANDY-HOOK. — **Nuit impériale.** — Le kaiser voit, sur ses draps, s'avancer d'innombrables bataillons.

<small>1° Reproduction industrielle. Copyright. — Librairie de l'Estampe, Paris. Oct. 1914.
2° Reproduction coloriée en deux couleurs, H. 13. — L. 19.</small>

1646 — SAR...? (Jeanne). — **L'avalanche française, russe, anglaise, belge, etc. précipite le kaiser et ses complices dans l'abîme.**
   Procédé en couleurs. Remarque à droite. — H. 37. — L. 35.

0449 — SÉLUGES. — **Non ! pas de syllabus !** — Le kaiser et ses complices sont épouvantés à l'idée que le pape pourrait, après la guerre, proclamer un SYLLABUS.
   Dessin au pinceau coloré de quelques tons d'aquarelle. — H. 43. — L. 52.

1669 — STANLEY. — **La consultation du Kaiser.**
   D*r* Georges : « *C'est étonnant comme les pilules du D*r* Poincaré lui font de l'effet.* »
   D*r* Albert : « *Oui, je suis de votre avis, il faudrait continuer avec ce traitement.* »
   Procédé en couleurs. 1914. — Paris-Londres. Édit. F. D. A. M. — H. 26. — L. 43.

1670   **La Toilette du Kaiser.**
   Guillaume : « *Malheur ! que faites-vous ?* »
   Joffre : « *Tant pis, vous avez fait un faux mouvement et je n'ai pu retenir mon rasoir* ».
   Procédé industriel. — Édition franco-anglaise, 20, rue Tholozé. — H. 28. — L. 43.

0454 — TAP. — **Impression d'art.** — *Comme cela devait être beau !* dit le kaiser regardant la cathédrale de Reims enveloppée de flammes.
   Dessin au crayon lithographique, signé par l'auteur. — H. 44. — L. 54.

1718   **Le Bon cuisinier.** — *Ratatouille française sauce Joffre.* Plat de résistance que Guillaume ne s'attendait pas à manger à Paris.
   Procédé industriel. — La Rénovatrice, imp.-édit., Bayonne. — H. 28. — L. 37.7.

1730 — THIERS. — **Tyrans, descendez au cercueil.** — Sous les yeux des humains enthousiastes, la Mort fait descendre Guillaume II et François-Joseph dans la fosse où ils doivent « *quitter toute espérance* ».
   Lithographie. 1914. — B.-M. Chazerat, édit., Paris. Société des Établissements Minot. — H. 29. — L. 24,5.

0457 — THOMASSE (A.). — **Le Châtiment d'un monstre.** — Guillaume II est au pilori. Le vautour allemand gît, à ses pieds, la poitrine traversée par une baïonnette française. Quatre soldats alliés surveillent le monstre. Le ciel et la terre le maudissent.
   Dessin au crayon noir et au pastel, signé par l'auteur. — H. 64. — L. 51.

1736 — TROUSSARD. — *Ceux-là, au moins, on ne me les prendra pas!* — Guillaume II, sur un cheval de bois, désigne du doigt deux petits bateaux flottant sur l'eau d'un baquet.
   Procédé en couleurs. — Gilbert-Clarey, Tours-Paris. — H. 38. — L. 25.

1740 — TRUCHET (Abel). — **Anniversaire**. — *Je l'aurais cru plus facile*, confie le kaiser à ses complices, en parlant de la petite Marianne qui s'amuse près des oliviers.
   Lithographie. — H. 30. — L. 44.

1754 **La Galette des rois**. — *Je ne sais pourquoi... cette année je me méfie de la fève...*
   Lithographie. 1915. — H. 35. — L. 50.

1763 **L'Ordinaire**. — *Quel est le menu d'aujourd'hui?* — *Comme d'habitude, la soupe et le bluff...*
   Lithographie. — H. 27. — L. 44.

1779 **Vers l'intervention**. — *Si notre bon vieux dieu pouvait seulement leur envoyer un bon tremblement de terre!!...* murmure Guillaume en voyant fumer le Vésuve.
   Lithographie. — H. 30. — L. 48.

0463 — VALLÉE (Georges). — *L'Allemagne fatiguée, l'Autriche et la Turquie épuisées poussent à la guerre la Bulgarie envieuse.*
   Aquarelle sur bristol. Fin septembre 1915. Signée par l'auteur. — H. 35.5. — L. 48.4.

1781 **L'Allemagne encerclée**.
   Photogravure en couleurs. 1915. — H. 33. — L. 45.

0464 **Les Chiens de Germania**. — La Turquie a la patte cassée, et, piteusement, baisse le nez. L'Autriche meurtrie, trépanée, semble résignée à son sort, la Bulgarie lèche les mains de la maîtresse hideuse et brutale qui vérifie la fermeture de son collier.
   Aquarelle, sur bristol, signée par l'auteur. 1915. — H. 36,5 — L. 51,3.

1782 **Les Chiens de Germania**.
   Lithographie en couleurs. Épreuve signée par l'auteur. — H. 32. — L. 45.

1800 et 1801 — VEBER (Jean). — **1914. La Chasse est ouverte**. — Le sanglier Guillaume sort de la forêt et va commencer ses ravages.
   1° Lithographie, rehaussée de rouge. Copyright by Jean Veber. Sept. 1915. Librairie de l'Estampe. — H. 23. — L. 24.
   2° Une épreuve, avant la lettre, signée par l'auteur.

1816 — VIGNOLA. — 1915. (**Campagne d'Allemagne**), *d'après Meissonnier.* — Le kaiser retourne à Berlin, à la tête de ses troupes. Il passe, soucieux, devant un grand Christ en croix tombé sur le sol et brisé.
>Procédé photographique. — A. Méricant, édit., Paris. — H. 28. — L. 44,2.

1824 — VINCK. — **A la poursuite du maudit.** *(Inspiré du tableau de Prud'hon : La Justice poursuivant le crime.)*
>Lithographie. 1914. — H. 51. — L. 32.

1826 — VION (DION Raoul). — **1914.** — *(Inspiré du tableau de Prud'hon : La Justice poursuivant le crime.)*
>Lithographie rehaussée d'une teinte générale bleue, d'une tache jaune (la lune) et d'une tache rose (l'horizon). — H. 36. — L. 27.

1840 — WEAL. — **Guillaume II.**
>Photogravure en couleurs. 1915. — Méricant, édit., Paris. Copyright. — H. 33. — L. 22.

1856 — WILLETTE. — **Jugé par l'histoire.** — Tous les conquérants, tous les grands capitaines du passé : Guillaume le Conquérant, Epaminondas, Pierre-le-Grand, Annibal, Henri IV, Alexandre, Attila, César, Nelson, Napoléon, Gustave-Adolphe, Condé, Malborough, jusqu'au roi d'Yvetot, méprisent Wilhem II et crient : « *Tous en chœur.* — *Oh ! salaud ! ! !* »

Et le « *Salaud* » passe entre des rangées de cadavres, précédé d'un drapeau dont la hampe porte un enfant embroché.
>Procédé industriel. — H. 26,4. — L. 41,5.

1857 « *Mais regarde-toi donc mourir dans l'éclat de ma loyale épée, ô sorcière immonde!* » (V. Compositions allégoriques.)

1861 « *Terteif!... ce n'est pas mon bon vieux dieu* ». — Guillaume II, le satanique, que poursuivent les preuves vivantes de ses scélératesses, s'effondre devant la divine et rayonnante figure de Jésus.
>Lithographie. 1915. — H. 55. — L. 44.

LE KRONPRINZ

82 — BAC (F.). — **Les Déménageurs.** — Dans une pièce que déménagent des soldats plus ou moins ivres, le kronprinz, affalé dans un fauteuil, dirige son revolver vers un buste de Napoléon.
<small>Lithographie en couleurs. 1915. Vente réservée au profit des veuves et des orphelins. — Imp. Robaudy, Cannes. — H. 34,3. — L. 44,5.</small>

86 — **Le Louveteau.** — Le kronprinz est en arrêt sur une belle jeune fille à demi vêtue.
<small>Vente réservée au profit des veuves et des orphelins. Lithographie en deux tons. 1915. — H. 34,5. — L. 42,2.</small>

138 — BIGOT (G.). — **Le Butin. Jeux de kronprinz.** — Le jeune prince, la croix de fer au col, se contemple dans une psyché; il porte un corset, deux réveils-le-matin lui font des avantages, et, à ses pieds, des bouteilles de champagne, volées à Reims, remplissent une caisse.
<small>Lithographie. — H. 35. — L. 27.</small>

161 — BORIONE (B.). — **Ein schmutziger Kerl.** — *Traduction littérale : Un sale individu.*
— « Qu'est-il arrivé à son *Altesse* ? »
— « Elle est tombée dans la Marne, et maintenant elle a mal dans l'Aisne. Elle est capable d'en perdre le Nord ! »
<small>Lithographie en couleurs. Oct. 1914. — Édit. Crémieux, 11, rue de Provence, Paris. — H. 50. — L. 42.</small>

187 — BOUTET. — *Carnaval de 1915. La parade.* (V. Kaiser.)

264 — CAUSÉ. — *Le Kaiser prend le commandement des armées austro-hongroises et allemandes.* (V. Compositions allégoriques.)

315 — COURBOIN (Eug.) — **L'Impérial cambrioleur.** — « *Le Kronprinz profite de son séjour au château de Baye pour le dévaliser. Il choisit les objets les plus précieux, les fait emballer en sa présence et expédier en Allemagne.* »
   Épisode de la guerre 1914. —Les estampes populaires G.W.D., n° 3.. Procédé industriel en couleurs. — H. 26,5. — L. 33.

331 — DELAYE (A.). — *L'Ange de la paix.* (V. Kaiser.)
333   Impérial tête-à-tête. Père et fils : « *Ça va mal.* » (V. Kaiser.)

336 — DELAYE (Imp.). - « *Le Kronprinz cambrioleur...* » « *Arrêtez-le.* » — Le fils du kaiser s'enfuit chargé du produit de ses vols. Deux agents de police le poursuivent. Dans le fond, brûle un château.
   Photogravure. — Imp. Delaye, 74, rue Amelot, Paris. — H. 21,5. — L. 31,5.

357 — DOMERGUE (Géo). — **Mélancolie.** (V. Kaiser.)

651 — GENNARO (G. de). — **Collection artistique. Dégoûtant comme un rat.** — Rapports physiques du profil du kronprinz avec celui du rat.
   Cliché photogravure. — H. 25. — L. 20.

64 — GEOFFROY. — **Ce chien de Kronprinz.**
   Lithographie, coloriée à la main par son auteur. 1915. — H. 29. — L. 23.

726 — HANSI. — **Armée allemande.** — Soldats du régiment du kronprinz (tenue de campagne). (V. officiers et soldats.)

729   **Le Kronprinz.**
   Procédé en couleurs. — H. 14,5. — L. 9,5.

790 — IBELS. — « **Guillaume le maudit.** » (V. Kaiser.)
798   **Le Kronprinz** (à son père) : « *Ça te va bien de parler de respect filial!...* »
   Lithographie. — H. 38. — L. 58,2.

941 — LABUSQUIÈRE. — **Le Rat d'égout.** — *Ces animaux peints par eux-mêmes.* — L'ombre du profil du kronprinz dessine une tête de *rat d'égout.*
   Lithographie. 1915. — H. 40. — L. 27.

983 — LÉANDRE. — **Leur sourire!**...— « *Le Kronprinz devant la cathédrale de Reims en flammes.* »
Lithographie en couleurs. 1914. — G. Boutic, Paris. — H. 21. — L. 14.

1063 — LUCE. — **A Waterloo. Rêverie. 1815-1915 ?** — (V. Kaiser.)

1232 — NIKÉ. — « **Mon cheval a eu peur**... » « **My horse was afraid**.» — Le kronprinz présente à son père cette ingénieuse excuse, pour expliquer sa fuite.
Procédé en couleurs. — H. 19. — L. 28.

1229   *Le dernier discours du Kaiser.* (V. Kaiser.)

1231   *Le Kronprinz :* — *Père dénaturé ! il préfère couronner son cheval plutôt que son fils !* — Remarque du kronprinz, en voyant son père faire une déplorable chute de cheval.
N° 2. Procédé en couleurs. — Le Prince, édit., Paris. — H. 23. — L. 34.

0391   Le Kronprinz avec sa famille.
Aquarelle signée par l'auteur. — H. 26. — L. 39.

1236   **Les Temps sont durs... Hard times.** — Le kronprinz est à table avec ses neuf garçons et son auguste épouse. C'est la misère, en dépit de quelques objets volés.
N° 1. Procédé en couleurs. — Le Prince, édit., Paris. — H. 22. — L. 37.

1270 — OREL. — **Les Suites d'un surmenage intensif.** — *Madrid, 8 Nov.* — *Une dépêche reçue à l'ambassade d'Allemagne dit que le Kronprinz est effectivement à Strasbourg, atteint de violentes surexcitations nerveuses qui l'obligent à se soumettre à un traitement énergique et continu. (De notre correspondant,* Journal des Débats.*)*
Le kronprinz gambade sous les jets d'eau des doucheurs.
Photogravure. — Librairie de l'Estampe. — H. 23. — L. 35.

1301 — OSTOYA (d'). — **Le Kronprinz.** — *Ce n'est pas César... c'est Auguste.* — Le kronprinz, en guguss de cirque, va, suivi d'autres gugusses et d'un cochon.
Procédé industriel. — La Rénovatrice, imp.-édit., Bayonne. — H. 38. — L. 28.

1313   **Le Kronprinz.** — *Le corbeau : Voilà tout ce qu'il y a de mieux à la disposition de votre Altesse.*
Procédé en couleurs, n° 4. — Le Prince, édit., Paris. — H. 31. — L. 22.

1659 — SEM. — **Le Kronprinz**. — Tête souriante et hideuse, dégingandé, bracelet au poignet, bague au doigt, le kronprinz, attardé de la civilisation et de l'intelligence, parcourt une plaine couverte de cadavres.
Procédé lithographique. Remarque à gauche. — H. 38. — L. 48.

1830 — VION (DION Raoul). — **Le Noël du Kronprinz. 1914.** — Le Père Noël vide, aux pieds du kronprinz, toute une hottée de petits soldats français.
Procédé en couleurs. — H. 25. — L. 48.

FRANÇOIS-JOSEPH

8 — ANONYME. — **La Fuite.** — *François-Joseph* : « *Dis-donc, tu ne perds pas le Nord ?*
— *Guillaume : Hum!... hum!... en attendant, je suis forcé de lâcher un peu de lest.* » (V. Kaiser.)

95 — BARRÈRE (A.). — **François-Joseph, l'imputrescible empereur des vautours.** — Déplumé, couronné, hideux, goitreux, quelques morceaux de charogne à portée de ses griffes, l'empereur des rapaces regarde sinistrement devant lui.
Reproduction en couleurs. — Paris. Imp., 26, rue Philippe-de-Girard. — H. 58. — L. 45.

172 — BOURGONNIER. — **La Danse macabre.** (V. Kaiser.)

179   **Les Parques.** (V. Kaiser.)

245 — CAPPIELLO. — **L'Empereur de la mort.** — Le vieux François-Joseph foule une plaine immense, pavée de crânes. (V. Compositions allégoriques.)

037 — CARLUS. — **L'Impérial gâteux.** — « *Trieste... Trente... Trentin... Trente... deux... trois... quatre !!! aga!! aga!!* »
— Méditation de l'empereur François-Joseph.
Pastel, plume, aquarelle. — H. 35,4. — L. 40.

264 — CAUSÉ. — *Le Kaiser prend le commandement des armées austro-hongroises et allemandes.* (Les journaux.) (V. Compositions allégoriques.)

265 — CAVOLO. — Wilhem II, en guenilles, joue de l'orgue, un singe turc tend sa casquette aux passants, le caniche François-Joseph porte divers accessoires. A la ceinture du patron, pend, mort, l'aigle noir. (V. Kaiser.)

301 — CHAPRONT. — Épiphanie MCMXV. (V. Kaiser.)

345 — DESBARBIEUX (H.). — **Les Ruines.** — François-Joseph, au masque simiesque, regarde, écrasé dans son fauteuil, les désastres accumulés par ses criminels agissements.
Dans le ciel, des nuées dessinent de gigantesques têtes de morts. La terre est incendiée et engraissée de cadavres. Sur le dossier du trône se dresse, stupide et féroce, le vautour ami de la noble famille.
Lithographie en couleurs. — H. 40. — L. 33.

411 — DOMERGUE (Jean-Gabriel). — **L'Empereur fantôme.** —
Pour me fortifier on m'a promis des bains de sang !
François-Joseph obéit à l'ordonnance de ses médecins.
Lithographie en couleurs. Janv. 1915. — Édit. « La Guerre », Paris. — H. 33. — L. 26.

430 — DORIA (Suz.). — **A Charenton. Le gâteux.** — François-Joseph assis dans sa cellule.
Procédé en couleurs, sur carton gris. — « La Guerre ». — H. 36.5. — L. 21.

489 — FAIVRE (A.). — **Bout de l'An.** — (V. Kaiser.)

527 — FAVEROT. — **Le Saltimbanque.** — (V. Kaiser.)

619 — GALINIER. — **Le Coup du père François !** — *A l'instar de Bonnot.* — Guillaume et François-Joseph sautent à la gorge de la France.
Lithographie en couleurs. Épreuve signée par l'auteur. « Artistic Gallery » « 44 ans après ». N° 1. — H. 20. — L. 25.

658 — GENNARO (G. de). — **Collection artistique. Rossé comme un chien.** — François-Joseph a la mine piteuse d'un chien battu.
Cliché photogravure.— H. 18. — L. 18.

676 — GOLIA. — **1870. 20 septembre 1915.** — François-Joseph trouve que les jours ne se ressemblent pas à quarante-cinq ans de distance.
Aquarelle. Signée par l'auteur. — H. 21. — L. 14.

691 — GOTTLOB. — **L'Aveugle et le Paralytique.** — (V. Kaiser.)

746 — GUNNERY. — **Le Brillant second**. — « *Tout de même si c'était vrai que j'aie chagriné le Saint-Père !* »
François-Joseph, les mains et les pieds rouges de sang, regretterait d'avoir blessé la sensibilité du Pape Pie X.
<small>Lithographie en couleurs. — H. 42. — L. 27.</small>

789 — IBELS. — **Dans le lac**. — « *Tu sais, je le retiens, ton bon vieux dieu allemand !...*
jette François-Joseph au kaiser ; tous deux, sous une pluie battante, traversent une plaine inondée.
<small>Lithographie. — H. 39. — L. 33.</small>

792 *Guillaume :* « *Que je t'entende encore crier : Kamerad ! Kamerad !* »
Guillaume rappelle à l'ordre François-Joseph qu'il surprend, s'exerçant devant une glace à lever les bras et à prononcer le mot fameux.
<small>Lithographie. 1915. — H. 38. — L. 58,5.</small>

793 Guillaume à François-Joseph :
« *Qu'est-ce que nous prenons pour mon rhume ?* » (V. Kaiser.)

802 *Regarde, François-Joseph, comme mes cheveux ont blanchi !*
— *Moi, c'est après Sadowa que j'ai commencé à perdre les miens.* (V. Kaiser.)

938 — LABUSQUIÈRE. — **Le gâteux conscient**. — *Les journaux :* « *L'Empereur a ordonné le recensement des cloches en Autriche-Hongrie.* — *Comme cela* (réflexion du gâteux François-Joseph), *en leur enlevant les cloches, ils n'entendront pas sonner leur glas.* »
<small>Lithographie en couleurs. Janv. 1915. — H. 47. — L. 32.</small>

950 — LACAILLE. — **Przemysl. Le coup de massue de l'autre**. — (Fait suite au *Coup de massue de l'un*.) — L'Autrichien, étourdi, presque assommé par le coup de Przemysl.
<small>Lithographie. Coloriée par l'auteur et signée par lui. — H. 27. — L. 22.</small>

949 **L'Orage**. — (V. Kaiser.)

0105 **Przemysl. Le coup de massue**. — François-Joseph en demeure abasourdi.
<small>Dessin à l'encre de Chine et aux crayons de couleurs. Signé par l'auteur. — H. 20. — L. 16.</small>

981 **Réconciliation**. — (V. Ferdinand.)

991 — LÉON. — **Les Aveugles**. — (V. Kaiser.)

993 **Chacun la sienne**. — (V. Kaiser.)

996 **Jeux icariens**. — (V. Sultan et Turquie.)

994   **Dernier effort. La Corde.** — (V. Kaiser.)

1005 — LEPÈRE (A.). — **L'Empereur d'Autriche François-Joseph.**
    Bois original. Signé par l'artiste. — Sagot, édit., Paris. — H. 20. — L. 15.

0345 — MANFREDINI. — « **Deux mots... François-Joseph se rendra sur le front.** » — *(Les Journaux.)*
    Quatre compositions :
    1. « *Hein? quoi? Je m'appelle François-Joseph!
    Et je vais lui dire deux mots à ma façon, à Victor-Emmanuel!!!* »
    2. *Deux mots seulement... mais terrible!!!*
    3. *Deux mots épouvantables!!! terrifiants... hein... je lui dirai...*
    4. *Kamerate!! Kamerate!!! Pardon!!!!!* »
    Dessin à l'encre de Chine, sur bristol, avec des indications en bleu. Signé par l'auteur. — H. 31. — L. 24,5.

0346   **D'une minute à l'autre. Malgré tout, l'on n'est pas très rassuré à Vienne.** — *(Les journaux.)* — François-Joseph a entr'ouvert les rideaux de son alcôve et il répond, très anxieux, au valet qui lui annonce un visiteur :
    « *Très grand?... Maigre?... Si c'est le grand-duc Nicolas... je suis parti en courses!!!* »
    Dessin à l'encre de Chine, sur bristol, avec des indications en bleu. Signé par l'auteur. — H. 27,3. — L. 22.

0352   **Les Rois.** — (V. Kaiser.)

0353   **La Situation à Vienne.** — François-Joseph à quatre pattes, sur son lit, crie aux alliés qui veulent entrer :
    N'entrez pas... je suis en chemise!!!!!
    Dessin à l'encre de Chine sur bristol, avec des indications en bleu. Signé par l'auteur. — H. 27,8. — L. 22,7.

0354   **La Tournée de l'Archiduc. L'Archiduc a quitté le front italien.** — *(Les journaux.)* — Il regagne les plaines, en disant :
    — « *Ma foi... à 3.000 mètres on est trop près du bon Dieu...* »
    Dessin à l'encre de Chine, sur bristol, avec des indications en bleu. Signé par l'auteur. — H. 27. — L. 21.

1092 — MARTINI (Alb.) — **Avanti Italia!** — Composition allégorique. L'Italie rayonnante écrase le monstre François-Joseph qui enfonçait ses griffes sur Zara, Trente et Trieste.
    Lithographie en couleurs. — Édit. Doo Longo Trévise. Épreuve signée par l'auteur. — H. 49. — L. 34,3.

1221 — NEUMONT (Maurice). — **1914. Les Assassins.** — (V. Kaiser.)

0419 — OSTOYA (d'). — **Asinus asinorum in sœcula. Mehemmed V.**
  Aquarelle. Signée par l'auteur. — H. 39. — L. 27.

1272 **Le Char de la Victoire.** — La France, debout sur le char, tient les drapeaux alliés. Le Sultan essaie en vain d'arrêter les chevaux qui piétinent le compère et ami François-Joseph.
  Lithographie en couleurs. Remarque à droite. Édit. n° 3. — H. 38. — L. 26.

1303 **François-Joseph.** — Un corbeau, juché sur le crâne de François-Joseph, frappe du bec et croasse :
  Toc, toc, toc, personne ! Il y a longtemps que la cage est vide.
  Procédé en couleurs. N° 2. — Le Prince, édit. — H. 31. — L. 22.

1271 **La Guerre au crayon.** — « *L'Avenir prochain de « François-Joseph » ou les suites des mauvaises fréquentations.* »
  Stationnant sur un pont avec son chien maigre, l'empereur, les vêtements en guenille, une visière sur les yeux, joue de l'accordéon.
  Lithographie en couleurs. N° 2. Remarque à droite. — Le Prince, édit. — H. 37,5. — L. 26,5.

1275 **La Guerre au crayon. Le fameux trio ou les bouchers du siècle.** — (V. Kaiser.)

1320 **Le Rêve de François-Joseph.** — *La Mort.* — *Encore une petite gavotte, espèce de vieux birbe ; en attendant le jour de la cabriole finale !*
  « Et toi, François-Joseph, au tronc terni de sang,
  De Guillaume, par tes crimes tu t'es mis au même rang.
  Aveugle et insouciant, quoique comme lui orgueilleux,
  Dans ses profanations tu t'es jeté furieux.
  Ton cœur n'a pas bougé en voyant tant de pleurs,
  Puisque tu ne pleuras pas devant tes propres malheurs.
  Mais les femmes, ici-bas, pleureront ta trahison,
  Tandis que Dieu, là-haut, prépare ta punition. »
  (*L'Éditeur.*)
  Lithographie en couleurs. N° 2. — Le Prince, édit. — H. 36. — L. 32.

1586 — RÉGAMEY. — **Conflit européen.** — *Les voilà, les deux qui voulaient dévorer l'Europe.* — (V. Compositions humoristiques.)

1722 — TAPP. — **Le Malheureux Jardinier.** — *François-Joseph :* « *Décidément, avec un pareil voisin, mes lauriers auront bien du mal à pousser !* »
  Le voisin s'amuse à jeter, indéfiniment, des pavés dans le jardin de François-Joseph.
  Procédé industriel. — La Rénovatrice, imp., Bayonne. — H. 28. — L. 37,8.

1730 — THIERS. — **Tyrans, descendez au cercueil.** — (V. Kaiser.)

1737 — TROUSSARD. — **François-Joseph organise la mobilisation de ses troupes.** — Le vieux petit François-Joseph, assis sur une chaise d'enfant, jette par terre ses soldats de bois.
   Procédé en couleurs. — Gibert Clarey, Tours-Paris. — H. 38. — L. 25.

1736 — TRUCHET (Abel). — **Robert Macaire.** — *La gueuse va bien finir par m'apercevoir...*, murmure François-Joseph en traversant hâtivement une plaine couverte de cadavres, où se promène la Mort.
   Lithographie. Des taches rouges sous les pieds de l'empereur autrichien. Épreuve signée par l'auteur. — Imp. Chachoin, Paris. Lith. — H. 29. — L. 39.

1781 — VALLÉE (Georges). — *L'Allemagne encerclée, l'Autriche abattue et la Turquie affamée, poussent à une guerre fraticide la Bulgarie envieuse.*
   Photogravure en couleurs. 1915. — H. 33. — L. 45.

1782 **Les Chiens de Germania.** — La Turquie a la patte cassée et baisse le nez; l'Autriche, blessée, semble résignée à son sort: la Bulgarie lèche les mains de la maîtresse hideuse qui ferme brutalement son collier.
   Lithographie en couleurs. Épreuve signée par l'auteur. — H. 32. — L. 45.

1814 — VERDEAU (E.). — **A Carpathes.** — François-Joseph est à quatre pattes; il oublie de faire des pâtés pour jouer aux soldats. Sa grosse nourrice somnole, elle ne voit pas le boche magnifique qui s'avance vers elle au pas de parade.
   Bois, encrage vert. — H. 23. — L. 33.

1815 **La Rupture.** — François-Joseph fait sa cour à la Mort, il lui offre bouquets et serments, mais la Mort boude et tourne le dos à son vieil amoureux.
   Bois, encrage bleu. — H. 23. — L. 33.

LE SULTAN

022 — ANONYME. — **Déménagement du harem.** — Scènes grotesques.
>Plume et aquarelle. — H. 30. — L. 43.

172 — BOURGONNIER. — **La Danse macabre.** — (V. Kaiser.)

179 **Les Parques.** — (V. Kaiser.)

301 — CHAPRONT. — **Épiphanie.** — (V. Kaiser.)

356 — DOMERGUE (Géo). — **Devant Constantinople.** — Une femme turque regarde par sa fenêtre Constantinople bombardé.
>Lithographie. Épreuve signée par l'auteur. — H. 49. — L. 37,3.

420 — DOMERGUE (Jean-Gabriel). — **Les Petits cadeaux entretiennent l'amitié.** — « *Ils m'ont donné leurs bateaux et leurs officiers... Si je leurs foutais mon charbon d'Héraclée!!!* » Réflexion d'Enver-Pacha.
>Lithographie en couleurs. Décembre 1914. — Édit. « La Guerre », Paris. — H. 36. — L. 26.

431 — DORIA (Suz.). — **A Charenton. Le mélancolique.** — Le Sultan accroupi et priant.
>Procédé en couleurs, sur carton gris. — « La Guerre », 111, avenue Victor-Hugo, Paris. — H. 37. — L. 21.

489 — FAIVRE (A.). — **Bout de l'An.** — (V. Kaiser.)

653 — GENNARO (G. de). — **Collection artistique. La fin d'un veau.** — Rapports physiques des traits du Sultan avec ceux d'un veau.
>Cliché photogravure. — H. 22. — L. 17.

788 — IBELS. — *Le Commandeur* : « *Qu'est-ce qu'ils f...ichent donc tous mes croyants?* »
Le Sultan interroge l'horizon, du balcon d'un minaret, et s'étonne de ne voir rien venir.
Lithographie. — H. 41,5. — L. 57.

804 **Le Sultan a décidé de rester à Constantinople.** — Les papiers officiels négligent de dire que le kaiser le retient à Stamboul, à demi écrasé sous sa poigne.
Procédé en couleurs sur gros papier gris. Épreuve signée par l'auteur. Tirage à 100 exemplaires. — H. 31. — L. 44.

807 *Von der Goltz-Pacha : « Que veux-tu, ô grand Mahomet V, dès que j'arrive, tes soldats f...ichent le camp! »*
Lithographie en bleu. — H. 44. — L. 62.

937 — LABUSQUIÈRE. — **En Egypte .. Au Caucase...**
Au Caucase (Communiqué allemand : *Pour des raisons stratégiques, les Turcs opèrent une retraite en bon ordre...*)
En Egypte : même communiqué.
Lithographie en couleurs. — H. 39. — L. 44.

936 **Les Désastres turcs et von der Goltz-Pacha.** — « *Dire que c'est de mon organisation!* »
Lithographie en couleurs. — Janv. 1915. — H. 45. — L. 30.

949 — LACAILLE. — **L'Orage.** — (V. Kaiser.)

951 **Réconciliation.** — (V. Ferdinand.)

954 **La Sublime-Porte.** — *On t'y mettra... à la porte.* — Promesse des alliés au Sultan.
Lithographie en couleurs. Épreuve signée par l'auteur. — H. 43. — L. 26.

0352 — MANFREDINI. — **Les Rois.** — (V. Kaiser.)

991 — LÉON (Frédéric). — **Les Aveugles.** — (V. Kaiser.)

993 **Chacun la sienne.** — (V. Kaiser.)

994 **Dernier effort.** — (V. Kaiser.)

996 **Jeux icariens.** — Dans un cirque, le Sultan marche à quatre pattes sur un tapis. François-Joseph est à quatre pattes sur l'échine du turc et le kaiser est à quatre pattes sur son fidèle second. Un fantassin français danse la bourrée sur le dos de Guillaume. On l'acclame, on lui jette des bouquets.
Lithographie. Épreuve signée par l'auteur. — H. 42. — L. 32.

1272 — OSTOYA (d'). — **Le Char de la Victoire.** — (V. François-Joseph.)

1275   **La Guerre au crayon. Le fameux trio ou les bouchers du siècle.** — (V. Kaiser.)

1315   **Mohammed.** — Un corbeau dévore l'oreille de Méhemmed et dit : « *C'est pour te faire voir la façon dont ton peuple va être disloqué.* »
Procédé en couleurs. N° 3. — Le Prince, édit., Paris. — H. 31. — L. 22.

0419   **Méhemmed V.**
Aquarelle rehaussée d'or. Signée par l'auteur. — H. 39,5. — L. 27,5.

0449 — SELUGES. — **Non ! pas le syllabus !** — (V. Kaiser.)

1781 — VALLÉE. — *L'Allemagne encerclée, l'Autriche abattue et la Turquie affamée, poussent à une guerre fratricide la Bulgarie envieuse.* — (V. Kaiser et François-Joseph.)

1782   **Les Chiens de Germania.** — (V. Kaiser et François-Joseph.)

FERDINAND DE BULGARIE

172 — BOURGONNIER. — **La Danse macabre.** (V. Kaiser.)

344 — DESBARBIEUX (H.). — **Caïn.** — C'est le tzar de Bulgarie qui, dissimulant son couteau, suit, à la trace, le Serbe blessé.
Lithographie. 1915. — H. 36,5. — L. 28.

945 — LACAILLE (Félix). — *Ferdinand : « Et après cela, sire? »*
Le complaisant roi bulgare s'est mis à quatre pattes, pour lécher les semelles du kaiser.
Lithographie. Épreuve signée par l'auteur. — H. 32. — L. 42.

951 **Réconciliation.** — « *Allons, tendez-vous la main* », dit Guillaume, assisté de son fidèle second, au Turc et au Bulgare, en train de se colleter.
— « *Sire, permettez que je vous la tende d'abord* », répond le pratique et besogneux Bulgare Ferdinand.
Lithographie. Épreuve signée par l'auteur. — H. 32. — L. 42.

0418 — OSTOYA (d'). — **Le Roi Ferdinand, Bochus Coburgus princeps.**
Aquarelle, signée par l'auteur. — H. 39,5. — L. 27.

1781 — VALLÉE. — *L'Allemagne encerclée, l'Autriche abattue et la Turquie affamée, poussent à une guerre fratricide la Bulgarie envieuse.* (V. Kaiser.)

1782 **Les Chiens de Germania.** (V. Kaiser.)

TROUPES, OFFICIERS ET SOLDATS

107 — BEERTS (Albert). — « *Donnez-nous aujourd'hui notre pain KKotidien.* »
« *Give in to-day our daily war bread.* »
Ardente prière d'un soldat boche que ne peuvent satisfaire une arête de poisson, un os déjà rongé, un grand bidon vide et un sac de biscuits... épuisé.
<small>Lithographie en couleurs. — Édition Fouquet. Paris. — H. 26. — L. 19,3.</small>

108 « *Du cuivre pour notre Kaiser, s. v. p.* »
« *A little cooper for our Kaiser, if you please.* »
Appel lamentable de soldats boches dans les villages et dans les villes.
<small>Lithographie en couleurs. 1915. — Édition Fouquet. Paris. — H. 26. — L. 19,3.</small>

109 « *Le Kaiser avait raison : notre avenir est dans l'eau.* »
« *The Kaiser was right : Our future is in the water.* »
Remarque très sage d'un soldat boche barbottant dans un trou d'eau.
<small>Lithographie en couleurs. 1915. — Édition Fouquet. Paris. — H. 26. — L. 19,4.</small>

110 Notre « **Kultur !** » Our « **Kultur !** »
Un soldat-laboureur allemand montre du doigt un immense champ de croix.
<small>Lithographie en couleurs. 1915. — Édition Fouquet. Paris. — H. 26. — L. 19,3.</small>

112 « *Quelle chance que notre bon vieux dieu soit avec nous !* »
« *It's lucky for as that our good old German god is with us !* »
crient avec joie des soldats allemands blessés en lisant, sur des affiches officielles, le chiffre des pertes allemandes : 4.296.010 tués.
<small>Lithographie en couleurs. 1915. — Édition Fouquet. Paris. — H. 26. — L. 19,4.</small>

113 **La Soupe!** *Serrez les c...rangs!*
The Soup! *Close ump your ranks... and your belts.*
Deux soldats boches, aux joues creuses, serrent leur ceinture à la sonnerie de la soupe.
<small>Lithographie en couleurs. 1915. — Édition Fouquet, Paris. — H. 26,2. — L. 19,3.</small>

114 — BENIGNI (P.). — **Guerre 1914.** — *Comment ils sont entrés à Paris.*
Ceux qui entrent à Paris, y entrent comme prisonniers.
<small>Édition photographique. — Guiraud, Imp. Provençale, Marseille. — H. 37. — L. 27.</small>

149 — BILLIC. — **Dépêche officielle (agence Wolff).** — « *Nous avançons..... troupes fraîches, moral excellent.* »
Signé « von Kluck ».
Défilé lamentable de blessés, petits et grands.
<small>Procédé en couleurs. 1914. — G. Vallet, édit., 2, rue du Cygne, Paris. — H. 20. — L. 38,5.</small>

150 — BOGNARD (A.). — **Le Beau régiment** (n° 1). — *En route vers Calais... — On the way to Calais...*
Le régiment marche dans un ordre magnifique.
<small>Lithographie en couleurs. Oct. 1914. 3 rangées de soldats. — Kuhn et C°, édit., 220, rue de Rivoli, Paris. — H. 32,5. — L. 49,5.</small>

151 **Le Beau régiment** (n° 2). — *Retour avant Calais... — How they went back from Calais...*
Le régiment bat en retraite dans un désordre inextricable.
<small>Lithographie en couleurs. 3 rangées de soldats. — Kuhn et C°, édit., Paris. — H. 32,5. — L. 49,5.</small>

152 **L'Occupation allemande en Belgique. La Proclamation du Gouverneur... ses effets!!!**
(*Dédié à nos petits amis, les gavroches belges.*)
Des gamins belges font des pieds de nez au soldat afficheur.
<small>Lithographie, ton roux, rehaussé de rouge et de jaune. 1915, n° 1. — Le Prince, édit., Paris. — H. 36. — L. 45.</small>

153 **L'Occupation allemande en Belgique.** — « *La terreur provoquée par l'occupation allemande en Belgique.* »
(*Dédié à nos petits amis, les gavroches belges.*)
Des gamins suivent des soldats et s'amusent à imiter leur pas de parade. Ils ont fixé une carotte sur leur coiffure, pour figurer la pointe du casque boche.
<small>Lithographie, 1915, n° 2. Ton bleu, rehaussé de notes rouges et roses. — Le Prince, édit., Paris. — H. 36. — L. 45.</small>

154 **Vitikultur!** — Deux soldats allemands, se soutenant l'un l'autre, vont, complètement ivres.
Édition « La Guerre ». Paris, déc. 1914. — H. 30,5. — L. 41,5.

175 — BOURGONNIER. — **Kamarades.** — La Mort donne le bras à un uhlan portant un flacon de gaz asphyxiants.
Lithographie. 1915. Remarque à gauche. — H. 40. — L. 28.

213 — BROUET. — **L'Espion.** — Un espion, accompagné de son chien, est emmené par deux cuirassiers.
Eau-forte et aqua tinta, en couleurs, d'après George Scott. Épreuve signée par le peintre et par le graveur. — H. 48. — L. 75.

276 — CHAIX (imprimerie). — La « **Kulture** ». — Le soldat allemand succombe sous le poids du casque à pointe, sous les coups de pieds et les coups de cravache de ses supérieurs.
Procédé lithographique en couleurs. — H. 12. — L. 20.

277 **Leur courage est proverbial.** — Ils défilent dans un ordre admirable... derrière eux, marche leur officier, qui les injurie et les menace de la cravache ou du revolver.
Lithographie en couleurs. — H. 49. — L. 27.

279 **Oh! non, pas la baïonnette!...** — Protestation ardente et intéressée d'un boche que va embrocher un turco.
Lithographie en couleurs. — H. 19,5. — L. 26,5.

043 — CHANOT. — **Les Envahisseurs.** — Des boches pillent une pharmacie et vident des flacons. Un officier, voyant un fœtus dans un bocal, ordonne : *Fusillez-le!*
Dessin à la plume et aquarelle, signé par l'auteur. — H. 42. — L. 40.

350 — DEVAMBEZ (André). — Un soldat boche jette dans un salon des pastilles incendiaires.
Photogravure en couleurs. — H. 38. — L. 30,5.

408 — DOMERGUE (Jean-Gabriel). — **La Botte allemande.** — Un soldat écrase, sous son pied, la poitrine d'une femme.
Lithographie. 1915. — H. 27. — L. 44.

428 — DORIA (Suz.). — **De Bulow. Le Cavalier seul.**
Procédé en couleurs, sur carton gris. — H. 39. — L. 31.

494 — FAIVRE (Abel). — **En Russie.** — *Nous enfonçons... Pas les Russes.* — Les soldats boches s'enlisent de plus en plus dans le marécage.
Lithographie. Épreuve signée par l'auteur. — H. 35. — L. 20.

OFFICIERS ET SOLDATS

059 Un soldat allemand, le visage épanoui, regarde un petit enfant qu'il vient d'abattre d'un coup de fusil, parce qu'il tenait en main un minuscule drapeau tricolore.
    Composition au crayon noir, rehaussée de pastel. 1915, signée par l'auteur. — H. 36. — L. 25,5.

518 Voir la notice précédente.
    Lithographie. — Devambez, édit. — H. 36. — L. 24.

496 *Les Étrennes de la maison de Hohenzollern.* — Un soldat boche flaire, en gourmand, un joli sac à faveur rose, rempli d'exquises pastilles incendiaires.
    Lithographie en couleurs. — H. 40,5. — L. 25,5.

515 « ... *Nous sommes encore bien bons de ne pas réquisitionner votre lait!* » — Un digne officier allemand jette cette réflexion à une pauvre femme qui, assise sur des ruines, allaite un enfant, pendant que deux autres bambins se serrent contre elle.
    Lithographie. — Devambez, édit. — H. 35. — L. 31,3.

502 *Ma maman...* — Une chambre en désordre; le casque, le sabre, la capote d'un officier allemand jetés à droite. Devant la porte close pleure une fillette.
    Lithographie en noir, soutenue de tons bleu, jaune, rouge. 1915. Épreuve signée par l'auteur. — H. 30. — L. 30.

508 *Propagande allemande.* — Un soldat allemand est photographié. Sur ses genoux est un baby, auquel il donne à manger. Il dit, béat : « *On ne croirait pas que j'ai tué la mère.* »
    Reproduction lithographique. Épreuve signée par l'artiste. — H. 28. — L. 28.

520 — FAUCONNET. — **A Kalais!** — L'intellectuel allemand, à tête cubique, est arrêté dans sa marche vers Calais, par un malencontreux coup de canon. De la poche du savant, sort un manifeste à l'humanité.
    Reproduction en couleurs. — Édition en couleurs. Édition « La Guerre ». Paris. — H. 24. — L. 33,8.

522 **Gott mit uns.** — Un archéologue allemand, à tête cubique et très intellectuelle, pointe lui-même un obusier sur la cathédrale de Reims. De sa poche sort un manifeste à l'humanité.
    Reproduction en couleurs. — « La Guerre ». — H. 24. — L. 33,5.

523 **Kultur.** — Un intellectuel allemand, à tête cubique, arrose ses plantations chéries : canons et soldats végétant merveilleusement dans les pots du jardin. De la poche du savant, sort un manifeste à l'humanité.
    Reproduction en couleurs. — « La Guerre ». — H. 23,6. — L. 33,8.

524 — FAVEROT. — **Gott mit uns. Dieu avec nous.** — *Comme il est avec eux.* — L'armée allemande, que rougissent des lueurs d'incendies et qui marche dans le sang, pousse devant elle, en dépit de ses protestations, son vieux dieu à la tignasse blanche.
   Lithographie en couleurs. — E. Malfeyt et Cie, édit., 26. rue Duperré, Paris. — H. 36. — L. 51.5.

551 — FORAIN. — **En France.** — « *Moi aussi, chai des enfants* », répond un Allemand aux protestations d'une fillette, qui ne veut pas qu'on lui vole sa poupée.
   Lithographie. (*L'Opinion*, 12 déc. 1914.) — H. 27. — L. 40.

580   **La Reconnaissance.** — « *Mais je vous reconnais, vous étiez notre contremaître...* » — L'officier boche n'avait besoin d'aucun renseignement pour trouver l'usine ou la filature et la réduire en cendres.
   Lithographie. (*L'Opinion*, 2 janv. 1915.) — H. 29. — L. 38.

558   **Les « Kamerad ».** — On les voit emmener à coups de crosses, à coups de plat de sabre, des femmes et des enfants.
   Lithographie. (*L'Opinion*, 20 mars 1915.) — H. 25. — L. 40.

535   *Aux correspondants : Messieurs, nous voulons une paix honorable.* — Un égorgeur allemand enjambe des cadavres, et fait cette déclaration à des reporters étrangers.
   Lithographie. *L'Opinion*, 24 avril 1915. — H. 26. — L. 40.

554   **Le Film.** — *Halte là!... Et souriez!...* — Ordre jeté, revolver au poing, par un officier à deux passantes, alors qu'un opérateur photographe tourne sa manivelle.
   Au loin, des femmes et des enfants s'enfuient.
   Lithographie. (*L'Opinion*, 8 mai 1915.) — H. 26. — L. 39.

572   **La Perquisition.** — La maison est pillée, des cadavres gisent, l'Allemand qui est là peut dire à de nouveaux arrivants : « *Vous voyez bien que nous sommes déjà venus* ».
   Lithographie. (*L'Opinion*, 22 mai 1915.) — H. 26. — L. 39.

555   **Ils parlent de Paris.** — « *J'y gérais un Palace... Et vous, mon capitaine?*
   » — *Moi, j'y étais tzigane.* »
   Conversation de deux boches, dans la tranchée.
   Lithographie. (*L'Opinion*, 4 sept. 1915.) — H. 28. — L. 39.

586   **Le Golgotha, champ de tir. — Alexandrie, 5 octobre.** — « *La Vraie cible* ». — La vraie cible pour les troupes allemandes, c'est le Christ cloué sur la Croix.
   Lithographie. (*L'Opinion*, 16 oct. 1915.) — H. 20. — L. 40.

587 — FORMISYN. — **Les Barbares.** — Un boche peu fraternel bat un cochon.
_{Eau-forte. 1915. Épreuve signée par l'auteur. — H. 27. — L. 19.}

589   « *Paris... Paris... mais où qu'c'est Paris?* » — Question anxieuse que se posent deux soldats boches.
_{Eau-forte. 1915. Épreuve signée par l'auteur. — H. 12,5. — L. 19.8.}

664 — GALANIS. — **L'Évacuation.** — Des Allemands s'en vont, surchargés de bagages volés.
_{Dessin à l'encre de Chine et au pinceau, signé par l'auteur. — H. 34. — L. 49,5.}

660 — GEOFFROY. — « **Autres temps, autres mœurs.** » — *En 70 ils cherchaient nos pendules, à cett' heure, ils cherchent du pain blanc, ça vaut mieux.*
Causerie au village.
_{Lithographie coloriée à la main par l'auteur. — H. 29. — L. 24.}

726 — HANSI. — **Armée allemande.** — *Soldat du régiment du Kronprinz (tenue de campagne).* — L'héroïque soldat est très chargé; il emporte une horloge, une ombrelle, des objets de toilette et de cuisine, des couverts, des bottines de femmes, une bouteille, etc.
_{Lithographie en couleurs. Épreuve signée par l'auteur. — Imp. Klein, à Épinal. — H. 25. — L. 45.}

681 — HERMANN-PAUL. — **La Bague.** — « *Envoie le doigt avec, ce sera plus délicat.* »
_{Dessin au lavis, sur bristol, signé par l'artiste. — H. 24,5. — L. 22,3.}

737 à 757   **La Dernière guerre.** — *20 dessins. Préface d'Anatole France. Dorbon, aîné, édit., 19, boul. Haussmann, Paris.*

737   C'est pas comme en 70, mon vieux boche, on sait pourquoi on se bat.

738   Y a pas de quoi pleurer...

739   Culture germanique.

740   La Bête prisonnière.

741   Le Blessé.

742   La Bombe dans l'hôpital.

743   « Furor teutonicus » à l'hôpital.

744   La Protection des faibles.

745   Le Repos de l'intellectuel.

746 Prends-moi... Impossible, c'est plein de pendules.
747 Les incendiaires.
748 Jeu de prince.
749 L'Achèvement des blessés.
750 Crosse en l'air.
751 Pas de parade.
752 Récréation.
753 Qu'est-ce que tu fais? — Je regarde ceux qui remuent encore.
754 Le Service de la Croix-Rouge.
755 Emballe tout : on triera à la maison.
756 Vengeance!
757 Couverture.

Reproduction industrielle. — H. 24,5. — L. 31,8.

766 à 778 **Pendant la guerre.** — *12 dessins, par Hermann-Paul.*

767 — **Les Atrocités allemandes.** — Un boche, à des affolés de terreur : « *Mais vous savez, ce sont les Anglais que nous détestons le plus!* »

768 **La Bague.** — Un soldat allemand montre à un camarade une bague qu'il vient d'arracher du doigt d'une femme : « *Envoie le doigt avec, ce sera plus délicat...* » dit le complice.

769 **Conseils.** — Le kaiser à son fils : « *Soyons prudents, pas de lauriers.*

770 **Dans les tranchées.** — « *Mon vieux, ça ne ressemble pas du tout aux grandes manœuvres!* »

771 **Deuil boche.** — Une veuve en console une autre : « *Vous avez de la veine, vous... le mien est mort avant d'avoir rien envoyé...* »

772 **En pays envahi.** — Un boche, à des gens effondrés de désespoir : « *Pleurez pas tant! on fera bien plus en s'en allant.* »

773 **Été 1915.** — Un garde-voie regarde les rails, l'horizon, et dit : « *Ce que les Parisiens doivent s'embêter...* »

774 Une femme sur l'âge, à son mari : « *Laisse-moi pleurer... je suis fière quand même!* » Sur une table on voit le képi et l'épée du mort.

Ce dessin est reproduit sur la couverture, rehaussé de deux tons : ton chair, ton bleu.

OFFICIERS ET SOLDATS 133

775   **Mauvais climat. En pays envahi.** — Deux boches blessés, causant : « *Je vois ce qu'il y a... c'est le climat de France qui ne nous convient pas.* »

776   Planche II. Dessin sans légende.

777   *Qu'est-ce que tu étais avant la guerre ?*
      — *J'étais neurasthénique.*

778   **En pays envahi.** — Un boche veut faire photographier une fillette assise sur ses genoux : « *Ris ou je te fais fusiller.* »
Librairie de l'Estampe, 88, Chaussée d'Antin, Paris. — Reproduction industrielle. — H. 31. — L. 45.

794 — IBELS. — **L'Homme au chiffon de papier.** — Six dessins représentant les tribulations de Bethmann-Hollweg.
1° Bethmann-Hollweg tenant en mains le célèbre chiffon de papier.
2° Il essaie violemment de s'en débarrasser.
3° Puis, plus discrètement, il se vante de se séparer de l'encombrant papier.
4° Les deux mains sont maintenant prises et engluées...
5° Il fait intervenir les pieds... peine perdue, le chiffon de papier adhère aux semelles.
6° Et, quand, après de multiples efforts, après s'être roulé par terre, le comique Bethmann-Hollweg quitte la scène politique, le « chiffon de papier » reste fixé à son dos comme un écriteau infâmant dont il ne se débarrassera jamais.
Lithographie. — H. 41. — L. 59.

806   « **von der Goltz** » crie dans la solitude : « *Rassemblement* ».
Procédé en deux tons plats sur gros papier bistre. Tirage à 100 exemplaires. Exemplaire signé par l'auteur. — H. 32. — L. 51.

823 — JOB. — « **1812-1916.** — **Kamerad !** » — Un soldat, tombé dans une plaine blanche, en Russie, crie aux corbeaux volant vers lui : *Kamerad !*
Eau-forte et aqua-tinta, en couleurs. Épreuve signée par l'auteur. — H. 47. — L. 70.

887 — JONAS (L.). — Sur la table d'un autel, aux pieds d'un grand Christ en croix, des soldats allemands boivent ou parodient les rites religieux.
Un prêtre assassiné gît à côté d'eux. Remarque à gauche : *Gott mit uns.*
Lithographie. — Danton, éditeur. — H. 63. — L. 47.

926 — JULIEN (Jean). — **Leur Kultur !** — Un soldat allemand soulève, par les cheveux, une femme éventrée ; un autre pré-

cipite dans un puits une jeune fille. Partout, des traces de pillage et d'orgie.
>   Lithographie. Épreuve signée par l'auteur. — H. 38. — L. 51.

940 — LABUSQUIÈRE. — *Kômment, y à enkôre tu monte à Bâris ! ! !* — Stupéfaction profonde d'un boche difforme espionnant au travers de ses larges lunettes.
>   Lithographie en couleurs. Janv. 1915. — H. 38. — L. 30.

968 — LAWSON-WOOD. — **Les courageux Huns. — Beware of the dog. A « stern ».** — *Reminder.* — Un Allemand semble très effrayé en rencontrant un chien bull.
>   Procédé en couleurs. — Imp. by C. Pulmain, Londres. Copyright T. C. E. C. Jack, Edimburg and London. — H. 30. — L. 20.

1011 — LEPÈRE (A.). — **Le Soldat prussien.** — Derrière le soldat au casque à pointe, des cadavres de femmes et d'enfants, des incendies, des scènes de barbarie.
>   Bois original, signé par l'auteur. — Sagot, édit., Paris. — H. 21,6. — L. 16.

0341 — MALHERBE. — **14 Têtes de boches.**
>   Aquarelle dans un cadre de 25 centimètres de diamètre. Signé par l'auteur. 1915.

1085 — MALESPINA (E.). — **Dans les choux !** — Pourchassés par un avion, des boches traversent en courant un champ de choux.
>   Lithographie en couleurs. — H. 46. — L. 72.

0342 — MANFREDINI. — Un vieux boche, chargé d'objets volés, croyant reconnaitre l'*Angélus*, dans les plaintes des fils télégraphiques, se découvre dévotement.
>   Aquarelle sur bristol, signée par l'auteur. Mars, 1915. Titre : *L'Angélus*. — H. 34,5. — L. 25.

1089   **L'Angélus.**
>   Lithographie en couleurs. Épreuve signée par l'auteur, portant le visa du Commissaire de police Vallet et le cachet de la Préfecture, direction de la police judiciaire. (12 juillet 1915.) — H. 33,5. — L. 25.

0343   « **Le Bruit court...** » — *Mein Gott, faites qu'ils refusent la paix... J'ai encore trois pièces à meubler ! ! !* — Prière ardente d'un soldat boche pliant sous le poids des objets partout volés.
>   Dessin à l'encre de Chine, sur bristol, avec des indications en bleu. Signé par l'auteur. — H. 27. — L. 21,2.

1097 — MAUBAN. — Produit boche. Un officier.
>   Procédé en couleurs. — H. 27. — L. 16.

1131 — MORIN (Louis). — **Galanterie allemande.** — « *Les Allemands renferment les hommes dans les églises et ordonnent alors aux femmes de regagner leurs demeures et d'en laisser, la nuit, les portes ouvertes.* » — (Rapport officiel de la Commission d'enquête belge.) Le président : M. Cooreman. Sept. 1914.
Reproduction en couleurs. — Librairie de l'Estampe, Paris. — H. 21. — L. 31.

1134 **Les Illusions perdues.** — Un Allemand se désespère de tomber sur le champ de bataille avant d'avoir vu le Moulin Rouge.
Procédé en couleurs. — Librairie de l'Estampe, Paris. — H. 28,5. — L. 19,8.

1163 — NABOULET (imprimeur). — **Haute « Kultur ».** — Allemand en train de s'enivrer dans une cave.
Lithographie en couleurs. 1914. — H. 32. — L. 50.

0393 à 0417 — OSTOYA (d'). — **Étude du boche.** — Exemplaire unique, vingt-quatre dessins originaux de têtes de boches.
Paris. Juin 1915. — H. 29. — L. 22.

1324 **Sourires et coups de sabre. La Navette.** — « *Plusieurs corps d'armée allemands, dont la présence a été jugée superflue sur le front oriental, s'en vont renforcer les troupes sur le front occidental.* » *(Agence Wolff.)*
Lithographie en couleurs. 1914. — A. Lasnier, édit. — H. 27,2. — L. 21,1.

1325 **Sourires et coups de sabre. La Navette.** — « *Plusieurs corps d'armée allemands, dont la présence a été jugée superflue sur le front occidental, partent pour renforcer les troupes sur le front oriental.* » *(Agence Wolff.)*
Lithographie en couleurs. 1914. — A. Lasnier, édit. — H. 27,2. — L. 21,1.

1303 **Bethmann-Hollweg.** — *Le Corbeau : Tiens, mon vieux Bethmann, je t'apporte un chiffon de papier pour essuyer tes larmes de crocodile.* — Le chiffon dont se sert le corbeau est le traité de neutralité de la Belgique.
Procédé en couleurs, n° 5. — Le Prince, édit., Paris. — H. 31. — L. 22.

1304 **Comte Zeppelin.** — « *Pour une fois, je vais t'apprendre la façon de voler librement sur Paris.* »
Procédé en couleurs, n° 9. — Le Prince, édit., Paris. — H. 31. — L. 22.

1306 **Général Hindenbourg.** — *Le Corbeau.* — *Hindenbourg, non ! Il a vraiment une trop sale gueule.*
Procédé en couleurs, n° 7. — Le Prince, édit., Paris. — H. 31. — L. 22.

1307 **Général von Bulow.** — *Le Corbeau.* — *Puisque tu as raté ton entrée à Paris, je file te préparer la fuite de Berlin, brûleur de cathédrales.*
Procédé en couleurs, n° 11. — Le Prince, édit., Paris. — H. 31. — L. 22.

1308 **Général von Heeringen.** — *Le Corbeau.* — *Et malgré tous vos bombardements, Reims restera toujours Reims, et vous... un gros cochon.*
Procédé en couleurs, n° 13. — Le Prince, édit., Paris. — H. 31. — L. 22.

1309 **Général von Hoetzendorf.** — *Le Corbeau.* — *Ne te désoles pas, les Autrichiens, ça a l'habitude d'être battus.*
Procédé en couleurs, n° 12. — Le Prince, édit., Paris. — H. 31. — L. 22.

1310 **Général von Kluck.** — *Le Corbeau.* — *Allons, Kluck, au bord de la Seine, sur la Marne, cueillir des lauriers... (Air connu.)*
Procédé en couleurs, n° 8. — Le Prince, édit., Paris. — H. 31. — L. 22.

1311 **Général von Mackensen.** — *Le Corbeau.* — *Je comprends que les Russes fichent le camp à la vue de cette gueule de Mackensen.*
Procédé en couleurs, n° 10. — Le Prince, édit., Paris. — H. 31. — L. 22.

1314 **Liman von Sanders.** — *Le Corbeau.* — *Ne te fais pas de bile, mon vieux Liman, si les Turcs ne trouvent pas pour toi une place à la Porte, ils mettront ta tête à la fenêtre...*
Procédé en couleurs, n° 15. — Le Prince, édit., Paris. — H. 31. — L. 22.

1316 **Le Prince Hans de Bulow** *(maître-chanteur).* — *Le Corbeau.* — *Tu as voulu les faire chanter, j'en suis fort aise, c'est eux qui te feront danser maintenant.*
Reproduction en couleurs. — Le Prince, édit., Paris. — H. 31. — L. 23.

1318 **von der Goltz-Pacha.** — *Le Corbeau.* — *Cette main de vieille femme coupée par un de tes soldats pourra servir d'illustration pour ton livre « sur la façon de mener une guerre moderne ».*
Procédé en couleurs, n° 6. — Le Prince, édit., Paris. — H. 31. — L. 22.

1334 — PANN (Abel). — **Leur abri.** — Derrière une haie d'enfants, visent et tirent les soldats de l'Allemagne.
Lithographie colorée. — Édition Guiraud, imp. prov., Marseille. — H. 37. — L. 52.

1337 **Plaisanterie teutonne.** — Des soldats allemands s'amusent à menacer de leurs baïonnettes une fillette épouvantée.
Lithographie colorée. — Édition Guiraud, imp. prov., Marseille. — H. 44. — L. 60.

1338 **Réquisition.** — Un officier allemand menace de son revolver un vieux bourgeois, et dit : « *Je vous réquisitionne votre montre avec la chaîne, votre porte-monnaie et tout ce que vous avez dans vos poches...* »
Lithographie colorée. — Édit. « La Guerre », 111, av. Victor-Hugo, Paris. — Imp. E. Verneau, H. Chachoin, successeur, Paris. — H. 42. — L. 34.

1349 — PAULUS (Pierre). — **Une belle victoire.** — La côte est en feu. Quelques soldats allemands entraînent une femme serrant contre sa poitrine un enfant fou de terreur.
Lithographie. Épreuve signée par l'auteur. — H. 31. — L. 42.

1414 — POULBOT. — « *Vous, les ignobles otages, vous allez marcher devant notre armée.* » — Propos de gosses allemands, hideux et féroces sentant la brute ou le Herr Doktor.
Lithographie en couleurs. 1915. — H. 28. — L. 19.

1588 — RÉGAMEY. — *1914.* — *Nous autres, Allemands, nous ne craignons rien au monde, hors Dieu au-dessus de nous, les cosaques à l'Est et les turcos à l'Ouest.*
Us Germans, we fear nothing in the world, except God who is above us, the cosaques in the East and the turcos in the West.
Héliogravure. — E. De Ley, imp., Paris. — H. 28. — L. 28.

1612 — ROUBILLE. — **Bêtes féroces.** — Tigre, loup, hyène, vautour et soldat boche marchent de compagnie.
Photogravure. Épreuve signée par l'auteur. — H. 21. — L. 36.

1703 — STEINLEN. — **Sous la botte.** — Un Allemand pose son pied et appuie la crosse de son fusil sur le ventre d'une femme nue et garrottée.
Lithographie. 1915. — H. 37. — L. 26.

1728 — THÉRON. — *« J'ai beau serrer, je ne puis l'empêcher de crier. »* — Le boche s'étonne que ses victimes crient et protestent.
Lithographie en couleurs. — H. 23,5. — L. 31.

1743 — TRUCHET (Abel). — **La Cathédrale.** — *Ce serait une faiblesse d'en laisser même une pierre !...*
Lithographie. — H. 33. — L. 50.

1748 **Les Conquérants.** — *Est-ce qu'ils ont aussi des pendules, en Italie ?...*
Lithographie. — H. 26. — L. 38.

1757 **Herr Fregoli.** — *Kamarad ! Kamarad !* — L'Allemand, comédien aux mille transformations.
Lithographie. — H. 39. — L. 26.

1758 **Les Lâches.** — Le capitaine d'un sous-marin allemand a braqué sa longue-vue sur un bateau de commerce : — *Diable ! il me semble que le commandant a un revolver !*
Lithographie. — H. 29. — L. 44.

1761 **Les Monstres.** — « *Il aurait peut-être fallu lui faire la cour !* » — Remarque indignée d'un soldat boche assourdi par les cris de désespoir et de douleur d'une fillette qu'il vient de violenter.
   Lithographie. — H. 33. — L. 44,5.

1767 **Préparation militaire.** — « *Vous saisissez la pince, fracturez, videz et emportez... et souvenez-vous que l'Allemagne est au-dessus de tout !* » — Un officier fait la théorie à ses hommes devant un coffre-fort.
   Lithographie. — H. 26. — L. 40.

0462 **Travaux agricoles.** — *Si j'avais su, j'aurais dit que j'étais Suisse.*
   Dessin au crayon noir, signé par l'auteur. — H. 44. — L. 35.

1841 — VEBER. — Une brute allemande s'avance vers une fillette terrifiée, réfugiée dans un angle de la pièce.
   Lithographie. Épreuve signée par l'auteur. — H. 24. — L. 38.

1798-1799 — **1914. La Brute est lâchée.** — L'Allemand parcourt le monde, terriblement armé. Derrière lui, ce ne sont que désastres.
   1° Lithographie.
   2° Une épreuve en couleurs. — H. 39. — L. 49.

1859 — WILLETTE (A.). — **Le Retour du boche dans ses foyers.** — *La paix sera signée, mais pas avec sa conscience, s'il en a une.* — Le boche dans sa maison, près des siens, est terrifié par la vision d'une femme et d'un enfant nus, par lui assassinés.
   Lithographie. 1915. Épreuve signée par l'artiste. — H. 30. — L. 28.

A. FAIVRE. **La Mission allemande à Athènes.** Honneur, reconnaissance : laissez-nous rire !!

LES NEUTRES

LES NEUTRES

7 — ANONYME. — *Au Vatican.* — *Si tu n'es pour eux, tu es contre eux...* (Ev. St-Luc, ch. IX.) — Au pape Benoît XV, qui se lave les mains alors que Satan lui présente la serviette, Jésus montre les victimes de la sauvagerie allemande.
 Photogravure, d'après un dessin à la plume. 1915. — H. 25,6. — L. 35,2.

504 — FAIVRE (Abel). — « **Nos Neutres.** » — « *Avouez qu'ils sont bien forts.* » — Unique consolation qu'adresse un « neutre » à une femme en deuil et qui pleure.
 Reproduction lithographique. Épreuve signée par l'artiste. — H. 28. — L. 28.

545 — FORAIN. — **L'École des neutres.** — I. La mer couvre de cadavres le rivage. Non loin flottent les débris d'un transatlantique torpillé.
 Lithographie. (*L'Opinion*, 13 février 1915.) — H. 28. — L. 40.

546   **L'École des neutres.** — II. « *Comme notre Wilson va nous venger !* » — Dernier cri, suprême espoir, des assassinés du Lusitania.
 Lithographie. (*L'Opinion*, 15 mai 1915.) — H. 25. — L. 38.

547   **L'École des neutres.** — III. « *Le Sous-marin a cru qu'on voulait le couper.* » — Le rivage est couvert de cadavres de femmes et d'enfants. Le sous-marin, torpilleur du navire qui transportait ces passagers, a les meilleures raisons pour prétendre qu'il fut menacé.
 Lithographie. (*L'Opinion*, 25 sept. 1915.) — H. 26. — L. 41.

550   **En Champagne.** — (*L'École des neutres.*) — *Je suis le vaguemestre... ces messieurs n'ont rien pour la Bulgarie?*
 Paroles ironiques jetées à des prisonniers boches défilant.
 Lithographie. (*L'Opinion*, 2 octobre 1915.(— H. 26. — L. 43.

565   **Paysage grec.** — Scène modernisée d'Œdipe et du Sphynx. Le Sphynx porte le casque allemand, Œdipe, coiffé d'un képi, le menace de son revolver.

Au loin, la façade harmonieuse d'un Parthénon.

<small>Lithographie. (*L'Opinion*, 20 novembre 1915.) — H. 27. — L. 43.</small>

533   **Au pays des fouilles.** — *Voilà ce que je trouve sous ma pioche!*

Des soldats français creusent des tranchées en Grèce; ils déterrent, non le buste d'un Périclès ou d'un Sophocle, mais un buste de Wilhem II.

<small>Lithographie. (*L'Opinion*, 13 novembre 1915.) — H. 20. — L. 40.</small>

669 — GEOFFROY. — « **L'Oncle Sam** ». — « *Le malheur des « Huns » fait le bonheur des autres.* »

L'Oncle Sam regarde, sur le rivage, l'amoncellement des colis devant partir pour l'Europe.

<small>Lithographie coloriée à la main par son auteur. — H. 27. — L. 23,5.</small>

698 — GRANDJOUAN. — *Qu'importe l'existence des neutres! L'Allemagne au-dessus de tout!*

Des naufragés du Lusitania ont pu s'accrocher au sous-marin torpilleur. Des matelots ferment les ouvertures et souhaitent ironiquement bonne chance aux malheureux. Alors, doucement, le bateau s'enfonce dans les flots.

<small>Lithographie. — H. 30. — L. 47,2.</small>

963 — LAPARRA (William). — **Aux neutres.** — Dans un mouvement de Vierge montrant son Fils aux humains, une mère montre aux neutres son petit enfant dont les mains furent tranchées.

Ceux qui vécurent sans mériter le mépris et sans mériter la louange........ qui ne furent ni rebelles, ni fidèles à Dieu, mais furent pour eux seuls.......... Le monde ne laisse subsister d'eux aucune mémoire, la justice et la miséricorde les dédaignent, ne parlons plus d'eux, mais regarde et passe.....

Dante, l'Enfer. Chap. III.

<small>Eau-forte et aqua-tinta. — A. Brouet. — H. 62. — L. 46,5.</small>

0424 — RAMIRO-ARRUE. — **Le Mot de Cambronne. Notre réponse.** — Le Pape Benoît XV bénissant (ses paroles sont transcrites au crayon) : « *Le Vatican n'est pas un tribunal, nous ne rendons pas des arrêts. Le Juge est en haut... Je suis le représentant de Dieu sur la terre... Le Lusitania? Quel affreux forfait! Mais croyez-vous que le blocus qui étreint deux empires, qui con-*

damne à la famine des millions d'êtres innocents, s'inspire aussi de sentiments bien humains?... »

Aquarelle sur papier bistre. Signé par l'auteur. — H. 26. — L. 21,5.

1838 — WEAL. — **Benoît XV.**

Photogravure en couleurs. 1915. — Méricant, édit., Paris. Copyright. — H. 33. — L. 22.

1841   **Président Wilson.**

Photogravure en couleurs. 1915. — Méricant, édit., Paris. Copyright. — H. 33. — L. 22.

LA LUTTE

MOBILISATION

119 — BÉNITO (E.). — **Alea jacta est.** — Triptyque. — Le sort en est jeté, c'est la mobilisation.

Scène de gauche : Un jeune soldat fait ses adieux à une jeune femme.

Scène centrale : Les hommes des champs partent à l'appel des clairons.

Scène de droite : Un jeune moine, dans sa chapelle, adresse au Christ une dernière prière.

<small>Eau-forte et aqua-tinta, tirée en bistre. Épreuve signée par l'auteur. — H. 20,8. — L. 50.</small>

719 — GUYE. — **Occupation des frontières. 1914-1915.** — (*Musée de Neuchâtel.*)
Abri provisoire au bord de la Lucelle (Jura-Bernois).
<small>Photogravure. — H. 21. — L. 32,2.</small>

718 **Souvenir des frontières. 1914. Mobilisation. 1914-1915.** — Vue d'une section de soldats arrêtés sur un chemin.
<small>Photogravure. — Imprimé par Attinger frères, à Neuchâtel. — H. 21. — L. 32.</small>

758 — HERMANN-PAUL. — **Le Départ de Tipperary.** — On l'embrasse et on lui donne des fleurs.
<small>Bois taillé au canif, couleur. — H. 25,5. — L. 28.</small>

759 **Le Départ pour le front.** — Les soldats partent sous une pluie de fleurs.
<small>Bois taillé au canif. — H. 24. — L. 28.</small>

1003 — LEPÈRE (A.). — **La Concentration.** — Les hommes, habillés, armés, partent résolument, en longues files, vers les points de concentration.
<small>Bois original, signé par l'artiste. — Sagot, édit., Paris. — H. 22,5. — L. 17.</small>

1009　**La Guerre est déclarée.** — Vision des premiers jours de la mobilisation. Les drapeaux tricolores surgissent et claquent au vent, des gens vont, viennent, s'embrassent. Partout des poussées d'enthousiasme et d'héroïsme.

<small>Bois original, signé par l'artiste. — Sagot, édit., Paris. — H. 23. — L. 17,6.</small>

1667 —　CLOMKO (de). — **Dans les Karpathes.** — File de cavaliers russes dans les neiges.

<small>Photogravure en couleurs. — H. 23. — L. 19.</small>

BATAILLES — COMBATS — SIÈGES

98 — BATAILLE (R.). — **Souvenir de la revanche. La fin tragique d'un fort.** — « *Malgré que la position du fort de Loncin soit, de l'avis de l'État-Major belge, devenue intenable, le général Leman se refuse à l'abandonner avec sa garnison et se défend jusqu'au bout.* »

Procédé industriel en couleurs. — Cl. Noé, édit.. 22, rue Saint-Paul. Paris.— H. 20. — L. 34.

102 **Souvenir de la revanche. Sénégalais contre garde impériale.** — « *A la bataille de Charleroi, les tirailleurs sénégalais ont tenu un rôle prépondérant en donnant avec furie, au moment décisif, contre la garde impériale et en l'anéantissant à la baïonnette.* »

Procédé industriel en couleurs. — Cl. Noé, édit., Paris. — H. 20. — L. 34.

103 **Souvenir de la revanche. Turcos contre batterie allemande.** — « *A la bataille de la Marne, les turcos réussissent, avec leur bravoure coutumière, à atteindre une batterie allemande et à s'en emparer après avoir tué tous les servants avec un acharnement infernal.* »

Procédé industriel en couleurs. — Cl. Noé, édit., Paris. — H. 20. — L. 34.

116 — BENIGNI (P.). — **(Guerre 1914).** — **Nos vaillantes troupes coloniales.** — Turcos, zouaves, spahis, etc., courant à l'attaque.

Procédé lithographique. — Édit. Guiraud, imp. Provençale, Marseille. — H. 37. — L. 26,9.

129 — BESNIER (F.). — **Guerre libératrice 1914. Bataille de la Marne (7-15 septembre 1914).** — (V. Officiers généraux.)

Cette estampe est la sixième...

131 **Guerre libératrice de 1914. Bataille de l'Yser (octobre 1914).** — « *Grâce à une flottille anglo-française compre-*

nant, entre autres. trois monitors anglais, qui bombarda. depuis le 19 octobre, avec des canons lourds à longue portée, la droite de l'armée allemande, les armées alliées purent reprendre une vigoureuse offensive dans les environs de Nieuport et d'Ostende sur la côte belge. L'artillerie lourde allemande tenta en vain de répondre : les pointeurs de la marine eurent l'avantage. Tous les prisonniers allemands s'accordèrent à dire qu'ils subirent des pertes énormes. »
Cette estampe est la huitième...

130 **Guerre libératrice de 1914. Bataille de la Wartha (Pologne), novembre 1914.** — « *Le plan allemand consistant à tourner l'armée russe de la rive gauche de la Vistule et de cerner une partie des forces russes; ayant échoué, les Allemands durent se replier dans des conditions désastreuses pour eux. Les troupes russes se ruèrent sur les Allemands avec une fureur indescriptible. Le fait le plus sensationnel de la bataille fut la charge des cosaques. Les Russes remportèrent une grande victoire, tout un corps d'armée fut capturé avec plusieurs généraux et leurs états-majors. Les Allemands battirent en retraite sur toute la ligne; par endroits, cette retraite fut une fuite éperdue : obusiers, canons, munitions, provisions furent abandonnés en immenses quantités. Le kronprinz et le kaiser assistèrent à cette bataille.* »
Cette estampe est la neuvième...

132 **Guerre libératrice de 1914. Combat de cavalerie à la bataille du Nord (octobre 1914).** — « *La bataille commença vers le 6 octobre par des combats acharnés de cavalerie dans la région de La Bassée. Lille. Armentières. Les engagements furent d'abord assez confus. mais bientôt nous prîmes l'avantage en repoussant l'ennemi de certains points de passage de la rivière de la Lys et en étendant la bataille jusqu'à la mer du Nord. On voit ici une charge de cavalerie alliée contre les hussards de la mort et les cuirassiers blancs aux environs de La Bassée. La cavalerie ennemie fut complètement décimée et nous avançâmes jusqu'à Nieuport en Belgique!* »
Cette estampe est la septième...

133 **Guerre libératrice de 1914. Combat de St-Blaise (Haute-Alsace), août 1914.** — « *Le 1er bataillon de chasseurs, à la fin d'une journée de lutte, enlève vigoureusement à la baïonnette les hauteurs de St-Blaise, prend son drapeau au 132e régiment bavarois avec 537 prisonniers, 8 canons, dont 4 obusiers, 6 mitrailleuses et le corps d'un général de division allemand.* »
Cette estampe est la troisième...

134 **Guerre libératrice de 1914. Épisode de la bataille de la Marne (6-14 septembre 1914).** — « *Avec leur irrésistible furia, les turcos montent à l'assaut. Il leur faut la batterie allemande qui décime les rangs de l'infanterie. Ce ne sera pas*

BATAILLES — COMBATS — SIÈGES   151

long. Comme à Charleroi, où ils infligèrent des pertes énormes à la garde prussienne, ici, ils tuent tous les canonniers sur leurs pièces. »
Cette estampe est la quatrième...

35   **Guerre libératrice de 1914. Héroïque défense de Liége (août 1914).** — « *Le gouverneur de Liége, le général* **Leman,** *oppose une résistance héroïque aux barbares. 40.000 Belges, conduits par le roi Albert I*er *en personne, tiennent tête à une horde allemande de 120.000 hommes, les arrêtent pendant quatre jours en leur infligeant d'énormes pertes (environ 25.000 hommes). Pour ce fait glorieux, la croix de la Légion d'honneur fut conférée à la ville de Liége. Les projets du kaiser félon, qui étaient de foncer sur Paris, qu'il se flattait de prendre en quinze jours, furent ainsi paralysés. »*
Cette estampe est la première d'une collection qui paraîtra durant la guerre.
Procédé en couleurs. — Schneider et Cie, graveurs, Paris, 76-80, passage du Caire. — H. 22,5. — L. 34,6.

136 **Guerre libératrice de 1914. Nos grands chefs militaires.** — (V. Officiers généraux.)
Cette estampe est la cinquième...

137 **Guerre libératrice de 1914. Prise d'Altkirch (Alsace), août 1914.** — « *Le vendredi 8 août 1914, dans la soirée, une brigade française arrive dans la jolie commune d'Altkirch. Nos soldats prennent vigoureusement l'offensive, attaquent énergiquement les Allemands, livrent un violent combat couronné de succès et entrent victorieux à Mulhouse. Le généralissime Joffre adresse une proclamation aux Alsaciens. »*
Cette estampe est la deuxième...

275 — CHAIX (Imprimerie). — « **Il y a la goutte à boire.** » — Aux appels de cette marche, pantalons verts de se sauver.
Lithographie en couleurs. — H. 12. — L. 20.

294 — CHAPELLIER (Ph.). — *Nous progressons! Combat de nuit avec « Projecteur Auteroche » en action.*
Épisode d'un combat malheureux pour les Allemands.
Procédé lithographique. — H. 29. — L. 39,5.

046 — CHOQUET. — A l'assaut d'une tranchée allemande.
Peinture à l'huile. Signée par l'auteur. — H. 12. — L. 16.

309 — COMBE (édit.). — **Glorieux trophées.** — *Drapeaux pris à l'ennemi et déposés au Musée de l'Armée.*
Autour de l'encadrement, six médaillons : S. M. George V,

M. Poincaré, S. M. Nicolas II, Albert Ier, généralissime Joffre, S. M. Pierre Ier.
Chromolithographie. — M. Combe, édit., Paris. — H. 25. — L. 34,7.

310 — COMINETTI. — **Charge de dragons.**
Lithographie. Épreuve signée par l'auteur. 1915. — H. 20,5. — L. 35.

311 **La Montée.** — Canons hissés sur la montagne.
Lithographie. Épreuve signée par l'auteur. — H. 22,5. — L. 32,7.

314 — COURBOIN. — **L'Héroïque Écossais.** — (V. Gestes et mots héroïques.)

662 — FOUQUERAY. — Charge à la baïonnette.
Aquarelle. — H. 37. — L. 20.

590 **Combat pour des ruines.**
Lithographie. En bas, à gauche, une remarque : deux soldats. Épreuve signée par l'auteur. — H. 40,2. — L. 31,7.

595 **Fusiliers marins à Ypres.** — Une ruée sur des cadavres.
Lithographie. 1915. En bas, à droite, une remarque : quelques fusiliers. Épreuve signée par l'auteur. — H. 42. — L. 31,5.

597 **La Prise d'Ablain.** — Incident de combat. — Des Allemands sont faits prisonniers.
Lithographie. 1915. Remarque à droite. Épreuve signée par l'auteur. — H. 40. — L. 32,5.

591 Sous la pluie, dans la plaine inondée.
Lithographie. 1915. Épreuve signée par l'auteur. Remarque à gauche. — H. 28,5. — L. 45.

598 **Sur la route de Kaegmem à Dixmude.** — Scène de combat dans une ville en flammes.
Lithographie. Signée par l'auteur. A droite, une remarque : trois soldats allemands. — H. 40. — L. 31.

688 — GLAF. — **Soirs de guerre.**
Album de 8 eaux-fortes. Signées par l'auteur. Couverture gravée.

684 **1. Et ils firent demi-tour.** — Des cuirassiers allemands, qui devaient entrer à Nancy, rebroussent chemin par la plaine couverte de cadavres.
H. 28. — L. 45.

684 **2. Le Calvaire.**
H. 16. — L. 27.

686 **3. Le Ravin.**
H. 12,5. — L. 29.

BATAILLES — COMBATS — SIÈGES

680 **La Barricade.**
H. 19. — L. 28.

687 **Les Ruines.**
H. 16. — L. 25.

685 **En marche sur Paris... dernière étape.**
H. 15,8. — L. 28.

683 **Les Dunes.**
H. 13. — L. 29.

682 **Champs de morts.**
H. 17. — L. 26,5. — Eaux-fortes et aqua-tinta, roulette, monochrome ou polychrome. Signées par l'auteur.

824 — JOB. — **Bataille de l'Yser.** — Épisode de la lutte.
Procédé en couleurs. — H. 37. — L. 5,06.

828 **Le Trophée.** — Un dragon, blessé, à cheval, soutenu par un cavalier anglais, rapporte le drapeau allemand qu'il a conquis. Derrière, une file de prisonniers.
Lithographie en couleurs. — H. 37. — L. 42,5.

893 à 905 — JOU. — **Nos héros.** — 12 eaux-fortes originales.

902   1. **Jusqu'au bout.**

897   2. **Des braves.**

898   3. **Et ils tiennent.**

901   4. **Je peux encore mourir.**

904   5. **Triste retour.**

900   6. **Ils ont voulu se terrer.**

903   7. **Mais qu'est-ce qu'il a pris.**

896   8. **Ceux qui ont fait le miracle.**

895   9. **Les Bons diables.**

894   10. **Le Beau tableau.**

905   11. **Voulaient sauver leur fils.**

899   12. **Et si c'était pour lui.**
Eaux-fortes et aqua-tinta. Chaque épreuve signée par l'auteur. — H. 17. — L. 23.

909 à 924. **Spolium.** — Album de 14 eaux-fortes sur la guerre. 1915.

910   1. **Le Billet de logement.**
911   2. **Cherchant le père.**
912   3. **Les Corbeaux gris.**
913   4. **La Corvée des cultes.**
914   5. **L'Exode.**
915   6. **Des francs-tireurs.**
916   7. **On réquisitionne.**
917   8. **Les Otages.**
918   9. **Parce que jeune.**
919   10. **Parce que vieille.**
920   11. **Par prudence.**
921   12. **Plus rien.**
922   13. **Salauds!**
923   14. **Une victoire.**

> Eaux-fortes et aqua-tinta, tirage à 100 exemplaires. Toutes les épreuves signées par l'auteur. — H. 20. — L. 15.

924   **La Vie sortant des ruines.**
> H. 20. — L. 15.

1002 — LEPÈRE (A.). — **Après le combat.** — Les cadavres sont liés avec des cordes, et des chevaux les traînent vers les fosses préparées.
> Bois original, signé par l'auteur. — Sagot, édit. — H. 22. — L. 16,5.

1045 — LORENZI. — *Après la lutte acharnée autour de Lizerne, nos fantassins poursuivent les derniers Allemands en retraite, qui ont laissé le terrain littéralement couvert de cadavres.*
Deuxième bataille des Flandres, avril 1915.
> Procédé en couleurs. N° 3. Série d'écrans artistiques sur la guerre de 1914-1915. — Librairie de l'Estampe, 68, rue de la Chaussée-d'Antin, Paris. Copyright. 1915. — H. 29. — L. 29.

1047   **Brillante attaque des Indiens à Neuve-Chapelle. Mars 1915.**
> Procédé en couleurs. N° 2. Série d'écrans artistiques sur la guerre de 1914-1915. — Librairie de l'Estampe, Paris. Copyright. — H. 28. — L. 28,5.

1048   **Sanglant échec des Allemands sur l'Yser. Mai 1915.**
> Procédé en couleurs. N° 4. Série d'écrans artistiques sur la guerre de 1914-1915. — Librairie de l'Estampe, Paris. Copyright. 1915. — H. 28. — L. 28.

1049 **Skihs chargeant dans un bois de sapins, raviné par l'artillerie anglaise. Côte 60, sud-ouest d'Ypres. Mai 1915.**
Procédé en couleurs. N° 5. Série d'écrans artistiques sur la guerre de 1914-1915. — Librairie de l'Estampe, Paris. Copyright. — H. 28. — L. 28,8.

1046 **Une compagnie de zouaves s'empare d'une batterie allemande. Bataille de la Marne. Septembre 1914.**
Procédé en couleurs. N° 1. Série d'écrans artistiques sur la guerre de 1914-1915. — Librairie de l'Estampe, Paris. Copyright. — H. 28. — L. 28,8.

1059 — LUCE. — **Le Champ d'honneur.** — Deux bergers regardent un champ de bataille.
Bois. Épreuve signée par l'auteur. — H. 19. — L. 29.

1064 — LUNOIS (Alex.). — **Bravoure française.** — Épisodes de combats.
Lithographie. — H. 33. — L. 48.

1363 — PIERRE (C.). — **Zouaves chargeant une batterie allemande.**
Photogravure en couleurs. — G. Le Gall, imp.-grav., 33, rue du Petit-Musc, Paris. — H. 21,8. — L. 34.

1369 — POIRÉ (L.). — **Église de Flirey (Lorraine). Combats acharnés dans le village. 1915.**
Eau-forte et aqua-tinta. Épreuve signée par l'auteur. — H. 30. — L. 12,5.

1370 **Pont-à-Mousson, sur la Moselle (28 kil. de Nancy).**
— *Ville bombardée par les Allemands, le premier jour de la guerre.*
Pont sauté par les Français (sept. 1914).
Cette ville, quoique ouverte, au bout d'un an de guerre en est à son 120e bombardement.
Occupée par les Allemands trois jours (3 sept. 1914).
Eau-forte et aqua-tinta. Épreuve signée par l'auteur. 1915. — H. 28. — L. 41,8.

1619 — ROWLANDSON. — **For king and cuntry.** — « *The charge of the 9th Lanciers at Compiègne is universally acclaimed as one of the bravest deeds in the annals of the british army.* »
Héliogravure. — Copyright by Landeker and Brown L. T. D., London. — H. 30,2. — L. 53,5.

1620 **Neuve-Chapelle.** — « *Their tenacity, courage and endurance were admirable, and worthy of the best traditions of the soldiers of india.* »
Sir John French.
Scènes de combats. — Copyright by Landeker and Brown L. T. D., London. E. C. — H. 30,3 — L. 53,5.

1624 — SANDY-HOOK. — *Dans la forêt d'Augustowo (Russie), en 1914. Les loups se sont mangés entre eux.*
Des loups attaquent et dévorent des soldats allemands.
Reproduction en couleurs. — Copyright. Librairie de l'Estampe, Paris. — H. 28,5. — L. 22.

1625 **Dans les arbres.** — *Épisode de la bataille de la Marne.*
Reproduction en couleurs. — Copyright. Librairie de l'Estampe, Paris. H. 27,5. — L. 20,5.

1628 **L'Indien et la sentinelle.** — *Comme le tigre dans la jungle, l'Indien rampe dans l'ombre jusqu'à la sentinelle ennemie. Il bondit sur elle, et, d'un coup de son terrible poignard, l'abat à ses pieds, sans que le moindre bruit ait trahi sa présence.*
Procédé industriel en couleurs. Épisodes de guerre, 1914. — Les Estampes populaires G. W. D. N° 5. — H. 26,5. — L. 33.

1644 **Retour du front.** — Un soldat, blessé au bras droit, rapporte à sa femme, encore au lit, un casque allemand.
Procédé industriel en couleurs. Épisodes de guerre, 1914. — Les Estampes populaires G. W. D. — H. 36. — L. 30,5. — Ovale.

1665 — SKELTON. — **Charge of the scotts Greys and the black Watch at Saint-Quentin.**
Photogravure en couleurs. — Copyright, T. C. and E. C. Jack, Edimburgh and London published by G. Pulman and Sons. L. T. D. London W. — H. 20. — L. 30.

0465 — VALVÉRANE. — Turcos attaquant à la baïonnette.
Dessin à la plume sur indications au crayon. Signé par l'auteur. 1914. — H. 67. — L. 53.

1787 **La Culture française en 1914. Pl. IV.** — *Les combats de fusiliers marins à Ypres.*
Procédé en couleurs. — Librairie de l'Estampe. — H. 19. — L. 25.

1790 **La Culture française en 1914. Pl. II.** Nos héroïques Turcos. (Bataille de la Marne.)
Procédé en couleurs. — Librairie de l'Estampe. — H. 24. — L. 19.

1805 — VÉBER. — **En Lorraine, près Martincourt. (Sept. 1914.)**
Lithographie. — H. 26. — L. 43.

1848 — WILKINSON-NORMAND. — **Bataille navale d'Héligoland. (Le 28 août 1914.)**
Photogravure en couleurs. — Les Arts graphiques, éditeurs; Vincennes, imp. Pulman, Londres. — H. 19,5. — L. 30,2.

GUERRE AÉRIENNE ET SOUS-MARINE

27 — ARMENGOL. — **Kolossal!** — Le Zeppelin 3006 passe dans un ciel de sang. Il emporte, accrochés à ses ferrures, la tour Eiffel, le Palladium belge, le Sphynx d'Égypte et la principale église de Moscou.
Français, Russes, Anglais, cavaliers arabes, font, de terre, des signes aux boches, qui regardent du haut de la nacelle.
<small>Lithographie en deux tons : noir et rouge. 1914. — H. 34. — L. 47.50.</small>

281 — CHAIX (Imprimerie). — « *Te débines pas, l'taube, je vais te photographier.* »
Avis jeté à un pilote boche qu'un artilleur français tient à portée de sa pièce.
<small>Procédé en couleurs. — H. 19,5. — L. 26,5.</small>

365 — DOMERGUE (Géo). — **Victime du sommeil.** — « *Ne ronfle donc pas si fort, on croirait qu'il y a un zeppelin dans la chambre.* »
Remarque d'une petite femme à un vieux dormeur.
<small>Lithographie. 1915. — H. 25. — L. 37.</small>

418 — DOMERGUE (J.-G.). — **Nuit blanche.** « *— Zeppelin, c'est un comte?*
» — *Peuh... un conte à dormir debout...* »
Mots échangés entre jeunes époux postés, la nuit, sur leur balcon, pour contempler les dirigeables allemands.
<small>Lithographie. 21 mars 1915. — H. 29. — L. 36.</small>

425 **Zeppelin.** — Ce personnage, rond comme une boule, porte sous chaque bras un de ses dirigeables et il dit : « *Dans le noir, ils prendront mes vessies pour des lanternes!!* »
<small>Lithographie en couleurs. Janvier 1915. — Édition « La Guerre », 111, avenue Victor-Hugo, Paris. — H. 35. — L. 31.</small>

426 **Zeppelinade.** — « *S'il n'en est pas venu un d'ici un quart d'heure, je te flanque une de ces tripotées!!...* »

Menaces d'un monsieur nerveux à une petite dame. Comme quoi le désir de voir les zeppelins peut rendre injuste.
<small>Lithographie. 23 mars 1915. — H. 29. — L. 38,3.</small>

484 — FAIVRE (Abel). — **A Berlin. — La victoire de « Lusitania ».** — « *... Et nous étions douze contre deux mille!* »
Remarque d'une matrone allemande, épanouie de joie et d'orgueil, en accrochant des lampions à sa fenêtre.
<small>Reproduction lithographique. Épreuve signée par l'auteur. 1915. — H. 30. — L. 28.</small>

521 — FAUCONNET. — **Enkore!** — Le comte Zeppelin voit, crevés par des avions, tous les dirigeables que des ficelles relient à son bâton. Il crie : « *Enkore* ».
<small>Procédé en couleurs. Édition en couleurs. — Édition « La Guerre ». — H. 33,5. — L. 23,8.</small>

537 — FORAIN. — **Bredouilles!** — « *Comment? Pas même un enfant!* »
Propos indigné d'un officier boche à l'équipage d'un zeppelin revenant d'une expédition stérile.
<small>Lithographie. (L'Opinion, 27 mars 1915.) — H. 25. — L. 40.</small>

594 — FOUQUERAY. — **La Fin du « Bouvet ».** — Vue d'une partie du navire s'abîmant dans les flots soulevés. Quelques scènes tragiques.
<small>Lithographie. 1915. En bas, à droite, une remarque : le Bouvet. Épreuve signée par l'auteur. — H. 40. — L. 31,6.</small>

674 — GEOFFROY. — **Une victime d'un taube.**
Denise Cartier : « *Surtout, ne dites pas à maman que c'est grave.* »
<small>Photographie Goupil et Cⁱᵉ. 1915. — Copyright Manzi, Joyant et Cⁱᵉ. — H. 30. — L. 38,5.</small>

080 — HENRIET. — **Le Torpillage de l' « Ancona ».**
<small>Dessin signé par l'auteur. — H. 60. — L. 51.</small>

812 — JACQUE (F.). — **Montmartre dans la nuit du 20 au 21 mars 1915.** — Un dirigeable allemand, dans le ciel, sous les projections, et au milieu de l'éclatement des bombes.
<small>Lithographie, d'après le croquis pris par l'auteur, rue Lepic. — H. 24,5. — L. 44,5.</small>

1086 — MALFREY (Ch.). — **Défense contre aéronefs. Groupe n° 1.**
Le...

A servi pendant la campagne, au groupe de défense contre aéronefs, n° 1.
En qualité...
Frépillon, le.
Le capitaine-commandant.

<small>Diplôme, lithographie. 1915. Épreuve signée par l'auteur. — H. 25. — L. 31</small>

1108 — MORIN (Louis). — « *C'est encore les zeppelins !*
» *— Eh bien, mon ami, la séance continue.* »
Propos entre époux, la nuit.

<small>Lithographie. — H. 26. — L. 37.</small>

1228 — NEUMONT (Maurice). — *1914 ! New-York, 14 oct. La presse américaine continue à critiquer sérieusement le jet des bombes sur Paris, par les aéroplanes allemands.*
« *Les « tauben » sur Paris.*
» *— Vos bombes ont porté ?*
» *— Oui, mon général, j'ai tué un vieillard, trois femmes et deux fillettes...*
» *— Lieutenant, vous êtes un brave digne d'être cité à l'ordre du jour de l'armée allemande.* »
Estampe n° 5. *Au brave peuple de Paris.*

<small>Procédé en couleurs. — A. Lasnier, édit. Paris. — H. 33. — L. 28.</small>

1345 — PANN. — **Une victime.** — Une fillette atteinte, dans la rue, par les obus de quelque taube.

<small>Lithographie, coloriée par l'artiste. — H. 25. — L. 42.</small>

1626 — SANDY-HOOK. — **Destruction du sous-marin « U-15 »**, par le « *Birmingham* » (*9 août 1914*).

<small>Procédé en couleurs. — Copyright by Librairie de l'Estampe, Paris, 1915. — H. 27. — L. 38,4.</small>

0435 — **Torpillage du « Falaba ».**

<small>Aquarelle sur bristol, 1915, signée par l'auteur. — H. 38,3. — L. 55,5.</small>

1645 — **Le Torpillage du « Falaba ».** — *Acte de féroce piraterie commis par un sous-marin allemand, le 28 mars 1915, dans le canal Saint-George.*

<small>Procédé en couleurs. — Copyright by Librairie de l'Estampe, Paris. — H. 27,6. — L. 40.</small>

1726 — TAYLER-CHEVALLIER. — **Croiseur coulant un sous-marin.** — *Dunkerque, oct. 1914.*

<small>Photogravure en couleurs. 1914. — Les arts graphiques. — Édit. Vincennes Imp. Pulman. Londres. — H. 21. — L. 30.</small>

BARBARIES ALLEMANDES

1 — ABEILLÉ (Jack). — **La Bravoure allemande.** — **The german bravery.** — Dans une salle où boivent et rient soldats et sous-officiers, un « héros » boche serre la gorge d'une jeune femme renversée à terre, son autre main brandit l'épée.

Un enfant, mains jointes et à genoux, implore la pitié du sauvage.

Procédé photographique, août 1914. — E. Le Deley, imp., Paris. — H. 28,2. L. 20.

4   *1914. « La Mère : Qu'est-ce qu'il avait donc fait ?*
» Le herr lieutenant : Cette « wacke » s'amusait à nous mettre en joue avec son fusil de bois. »
« The mother : Wat has he done then ?
» The herr lieutenant : That little » wacke » was aiming at us with a wooden gun ! |

Procédé photographique. — E. Le Deley, imp., Paris. — H. 29. — L. 20.

84 — BAC. — **L'Incendiaire.** — Les pastilles incendiaires, gloire de la chimie allemande, ont fait de la ville un brasier; « les héros de la kultur » poursuivent avec leurs engins des femmes affolées, des mères chargées de leur enfant.

Lithographie en deux tons. 1915. — Vente réservée au profit des veuves et des orphelins. — H. 33,4. — L. 44.2.

105 — BATAILLE (R.). — **Souvenir de la revanche.** — **Une jeune victime.** — *A Magny (Haute-Alsace), des soldats allemands, apercevant un enfant de sept ans qui les mettait en joue avec son fusil de bois, tirent sans pitié sur le pauvre petit un feu de salve qui le foudroie sous les yeux de sa mère.*

Procédé industriel en couleurs. — Cl. Noé, édit., 22, rue St-Paul, Paris. — H. 20. — L. 34.

176 — BOURGONNIER. — **Kamerad !...** — Le soldat allemand, après avoir sali, torturé, égorgé femmes et jeunes filles, pousse

le cri : Kamerad!... aussitôt qu'il voit apparaître un Français capable de le châtier.
>Lithographie. 1915. Une remarque à gauche : un singe. — H. 52. — L. 31.

244 — CAPPIELLO (L.). — **Leur bouclier.** — Des soldats allemands font feu, protégés par le corps d'une femme, attachée nue, devant eux.
>Lithographie. 1914. — Copyright by B. Sirven. Toulouse-Paris. — H. 42. — L. 56.

252 — CARLUS (Jacques). — **La dernière manifestation de la « Kultur ».** — *Les soldats canadiens ont retrouvé un des leurs crucifié par les Allemands.*
>(Les journaux.)
>Lithographie en couleurs. — 47. — L. 34,5.

289 — CHANOT (A.). — **Leurs traces.** — Des ruines, des incendies, des cadavres de femmes et d'enfants... Les Allemands ont bien passé par là.
>Eau-forte et aqua-tinta. Épreuve signée par l'auteur. Remarque à gauche : paysage à la plume. — H. 30. — L. 24,8.

354 — DION (Raoul). — **Leur première victoire.** — *Les Allemands ont fusillé le curé de Moineville, qui avait crié : « Vive la France ».*
Le prêtre, vieillard aux cheveux blancs, gît, étendu près du poteau-frontière. Au-dessus de lui, passe l'ombre du vautour allemand.
>Reproduction industrielle. — La Rénovatrice, imp.-édit. Bayonne. — H. 38. — L. 28.

355 — DJERNER. — **Le « Taube » a passé par là. Les Barbares à l'œuvre.** — Une fillette gît, ensanglantée, dans la rue.
>Reproduction industrielle. 1914. — La Rénovatrice, imp.-édit. Bayonne. — H. 28. — L. 39,8.

651 — DOMERGUE (Geo). — **Délikatesse boche.** — *Mein Gott, les cholis bijoux ! Et ce cher Fritz m'a rapporté la main afec !!*
Extrait d'une lettre trouvée sur un soldat allemand : « *Mon cher Karl, merci de tout le joli linge que tu m'as envoyé, et des bagues. Les chemises avec dentelles sont si belles ! Quant aux bagues, je voudrais en avoir pour tous mes doigts. Ne crains pas de prendre celles des Françaises vivantes ou mortes et de couper les doigts avec. Nous ne sommes pas des sentimentales, nous autres, nous sommes des femmes de guerriers. Et même si je sais que le*

bijou a coûté un peu de sang à une chienne de Française, je t'en aimerai davantage. Ah! elles ont bien fini de se moquer de nous... Mais j'espère que vous saurez agir comme il faut pour rabaisser leur orgueil. »

Aquarelle signée par l'auteur. 1915. — H. 3. — L. 30.5.

360 **Une héroïne.** — *Assassinat de miss Cavell.* Bruxelles 1915.
Procédé lithographique. — H. 49. — L. 44.

368 à 407 **Les Atrocités allemandes :**

368 *A Bertrix, un frère et sa sœur, adolescents, sont tués. Le crime commis, on les lie à terre, l'un sur l'autre, dans une étreinte outrageante, on les abandonne en riant. Ce sacrilège fait rougir les bourreaux.* — (*Rapport officiel belge.*)
Lithographie, avril 1915. — H. 28. — L. 40.

369 *A Béton-Bazoche (Seine-et-Marne), Mme Z..., malgré sa résistance, a été jetée sur un lit et outragée en présence de sa fillette âgée de trois ans...* — (*Rapport officiel.*)
Lithographie, janvier 1915. — H. 27,5. — L. 36.

370 *A Champuis (Marne), un vieillard de 70 ans, nommé Jacquemin, a été attaché sur son lit par un officier et laissé en cet état sans nourriture pendant trois jours. Il est mort de faim...* — (*Rapport officiel.*)
Lithographie, avril 1915. — H. 26. — L. 42.

371 *A Coulommiers, le 6 septembre, vers neuf heures du soir, un soldat viola une femme de ménage sous les yeux de son mari qui, à moitié asssommé de coups de crosse, terrorisé, n'osait intervenir et s'efforçait seulement de calmer la terreur de ses enfants.* — (*Rapport officiel.*)
Lithographie, janvier 1915. — H. 36. — E. 26.5.

372 *A Hallembaye, écrit dans son rapport, M. C..., ingénieur de l'État, j'ai vu un pauvre petit vacher de 13 ans qui avait la joue percée d'un coup de baïonnette et les deux bras ruisselants de sang, que des brutes de soldats poussaient méchamment pour l'amener devant un corps d'officiers.* — (*Rapport officiel belge.*)
Lithographie, avril 1915. — H. 27. — L. 39.

373 *A Lebbeke-les-Termonde, Franz Mertens et ses camarades van Dooren, Dekinder, Stobbelaer et Vryer, sont attachés l'un à l'autre, bras à bras, on leur crève les yeux à la pointe du fer, puis on les abat...* — (*Rapport officiel belge.*)
Lithographie, avril 1915. — H. 26. — L. 42.

374 *A Maixe (Meurthe-et-Moselle), la demoiselle Z..., âgée de 23 ans, a été violée par neuf Allemands pendant la nuit du 23 au 24 août, sans qu'un officier qui couchait au-dessus de la chambre dans*

laquelle se passait cette ignoble scène, jugeât à propos d'intervenir, bien qu'il entendît les cris de la jeune fille et le bruit fait par les soldats. — *(Rapport officiel.)*
Lithographie, mars 1915. — H. 28. — L. 44.

375 *A Nomény (Meurthe-et-Moselle), les Allemands ayant mis le feu à la maison du sieur Vassé, faubourg de Nancy, les personnes qui s'étaient réfugiées dans les caves furent abattues les unes après les autres à leur sortie. M. Mentré est assassiné le premier, son fils Léon tombe ensuite avec sa petite sœur. Les familles Kieffer, Vassé et Mentré, M*^{lle} *Simonin et sa sœur Jeanne, âgée de 3 ans, sont aussi massacrées.* — *(Rapport officiel.)*
Lithographie, février 1915. — H. 28. — L. 42.

376 *A Nomény (Meurthe-et-Moselle), un vieillard de 86 ans, le sieur Petitjean, assis dans son fauteuil, est frappé d'une balle qui lui fracasse le crâne et un Allemand met en présence du cadavre la dame Bertrand en lui disant : « Vous connaissez ce cochon-là ? »* — *(Rapport officiel.)*
Lithographie, mars 1915. — H. 28. — L. 34.

377 *A Pont-Brûlé, près de Vilvorde, ils obligèrent le curé à se coucher à plat ventre et plusieurs de ses paroissiens durent le battre à coups de gourdin. Comme ils ne frappaient pas assez fort, ils furent eux-mêmes frappés et emprisonnés. Des soldats allemands les remplacèrent. Le corps du malheureux prêtre ne forma bientôt plus qu'une plaie. On lui versa alors de l'eau sur la tête et dans la bouche, puis on le promena devant des trous à purin et des égouts. Chaque fois qu'on passait devant des tas d'ordures, on l'arrêtait en lui disant de réciter ses dernières prières, que l'heure de sa mort était venue. On l'acheva enfin à coups de fusil devant le cabaret Lettels, à l'enseigne « In het Zonneke. »* — *(Rapport officiel belge.)*

378 *A Rebais, le 4 septembre, des soldats maltraitèrent la dame X...., âgée de 29 ans, débitante de boissons ; l'ayant déshabillée, ils la gardèrent au milieu d'eux, nue, pendant une heure et demie, puis l'attachèrent à son comptoir, lui faisant entendre qu'ils allaient la fusiller.* — *(Rapport officiel.)*
Lithographie, février 1915. — H. 36. — L. 27.

379 *A Saint-Denis-les-Rebais, le 7 septembre, un uhlan obligea la dame X... à se déshabiller, puis il la jeta sur un matelas et la viola.* — *(Rapport officiel.)*
Lithographie, février 1915, H. 29. — L. 40.

380 *A Sommeilles (Meuse), le 6 septembre, le régiment allemand n° 51 incendia complètement le village. Au début du sinistre, la dame X... s'était réfugiée dans la cave des époux Adnot, avec ces derniers et ses quatre enfants. Quelques jours après on découvrit les cadavres de ces infortunés dans une mare de sang. Adnot avait été fusillé,*

la dame N... avait un sein et un bras coupés, la fillette avait un bras sectionné, le petit garçon avait la gorge tranchée, les femmes paraissaient avoir été violées. — (Rapport officiel.)

Lithographie, mars 1915. — H. 26. — L. 42.

381 *A Tamines, un officier supérieur français, blessé, a été amené près d'un arbre, lié au tronc, on a attelé un cheval à chacune de ses jambes; au signe donné, on a fouetté les chevaux. C'est l'écartellement dans toute sa cruauté. — J'ai vu, dit le témoin qui rapporte ce fait, tremblant encore, j'ai vu le pantalon se déchirer et le corps s'ouvrir!... — (Rapport officiel belge.)*

Lithographie, mars 1915. — H. 27. — L. 42.

382 *A Triaucourt, ils incendièrent le village et organisèrent le massacre des habitants. — (Rapport officiel.)*

Lithographie, février 1915. — H. 36. — L. 29.

383 *A Triaucourt (Meuse), Mme Procés, ainsi que sa mère, âgée de 71 ans, et sa vieille tante de 81 ans, furent abattues à coups de fusil. Pendant la nuit qui suivit le drame, les Allemands jouèrent du piano auprès des cadavres... — (Rapport officiel.)*

Lithographie, janvier 1915. — H. 37. — L. 30.

384 *A Triaucourt (Meuse), une vieille femme de 75 ans, Mme Maupoux, fut si violemment frappée à coups de bottes qu'elle en mourut quelques jours après. Pendant que les soldats la maltraitaient, d'autres dévalisaient ses armoires... — (Rapport officiel.)*

Lithographie, mars 1915. — H. 28. — L. 42.

385 *A Wacherzel, un jeune garçon est déshabillé jusqu'à la taille, attaché à un arbre, et on s'amuse à le piquer du bout des sabres, à faire de son torse mince une cible... — (Rapport officiel)*

Lithographie, avril 1915. — H. 26. — L. 42.

386 *Au château de ....., sur le territoire de la Ferté-Gaucher, M. X..., voulant protéger la femme Z... qu'un sous-officier voulait violer, fut immédiatement fusillé. Après avoir obligé cette femme à se mettre nue, le sous-officier la contraignit à enjamber le cadavre du vieillard, et la mena dans un réduit... — (Rapport officiel.)*

Lithographie, janvier 1915. — H. 36. — L. 28.

387 Un boche à figure de gorille s'approche du lit où gît une femme évanouie et crie, en se retournant : « Ben quoi, le Kaiser a bien violé la Belgique. »

Lithographie. — H. 34. — L. 28.

388 *C'est S. A. R. I. le prince Eitel-Frédérick, propre fils de l'empereur, qui, ayant séjourné une huitaine de jours dans un château du pays de Liége, chez M. X..., avec le duc de Brunswick et le*

baron von Mirbach, remercie ses hôtes en faisant emballer sous leurs yeux toutes les robes qu'il peut trouver dans les armoires de Mme *X... et de sa fille... — (Rapport officiel.)*
Lithographie, avril 1915. — H. 28. — L. 42.

389   *Le curé de Buecken, âgé de 83 ans, voyant emmener les habitants de son village, supplie de pouvoir les suivre. On le prend, on l'attache à un canon qui le secoue à le briser. Quand on le détache, c'est pour le traîner à terre, la tête rebondissant sur les durs pavés. A bout de forces, le vieillard ne peut retenir cette prière : « Tuez-moi plutôt ! ! Tuez-moi plutôt ! ! » — (Rapport officiel.)*
Lithographie, février 1915. — H. 28. — L. 43.

390   *Dans la commune de Courtacon (Seine-et-Marne), le 6 septembre, ayant appris que le jeune Edmond Rousseau était conscrit de la classe 14, les Allemands le font déshabiller pour se rendre compte de son état physique, puis ils lui remirent son pantalon et le fusillèrent... — (Rapport officiel.)*
Lithographie, avril 1914. — H. 26. — L. 40.

391   *Dans le gros bourg de Suippes, dont la plus grande partie a été brûlée, on a vu passer des soldats porteurs de paille et de bidons de pétrole. Pendant que la maison du maire flambait, dix sentinelles, baïonnette au canon, avaient la consigne d'en défendre l'accès et de s'opposer à tout secours... — (Rapport officiel.)*
Lithographie, février 1915. — H. 38. — L. 28.

392   *Dans un hameau du pays de Liège, un instituteur est sommé non seulement de livrer les cartes qu'il possède, mais encore de fouler au pied le drapeau national. La mort le punit de son patriotisme. Ses enfants sont massacrés avec lui... — (Rapport officiel belge.)*
Lithographie, avril 1915. — H. 27. — L. 44.

393   *L'échevin V. L..., du village de L..., a déclaré aux enquêteurs que, le 16 août, il fut forcé par une avant-garde allemande de marcher devant elle, les mains levées, accompagné de sa fille que les Allemands avaient déshabillée. Et la jeune fille confirme le fait, en tremblant, au procureur du roi, de X..., qui l'interroge, et ajoute : « Il s'est passé avec moi des choses que je n'ose pas raconter... » — (Rapport officiel belge.)*
Lithographie, avril 1915. — H. 27 — L. 41.

394   *Le nommé Burn (J.-L.), du 24*^{e} *de ligne, déclare que, fait prisonnier par les Allemands, il a vu près de lui deux soldats belges torturés, dont l'un avait été saisi par ses gardiens qui, lui tenant bras et jambes, lui avaient tordu le cou jusqu'à ce que la mort s'en suive... — (Rapport officiel belge.)*
Lithographie, avril 1915. — H. 25. — L. 41.

395   *Près de Marquéglise (Oise), deux jeunes gens de Saint-Quentin, nommés Charlet et Gabet, ainsi que deux jeunes Belges, furent massacrés à coups de revolver par un officier supérieur... — (Rapport officiel.)*

      Lithographie, février 1915. — H. 42. — L. 28.

396   **Le Responsable.** — Le kaiser, épouvanté, foule un champ infini, couvert d'ossements et de crânes. Des corbeaux volent dans le ciel noir.

      Lithographie, mai 1915. — H. 26. — L. 42.

397   *Sept soldats, auxquels le docteur Weiss a donné des soins, lui ont affirmé avoir vu les Allemands achever les blessés sur le champ de bataille... — (Rapport officiel.)*

      Lithographie, avril 1915. — H. 27. — L. 41.

398   *Le 6 septembre, à Champuyon, la dame Louvet a assisté au martyre de son mari : ayant vu celui-ci entre les mains de dix à douze soldats qui l'assommaient à coups de bâton devant chez lui, elle accourut et l'embrassa à travers la grille de sa demeure mais, brutalement repoussée, elle tomba tandis que les bourreaux entraînaient le malheureux qui, couvert de sang, les suppliait de lui laisser la vie, il fut achevé à l'extrémité du village. Quand sa femme le retrouva, sa tête était fracassée, ses yeux pendaient hors de l'orbite, ses poignets étaient brisés. — (Rapport officiel belge.)*

      Lithographie, février 1915. — H. 28. — L. 43.

399   *Sur l'ordre de deux officiers, deux soldats s'emparèrent de M. Odent, maire de Senlis, l'entraînèrent à une dizaine de mètres et le massacrèrent à coups de revolver. — (Rapport officiel.)*

      Lithographie, février 1915. — H. 26. — L. 42.

400   *Le 3 septembre, à Baron (Oise), M. Robert, notaire, vit un officier qui portait aux doigts neuf bagues de femme et dont les bras étaient ornés de six bracelets... — (Rapport officiel.)*

      Lithographie, janvier 1915. — H. 43. — L. 28.

401   *Le 3 septembre, à Suippes, la petite X..., âgée de 11 ans, est restée pendant trois heures en butte à la lubricité d'un soldat qui, l'ayant trouvée auprès de sa grand'mère malade, l'avait emmenée dans une maison abandonnée et lui avait enfoncé un mouchoir dans la bouche pour l'empêcher de crier. — (Rapport officiel.)*

      Lithographie, février 1915. — H. 28. — L. 43.

402   *Un lieutenant-colonel du corps expéditionnaire de France écrit à la date du 29 avril 1915 : « Les Allemands ont crucifié un soldat canadien qu'ils avaient fait prisonnier. » — (Rapport officiel.)*

      Lithographie, mai 1915. — H. 29. — L. 43.

403   *Une troupe allemande, en passant par Buken°, voulut venger un petit échec qu'elle venait d'essuyer à Fildouk ; elle prit dans sa*

demeure le vieux curé. Devant ses paroissiens qui durent assister au supplice avec ordre de regarder, les bourreaux coupèrent le nez et les oreilles du vénérable vieillard. Ils le torturèrent pendant plus de vingt-cinq minutes. A ses côtés, un prêtre hollandais subit le même traitement. Tous deux furent ensuite fusillés. — (Rapport officiel.)

Lithographie, avril 1915. — H. 23. — L. 42.

404 Le 20 août, à Nomény (Meurthe-et-Moselle), entre trois et quatre heures de l'après-midi, les Allemands pénètrent dans la boucherie de la dame François, qui se sauve alors de sa cave avec son garçon Stub et un employé nommé Contal. Stub est grièvement blessé sur le seuil, d'un coup de fusil. Contal est assassiné dans la rue cinq minutes après ; comme Stub râle encore, un soldat se penche sur lui et l'achève d'un coup de hache dans le dos... — (Rapport officiel.)

Lithographie, avril 1915. — H. 28. — L. 43.

405 Le 29 août, à Hérent, M. P... compte environ cinq cents femmes et enfants qui, précédés des curés de Wygmaël et Wesemaël, s'avancent, les coudes liés, devant l'armée... — (Rapport officiel belge.)

Lithographie. 1915. — H. 20. — L. 41.

406 Le 20 octobre, sur l'Yser, après un assaut contre Pervyse, on fouille six prisonniers que l'on vient de faire ; sur l'un d'eux, on découvre deux mains d'enfant coupées... Les pères de famille rapportent chez eux, sans honte, ces glorieux trophées... — (Rapport officiel.)

Lithographie, mars 1915. — H. 25. — L. 39.

407 Le 24 août, à Louvain, ramenant un prisonnier belge, la soldatesque le pend à un réverbère devant la gare... — (Rapport officiel belge.)

Lithographie, mars 1915. — H. 30. — L. 38.

432 — DORVILLE (Noël). — **L'Assassinat de miss Cavell Edith.** — La jeune femme est étendue évanouie, un Allemand la vise avec son revolver.

Lithographie, ton vert, rehaussée de quelques teintes roses. Oct. 1915. — H. 40,5. — L. 51.

433 **Le Bouclier humain.** — « *Les Allemands placèrent devant leurs rangs, sur toute la largeur de la voie publique, une douzaine d'habitants, parmi lesquels se trouvaient un prêtre... Derrière ces prisonniers, l'ennemi tirait sur le détachement français.* » *(4e rapport de la Commission instituée, etc.)*

Procédé lithographique en couleurs. — Publié par « La Corrispondenza latina. ». — H. 28,5. — L. 37,5.

455 — DUTAILLY. — **L'Enfant au fusil de bois.** — Épisode de la grande guerre. — « *Août 1914. A Magny, près Belfort, un petit garçon de 7 ans, au seuil de sa porte, met en joue, avec son fusil de bois, une patrouille de soldats allemands passant sur la route. Ceux-ci, sans pitié pour le geste inconscient de cet enfant, massacrèrent le pauvre petit, qui expira entre les bras de sa mère affolée.* »

Procédé lithographique en couleurs. — Camis, édit., Paris. — H. 42. — L. 60,5.

434 — DOUAY. — **Les Atrocités allemandes.** — « *Les Allemands tuent un enfant de 7 ans qui les avaient mis en joue avec son fusil de bois.*

» *En passant à Magny (Haute-Alsace), des fantassins allemands aperçurent un enfant de 7 ans qui s'amusait à les mettre en joue avec un fusil de bois au canon de fer-blanc !... Un feu de salve tiré par les brutes renversa le pauvre petit, qui s'écroula dans une mare de sang !... Il était mort !... Nous aurions souri, les Allemands ont tué.* »

Procédé en couleurs. — Le Gall, imp.-grav., rue du Petit-Musc, Paris. — H. 20. — L. 34.

503 — FAIVRE (Abel).— **Miss Edith Cavell. La grande Allemagne.** — Un fier Allemand, décoré de la croix de fer, tire héroïquement sur miss Cavell tombée évanouie.

Lithographie. Épreuve signée par l'auteur. — H. 35. — L. 30.

579 — FORAIN. — **Le 4 août 1914.** · « **Les hostilités commencent.** » C'est-à-dire que commencent, le 4 août, les massacres d'enfants et de femmes, les viols et les incendies.

Lithographie. (*L'Opinion*, 7 août 1915.) — H. 25. — L. 39.

561 **Miss Cavell assassinée.** — Un homme suffit...

Lithograpie. (*L'Opinion*, 6 nov. 1915.) — H. 28. — L. 40.

584 **Le « Tableau ».** — « *Alignez-les* », le général va passer. Il s'agit de cadavres baignant dans le sang. L'officier boche exige de la régularité.

Lithographie. (*L'Opinion*, 16 janv. 1915.) — H. 25. — L. 39.

665 — GEOFFROY. — **L'Enfant au fusil de bois.** — *L'enfant les mit en joue, et, à sa menace enfantine, un soldat répondit par une balle qui l'étendit mort.* »

Photographie Goupil et Cⁱᵉ. Copyright Manzi, Joyant et Cⁱᵉ. — H. 52. · L. 38,2.

736 — HERMANN-PAUL. — **Le Bouclier**. Des femmes, des enfants, des hommes notables.
> Bois. — H. 23. — L. 36.

818 — JEANNIOT (G). — « *Après avoir commis de nombreux actes de pillages à Lunéville, y avoir fait brûler environ soixante-dix maisons, après y avoir massacré de paisibles habitants...* » *(Journal Officiel de la République Française, 8 janvier 1915).*
> Lithographie. 1915. — H. 22. — L. 30.

819   **Assassins !** — Des Allemands pourchassent à coups de fusil, des vieillards, des femmes portant leur enfant; d'autres Allemands incendient les maisons.
> « *Dans l'humanité il y a les êtres humains et... les Allemands.* »
> (Rudyard Kipling.)
> Gravure sur bois. (L'Art et les Artistes.) — H. 14,4. — L. 20.

822   « *A Tamines, un officier supérieur français a été amené près d'un arbre, lié au tronc; on a attelé un cheval à chacune de ses jambes; au signe donné, on a fouetté les chevaux; c'est l'écartèlement dans toute sa cruauté. C'était un blessé.* » *(Les barbares en Belgique.)*
> (Pierre Nothomb.)
> Lithographie. — H. 22. — L. 29.

820   Un soldat allemand emporte sur un lit une fillette. *(J. Bédier, pages 24 et 26 du carnet du soldat Z..., du 12ᵉ d'infanterie et de réserve, 1ᵉʳ corps).*
> Lithographie. 1915. Épreuve signée par l'auteur. — H. 22. — L. 28,5.

821   « *Ceux qui survécurent au feu de salve furent réquisitionnés comme fossoyeurs. Il aurait fallu voir les femmes à ce moment...* » *(Lettre d'un soldat allemand, d'après Bédier.)*
> Lithographie. Signée par l'auteur. — H. 22. — L. 28,5.

955 — LACAILLE. — **Vision tragique**. — Le supplice de la Pologne. — Des soldats allemands sont assis autour d'un feu, dans une clairière de la forêt de sapins. A deux pas se balance le corps d'un Polonais qu'ils viennent de pendre.
> Bois. Remarque à gauche. Signé par l'auteur. 1916. — H. 27. — L. 19,7.

999 — LÉON (Fréd.). — **La Vivante muraille**. — Une haie de femmes et d'enfants, derrière laquelle s'abritent et tirent les compagnies allemandes.
> Lithographie. Épreuve signée par l'auteur. — H. 29. — L. 33.

1008 — LEPÈRE (A.). — **Francs-tireurs !** — De malheureux civils, accusés d'avoir fait le coup de feu, sont attachés à des arbres, frappés et assommés.
> Bois original. Signé par l'artiste. — Paris, Sagot, édit. — H. 22. — L. 16,7.

1043 — LOBEL-RICHE. — **Violation de la Belgique.** — Une femme, presque nue, est jetée à terre, parmi des ruines et des cadavres.

Eau-forte et aqua-tinta. Épreuve signée par l'auteur. — H. 29. — L. 20.

1072 — MAGLIN (F.). — **Souvenir de la guerre de 1914. — Leur première victoire.** — « *Le 4 août 1914, les Allemands ont fusillé le curé français d'un village-frontière.* »

(Les journaux.)

1109 à 1130 — MORIN (Louis). — **Les chevauchées de la Valkyrie.** — *(20 eaux-fortes originales.)*

Série en cours. — G. Boutitié, édit., Paris. — H. 23. — L. 14.

1135 à 1154. **L'imbécile cruauté — A nos fils pour qu'ils se souviennent.** — *(20 eaux-fortes originales.)*

Série en cours. Épreuve signée par l'auteur. — Boutitié, édit., 29, rue des Trois-Bornes, Paris. — H. 23,5. — L. 15.

1224 — NEUMONT (Maurice). — **Bravoure allemande.** — « *A Magny (Haute-Alsace), un enfant de sept ans, s'amusant à mettre en joue une patrouille allemande avec son fusil de bois, a été fusillé sur place.* »

Estampe n° 2. Procédé en couleurs. Tons noirs et rouges. — A. Lasnier, édit., Paris. 1914. — H. 31. — L. 23.

1335 — PANN. — **Les Otages.** — Deux uhlans entraînent, attachés à leurs chevaux, une demi-douzaine de tout petits enfants.

Lithographie en couleurs. — Librairie de l'Estampe. — H. 28. — L. 40.

1336   **Les Otages.** — Les Allemands font feu en s'abritant derrière une haie vivante de femmes et d'enfants.

Lithographie. Épreuve coloriée et signée par l'artiste. — H. 39. — L. 54.

1354 à 1362 — PIERRE (C.). — **La Guerre en 1914.**

1354   **Atrocités allemandes.** — *L'Allemand vampire.*

1355   **Après Montmirail.** — *Prisonniers bien gardés.*

1356   **Atrocités allemandes.** — *Les martyrs de Nomény.*

1357   **Atrocités allemandes.** — *La mort du garde-champêtre.*

1358   **Atrocités allemandes.** — *Mort de M. Simon, buraliste.*

1359   **Atrocités allemandes.** — *Mort d'une infirmière anglaise.*

1360 **Atrocités allemandes. — Les Otages de Coulommiers.**
1361 **Le 5 à 7 du « taube allemand ».** — *Touché !.*
1362 **Atrocités allemandes.** — *Un enfant héroïque.*
   Procédé en couleurs. — G. Le Gall, imp. grav., 23, rue du Petit-Musc, Paris. — H. 20. — L. 34.

1608 — ROË (Fréd.). — **The Martyrdom of Nurse Cavell.** — *Brussels, oct. 12 th., 1915. Printed and published by this Forman and sons Nottingham.*
   Héliogravure. — H. 35. — L. 23,5.

1675 — STEINLEN. — **Le bouclier.** — Des corps de femmes, d'enfants, de vieillards, vivants ou morts, protègent les soldats allemands.
   Lithographie. — Devambez, édit. — H. 28. — L. 38.5.

1719 — TAPP. — **La « Kultur » germanique en 1914. Pl. 3.** — *En Belgique : L'officier allemand. Le bon vieux Dieu allemand nous donne la victoire.*
   Sept. 1914. A Lierde-Sainte-Marie, quatre prêtres, des vieillards, des femmes et des enfants furent obligés de marcher devant les soldats allemands qui allaient au combat.
   (Les journaux.)
   Procédé lithographique. Librairie de l'Estampe, Paris. — H. 20. — L. 33.

1720 **La « Kultur » germanique en 1914. Pl. 1.** — *« L'officier* (donnant l'ordre à ses hommes) : *Comme c'est déjà vicieux !... »*
   « *Août 1914. A Magny, près de Belfort, un enfant de sept ans, s'amusant à mettre en joue, avec son fusil de bois une patrouille allemande, a été fusillé sur place.* »
   (Les journaux.)

1721 **La « Kultur » germanique en 1914. Pl. 2. — Le Sacrilège.** — A coups de crosse, à coups de revolver, des soldats et un officier allemands assassinent vieux prêtres, femmes et jeunes gens.
   Librairie de l'Estampe, Paris. — H. 20. — L. 33.

0455 **26 août 1914. Près de Malines.** — Jeunes garçons pendus, garottés, assassinés dans une masure en ruines.
   Dessin au crayon lithographique, rehaussé d'encre de Chine. Signé par l'auteur. — H. 38. — L. 55.

1771 — TRUCHET (Abel). — **Rapatriement.** — *Quatre par quatre, je vous dis... comme quand ils sont arrivés !*

Les gens, pris comme otages, sont liés, par bottes de quatre, et jetés dans les fourgons.
Lithographie. — H. 30. — L. 44.

1802 — VEBER. — **Le Curé de Moyenvic (4 août 1914).** — Fusillé par les Allemands.
Lithographie. — H. 27. — L. 40.

1803   **1914. Le 10 août à Dannemarie.** — Tuerie d'habitants à coups de revolver.
Lithographie. — H. 24. — L. 41.

1804   **12 août à Linsmeau.** — Des habitants du village, les bras liés derrière le dos, la tête sur le sol, sont attachés par les pieds à des canons de mitrailleuses fixées sur affûts-traîneaux. Les chevaux de l'attelage sont lancés au galop.
Lithographie. — H. 25. — L. 28.

1806   **1914.** — Le 8 août, en Belgique, ils ont fusillé une jeune fille.
Lithographie. — H. 23. — L. 41.

1809   **1914. Le Petit héros de Magny.** — Le gamin au fusil de bois, tombé sous les balles allemandes.
H. 24. — L. 38.

1810   **Première victoire.** — *Le 14 août, à Mortfontaine, près de Longwy.*
Deux jeunes garçons fusillés par les Allemands.
Lithographie. — H. 23. — L. 39.

1827 — VION. — **Leur première victoire.** — *Moineville, août 1914.*
Un curé fusillé, auprès d'un poteau-frontière.
Lithographie en couleurs. 1914. — H. 44,5. — L. 29,6.

1847 — WIDHOPFF. — **Frère.** — **The martyr. 1915.** — *Hommage à la maman du Canadien crucifié. 1915.*
Lithographie. Copyright by Vicars brothers and Lawrence and Jellicoe. Londres. — H. 57. — L. 45.

DÉVASTATIONS — RUINES — MONUMENTS

9 — ANONYME. — Incendie de la forêt de Compiègne. 1914.
Héliogravure en couleurs. — H. 39. — L. 51.

14 à 25 — ANTHONY-THOURET. — **Reims, 12... 1914. — L'Ange brisé. — L'Oiseau noir.** — *Avec douze planches, dont une composition originale de Fraipont.*
Chez Delandre, 11, rue Bergère, Paris. — Héliotypie E. Le Deley, Paris. — H. 28. — L. 19.

41 — AUGIS (Marcel). — **Arras. L'Hôtel de Ville détruit en 1914 et 1915.**
Eau-forte et aqua-tinta, tirée en couleurs. Épreuve signée par l'auteur. — H. 19. — L. 13.

42 **Basilique d'Albert (Somme). 1915.**
Eau-forte et aqua-tinta, tirée en couleurs. Épreuve signée par l'auteur. — H. 20. — L. 14.

43 **Cathédrale de Reims, bombardée. 1915.**
Eau-forte et aqua-tinta, tirée en couleurs. Épreuve signée par l'auteur. — H. 20. — L. 14.

44 **Dixmude : l'Hôtel de Ville après le bombardement. 1914-1915.**
Eau-forte et aqua-tinta, tirée en couleurs. Épreuve signée par l'auteur. — H. 18,5. — L. 27,5.

45 **Église d'Erbevillers (30 septembre 1914).**
Eau-forte et aqua-tinta, tirée en couleurs. Épreuve signée par l'auteur. — H. 20. — L. 14.

46 **Église de Fontenoy (Aisne), après le bombardement. 1914-1915.**
Eau-forte et aqua-tinta, tirée en couleurs. Épreuve signée par l'auteur. — H. 19. — L. 13.

47 **Église de Gerbeviller. 1915.**
Eau-forte et aqua-tinta, tirée en couleurs. Épreuve signée par l'auteur. — H. 20. — L. 14.

48 **Église de Lampermisse. 1914. (Près Dixmude.)**
    Eau-forte et aqua-tinta, tirée en couleurs. Épreuve signée par l'auteur. —
    H. 20. — L. 14.

49 **L'église de Lihons (Somme), après le bombardement. 1914-1915.**
    Eau-forte et aqua-tinta, tirée en couleurs. Épreuve signée par l'auteur. —
    H. 18. — L. 27,4.

50 **Église de Pervyse. 1914.**
    Eau-forte et aqua-tinta, tirée en couleurs. Épreuve signée par l'auteur. —
    H. 20. — L. 14.

51 **Église de Pont-Arcy (Aisne). 1915.**
    Eau-forte et aqua-tinta, tirée en couleurs. Épreuve signée par l'auteur. —
    H. 20. — L. 14.

52 **Église d'un village aux environs de Reims, après le bombardement. 1914-1915.**
    Eau-forte et aqua-tinta, tirée en couleurs. Épreuve signée par l'auteur. —
    H. 18,5. — L. 27,5.

53 **Église Saint-Éloi (Neuve-Chapelle). 1915.**
    Eau-forte et aqua-tinta, tirée en couleurs. Épreuve signée par l'auteur. —
    H. 20. — L. 14.

54 **Église de Xivray (Meuse). 1915.**
    Eau-forte et aqua-tinta, tirée en couleurs. Épreuve signée par l'auteur. —
    H. 18,7. — L. 13,3.

55 **Entrée du village de Barcy. 1915. (Bataille de la Marne.)**
    Eau-forte et aqua-tinta, tirée par l'auteur. Épreuve signée par l'auteur. —
    H. 14. — L. 20.

56 **Le faubourg Moyen-Gerbeviller. 1915.**
    Eau-forte et aqua-tinta, tirée en couleurs. Épreuve signée par l'auteur. —
    H. 14. — L. 20.

57 **Ferme détruite (environs de Saarbourg), Alsace.**
    Eau-forte et aqua-tinta, tirée en couleurs. Épreuve signée par l'auteur. —
    H. 14. — L. 20.

58 **Hôtel de Ville d'Arras. 1915.**
    Eau-forte et aqua-tinta, tirée en couleurs. Épreuve signée par l'auteur. —
    H. 14. — L. 20.

59 **Louvain : Église Sainte-Gertrude et la Dyle. 1914.**
    Eau-forte et aqua-tinta, tirée en couleurs. Épreuve signée par l'auteur. —
    H. 19. — L. 13.

60 **Malines : la Cathédrale. 1914.**
    Eau-forte et aqua-tinta, tirée en couleurs. Épreuve signée par l'auteur. —
    H. 27,5. — L. 18,5.

DÉVASTATIONS — RUINES — MONUMENTS

61 **Moulin à Ramscapelle. 1915.**
Eau-forte et aqua-tinta, tirée en couleurs. Épreuve signée par l'auteur. —
H. 14. — L. 20.

62 **Moulin près Hazebrouck. 1914.**
Eau-forte et aqua-tinta, tirée en couleurs. Épreuve signée par l'auteur. —
H. 14. — L. 20.

63 **Nieuport : les Halles, après le bombardement. 1914-1915.**
Eau-forte et aqua-tinta, tirée en couleurs. Épreuve signée par l'auteur. —
H. 18,5. — L. 27,3.

64 **Pièce de 75. — Plaine des Flandres. 1915.**
Eau-forte et aqua-tinta, tirée en couleurs. Épreuve signée par l'auteur. —
H. 14. — L. 20.

65 **Réparation de fortune du pont de Meaux. 1915.**
Eau-forte et aqua-tinta, tirée en couleurs. Épreuve signée par l'auteur. —
H. 14. — L. 20.

66 **Rue principale du bourg de La Bassée. 1914.**
Eau-forte et aqua-tinta, tirée en couleurs. Épreuve signée par l'auteur. —
H. 14. — L. 20.

67 **Ruines de l'abbaye de Villers (Belgique). 1914.**
Eau-forte et aqua-tinta, tirée en couleurs. Épreuve signée par l'auteur. —
H. 27,5. — L. 18,5.

68 **Ruines de l'église d'Ablain-Saint-Nazaire. 1915.**
Eau-forte et aqua-tinta, tirée en couleurs. Épreuve signée par l'auteur. —
H. 20. — L. 29,6.

69 **Ruines de l'église de Perthes. 1915.**
Eau-forte et aqua-tinta, tirée en couleurs. Épreuve signée par l'auteur. —
H. 20. — L. 29,6.

70 **Ruines de l'église de Sommessous. 1914.**
Eau-forte et aqua-tinta, tirée en couleurs. Épreuve signée par l'auteur. —
H. 14. — L. 20.

71 **Ruines de Louvain. 1914.**
Eau-forte et aqua-tinta, tirée en couleurs. Épreuve signée par l'auteur. —
H. 14. — L. 20.

72 **Village belge, près de l'Yser. 1914.**
Eau-forte et aqua-tinta, tirée en couleurs. Épreuve signée par l'auteur. —
H. 14. — L. 20.

73 **Village lorrain bombardé. 1915.**
Eau-forte et aqua-tinta, tirée en couleurs. Épreuve signée par l'auteur. —
H. 20. — L. 14.

74 **Ville-en-Voëvre. 1915.**
Eau-forte et aqua-tinta, tirée en couleurs. Épreuve signée par l'auteur. —
H. 14. — L. 20.

75   **Ypres : les Halles et l'Hôtel de Ville. 1915.**
    Eau-forte et aqua-tinta, tirée en couleurs. Épreuve signée par l'auteur. — H. 18,5. — L. 27,5.

76   **Ypres : le Musée, après le bombardement. 1914-1915.**
    Eau-forte et aqua-tinta, tirée en couleurs. Épreuve signée par l'auteur. — H. 19. — L. 13.

77   **Zone inondée près de Ramscapelle. 1914.**
    Eau-forte et aqua-tinta, tirée en couleurs. Épreuve signée par l'auteur. — H. 20. — L. 29,6.

045 — CHARME. — Vue de Reims. — Dessin au crayon, signé par l'auteur.
    H. 12. — L. 19.

324 — CUTTUARD. — **Kultur.** — *De quoi se plaignent-ils ? Les touristes seront bien plus nombreux...*
    Réflexion d'officiers allemands contemplant les ruines et les incendies d'une grande cité.
    Lithographie en couleurs. Épreuve signée par l'auteur. — Imprimé par H. Chachoin, Paris. — H. 38,5. — L. 25.

055   DRAMIS. — **La Fosse Calonne. 1915.** — Intérieur d'église en ruines.
    Crayon et pastel. Signé par l'auteur. — H. 34. — L. 25.

449 — DUPONT (H.). — *Chapelle aux environs de Nieuport.*
    Eau-forte et aqua-tinta, en couleurs. 1915. Épreuve signée par l'auteur. — H. 37. — L. 33.

450   **Église de Nieuport.**
    Eau-forte et aqua-tinta, en couleurs. Janvier 1915. Épreuve signée par l'auteur. — H. 23,5. — L. 34,2.

451   **Hôtel de Ville d'Arras.**
    Eau-forte et aqua-tinta, tirée en couleurs. Février 1915. Épreuve signée par l'auteur. — H. 24. — L. 34,5.

448   **Le Grand-Couronné de Nancy.**
    Eau-forte et aqua-tinta. Janvier 1915. — H. 39. — L. 54.

452   **Maison de M. Poincaré, à Sampigny.**
    Eau-forte et aqua-tinta, en couleurs. Remarque à droite : M. Poincaré. Eau-forte et roulette. Épreuve signée par l'auteur. — H. 26,5. — L. 33.

057 — FAG. — **La Ferme Bareims** *(Marne)*.
    Aquarelle. Signée par l'auteur. 1915. — H. 19. — L. 28.

058 La Maison rouge. Iperlé, canal.
: Aquarelle. Signée par l'auteur. 1915. — H. 19. — L. 28.

517 — FAIVRE (Abel). — **La Reprise des affaires.** — *M. Bœdeker prépare la nouvelle édition de son Guide en France. 1914.*
Un homme prend des notes devant les ruines d'Arras.
: Photogravure en couleurs. — Devambez, édit., Paris. — H. 35. — L. 31.

530 — FLOWER (Ch.). — **Arras. 1915.** — *L'Hôtel de Ville.*
: Photogravure en couleurs. — H. 26,3. — L. 19.5.

532 **Rheims. Cathédral. 1914.**
: Photogravure en couleurs. — H. 26. — L. 18.5.

531 **Malines. 1915.** — *La Cathédrale.*
: Photogravure en couleurs. — H. 26,3. — L. 19.5.

542 — FORAIN (Jean-Louis). — **Dans les faubourgs de Londres.** — *Delikatessen.*
Des maisons détruites et fumantes. Un petit cadavre sous ces ruines.
: Lithographie. *L'Opinion*, 22 octobre 1915. — H. 28. — L. 11.

566 **Paysage de guerre.** (I).
Des levées de terre, des tranchées, des silhouettes de soldats. Des croix, un képi à leur pied.
: Lithographie. (*L'Opinion*, 5 juin 1915.) — H. 26. — L. 10.

567 **Paysage de guerre.** (II).
: Lithographie. (*L'Opinion*, 19 juin 1915.) — H. 26. — L. 10.

562 **Noël.** — « *Aujourd'hui c'était sur l'église qu'il fallait tirer.* »
Le village flambe, non l'église, négligence incompréhensible en ce jour de Noël.
: Lithographie. (*L'Opinion*, 26 décembre 1914.) — H. 28. — L. 10.

063 — FOUQUERAY. — **La Sonate dans les ruines.**
: Aquarelle. Loubœrfeyde, Février 1915. Signée par l'auteur. — H. 23. — L. 11.

600 — FRAIPONT. — **Arras.** — Le beffroi incendié et bombardé. Gens fuyant.
: Eau-forte et aqua-tinta, trois tons : noir, jaune et rouge. Épreuve signée par l'auteur. — H. 32. — L. 23,4.

601 **Arras incendié. 1915.**
: Héliogravure parisienne. — H. 34. — L. 22.

602 **Arras incendié. 1915.**
: Héliogravure en couleurs. — Imprimerie Engelmann, Paris. Édition Delandre, Paris. — H. 30. — L. 42.

605   **Dixmude.** — Un coin de ville en ruines, par la neige. Quelques soldats à gauche.
Eau-forte, aqua-tinta, roulette, quatre tons : noir, bleuâtre, rouge et jaune. Épreuve signée par l'auteur. — H. 32,5. — L. 22,6.

608   **Louvain.** — Ruines de la cathédrale et de l'Hôtel de Ville. Effet lunaire.
Eau-forte et aqua-tinta, deux tons : noir et bleu. Épreuve signée par l'auteur. — H. 30.7. — L. 23.2.

609   **Reims.** — La cathédrale en flammes; foule cherchant à éteindre le feu.
Eau-forte et aqua-tinta, trois tons : rouge, noir et bleu. Épreuve signée par l'auteur. — H. 32. — L. 23,8.

611   **Ypres.** — Les halles en ruines. Un obus éclate, gens en fuite.
Eau-forte et aqua-tinta, plusieurs tons : noir rouge, jaune et bleuâtre. Épreuve signée par l'auteur. — H. 32.5. — L. 23,4.

612   **Ypres. 1915.**
Lithographie en couleurs. — Imprimerie Ingelmann, Paris. Édition Delandre, Paris. — H. 30. — L. 42.

646 — GAUTIER (Lucien). — **Arras. Le beffroi.**
Eau-forte et aqua-tinta. Épreuve signée par l'auteur. — H. 83,5. — L. 38,5.

647   **Beffroi d'Ypres en ruines.**
Eau-forte et aqua-tinta. Épreuve tirée en bistre, signée par l'auteur. — H. 83,5. — L. 38,5.

649   **Cathédrale de Reims.**
Eau-forte et aqua-tinta. Épreuve tirée en bistre. Quelques tons bleuâtres et rosés dans le ciel. Épreuve signée par l'auteur. — H. 63. — L. 38,2.

648   **Cathédrale de Reims en flammes.**
Eau-forte et aqua-tinta. Un sonnet, par M. Rostand, inscrit en bas, à gauche. Épreuve tirée en bistre et signée par l'auteur. — H. 87,5. — L. 58,5.

663 — GEOFFROY — **La Cathédrale.** — « *Ils n'en laisseraient pas grand'chose les boches, s'ils passaient par là* » dit un vieux paysan à un peintre faisant une étude.
Lithographie, coloriée à la main par son auteur. 1915. — H. 36. — L. 23.

677 — GILSOUL. — **Les Halles d'Ypres en feu.**
Eau-forte et aqua-tinta. Épreuve signée par l'auteur. — H. 46. — L. 56.

689 — GOFFART. — **The Ruins of Ypres.** — Vue panoramique des ruines d'Ypres.
Héliogravure. Copyright, Printed by J. L. Goffart, 9, Monument street, London E. C. — H. 37,5. — L. 55,6.

714 — GUINEGAULE. — **La Cathédrale de Reims enflammée.**
Reproduction lithographique. — H. 30,8. — L. 24.

715 — GUINIER (H.). — **Église d'Albert,** *mars 1915.*
Lithographie signée par l'auteur. — H. 29. — L. 35.

717 — GUSMAN (Pierre). — **Consummatum est.** — L'Église en ruines fume encore. Christ et statues gisent brisés.
Bois original — H. 22,5. — L. 15.

800 — IBELS. — **Oh! les salauds!** — Expression d'un vieux dieu en voyant brûler Reims.
Lithographie en tons. 1914. — H. 35. — L. 56.

984 — LEBEDEFF (Jean). — La Cathédrale de Reims en flammes.
Bois. Épreuve signée par l'auteur. — H. 30. — L. 22.

1031 — LEVEN et LEMONNIER. — **Les Villes mutilées. Arras. 1914.** — « *Où la horde passa.* »
Lithographie. Épreuve signée par les auteurs. — H. 33. — L. 25.

1033 **Les Villes mutilées. Dixmude. 1914.** — « *Où la horde passa.* »
Lithographie. Épreuve signée par les auteurs. — H. 34. — L. 24.

1032 **Les Villes mutilées. L'Hôtel de Ville de Dixmude. 1914.** — « *Où la horde passa.* »
Lithographie. Épreuve signée par les auteurs. — H. 33. — L. 25.

1034 **Les Villes mutilées. Pervyse. 1914.** — « *Où la horde passa.* »
Lithographie. Épreuve signée par les auteurs. — H. 33. — L. 26.

1035 **Les Villes mutilées. Ypres. 1914.** — « *Où la horde passa.* »
Lithographie. Épreuve signée par les auteurs. — H. 33. — L. 26.

0316 — LOBEL-RICHE. — **Campagne de 1914-1915. Clermont-en-Argonne. D'après nature. 18 août 1915.**
Aquarelle. Signée par l'auteur. — H. 32,3. — L. 25.

0317 **Clermont-en-Argonne. La rue principale, route de Verdun. D'après nature. 18 août 1915.**
Aquarelle. Signée par l'auteur. — H. 32,3. — L. 25.

1062 — LUCE. — Les Massacreurs. — Courrières. — Les Allemands tirent indéfiniment sur la cité noire du travail.
Photogravure. Épreuve signée par l'auteur. — H. 21. — L. 28.

1071 — MAGLIN (F.). — **Souvenir de la guerre de 1914. La grande blessée.** — « *Qu'au jour de la résurrection, la cathédrale bombardée conserve les stigmates de son martyre. Elle en sera plus sainte encore; elle en sera encore la « plus belle entre toutes » pour avoir subi l'outrage du fer et du feu.....*
» *Respectons l'onction tragique qu'elle a reçue, n'y réparons pas « l'irréparable.* »
» *H. de Régnier, de l'Académie française.* »
Procédé en couleurs. Croissant, Paris. — H. 19. — L. 24,3.

1090 — MANSARD (Paul). — **Anvers. Coucher de soleil sur le port.**
Eau-forte et aqua-tinta en couleurs. Épreuve signée par l'auteur. — H. 14. — L. 29,5.

1091 **Bruges : Le lac d'Amour.**
Eau-forte et aqua-tinta. Épreuve signée par l'auteur. — H. 14. — L. 29,5.

1098 — MAYEUR (A.) — **Aux vaillants défenseurs du front d'Artois. Mont-St-Eloy, les Tours, en 1915.**
Lithographie. Remarque. Épreuve signée par l'auteur. — H. 26,2. — L. 39,5.

1099 **Aux vainqueurs d'Artois. Aux héros de Carency, Ablain-St-Nazaire, Souchez et Neuville-St-Vaast.** — La vieille église en ruines de Notre-Dame-de-Lorette. Dans le ciel, une figure allégorique de la France.
Lithographie. Épreuve signée par l'auteur. — H. 25. — L. 38.

1100 **L'Éperon de Lorette. La Chapelle.**
Eau-forte et roulette. Épreuve signée par l'auteur. — H. 36. — L. 50,5.

1101 **L'Hôtel de Ville d'Arras en flammes. 1914.**
Eau-forte et aqua-tinta, en couleurs. Épreuve signée par l'auteur. — H. 51. — L. 34.

1102 **L'Hôtel de Ville d'Arras.**
Lithographie 1913-1915. Épreuve signée par l'artiste. Remarque à droite. — H. 46. — L. 28,5.

0355 — NAMUR. — **La Grande rue.** — Un poilu déambulant, un bâton à la main.
Crayon noir et pastel. Signé par l'auteur. — H. 29,5. — L. 23,8.

1241 — NOÉ. — **Cathédrale de Reims.** — *Bombardée par les Allemands (2 août 1914).*
Photogravure en noir. — H. 25. — L. 17,5.

1251 **Hôtel de Ville d'Arras.** — *Bombardé par les Allemands (août 1914).*
Photogravure en noir. Claude Noé, édit., Paris, 22, rue St-Paul. — H. 25. — L. 17,5.

1252 **Hôtel de Ville de Louvain.** — *Bombardé par les Allemands.* (2 août 1914)
Photogravure en noir. — H. 25. — L. 17,5.

1240 **Cathédrale de Malines.** — *Bombardée par les Allemands.*
Photogravure en noir. — H. 25. — L. 17,5.

1364 — PINAL. — **Barcy (sept. 1914).** — *Le clocher bombardé.*
Eau-forte. Épreuve signée par l'auteur. — H. 23,5. — L. 17,5.

1365 **Barcy (sept. 1914).** — Des maisons bombardées.
Eau-forte. Épreuve signée par l'auteur. — H. 17,5. — L. 12,3.

1469 — RABUTEAU (J.). — **1429.** — **Cathédrale de Reims. 1914.** — Le monument est en feu. Sur le premier portail, à gauche, apparaît Jeanne d'Arc, au sacre de Charles VII.
Procédé en couleurs. — H. Bouquet, édit., Paris. — H. 35,1. — L. 26,2.

1621 — SALLES (Léon). — **École de filles de Sermaize.** *(Bataille de la Marne. 1914.)*
Eau-forte et aqua-tinta, en couleurs. Épreuve signée par l'auteur. — H. 17. — L. 24,5.

1622 **Mairie de Revigny.** *(Bataille de la Marne. 1914.)*
Eau-forte et aqua-tinta, en couleurs. Épreuve signée par l'auteur.—H. 17,5. — L. 23,5.

0456 — THIBAUDEAU (J.). — **Épisode la vie à Reims pendant un bombardement.** — Une mère s'est réfugiée au fond d'une cave, elle se tient accroupie, sa fillette dans les bras; un autre enfant se serre contre elle, et tous les trois sont épouvantés par l'explosion très proche d'un obus dont les éclats jaillissent par le soupirail.
Dessin au crayon noir, rehaussé de blanc, sur papier bistre. — H. 45. — L. 35.

0466 — VIGNAL (Pierre). — **Pargny-sur-Saulx.** — Une rue en ruines.
Aquarelle. Signée par l'artiste. — H. 29. — L. 39.

1832 — WAIDMANN. — **Les Cloches de Magnures.** *(Environs de Gerbeviller.)*
Lithographie. 1915. — H. 44. — L. 32.

1833   **Gerbeviller. 1915.**
    Lithographie. — H. 44,5. — L. 32.

1843 — WEISSER (Ch.).— **Inviolable.** — La Jeanne d'Arc équestre, par Paul Dubois, reste toujours intacte, à Reims, devant la cathédrale en ruines.
    Lithographie avec remarque, d'après le tableau de l'artiste. Épreuve avant la lettre, sur hollande, signée par l'artiste. — H. 40. — L. 30.

GESTES ET MOTS HÉROÏQUES

2 — ABEILLÉ (Jack). — Le Dragon blessé. — Le champ de mort s'étend jusqu'à l'horizon, où flambe une cité. Une dame de France fait boire un cordial à un jeune blessé. Reprenant ses sens le cavalier dit :
« *Comme ça, je vais pouvoir y retourner.* »
« *Like that I schall be able to go there again.* »
Procédé photographique. Août 1915. E. Le Deley, imp. Paris. — H. 28. — L. 28.

3   Dans un village d'Alsace, un peloton va fusiller une jeune fille et une fillette.
« *La Grande sœur :* — *Ma chérie, crie :* « *Vive la France !* » »
« *The sister :* « *My darling, cry out* « *Long live France.* » »
Procédé photographique. Août 1914. E. Le Deley, imp., Paris. — H. 19. — L. 28.

91 — BAC (F.). — **Le Tocsin**. — Au faîte de la tour, le vieux curé fait gémir la vieille cloche. Il regarde avec indifférence l'Allemand qui survient et le menace du revolver.
Par l'embrasure d'un abat-son on voit, de dos, un Christ bénissant les hommes.
Lithographie en deux tons. 1915. — Vente au profit des veuves et des orphelins. — H. 34. — L. 41.2.

99 — BATAILLE (R.). — **Gloire aux héros**. — *Turquaud, caporal au 137ᵉ d'infanterie, 8 sept. 1914.*
En pied, dans un médaillon ovale. Autour, soldats, armures. Paris sous le soleil levant.
Photogravure G. R. Petit, deux teintes. Cl. Noé, édit., Paris. — H. 29,5. — L. 21.

100   « **Mais tirez donc les gars !** » **1915**. — Un zouave blessé tombé sur des fils de fer. Derrière lui, tirent des Allemands par les fenêtres d'une masure.
Procédé industriel en couleurs. Marque « Néo ». — H. 24. — L. 34,7.

101 **Souvenir de la revanche. La Prise d'un drapeau.** — *Turquaud et Broussart, soldats au 137ᵉ régiment d'infanterie, ayant perdu leur compagnie, se réfugièrent dans un bois. S'approchant de la lisière, Turquaud aperçut un officier allemand qui cachait un drapeau; avec l'aide de Broussart, il enlève le drapeau du 28ᵉ régiment d'infanterie allemande, après un furieux corps à corps.*
Procédé industriel en couleurs. — Cl. Noé, édit., 22, rue St-Paul, Paris. — H. 20. — L. 34.

104 **Souvenir de la revanche. Un jeune héros.** — « *Aux mines de Lourches (Nord), Émile Després, âgé de 14 ans, qui donnait à boire à un sous-officier français gravement blessé, fut appréhendé par un capitaine allemand et sommé, pour avoir la vie sauve, de tuer le sergent. Sans rien dire, le jeune Després saisit l'arme qu'on lui tend et, se retournant d'un bond, fusille à bout portant le lâche officier teuton. Aussitôt, vingt baïonnettes le clouent au sol.* »
Procédé industriel en couleurs. — Cl. Noé, Paris. — H. 20. — L. 34.

117 — BENIGNI (P.). — **(Guerre 1914.) Prise d'un drapeau allemand.** — Épisode de guerre.
Procédé photographique. Édition Guiraud, impr. provençale, Marseille. — H. 37. — L. 26,8.

181 — BOURGONNIER. — **La Prise du drapeau.** — Un zouave arrache un drapeau à un Allemand. Épisode.
Lithographie. 1915. Remarque à gauche. — H. 41. — L. 29.

243 — CANET (Marcel). — **Vive la France!** écrit sur le mur, avec son sang, un soldat mortellement blessé.
Lithographie. Épreuve signée par l'auteur. — H. 25. — L. 18.

314 — COURBOIN (Eug.). — **L'Héroïque Écossais.** — « *150 higlanders, chargés de défendre à tout prix le passage d'un pont, sont décimés par le feu des Allemands. Un seul d'entre eux reste debout, braque à l'entrée du pont une mitrailleuse et résiste jusqu'à ce qu'il tombe criblé de trente blessures.* »
Épisodes de guerre. 1914.
Les Estampes populaires G.W.D. n° 1. Procédé industriel en couleurs. — H. 26,5. — L. 33.

458-459 — DUTAILLY. — **Le Serment d'adieux. Épisode de la grande guerre.** — *Paroles mémorables du grand général :* « *Va, mon fils, tu as la plus belle mort qu'on puisse souhaiter, je te jure que nos armées te vengeront en vengeant toutes les familles françaises.* »
Héliogravure en couleurs. — Camis, édit., Paris. — H. 40. — L. 59,6.
Une épreuve en noir. — H. 21. — L. 34,3.

460   **Un jeune héros. Épisode de la grande guerre.** — *A Lourches (Nord), le jeune Émile Després, âgé de 14 ans, doit être fusillé pour avoir donné un verre d'eau à un sergent français, lequel, déjà blessé, va être également fusillé. Un capitaine allemand s'adresse au jeune Després, lui offre la vie sauve à condition qu'il tue le sergent. Ce courageux gamin saisit le fusil, fait face au capitaine; il tire et foudroie ce barbare. L'héroïque enfant tombe aussitôt lardé de coups de baïonnettes et criblé de balles. » L'histoire retiendra le nom de ce jeune héros.*

Reproduction lithographique en couleurs. — Imp. Camis, Paris. — H. 42. — L. 60.

473 à 476 — **FABIANO.** — **Graine de héros.** — *L'Enfance héroïque. François Ratto (16 ans) suit le 27ᵉ chasseurs alpins à son départ pour le front.*

« *Le jeune François Ratto, âgé de 16 ans, dont la mère habite Roquebrune-Cap-Martin, près de Menton, avait suivi le 27ᵉ chasseurs alpins, au moment de son départ pour le front. Depuis les hostilités, il faisait l'admiration des chefs par son courage, son entrain et son mépris du danger. Malheureusement, sa mère vient d'apprendre la mort du jeune héros, tombé au champ d'honneur au cours de la bataille de l'Yser, frappé par un éclat d'obus. Il fut inhumé, avec tous les honneurs militaires, dans le cimetière français de Furnes.* » — (Rapport.)

Procédé en couleurs. — H. 24,5. — L. 35.

474   *Héroïsme admirable d'un enfant, Émile Després.*

« *... A coups de crosses, le malheureux sergent fut traîné hors du coron et conduit devant le peloton d'exécution. Tremblant de fièvre, il vit passer un enfant, le jeune Émile Després, âgé de 14 ans, et le supplia de lui apporter un verre d'eau. Le gamin s'empressa et rapporta de l'eau. Mais le capitaine allemand le vit; furieux, d'un poing formidable, il le jeta sur le sergent agonisant.*

— *Tu seras aussi fusillé, hurla-t-il; mais, se ravisant :*

— *Tu peux avoir la vie sauve à une condition : Prends ce fusil, couche en joue le sergent et tue-le. Crânement, le gamin prend le fusil, sans trembler épaule l'arme, la dirige sur la poitrine du sergent, mais, soudain, il fait volte-face sans abaisser son arme. Le coup part et foudroie le capitaine barbare qui s'effondre, tué à bout portant !*

L'héroïque enfant fut aussitôt lardé à coups de baïonnette et criblé de balles.

Ceci se passait à Lourches, village des plaines du Nord, près des mines de Douchy. » — (Rapport.)

Procédé en couleurs. 1915. — A. Lasnier, édit., Paris. — H. 24. — L. 34,5.

475   *Un capitaine et vingt hommes sauvés par un enfant de 13 ans. André Lange.*

« *C'était à la bataille de Thiaucourt. André avait déjà ramené de la ligne de feu à l'ambulance un capitaine et vingt hommes, en les voiturant sur une brouette abandonnée.*

Il venait d'en charger trois à la fois sur son petit véhicule quand une bombe siffle, tombe et craque, déchirant sa chaussure et le blessant au pied.

Il veut « *recommencer* » *bientôt et écrivait à sa mère, sur une carte postale :* « *J'aurai la médaille !* » *Ne l'a-t-il pas bien méritée ?* » — (*Rapport.*)

<small>Procédé industriel en couleurs. 1914. — Lasnier, édit., Paris. — H. 24,5. — L. 35,2.</small>

476   **Un héros de 15 ans. Gustave Chatain.**

« *... Je monte et je trouve sept boches qui dorment. Un coup de fusil en l'air les fait sauter sur pied. En me voyant arriver sur eux baïonnette au canon, ils mettent leurs mains en l'air et poussent des hurlements.*

» — *Descendez ! que je leur dis. Et je les mène aux camarades...* » — (*Rapport.*)

<small>Procédé industriel. 1914. — Lasnier, édit., Paris. — H. 25. — L. 35.</small>

478 à 482 — **Pages glorieuses.**

478   **La Charge en gants blancs. Alain de Fayolles.** —
« *Le moment est venu de mener la charge sous une pluie de fer et de feu ; alors, sortant d'une sacoche le plumet bleu et blanc qui ornait son shako de St-Cyr, son* « *casoar* », *le lieutenant le fiche sur son képi, et, fidèle au serment qu'avaient fait les St-Cyriens en se quittant, le lieutenant de Fayolles met ses gants blancs pour marcher à l'ennemi et crie :* « *en avant !* »

Il s'élance sous la mitraille, suivi, d'un bel élan, par toute la section. Mais bientôt une balle frappe le lieutenant au front.

Alain de Fayolles est cité à l'ordre du jour de l'armée. » — (*Rapport.*)

<small>Procédé en couleurs. 1914. — H. 24,5. — L. 35.</small>

479   **Comme le chevalier d'Assas.** — « *A moi, les amis, tirez dessus, ce sont les boches.* »

« *Une nuit, le sergent Jacobini, du 38ᵉ de ligne, était aux avant-postes, lorsqu'il aperçut des ombres qui approchaient. Il s'avança seul : c'étaient des Allemands qui se glissaient dans l'ombre. Brusquement, le sergent est entouré et désarmé. Un officier le menace de mort s'il donne l'éveil au poste qu'il voulait surprendre.*

Jacobini n'hésite pas, il crie :

— *A moi, les amis, tirez dessus, ce sont les boches ! Un feu de salve couche à terre la plupart des Allemands et leur officier, et Jacobini, qui, par miracle, avait été épargné par les balles françaises, put rejoindre ses hommes.* » — (*Rapport.*)

<small>Procédé en couleurs. 1914. — H. 24,5. — L. 35,2.</small>

480 *En Alsace. — Et maintenant, mes enfants, allez tuer mon fils qui sert dans l'armée allemande !*

« Un trait antique. Voici un trait cornélien qui vaut d'être retenu, car il égale en farouche grandeur les cris les plus tragiques que, environnés d'une atmosphère de légende, l'antiquité nous ait transmis.

Le 35ᵉ régiment français de ligne entre dans Mulhouse. Un vieux soldat offre aux soldats tout ce qu'il peut mettre à leur disposition. Puis ces libéralités faites d'enthousiasme, la voix rauque, il s'écrie avec un grand geste de bras :

— « Et maintenant, mes enfants, allez vous battre et tuer mon fils, qui sert au 40ᵉ régiment d'infanterie allemande. »

Procédé en couleurs. 1914. — H. 24,7. — L. 34,6.

481 **En Alsace. La première leçon.** — *Enfants de la Patrie, le jour de gloire est arrivé !*

« Mes enfants, dit le sergent, nous allons reprendre la leçon interrompue il y a quarante-quatre ans... et il lit aux enfants qui écoutent, les oreilles rouges d'émotion, les citations à l'ordre du jour de l'armée française.

Maintenant le sergent évoque les bataillons qui montent par delà des Vosges et il paraphrase magnifiquement le chant national.

« Enfants de la Patrie, le jour de gloire est arrivé !...

» Entendez-vous dans les campagnes mugir ces féroces soldats ? »

Ah ! oui, ils les ont entendus, ils les ont vus, eux, égorger nos fils et nos compagnes.

Les portes de la classe se sont ouvertes, les têtes paraissent aux fenêtres : toute l'Alsace est là, frémissante de fierté, de reconnaissance et d'amour !... » — (Rapport.)

Procédé industriel en couleurs. 1914. — H. 25. — L. 35,5.

482 **Les Honneurs sous la mitraille.** — « *Pendant une des actions les plus violentes de la campagne, une grêle de mitraille et d'obus passait par dessus un champ découvert où se tenaient, étendus à plat ventre, déployés en tirailleurs, les hommes d'un bataillon anglais.*

Le commandant, blessé grièvement, tombe à la renverse. Des hommes l'emportent, sous la mitraille, en arrière de la ligne de feu...

Mais, à mesure que le blessé passe devant chaque section, les hommes se relèvent et présentent les armes au milieu de la grêle de projectiles ennemis.

Voilà un geste de la « misérable petite armée du général French » qu'on ne pourrait citer sur la grande armée prussienne. » — (Rapport.)

Procédé en couleurs. 1914. — H. 24,5. — L. 35.

056 **La Première leçon.** — *(Voir le n° 481.)*

Dessin à la plume, signé par l'auteur. 1914. — H. 35. — L. 50,5.

674 — GEOFFROY. — **Le Petit Volontaire de 1914.** — « *Gustave Chatain, blessé à Fontenoy, et désirant retourner au front, disait à l'infirmière qui le soignait :* « *On a besoin de moi, là-bas, et je ne veux pas attendre mon beau pantalon rouge...* »

<small>Photographie Goupil et C⁰. 1915. — Copyright Manzi, Joyant et C⁰. — H. 38,5. — L. 49,8.</small>

723 — HANRIOT. — **La Prise d'un drapeau.** — « *Auprès d'un bouquet de sapins, quelques Allemands s'étaient ralliés autour d'un drapeau. Seul, un sous-officier prussien restait debout, tenant la hampe. Il fut abattu d'un coup de lance. Le drapeau du 6ᵉ Poméranien était à nous.* » *Épisodes de la guerre 1914.*

<small>Les Estampes populaires G.W.D., n° 4. Procédé industriel en couleurs. — H. 23,5. — L. 35,2.</small>

888 — JONAS. — « *Hardi, mes enfants ! Cette baïonnette est aussi une croix ! — Per dominem nostrum, vos absolvo !* »

<small>Paroles d'un prêtre sur le champ de bataille. Lithographie. 1915. — H. 63. — L. 46,5.</small>

956 — LALAUZE (Alph.). — **Au drapeau. Août 1914.** — « *Dans la retraite de l'Oise, un capitaine d'infanterie sauve le drapeau de son régiment et, à cheval, l'emporte dans nos lignes.* »

<small>Fac simili. 1915. — Lecoupy-Lecaplain, 5, boulevard de la Madeleine, Paris. H. 42,5. — L. 33,5.</small>

958 **La Marne. Sept. 1914.** — Un soldat brandit un drapeau allemand qu'il vient d'enlever.

<small>Fac simili, par Marotte. 1914. — Lecoupy-Lecaplain, Paris. — H. 42,8. — L. 33,5.</small>

1050 à 1057 — LOUBÈRE. — « **Pro Patria** ».

1050 **L'Absolution.** — « *...Après la bataille, parmi les blessés, les agonisants, un soldat moins blessé rampe et souffle à l'oreille des mourants :* « *Je suis prêtre, recevez l'absolution* ». *Et il bénit d'une main parfois mutilée.* »

1051 **Admirable courage d'un brancardier.** — « *Malheureusement, plusieurs de nos blessés étaient restés étendus à cinquante mètres des fils de fer allemands, et la fusillade continuait toujours aussi violente. Tout à coup on vit un brancardier, sans prévenir personne, s'emparer du fanion de la Croix-rouge, monter sur notre première tranchée, s'avancer seul vers les blessés, tout en agitant le fanion.*

» *La fusillade cesse, le brancardier fait signe à son équipe, tous se mirent à l'ouvrage et ramenèrent les blessés dans nos lignes. Ce brancardier admirable n'est autre que M. l'abbé Valette, ancien* vicaire de N.-D. de Rive-de-Gier. Il vient d'être proposé pour la médaille militaire et cité à l'ordre du jour de l'armée. »

1052 Le Bon évêque de Meaux, Monseigneur Marbeau, accueillant les blessés qu'il garde sous sa protection.

1053 La Croix de l'aumônier. — « Toujours sur la brèche, stimulant le zèle des soldats, on l'a vu sur tous les champs de bataille, en Belgique, dans l'Aisne, dans l'Argonne, sans souci des projectiles qui pleuvaient autour de lui, apporter aux mourants les secours de la religion, aux combattants le réconfort de sa parole mâle et fière. L'abbé Thibault, aumônier militaire, est décoré ! En présence des troupes au repos, dans un petit village de Champagne, le général commandant le corps d'armée a remis au nouveau légionnaire les insignes de son ordre et lui a donné l'accolade. Quelles que soient les opinions que l'on professe, a dit le général, il faut convenir que dans cette guerre le clergé a bien fait son devoir, tout son devoir ! »

1054 L'Héroïne de Gerbeviller. Sœur Julie, de l'ordre de Saint-Charles, de Nancy. — « ... Tout de suite, voici un officier qui fonce sur moi. Il me parle en allemand. Je lui dis : « Monsieur, nous sommes des Français, nous ne savons pas parler allemand. » Alors, il reprend en excellent français, mais toujours très durement : « Vous avez dans votre maison des soldats français cachés avec des armes. » — « Non, monsieur, nous avons des soldats français, mais ils sont gravement blessés ; entrez, et vous les verrez. Ici, c'est la maison du bon Dieu ! On ne fait de mal à personne. »

1055 Le lieutenant bondit en avant en criant : « Je suis prêtre ! Je ne crains pas la mort ! En avant tous ! » Il a emporté la position, mais il est tombé criblé de balles.

1056 La Prière dans la tranchée. 1914.

1057 Une messe dans les ruines. Priez avec moi, mes frères. — « Le dimanche 11 octobre 1914, à Erbéviller, l'abbé Henri Percheron, directeur du patronage St-Louis, de Rochefort-sur-Mer, soldat dans un régiment d'infanterie, a dit la messe dans ce qui fut l'église, aujourd'hui un monceau de ruines, où seul l'autel, surmonté du Christ, est resté debout. La bise souffle avec force et tourne les feuillets du missel, l'hostie est emportée de la patène... Les bancs ont disparu et les assistants sont debout sur les décombres. »

Collection « Pro Patria », huit numéros. Procédé en couleurs. — Lasnier édit., Paris. — H. 30, 2. — L. 23.

1470 — RADIGUET. — La Culture française en 1914. — « Le sergent Jacobini : — Aux avant-postes, avec quinze hommes qui *dorment, le sergent Jacobini, du 38ᵉ de ligne, est surpris une nuit ; désarmé, il est aussitôt entouré. Un officier allemand le menace de mort, s'il crie. Jacobini n'hésite pas et appelle aux armes.* » (Les journaux.)

Procédé en couleurs. — Librairie de l'Estampe. Paris. — H. 19. — L. 29.

1789 — VALVÉRANE (D.). — **La Culture française en 1914.** Pl. I. — *La Mort héroïque du jeune Émile Després. (Sept. 1914.)*

Procédé en couleurs. — Librairie de l'Estampe. Paris. — H. 19. — L. 25.

1788 **La Culture française en 1914.** Pl. III. — *La Mort héroïque de Jean Bouin. (29 sept. 1914.)* « *Le célèbre champion, Jean Bouin, a été tué à l'ennemi aux environs du village de Xivray. Frappé par un éclat d'obus dans une tranchée, il est tombé en criant : Vive la France !* »

Procédé en couleurs. — Librairie de l'Estampe. — H. 26. — L. 19.

1797 — VEBER. — **Aux armes !** — Une femme du peuple, échappée des plis du drapeau, jette ce cri.

Lithographie. Août 1914. Épreuve signée par l'artiste. — H. 35. — L. 43.

1808 « **Nous sommes unis dans la détresse et dans la mort....** » (Harangue du 2 août 1914.)

Lithographie. — H. 29. — L. 39.

J.-L. FORAIN. — « **Et les cure-dents ?** Fallait bien leur laisser quelque chose. »

L'original fait partie de la collection Henri LEBLANC.

VIE DES SOLDATS DANS LA TRANCHÉE ET A L'ARRIÈRE

28 — ARNOUX (Guy). — **L'Arrivée du vaguemestre.** — Le vaguemestre tend une lettre, trois soldats se précipitent vers lui.
: Reproduction genre imagerie d'Épinal. 1915. — H. 35. L. 49,8.

023 **C'était un grenadier qui revenait des Flandres.** — Un poilu chemine sur la route déserte, bordée de ruines. Un casque boche pend à sa musette, un chien caniche le suit.
: Aquarelle, signée par l'auteur. — H. 30. — L. 22,5.

024 Dragon.
: Aquarelle. — H. 21,6. — L. 28.

025 — AUFFRAY. — **En patrouille, au Godat.**
: Dessin au crayon noir, signé par l'auteur. — H. 26. — L. 33.

128 — BÉRONNEAU (Marcel). — **Le Rêve des poilus.** — Des poilus voient, en rêve, le bonhomme Noël tenant, captif et percé d'une flèche, l'aigle impérial allemand.
: Lithographie. Épreuve signée par l'auteur. — H. 42. — L. 32.

210 — BROUET (A.). — **Les Blessés.** — Ils sont assis sur un banc, dans un jardin public.
: Eau-forte et roulette. Épreuve signée par l'auteur. — H. 10,7. — L. 19,8.

211 **Campement à l'arrière.** — Des masures, des huttes, où les poilus s'efforcent de créer un semblant de « chez soi. »
: Eau-forte. Épreuve signée par l'auteur. — H. 14. — L. 23.

212 **Les Convoyeurs.**
: Eau-forte. Épreuve signée par l'auteur. — H. 12. — L. 20.

215-216 **Impressions de guerre.** — *Six gravures originales de A. Brouet. 1914-1915.*

Sur la couverture, une eau-forte : des soldats sous la pluie. Une épreuve libre, sur papier hollande, de la couverture.
G, Boutitié, édit. — H. 31. — L. 24.

218 **La Relève.**
Eau-forte. Épreuve signée par l'auteur. — H. 11,5 — L. 20.

219 **La Veillée.** — Un général est étendu mort sur un lit. Dans l'ombre, un dragon veille.
Eau-forte, aqua-tinta, d'après G. Scott. Épreuve signée par le peintre et le graveur. — H. 51,5. — L. 75.

220 — BRUN (Clément). — *1914. Le Garde-voie. 1915.*
Aquarellatypie. — H. 40. — L. 29,5.

242 — CANET (Marcel). — **Un poilu de la 22e.**
Portrait. Lithographie. Épreuve signée par l'auteur. 1915. — H. 19. — L. 11.

328 — DEBAT-PONSAN. — **Ceux qui veillent.** — Dragons, officiers et soldats ; dans le ciel passe un avion.
Héliogravure. — H. 47. — L. 36,5.

048 — DEVAMBEZ (André). — Une compagnie française traverse un village ruiné.
Aquarelle, signée par l'auteur. — H. 19. — L. 24,5.

049 Des tranchées françaises remplies de combattants, découpent le sol à quelques centaines de pas des tranchées ennemies.
Lavis, signé par l'auteur. — H. 30. — L. 41.

454 — DURASSIER. — **Taisez-vous ! méfiez-vous !** — Dans la tranchée, un poilu, le doigt sur les lèvres, donne cet utile conseil.
Lithographie. 1914. Épreuve signée par l'auteur. — H. 44. — L. 33.

525 — FAVEROT. — **La Messe sur le front.** — « *Et quand, se tournant vers nous, le prêtre-soldat tient le calice levé au-dessus du champ de bataille, on entend palpiter les âmes.* »
     Maurice Barrès, nov. 1914.
« *En hommage à M. Barrès, en souvenir de son article à* l'Écho de Paris. »
Lithographie en couleurs. — E. Malefeyt et Cº, édit., 26, rue Duperré, Paris. — H. 36. — L. 52.

592 — FOUQUERAY. — **Dans la tranchée.**
Lithographie. 1915. Signée par l'auteur. Remarque à droite. — H. 32. — L. 52.

610 — FRAIPONT. — **La Relève du petit poste.** — Le petit poste s'abrite dans un moulin à vent en ruines.
>Eau-forte et aqua-tinta. Épreuve en couleurs, signée par l'auteur. Remarque à gauche. — H. 24. — L. 17.

666 — GAZAN (H.). — « **Le Réchaud du soldat.** »
>Aquarelle, signée par l'auteur. 1915. — H. 25,5. — L. 20.

667 « **Troupe de couverture.** »
>Aquarelle, signée par l'auteur. 1915. — H. 25,5. — L. 20.

700 — GREBEL. — **Après l'attaque. 18 décembre 1914, à Carnoy.**
>Lithographie. Épreuve signée par l'auteur. Remarque à droite. — H. 21. — L. 31,5.

701 **En attendant la contre-attaque.** — *Nuit du 17-18 décembre 1914, à Carnoy.*
>Lithographie. Épreuve signée par l'auteur. Remarque à droite. — H. 32. — L. 22,5.

702 **Intérieur du « Café de la Paix », en 1re ligne, à Carnoy. (Décembre 1914.)**
>Lithographie. Épreuve signée par l'auteur. Remarque à droite. — H. 21,5. — L. 31,5.

703 **Nos appartements à « Aquatic City »** (*Carnoy, décembre 1914*).
>Lithographie. Épreuve signée par l'auteur. Remarque à droite. — H. 21,5. — L. 31.

704 **Nuit froide à Carnoy. Décembre 1914.**
>Lithographie. Épreuve signée par l'auteur. Remarque à droite. — H. 32,5. — L. 23.

705 **Retour de la côte 125, devant Mametz. 28 octobre 1914.**
>Lithographie. Épreuve signée par l'auteur. Remarque à droite. — H. 33,5. — L. 23.

706 **Rêve de poilu... 1915.** — Ses enfants jouent dans ses rêves et viennent l'embrasser.
>Lithographie. Épreuve signée par l'auteur. Remarque à droite. — H. 32. — L. 22,5.

707 **Sentinelle ! (Nov. 1914, à Carnoy).**
>Lithographie. Épreuve signée par l'auteur. Remarque à droite. — H. 33. — L. 22.

708 **Une bonne soupe (Décembre 1914, à Carnoy).**
>Lithographie. Épreuve signée par l'auteur. Remarque à droite. — H. 31. — L. 22.

735 — HÉRAUT. — **La Deuxième récompense.**
Eau-forte, tirée en vermillon et sanguine. Épreuve signée par l'auteur. — H. 20. — L. 16.

087 — JODELET. — **Ablain-St-Nazaire. 14 janvier 1915.** — Deux poilus assoupis dans la tranchée.
Aquarelle, signée par l'auteur. — H. 24. — L. 31,5.

090 Goumier conduisant des prisonniers boches. Sains, Gœlle. Février 1915.
Aquarelle, signée par l'auteur. — H. 32. — L. 24.

094 Le Poste d'écoute. — **Aix-la-Noulette, décembre 1914.**

089 **Aix-la-Noulette (Pas-de-Calais). Décembre 1914. La Relève.**
Aquarelles, signées par l'auteur. — H. 16. — L. 24.

095 **La Relève. Ablain-St-Nazaire. Janvier 1915.**
Aquarelle, signée par l'auteur. — H. 24. — L. 31,5.

093 1º **Ma cagna de la haie G. (N.-D.-de-Lorette, 1915.)**

088 2º **Le Guetteur. Ablain-St-Nazaire. (Février 1915.)**
Aquarelles, signées par l'auteur. — H. 24. — L. 16.

0102 — JONAS. — Un soldat se reposant.
Étude d'après nature, sur page d'album. Fusain et aquarelle. Signé par l'artiste. — H. 31,5. — L. 23,5.

0106 — LALAUZE (Alph.). — En reconnaissance. Une compagnie traverse un village ruiné.
Aquarelle, signée par l'auteur. — H. 60. — L. 42.

959 **Le Poilu.** Un réserviste, près d'un mur, veille, et va tirer. Derrière, soldats manœuvrant. Village en ruines.
Photogravure en couleurs. — H. 26.6. — L. 19,7.

971 — LAWSON-WOOD. — **The Idol of the regiment.**
Procédé en couleurs.—Printed and published by thos Forman and Sons. Nottingham. Copyright. — H. 25,7. — L. 18,6.

970 « **Old Pals** » « **Fancy meeting you!** »
Photogravure en couleurs. —Copyright published by Lawrence and Jellicoe. L. T. D. 34, Henriette. street, covent garden. London. W. C. — H. 27. — L. 18.

990 — LELOIR (Maurice). — *Mes chéris. Pendant la guerre.*
L'époux, dans la tranchée, voit en imagination sa femme et ses enfants, il songe à la douce paix de son foyer.
Héliogravure. 1915. — Imp. Camis, Paris. — H. 25,5. — L. 19.

1010 — LEPÈRE (A.) — **Les G. V. G.**
    Bois original, signé par l'artiste. — Sagot, édit., Paris. — H. 23,2. — L. 15,6.

1040 — LOBEL-RICHE. — « **Le Cisailleur** ». — « *Le 7 septembre 1915, devant Snouvron, un soldat cisailleur est frappé à mort, au moment où il accomplissait, à la tombée de la nuit, une périlleuse besogne. Son corps, déchiqueté par les balles, reste 54 heures, pantelant, suspendu aux fils de fer barbelés, sans pouvoir être repris par nos soldats.* »
    Eau-forte et aqua-tinta, coloriée. Épreuve signée par l'auteur. — H. 24,8. — L. 18.

0318   **La Cuistance des artiflots. — A Mesnil-les-Hurlus.** *Sept. 1915.*
    Aquarelle exécutée sur le front, signée par l'auteur. — H. 23. — L. 32,6.

0319   **Le Cuisto sommelier, à Suippes, le 27 août 1915.**
    Aquarelle, signée par l'auteur. — H. 23. — L. 27,4.

1041   **Dans la tranchée.**
    Eau-forte et aqua-tinta. — Épreuve signée par l'auteur. — H. 50,5. — L. 47.

1042   **Un mouton enragé.** — Le Français ne comprend pas qu'on ose déclarer la guerre, mais, provoqué, son indignation le rend terrible.
    Photogravure. Éditions de l'Europe anti-prussienne. Épreuve signée par l'auteur. — H. 23. — L. 18.

0320 — LORTAC. — Dans une tranchée, *à Ablain-St-Nazaire. (15 février 1915.)*
    Des hommes tirent. Un soldat blessé à mort est couché, un combattant âgé, se penche sur lui et un gradé lui fait le salut militaire.
    Aquarelle. — H. 28,3. — L. 38,2.

0321   *Quelques « diables bleus » ou « hirondelles de la mort » (surnom donné aux chasseurs par les boches). N.-D.-de-Lorette. 15 février 1915.*
    Aquarelle. 6 études. Signé par l'auteur. — H. 31. — L. 24.

942   L. V. C. Les Dragons en observation.
    Phototypie en couleurs. — H. 17. — L. 22,8.

0322 à 0335 — MAB. — Panneaux décoratifs.

0323   Général observant.

0324   Soldat au port d'arme.

0325   Deux soldats portant une civière.

0326   Soldat dans la tranchée.
0327   Turco dans la tranchée.
0328   Turco en faction.
0329   Zouaves en corvée.
0330   Turco portant arme.
0331   Soldat anglais en tournée.
0332   Soldat anglais en corvée.
0333   Fillette tricotant une chaussette.
0334   Chien veillant sur une tombe.
0335   Chien veillant sur une tombe.
Aquarelles, sur cartons de couleur. Signées par l'auteur. — H. 19,7. — L. 20,5.

0340 — MALESPINA (L.). — Un convoi.
Aquarelle, signée par l'auteur. — H. 11. — L. 17.

1161 — MOSLEY. — **Three Pals.**
Procédé en couleurs. 1915. — Copyright, published by Lawrence and Jellicoe,
L. D. T. Henriette Street, Covent garden, London W. C.

0378 à 388 — NAMUR (P. F.). — Croquis de guerre, au crayon.
(Avec couverture.)
H. 20. — L. 15.

1167 à 1200. — NAUDIN (Bernard). — **Croquis de campagne.
1914-1915**
    1. *La Veille de la bataille de la Marne.*
    2, 3, 4, 5. *Officiers et soldats de l'armée anglaise, allant prendre position sur l'Ourcq.*
    6, 7, 8. *1er novembre 1914. Honneur rendu aux tombes des soldats tués à l'ennemi.*
    9. *Bonjour, soldat.*

    Sur le front de l'Aisne

    10. *En marche.*
    11. *La lettre.*
    12. *Soldat du génie au pont de V...*
    13. *Armée d'Afrique.*
    14. *Agent de liaison.*
    15, 16, 17. *Dans les tranchées de première ligne.*
    18. *La Classe 15.*
    19. *Les Cuistots.*

VIE DES SOLDATS DANS LA TRANCHÉE ET A L'ARRIÈRE 197

 20 à 28. *Une patrouille.*
 29, 30. *Un blessé. Le pansement dans une cave (double planche).*
 31. *La Messe.*
 32. *Tombes dans un jardin.*
  Reproduction photographique. — R. Helleu, édit., 125, boul. Saint-Germain, Paris. 1915. Recueil 197. — H. 30. — L. 23.

1201 à 1219. **Croquis de campagne 1914-1915. (Deuxième série.) Avant la bataille de la Marne.**
 1, 2. *Charrette d'enfants et saluts d'enfants.*
 3. *Officier anglais.*
 4. *Alerte.*
 5. *Officier de dragons.*
 6, 7. *Conducteur à J...*
 8. *Vaguemestre marocain.*
 9. *Chasseurs d'afrique.*
 10. *Les Sacs à terre.*
 11. *Les toiles de tente.*
 12. *Biff'ton.*
 13. *Chasseur démonté.*
 14. *Artilleur.*
 15. *La Feuillée.*
 16. *Retour de nos propriétés.*
 17. *Dans la tranchée (portrait de l'artiste).*
  Reproduction en photogravure. — R. Helleu, édit. Paris. Recueil 373.

1413 — POULBOT. — **Vers l'arrière.** — Un cavalier marche blessé, un gamin le précède, portant son sabre.
  Lithographie. 1915. Épreuve signée par l'auteur. — H. 34. — L. 26.

0427 à 0432 — RENEFER. — **Croquis à l'aquarelle, exécutés sur le front de l'Argonne, à Bros. 20 kil. au nord de Verdun.**
 1. *Troupes du génie, cantonnement.*
 2. *Poste de garde.*
 3. *La Cuisine de l'état-major.*
 4. *Cantonnement.*
 5. *Poste de garde.*
  Ton monochrome, signé au crayon par l'auteur. — H. 20. — L. 27,5.

0434   Un soldat observateur.
  Aquarelle sépia. Signée par l'auteur. — H. 38. — L. 28.

0433   Soldats au repos.
  Dessin au crayon noir, rehaussé de tons au pastel. Signé par l'auteur. — H. 23. — L. 41.

1623 — SANDY-HOOK. — **Le Convive inattendu.** — Un turco interrompt à coups de fusil le banquet de quelques boches.
  Reproduction industrielle. — Copyright. Librairie de l'Estampe. 1915. — H. 20. — L. 28,5.

1676 — STEINLEN. — **Chiens errants...**
   Lithographie. 1915. — H. 39. — L. 25,5.

1697   Dans la tranchée.
   Eau-forte et aqua-tinta. 1915. Épreuve signée par l'auteur. — H. 14,4. — L. 9,5.

1698   Dans la tranchée.
   Épreuve et aqua-tinta. 1915. Épreuve signée par l'auteur. — H. 3. — L. 8.

1699   Étude de tête.
   Eau-forte. 1915. Épreuve signée par l'auteur. — H. 14. — L. 9,6.

1700   Soldats sous la pluie et dans les fondrières.
   Eau-forte. 1915. Épreuve signée par l'artiste. — H. 15,3. — L. 9,6.

LES AUXILIAIRES

SERVICES DE SANTÉ, AMBULANCES, HÔPITAUX

87 — BAC (F.). — **La Marseillaise.** — Un convalescent joue la *Marseillaise* sur un piano; l'hymne national soulève l'enthousiasme des blessés et des sœurs qui les assistent.
    Lithographie en deux tons. 1915. Vente réservée au profit des veuves et des orphelins. — Imp. Robaudy. Cannes. — H. 34. — L. 42.

118 — BÉNITO. — **L'Aide à l'aveugle.**
    Lithographie sanguine. Épreuve signée par l'auteur. — H. 48. — L. 32.

146 — BLOCH (Marcel). — **Représailles françaises.** — *Comment se vengent nos mères et nos sœurs.*
    Deux infirmières environnent de soins un blessé allemand.
    Procédé industriel. — La Rénovatrice, imp., Bayonne. — H. 33. — L. 22,6.

162 — BORIONE (B.). — **Vers l'arrière.** — Un capitaine, blessé, marche péniblement, soutenu par un brancardier-prêtre.
    Lithographie en couleurs. 1916. — Édité par Breysse et Cⁱᵉ, 17, rue de la Banque, Paris. — H. 48,5. — L. 43,3.

060 — FÉLIU (Manel). — **Les Sublimes Croix-Rouges.** — Une infirmière de la Croix-Rouge lisant une lettre à un soldat couché.
    Dessin au crayon noir, sur bristol, signé par l'auteur. — H. 37. — L. 19.8.

528   **Les Sublimes.**
    Reproduction lithographique. — Librairie de l'Estampe, Paris. Copyright by Manel Féliu. 1915. — H. 18. — L. 25.

541 — FORAIN. — **La Croix-Rouge.** — La voiture passe sur la route défoncée. Le petit étendard flotte au vent. Un prudent poilu crie au conducteur :
    « *Cache ton drapeau! tu vas te faire tuer!* ».
    Lithographie. (*L'Opinion*, 23 janv. 1915.) — H. 28. — L. 39.

544	**L'École des héros.** — « *Comment avez-vous attrapé ça ?* », demandent deux gamins à un estropié. Celui-ci répond : « *Je soignais leurs blessés.* »
Lithographie. (*L'Opinion*, 12 juin 1915. — H. 25. — L. 38.

656 — GENNARO (G. de). — **Humanité française.** — Une sœur ambulancière donne à boire, sur le champ de bataille, à un blessé allemand.
Lithographie. 1914. — E. Merlaud et Cⁱᵉ, imp., Paris. — H. 30.2. — L. 45.2.

760 — HERMANN-PAUL. — « *Dites donc, si le Christ voyait tout ça, il ferait une tête...* »
Réflexion cavalière d'un pasteur protestant à un prêtre brancardier.
Lithographie. — H. 30. — L. 23.

763	*Guéri...* — « *Et vous saviez ce que j'ai fait en Belgique et ailleurs !* »
Évocation de vieux souvenirs.
Procédé industriel. — H. 25. — L. 33.

764	Hôpital 107. Le Blessé. — Deux infirmières offrent au blessé un brin de laurier, une fleur.
Bois en couleurs. Épreuve signée par l'auteur. — H. 21. — L. 30.

779-780.	Le Récit du blessé. — La vie normale reprend, un blessé raconte à des enfants le terrible et glorieux passé.
Bois. Une épreuve en noir, une épreuve en couleurs. — H. 20. — L. 30.

814 — JANUS. — « *Ah ! non, lavez-moi tout ce que vous voudrez... mais pas la figure : c'est la septième fois qu'on me la lave aujourd'hui...* »
Protestation d'un malade couché dans une infirmerie.
Lithographie. — Copyright by « Librairie de l'Estampe ». Paris. 1915. — H. 47. — L. 40.

815	*Chez les Boches : Une visiteuse allemande* : « *Mais, oui, qu'il est joli garçon ce blessé français... et qu'est-ce qu'il dit, le joli Français ?* »
Le blessé français : « *Le joli Français vous dit « M...! »*
Dans une ambulance allemande.
Lithographie. — Copyright by « Librairie de l'Estampe ». Paris. 1915. — H. 47. — L. 40.

092 — JODELET. — Six majors allemands, aux tabliers marqués de sang, regardent par une fenêtre les nuages et les fumées de l'horizon.

SERVICES DE SANTÉ, AMBULANCES, HÔPITAUX 203

Légende : « *Les Français en ont un qui ampute mieux que nous* ».
Aquarelle. Signée par l'auteur. 1915. — H. 34. — L. 25.

099 — JONAS. — Les Grands blessés. — De grands blessés, assis ou couchés dans une église sombre, sous la protection d'une Vierge-mère adossée à un pilier.
Composition au fusain, sur papier Ingres, rehaussée de quelques tons d'aquarelles. Signée par l'artiste. — H. 46. — L. 60.

830 L'Aide au blessé. (En Belgique.) — A travers bois, deux chiens traînent une voiturette où prirent place deux blessés.
Procédé de photogravure. 1914. — Danton, édit. — H. 35. — L. 47,3.

986 — LE BLANT. — **Convalescents.**
Lithographie. Une remarque à gauche. Épreuve signée par l'auteur. — H. 29. — L. 21.5.

988 — LELOIR (Maurice). — **Frères d'armes. Pendant la guerre. — Brothers of arms. During the great war.** Deux jeunes mutilés, l'un anglais, l'autre français, se donnent le bras et s'aident dans leur marche.
Héliogravure. 1915. — Imp.-édit. Camis, Paris. — H. 26. — L. 19.2.

1000 — LÉONNEC. — **Où l'héroïsme devient femme.** — « *Évidemment, j'ai vu la bataille de la Marne, mais, ça... je ne peux pas !* »
La courageuse infirmière, grimpée sur un fauteuil, s'affole en voyant une souris qui traverse la pièce.
Photogravure. — H. 27. — L. 19. — Forme ovale.

1051 — LOUBÈRE. — « **Pro Patria** ». — *Admirable courage d'un brancardier.*
(V. Gestes et mots héroïques.)

1348 — MANFREDINI. — **Du kuivre ! Des kanons !!!**
Un major affûte ses cisailles, un aide annonce : « *Herr professor, c'est un blessé grave !... Vingt-trois balles dans le corps !!* »
« *Envoyez-le à la fonte !...* », répond le chirurgien.
Dessin à l'encre de Chine, sur bristol, avec des indications en bleu. Signé par l'auteur. — H. 26.8. — L. 21,5.

1105 — MONGE (Jules). — Une religieuse verse la goutte aux soldats.
Photogravure en couleurs. — H. 25,2. — L. 19.

1132 — MORIN (Louis). — *Glorieux blessé, quarante millions de Français te bénissent.*
  Offert à . . . .
  Blessé . . . .
  Un blessé est porté par trois camarades. Une figure ailée et armée de l'épée lui tend une couronne.
  Comme fond, des maisons incendiées, un ciel où volent des corbeaux.
<small>Lithographie originale. — H. 41. — L. 27.</small>

0425 — RAMIRO-ARRUE. — Un blessé entouré et fêté par les gens de son village.
<small>Aquarelle. Signée par l'auteur. — H. 24,5. — L. 33,3.</small>

1599 — RENOUARD. — Les Aveugles. — Des soldats, aveugles, sont dirigés, pieusement, dans la chapelle, par des infirmières.
<small>Eau-forte et aqua-tinta. — H. 42. — L. 70,6.</small>

1614 — ROUBILLE. — **L'Infirmière.**
<small>Procédé lithographique. — H. 31. — L. 24.</small>

1674 — STEINLEN. — *L'aide aux mutilés de guerre.*
<small>Lithographie. 1915. — H. 29. — L. 12.</small>

1677 *Convalescents.*
<small>Reproduction lithographique. 1915. — H. 24. — L. 22.</small>

1702 *Le Secours national.*
<small>Lithographie. 1915. Épreuve signée par l'artiste. — H. 19. — L. 28.</small>

1704 **Les Trois compagnons.**
  Blessés, ils s'entr'aident pour regagner l'arrière.
<small>Lithographie. 1915. — H. 22,5. — L. 32.</small>

1711 — TABOURET. — **Contre la Croix-Rouge... Episode 1914.**
<small>Procédé industriel. — Édit. A. Bourraux. Paris. — H. 34,5. — L. 4,25.</small>

1791 — VARGUEZ DIAZ. — **Dans les ruines.**
  Pareille à un fantôme, une blanche infirmière erre parmi des ruines. Dans l'ombre, on distingue des cadavres.
<small>Lithographie, ton bleu. — H. 48,5. — L. 31,5.</small>

1793 *Ah! j'en ai vu... 1914.*
  Un poilu, blessé, raconte quelques faits de guerre à la foule, qui l'écoute, attentive.
<small>Reproduction lithographique. Épreuve signée par l'auteur. — H. 21. — L. 31.</small>

L. JONAS. — **Les Grands blessés.**

(L'original fait partie de la collection Henri LEBLANC.)

COMPOSITIONS RELIGIEUSES

10 — ANONYME. — **1412. Jehanne Darc. 1431.** A cheval, sur cinq bandes de compositions représentant les événements de sa vie.
<small>Reproduction par un procédé photographique d'un dessin au lavis. — Imprimerie du Croissant. — H. 33. — L. 20.</small>

88 — BAC (F.). — **Le Miracle.** — Une Vierge est demeurée intacte dans l'église en ruines. Des soldats l'implorent ou la remercient.
<small>Lithographie en deux tons. 1915. Vente au profit des veuves et des orphelins. — H. 34. — L. 41,2.</small>

156 — BOIRY. — **L'Absolution sous la mitraille.** — « *Ego vos absolvo a peccatis vestris. In nomine patris et filii et spiritus sancti. Amen.* »
Debout dans une tranchée, un soldat prêtre laisse tomber ces paroles sur les combattants, sur les blessés, sur les morts.
<small>Copyright by « Librairie de l'Estampe », Paris. — H. 28. — L. 38,5.</small>

165 — BOUCHOR (J.-F.). — **Le Salut au monument.** *(Rosnes, 10 Janvier 1915.)*
Au coin d'un bois, un soldat salue un obélisque, surmonté d'une croix, qui s'élève près de quelques tombes de combattants.
<small>Photogravure en couleurs. — H. 27. — L. 20,5.</small>

192 — BOUTET (Henri). — **Je t'implore !**
Une femme implore un Christ rustique érigé dans la campagne.
<small>Lithographie. Épreuve signée par l'auteur. — H. 49. — L. 34,5.</small>

416 — DOMERGUE (J.-G.). — **Mater dolorosa.**
<small>Eau-forte en deux tons, sanguine et noir. Épreuve signée par l'auteur. — H. 39. — L. 31,2.</small>

456-457 — DUTAILLY. — **Sacrifice.** — *Évocation de la grande guerre.*

Une religieuse infirmière, sur le champ de bataille, est à genoux près d'un soldat mort qu'elle reconnaît. Jésus crucifié apparaît dans les brumes de la plaine et tourne sa face vers la religieuse.

<small>Héliogravure en couleurs. — Camis, imp.-édit. — H. 36. — L. 39,5. — Épreuve en noir. — H. 27,5. — L. 19.</small>

678 — GILSOUL (Victor). — **Retour de la prière.**

« *A proximité du pont, pendant que la bataille fait rage, que les bombes illuminent de lueurs fulgurantes les façades vermoulues, alors que le canon fait trembler les vitres, les courageux Flamands, dont la foi patriotique n'est pas ébranlée, prient pour leurs fils qui luttent pour la Patrie.* » (*Près Dixmude, déc. 1915.*)

<small>Eau-forte et aqua-tinta, en couleurs. Épreuve signée par l'auteur. — H. 37. — L. 47,5.</small>

734 — HARRAP (Édit.). — « *Show thy pity upon all prisoners and captives.* » (*From the litany.*)

Une paysanne prie devant un autel.

<small>Photogravure en couleurs. — Published by John Harrap et Son, 3 holborn buildings. London. E. C. — H. 28. — L. 20,5.</small>

784-785 — HOWARD CHANDLER CHRISTY. — « **On the Field of Honour.** » **He loved Honour more than he feared Death.** »

Un ange couronne un mort couché sur l'herbe.

<small>Une reproduction monochrome. Une reproduction en couleurs. — Printed in England. — C. W. Faulkner and C°, L. T. D. London. — H. 38. — L. 25.</small>

825 — JOB. — « **Boutons-les dehors!** »

Au-dessus des troupes de France, Jeanne d'Arc chevauche, son étendard en avant.

<small>Procédé en couleurs. 1914. — H. 51. — L. 37.</small>

889 — JONAS. — « *Il a porté comme Lui sa croix jusqu'au calvaire.* » <small>1915. Remarque à gauche. Épreuve signée par l'auteur. — H. 44. — L. 61.</small>

892 | La Protection divine. — Un soldat français, son fusil en mains, est assis, dans une église ruinée. Une Vierge-mère apparaît dans la masse sombre d'un pilier et l'Enfant-Divin tend, au héros fatigué, la croix de guerre.

<small>Lithographie. Une remarque crayonnée à gauche. Épreuve signée par l'artiste. — H. 49,5. — L. 38.</small>

COMPOSITIONS RELIGIEUSES

1073 — MAGLIN (F.). — **La Maison de Dieu.**
« *Dans une église, des soldats sont venus dormir sur la paille épandue ; des fidèles en prière veillent sur leur sommeil.* »
Procédé en couleurs. Souvenirs de la guerre. 1914-1915. — G. Fontaine, édit., Paris. — H. 19,6. — L. 24,5.

1088. — MANFRA. — *La Tombe de Ch. Péguy, à ......*
Eau-forte et roulette, en couleurs. Épreuve signée par l'auteur. — H. 21. — L. 27.

1107 — MORIN (Louis). — **Le Baiser de Jeanne d'Arc. (Joan of Arc's kiss.)**
Procédé de gravure. — Copyright by librairie de l'Estampe, 1915. — H. 39. — L. 30.

1106 **Le Baiser de Jeanne d'Arc.**
Procédé en couleurs. — Librairie de l'Estampe. Copyright, 1914. — H. 26,5. — L. 30.

1133 « *Heureux ceux qui sont morts dans une juste guerre,*
» *Heureux les épis mûrs, les épis moissonnés !!* »
(*Charles Péguy.* — *La Marne, sept. 1914.*)
Une Gloire tend le laurier aux combattants morts.
Lithographie en couleurs. — H. 26,5. — L. 38.

HORS DES CHAMPS DE BATAILLE

PRISONNIERS — OTAGES — RÉFUGIÉS

021 — ALBA (d'). — **Visions de guerre. L'Évacué.**
 Aquarelle. Signée par l'auteur. — H. 30. — L. 24.

89 — BAC (F.). — **L'Otage.**
Une fillette, gardée comme otage dans le village ruiné, veut rendre la liberté à son oiseau aimé; hors de la cage, l'oiseau est tué. Un soldat boche regarde, d'un air important, la fillette consternée et l'oiseau défunt.
 Lithographie. 1915. Vente au profit des veuves et des orphelins. — Imp. Robaudy. Cannes. — H. 32. — L. 41.

214 — BROUET (A.). — **Les Évacués.** — Ils rappellent un campement de nomades.
 Eau-forte. Épreuve signée par l'auteur. — H. 11,7. — L. 19,6.

217 — **Les Prisonniers.** — Ils sont occupés à diverses besognes, sous l'œil des sentinelles.
 Eau-forte. Épreuve signée par l'auteur. — H. 12. — L. 19,5.

313 — CONINCK (Robert de). — **Le Lacet.**
Dans un jardin public, une fillette élégante noue les cordons de souliers d'un soldat blessé à une main.
 Lithographie en couleurs. — H. 32. — L. 24,4. — Forme ovale.

499 — FAIVRE (Abel). — **Le « Kamerad ».** — *Du pain, oui, mais la main !... penses-tu ?*
Répond le soldat distributeur au prisonnier boche venant de recevoir sa « boule de son ».
 Reproduction lithographique. Épreuve signée par l'auteur. — H. 28. — L. 28.

536 — FORAIN (Jean-Louis). — **Le Bon feu.**
 Tirage spécial sur papier pâle. Épreuve signée par l'artiste. — H. 58. — L. 79.

563 **Les Notables.** — Ils passent en troupeau, sous la menace du revolver ou du sabre des gardiens.
>Lithographie. (*L'Opinion*, 19 déc. 1914.) — H. 28. — L. 40.

564 **L'Offizier.** « *Kamerad?* — *Plus depuis Louvain* », répond le troupier français à l'officier boche, prisonnier, qui ose lui offrir la main.
>Lithographie. (*L'Opinion*, 29 mai 1915.) — H. 28. — L. 38.

596 — FOUQUERAY. — **Interrogatoire de prisonniers à Dix- mude.** — Sur une place, dans la ville brûlant.
>Lithographie. En bas, à gauche, une remarque : soldat allemand. Épreuve signée par l'auteur. — H. 40,2. — L. 31.

603 — FRAIPONT. — **Ceux que les boches chassent.** — D'innocents habitants fuient la ville incendiée.
>Procédé lithographique en couleurs. Épreuve signée par l'auteur. — H. 15,5. — L. 41.

673 — GEOFFROY. — « **Le Réfugié.** » — « *J'aime toujours mieux être dans ma peau que dans celle de Guillaume.* »
>Lithographie, coloriée à la main par son auteur. 1915. — H. 28. — L. 23.

699 — GRÉBEL. — **A ceux des régions envahies. 1915** — Ils voient, dans leurs songeries, la femme, l'enfant, victimes des Allemands.
>Lithographie. Épreuve signée par l'auteur. Une remarque à droite. — H. 32. — L. 25.

709 — GROUX. — **Les Otages.** — Des gens de toutes sortes, de tout âge, sont emmenés vers des destinations inconnues, par des cavaliers allemands.
>Lithographie en couleurs. — Devambez, édit. — H. 32. — H. 42.

710 **Prisonniers.** — Des Allemands, tête basse, sont emmenés par nos soldats.
>Lithographie. Épreuve signée par l'auteur. Remarque à gauche. 1915. — H. 38. — L. 49.

891 — JONAS. — Otages et prisonniers civils.
>Photogravure. Remarque à gauche. — Danton, édit. — H. 36. — L. 47.

0100 Un officier allemand prisonnier, assis et méditant.
>Étude d'après nature, sur page d'album, au fusain, rehaussée de quelques tons de pastel. Signée par l'artiste. — H. 31,5. — L. 20,5.

908 — JOU (Louis). — **1914. Les Otages. 1915.**
>Eau-forte et aqua-tinta. 1915. Épreuve signée par l'auteur. — H. 26,5. — L. 33.

927 — JULIEN (Jean). — **Les Prisonnières.** — Sur la grand'place d'une ville en ruines, que blanchit une épaisse neige, sont parqués des femmes et des enfants.
: Lithographie. — H. 41,5. — L. 52,8.

934 — KUFFERATH. — **La Cible humaine. Namur.** — Une foule inoffensive et affolée de femmes et d'enfants, sous la menace des baïonnettes.
: Lithographie. — H. 54. — L. 72,5.

1015 — LEPÈRE. — **Les Fugitifs.** — (*Fragment inédit du bois original de A. Lepère. 1915.*)
: L'Art et les artistes. — H. 14,6. — L. 22,5.

1016 **Les Fugitifs.** — Par toutes les routes, ils fuient les villages incendiés ou menacés ; des voitures, des charrettes chargées de vieillards, de femmes et d'enfants, emportent les objets sauvés du feu ou du pillage.
: Gravure sur bois. Épreuve signée par l'auteur. Composition originale. — H. 32,6. — L. 55,8.

1333 — PANN. — **Évacués russes.**
: Gravure, eau-forte, pointe sèche, aqua-tinta. Épreuve signée par l'auteur. — H. 70. — L. 57.

1347 — PAULUS (Pierre). — **La Fuite.** — La mère, serrant son enfant contre sa poitrine, le père portant un paquet, fuient hâtivement le coron incendié.
: Lithographie. 1915. Épreuve signée par l'auteur. — H. 30,5. — L. 41,6.

1348 **Funérailles de guerre.** — Deux hommes du pays en ruines portent un cadavre sur un brancard.
: Lithographie. 1915. Épreuve signée par l'artiste. — H. 31. — L. 42.

1407 — POULBOT. — Fugitifs. Enfants se sauvant sous la pluie.
: Eau-forte. Épreuve signée par l'auteur. Papier pelure. — H. 12. — L. 16,5.

1409 1. Petits réfugiés.
: Eau-forte et aqua-tinta. Épreuve signée par l'auteur. — H. 16. — L. 12.

1410 2. Petits réfugiés.
: Eau-forte et aqua-tinta, roulette. Épreuve signée par l'auteur. — H. 19. — L. 12.

1678 — STEINLEN. — **Le Coup de vent vers l'inconnu.** — Fuite d'une pauvre famille, dans la campagne, sous la pluie et le vent.
: Eau-forte et aqua-tinta. Épreuve signée par l'artiste. 1915. — H. 37. — L. 53.

1681　**Errant.**
Lithographie. 1915. — H. 26. — L. 12,5.

1682　Évacués. — Ils passent, chargés de paquets, chargés d'enfants, sous la pluie et dans la boue.
Eau-forte. 1915. Épreuve signée par l'artiste. — H. 24,5. — L. 53,5.

1683　Évacués.
Eau-forte. Épreuve signée par l'auteur. — H. 23. — L. 14,5.

1684　Les Évacués.
Eau-forte et aqua-tinta. Épreuve signée par l'auteur. — H. 19. — L. 23,4.

1685　**L'Exode belge.**
Lithographie. 1915. — H. 30. — L. 26,5.

1686　**L'Exode. 1915.**
Lithographie. 1915. — H. 52. — L. 42.

1687　**Familles en fuite près d'Anvers.**
Eau-forte et aqua-tinta. Épreuve signée par l'auteur. — H. 58. — L. 48.

1689　**Les Internés.** — *Les entrées dans les geôles en Allemagne.*
Lithographie. 1915. — H. 40. — L. 53.

1694　**Les Otages.** — **Sortie des geôles en Allemagne.**
Lithographie. 1915. — H. 40. — L. 53.

1835 — WARNOD. — **Dans un camp de prisonniers. Le poteau.** — Un prisonnier, puni, est attaché à un poteau, un gardien boche et son chien le surveillent.
Lithographie, rehaussée de tons au pastel. Remarque à gauche. — H. 15,5. — L. 30.

1834　**Dans un camp de prisonniers. L'hôpital.**
Lithographie, rehaussée de tons au pastel. Remarque à gauche. — H. 11,5. — L. 23,5.

1836　**Prisonnier de guerre.**
Lithographie, rehaussée de tons au pastel. — H. 17. — L. 26.

1837　**Prisonniers de guerre.**
Lithographie, rehaussée de tons au pastel. — H. 12. — L. 21.

FAMILLES DES COMBATTANTS

5 — ADLER (Jules). — **Ceux qui restent.** — Celle qui reste dans la vieille demeure, c'est l'aïeule, aux mains toujours laborieuses, à la tête pensive.
<small>Lithographie. 1915. — H. 35,5. — L. 29.5.</small>

6 — ANDRIVET. — **Les Morts.** — *Ne pleure pas, maman*, disent à leur mère effondrée sur une bière, deux petits enfants.
<small>Procédé industriel. — La Rénovatrice, imp., Bayonne. — H. 27,8. — L. 37,8.</small>

92 — BAC (F.). — **La Veuve.** — Les poilus saluent la veuve qui, avec son enfant, se dirige vers la tombe de l'époux.
<small>Lithographie en deux tons. 1915. Vente réservée au profit des veuves et des orphelins. — H. 34,2. — L. 41,2.</small>

106 — BEERTS (Albert). — **Dévotion. Dévouement.** — « *Je sui dame de la croi-rouge.* » — « *I am a cross lady !* » — Une blonde fillette, tenant un petit soldat de bois dans ses bras, l'embrasse de tout cœur.
<small>Lithographie en couleurs. 1915. — Édit. Fouquet, 112, rue d'Aboukir. Paris. H. 26. — L. 19.</small>

111   **Patriotisme.** — « *Non j'veu pa fair le boche.* » — « *No, I'm not going to play at being the boche.* » — Déclaration larmoyante d'un gosse à ses petits camarades.
<small>Lithographie en couleurs. 1915. — Édition Fouquet, Paris. — H. 26. — L. 19,4.</small>

026 — BÉNITO. — Femme évacuée. — Une femme se sauve, chargée d'un paquet, d'un enfant et traînant un second enfant.
<small>Aquarelle, signée par l'auteur. — H. 27. — L. 22.</small>

032 — CADEL (Eug.). — La Lettre du front. — Une paysanne, qui conduit la charrue, suspend son dur labeur pour lire une lettre qu'elle vient de recevoir.
<small>Grisaille à l'huile, signée par l'auteur. — H. 55. — L. 88.</small>

034   Pieux pèlerinage. — Deux femmes, l'une portant une couronne, l'autre pleurant, se dirigent, à la nuit tombante, vers une des tombes qui couvrent la plaine.
   Dessin au crayon noir et au fusain, signé par l'artiste. — H. 49. — L. 75.

256 — CARLUS (Jacques). — **Le Permissionnaire.** — L'un de ses bras porte sa fillette, et, de l'autre bras, il serre sa femme sur son cœur.
   Lithographie, déc. 1815. — H. 45. — L. 30.

258   **Pro Patria.** — Un paysan et sa femme pleurent près d'une croix surmontée d'un képi.
   Lithographie en couleurs. — H. 35. — L. 48,4.

253   *Sûrement, c'est un petit garçon boche*, disent quelques enfants, regardant, dans un jardin public, un mioche qui brutalise sa poupée.
   Lithographie en couleurs. — H. 37. — L. 48. — Ovale.

283 — CHALON (L.). — **Le Favori. 1914.** — Une fillette d'Alsace serre contre sa poitrine et regarde tendrement une petite poupée costumée en fantassin.
   Procédé en couleurs. — A.-G. L'Hoir, imp.-édit., Paris. — H. 23. — L. 20.

284   **Mobilisation. 2 août 1914.** — Une fillette a deux poupées, elle se hâte de les vêtir d'habits militaires.
   Procédé en couleurs. — A.-G. L'Hoir, imp.-édit., Paris. — H. 23. — L. 20.

312 — CONINCK (Robert de). — **Comme Maman.** — Sous le portrait enguirlandé du général Joffre, repose, dans un lit bien bordé, un poupaillon soldat; la tête et une main sont bandées. Un fillette apporte au poilu aux joues de faïence une tasse de réconfortante tisane.
   Lithographie en couleurs. — H. 32. — L. 43,5.

326 — DAMARÉ (L.). — **La Dernière lettre.** — « *Mort au champ d'honneur.* » — Le gendarme, qui remet aux parents navrés la dernière lettre du défunt et sa médaille, leur fait le salut militaire et se raidit pour cacher son émotion.
   Lithographie en couleurs. 1914. — L. Damaré, 13, rue Bouchardon, Paris. — H. 37,5. — L. 26.

358 — DOMERGUE (Géo). — **Pleureuses d'un jour.** — « *Un petit drapeau, M'sieur!* » — Les jeunes filles quêtent pour les ambulances, sur un ton apitoyé.
   Lithographie. — H. 26. — L. 37.

359 **Pleureuses éternelles.** — Des mères, qu'on voit agenouillées dans les cimetières aux pieds de croix coiffées de képis.
Lithographie. — H. 22. — L. 36,5.

427 — DONILO. — Papa! Une jeune mère, dont le pied foule un casque boche, fait embrasser, à son baby, le portrait du père, soldat.
Procédé en couleurs. H., 41, rue de Montparnasse. — H. 47. — L. 34,3.

463 — DUTRIAC. — Le Récit du blessé. — Un permissionnaire raconte à des enfants quelques faits de guerre.
Photogravure en couleurs. — H. 25. — L. 19.

464 Le Retour au foyer. — Le jeune sergent, en permission, tient son gamin dans ses bras et le regarde, sa femme est près de lui.
Photogravure en couleurs. — H. 25. — L. 16.

465 Le Retour du marin. — Le jeune matelot revient à la ferme, dans sa famille, le ruban rouge sur la poitrine. Joie et fierté de tous.
Photogravure en couleurs. — H. 19. — L. 25.

548 — FORAIN. — **L'Emprunt pour la victoire.**
— *Vous aussi?*
— *Je suis déjà venue hier avec maman.*
Lithographie. (*L'Opinion*, 4 déc. 1915.) — H. 29. — L. 41.

571 **Le Permissionnaire s'en va.** — « *Tu le vois bien, mon enfant, que je ne pleure pas,* dit une mère héroïque à son fils.
Lithographie. (*L'Opinion*, 28 août 1915.) — H. 28. — L. 39.

581 **Le Retour au foyer.**
« *Vous rentrez? Mais on « marmite » toujours!*
» *Qu'est-ce que vous voulez, monsieur, on n'est bien que chez soi.* »
Lithographie. (*L'Opinion*, 17 avril 1915.) — H. 27. — L. 40.

582 **Sunt lacrimæ rerum.** — Un village en ruines. — « *Pourquoi pleure-t-elle?* » demande un poilu à une pauvre femme soutenant une fillette en larmes. — « *Elle vient de reconnaître la maison* », répond la mère.
Lithographie. (*L'Opinion*, 11 sept. 1915.) Épreuve signée par l'artiste. — H. 25. — L. 40.

659 — GENNARO (G. de). — **La Veillée pour le soldat.** — Une mère et sa fille travaillent avec ardeur.
Lithographie. 1915. — H. 38. — L. 26.

694-695 — GOTTLOB. — « **Pour l'absent.** » — La fillette, à genoux sur son lit, prie tout près de sa mère, pour le père qui se bat au loin.

<blockquote>Lithographie en couleurs. Épreuve avant la lettre, signée par l'auteur. Épreuve avec la lettre. Copyright by 1914. B. Wagram, éditeur, Paris. — H. 24,8. — L. 29.</blockquote>

713 — GUILLONNET. — « **Pour le salut du monde.** » — « *Aux mères des héros.* » — Un soldat tué est étendu sur les genoux de sa mère en deuil. A gauche, trois femmes prient agenouillées. Dans l'or du fond, un Christ en croix bénit.

<blockquote>Photogravure en couleurs. — H. 25,8. — L. 20.</blockquote>

730 — HANSI. — **Son premier jouet.** — Le premier jouet que donne à son baby la mère alsacienne, c'est un joli soldat à pantalon rouge.

<blockquote>Procédé en couleurs. — H. 12. — L. 18.</blockquote>

761 — HERMANN-PAUL. — « *En voilà des papas !* » — Exclamation d'un gamin en voyant, sur un champ de bataille, des morts sans nombre.

<blockquote>Lithographie. — H. 30. — L. 46.</blockquote>

082 **La Dernière guerre.** — Une femme enceinte prie sur la tombe de son mari. Elle adresse au disparu, victime des récentes batailles, cette anxieuse question, qui ne montre que sa complète méconnaissance des réalités humaines : « *Le petit ne se battra pas... dis...* »

<blockquote>Dessin au lavis, sur bristol, signé par l'artiste. — H. 24,5. — L. 22.3.</blockquote>

801 — IBELS. — **Place de la Concorde.**
— *Il paraît que c'est là qu'on les guillotinait pendant la Révolution !*
— *Qui ça ?*
— *Les affameurs !*
Conversation de deux gamins, l'un pâtissier, l'autre ramoneur.

<blockquote>Lithographie. 1915. — H. 25. — L. 41.</blockquote>

098 — JONAS. — **La dernière lettre.** — Un poilu apporte à la veuve les derniers mots écrits par le défunt.

<blockquote>Fusain et crayon noir, rehaussé de quelques tons d'aquarelle. Signé par l'artiste. — H. 45. — L. 30.</blockquote>

0103 **La Toussaint de 1914.** — Le père, la mère, la fillette sont arrêtés devant une levée de terre que marque une croix portant un casque de dragon.

<blockquote>Fusain, sur papier Ingres. Signé par l'auteur. — H. 45. — L. 30.</blockquote>

FAMILLES DES COMBATTANTS

944 — LACAILLE. — **Consolation.** — Sur le vague emplacement où repose le petit soldat qu'ils pleurent, des parents disent :
« — *Nous avons de la chance, nous... nous savons qu'il est là !* »
Lithographie. Épreuve signée par l'artiste. — H. 32. — L. 45.

952 **Le Retour au pays.** — Tout est détruit. Le vieux se découvre au spectacle de ces ruines ; la jeune mère se cache les yeux ; la fillette paraît aussi surprise que sa poupée, qui regarde, les bras ouverts.
Lithographie. 1915. Épreuve signée par l'auteur. — H. 40. — L. 45.

948 **Mutilée.** — « *Je ne pourrai plus jamais envoyer de baisers à mon papa.* »
Réflexion d'une fillette à laquelle les Allemands ont tranché les mains.
Lithographie. Épreuve signée par l'auteur. — H. 31. — L. 45.

953 **Les Ruines !!!** — *Même plus son petit coin où mourir !*
Plainte résignée de deux vieux retrouvant leur demeure en ruines.
Lithographie. 1915. Remarque à droite. — H. 31. — L. 46.

979 — LÉANDRE. — **Pour la Patrie. Quand même !** — Le père rentre infirme à son foyer. L'aïeul montre en exemple, aux petits enfants, le noble mutilé.
Lithographie. Épreuve signée par l'artiste. — H. 38. — L. 30,3.

987 — LE BLANT. — **Le Retour au front.** — Femmes et enfants accompagnant jusqu'au train ceux qui repartent.
Lithographie. — Épreuve signée par l'auteur. — H. 24. — L. 33,5.

989 — LELOIR (Maurice). — **Là-bas, pendant la guerre.** — L'enfant est endormi, la mère médite sous la lampe ; elle voit, en imagination, l'absent se conduire en brave.
Héliogravure. — Imp. Camis, Paris. — H. 25,5. — L. 19.

997 — LÉON (Fréd). — « *Sainte Vierge ! nous n'avons plus de maman, protégez papa qui est à la guerre.*
Prière de deux enfants, à l'autel de la Vierge, dans une église de village.
Lithographie coloriée. — H. 42,5. — L. 30.

1018 — LESIEUR. — **Fils de France.** — Un père et une mère reconnaissent leur fils parmi les morts d'un champ de bataille. Jeanne d'Arc salue de son épée le défunt, et une Figure, tenant le drapeau de la France, lui tend une couronne de lauriers d'or.
Lithographie en couleurs. — A. Stone et Cⁱᵉ, édit., 88 *bis*, rue de l'Abbé-Groult. — Remarque à droite. — H. 50. — L. 33,6.

1030 — LEVEN et LEMONNIER. — **Le Retour au foyer.** — L'aïeule, la mère portant un enfant, regardent les ruines de leur demeure. Une remarque à gauche : Un boche tenant la torche incendiaire.
    Lithographie. 1915. — H. 34,6. — L. 51.

1065 — LUNOIS (Alex.). — **Mater Dolorosa!** — Une mère priant près d'une petite croix surmontée d'un képi.
    Procédé lithographique. Épreuve signée par l'auteur. — H. 22. — L. 28,2.

1220 — NAUDIN. — « *Dans l'jardin d'mon père,*
Y a un joli rosier,
Des soldats qui passaient,
Un soir l'y ont planté. »
Rosiers plantés par des soldats, sur des tombes de soldats.
    Reproduction lithographique. — H. 39. — L. 53.

1331 — PANN. — **La Défense du foyer.** — Une femme, postée à l'angle de sa maison, attend, armée, l'arrivée de l'ennemi.
    Lithographie coloriée par l'auteur. — H. 35,5. — L. 47.

1346   « *Le v'là ! vite, cache ta poupée, Simone!* »
crie un gosse à sa petite sœur, dès qu'il aperçoit, à la fenêtre, la pointe d'un casque allemand.
    Lithographie coloriée par l'artiste. — H. 36. — L. 50,5.

1342   **Un brave.** — Un homme, posté à l'angle de sa maison, attend, armé, l'arrivée de l'ennemi.
    Lithographie coloriée par l'auteur. — H. 42. — L. 57.

1343   **Une brave.** — Une femme, postée à l'angle de sa maison, attend, armée, l'arrivée de l'ennemi.
    Lithographie coloriée par l'auteur. — Édit. Guiraud. — Imp. provençale, Marseille. — H. 44. — L. 55.

1371 — POIRÉ. — **Salut à la tombe.** — **Champenoux. 1915.**
    Eau-forte et aqua-tinta. Épreuve signée par l'auteur. — H. 11. — L. 20,5.

1376 — POULBOT. — « *Arrêtez! chacun son tour à faire le général Joffre.* »
Un gosse, plein d'équité, rappelle aux ambitieux sans scrupules les conventions du jeu.
    Lithographie en couleurs. 1915. — H. 15. — L. 32.

1379   **La Boîte au lait.** — *Cours dire à maman qu'on est prisonnier de guerre avec la boîte au lait.*
    Eau-forte. — H. 20. — L. 26.

FAMILLES DES COMBATTANTS

1377 « **C'est sa main !** » — Remarquent deux enfants qui voient une fillette agenouillée sur le tertre où elle a enterré « *sa main* », tranchée par des soldats allemands.
Lithographie en couleurs. 1915. — H. 18. — L. 28.

1378 **Le cheval du capitaine.**
« — *C'est un boche, ce blessé-là ?*
» — *Non, m'sieu le major, c'est le cheval du capitaine.* »
Eau-forte. Épreuve signée par l'auteur. — H. 18. — L. 27,5.

1384 « *Et si on trouvait un petit boche !* » — Cette supposition rend très perplexes les deux gosses en arrêt devant un carré de choux.
Lithographie en couleurs. 1915. — H. 17. — L. 28.

1389 « *Heureusement que mon paletot est trop grand. Ils n'ont pas vu mes mains.*
Le village n'est que flammes et fumées, des soldats allemands rôdent ; le gamin, silhouette informe sous ses vêtements de hasard, se félicite d'échapper à leur attention.
Lithographie. — H. 22. — L. 25.

1390 « *Ils nous prennent pour des artilleurs.* »
Les deux gosses se réjouissent de voir toute une section allemande lever les mains devant leur tuyau de poêle dressé comme un canon.
Lithographie en couleurs. 1915. — H. 21. — L. 41.

1393 à 1404.   Lithographies. 1915.

1393 *C'est un coup de fourreau de sabre.*

1394 *Encore un nouveau petit frère ? — Oui, c'est un petit Belge.*

1395 *Et les mômes boches, ils embrassent leur père ?*

1396 *Ils sont là.*

1397 *Là, c'est un boche, je lui mets des fleurs tout de même.*

1398 *Maman ! Maman ! pourquoi ?*

1399 *Oh ! moi, c'est avec de vrais petits boches que je voudrais jouer à la guerre.*

1400 *Oui, mais il est fort, papa, plus fort que deux boches.*

1401 *Pauvre petite poupée, tu l'entends, le canon.*

1402 *Sans l'officier, les soldats nous auraient peut être rien fait.*

1403 *Si j'étais grand.*

1404 *Un chien, c'est pas un boche.*
12 lithographies en couleurs. Épreuves signées par l'auteur. — H. 20. — L. 12,5.

1411 10 Eaux-fortes :
Sur la route.
Eau-forte. — H. 10. — L. 18.

1388 *Halte-là !*
Eau-forte. — H. 12. — L. 16.

1391 *Les Infirmières.*
Eau-forte. — H. 17. — L. 16.

1392 Un enfant donne à boire à un blessé allemand. Des soldats boches, plus loin, se disent :
— *Laissons-le d'abord donner à boire, nous le tuerons après.*
Eau-forte. — H. 12. — L. 19.

1408 *La Petite guerre.*
Eau-forte. — H. 15. — L. 19,2.

1382 *L'École des mousses.*
Eau-forte. — H. 10. — L. 16.

1387 *Le Fourneau.*
Aqua-tinta. — H. 16. — L. 11.

1381 *Les Éclaireurs.*
Aqua-tinta, roulette.

1406 *Les Orphelins.*
Aqua-tinta, roulette. — H. 12. — L. 19.

1380 *Le Départ.* — *Mais, mon pauvre vieux, quand on nous appellera, la guerre sera finie !* se disent deux gosses qui regardent passer des soldats.
Eau-forte. — H. 18. — L. 19,5.

1594-1595 — REINTHAL (édit.). — *Que votre volonté soit faite.*
Not my will, but thine be done.
Un soldat et sa mère priant dans une chapelle.
Héliogravure en couleurs. Deux formats. Reinthal and Newman. New-York, Copyright. Charles Houff. L. D. London Printed in England. —H. 33,8. — L. 40,5. — Petit format : H. 12,6. — L. 15,2.

1600 — RICHARD-FRITZ. — *Ceux qui restent.* — Une cathédrale se détache sur le ciel incendié. Au premier plan, une mère et deux enfants, nus ou demi-nus, un vieillard et sa femme, fuient désespérés.
Gravé par J.-A. Hanriot. Eau-forte, aqua-tinta et roulette. Deux tons : rouge et noir. Épreuve signée par le peintre et le graveur. — H. 28. — L. 39.

1679 — STEINLEN. — **Courageuse.** — Une femme au bras de son mari, qui retourne au front.
Lithographie. 1915. — H. 35,5. — L. 18,5.

1688　**La Gloire.** — Une bière, sous les plis du drapeau, sous une palme. Tout auprès, la mère luttant contre la douleur, la femme, les sœurs.
 Lithographie. 1915. Le drapeau coloré. — H. 30. — L. 41.

1693　**Les Orphelins de la guerre.**
 Lithographie. 1915. — H. 34. — L. 22.

1695　**Pour les familles dispersées.** — Le père porte un baby dans ses bras, un autre s'accroche à lui.
 Lithographie. — H. 34. — L. 23.5.

1696　**Pour les fillettes des soldats tombés au champ d'honneur.**
 Lithographie. 1915. — H. 28. — L. 24.

1707　SYNAVE. — **La Lettre à p'tit père.** — Une fillette écrit à son père, soldat du front. Le soldat apparaît dans le vague du fond, fusil en mains et aux aguets.
 Lithographie en couleurs. 1915. — H. 37. — L. 40.

1709　**Le Tricot pour papa.** — En compagnie de sa poupée, Alsacienne aux longs cils, une fillette tricote ardemment pour son père.
 Lithographie en couleurs. 1915.—Éditions « La Guerre », 111, avenue Victor-Hugo, Paris. — H. 42. — L. 37.7.

1792 — VARGUEZ-DIAZ. — **Les Mères. Dévouement.** — Une mère s'appuie, accablée de souffrances, sur le bras de son fils.
 Lithographie. — H. 29,5. — L. 20.

1793　**Les Mères pleurantes devant les ruines.**
 Lithographie. — H. 30. — L. 26,5.

1828 — VION (DION Raoul).—*Leur tirelire.*—Le sou des petits enfants tombe dans le tronc « *Pour nos soldats* ».
 Lithographie. Sanguine et vermillon. 1914. — H. 38. — L. 21.

1853 — WILLETTE (A.). — « *C'est à nous, mère, épouse, amante,*
   De donner, comme il plaît à Dieu,
   La couronne au vainqueur qui chante,
   Au martyr, le baiser d'adieu! »
      (*Chant des Girondins.*)

Des femmes jettent des couronnes à des soldats qui marchent en chantant, drapeau déployé, tambours battant.

A droite, une femme embrasse un blessé couché sur une civière.

<small>Devambez, édit. — H 28. — L. 42,2.</small>

1855 « **Grâce!... je suis une petite fille!** » — « ... *petit garçon auquel sa mère, avertie par la tradition, avait recommandé de dire qu'il était une petite fille à l'arrivée des soldats allemands.* » *(Texte de Willette.)*

(Boisroger, 4 juillet 1915.)

<small>Eau-forte, accompagnée d'un texte. Épreuve signée par l'artiste. — H. 14,4. — L. 9.</small>

COMPOSITIONS D'ORDRE GÉNÉRAL.

COMPOSITIONS ALLÉGORIQUES, PATRIOTIQUES, SENTIMENTALES

31 — ARNOUX (Guy). — **792. Vers la victoire. 1915. — Grenadiers de France.** — Un grenadier de 1792 donne la main à un grenadier de 1915. Derrière les chevilles du premier, défilent de petits soldats. Derrière les mollets du second, une maison fume.
   Sur plusieurs reproductions, le nom de l'auteur est paré de ce titre : *Artiste à Paris*.
   <small>Reproduction genre imagerie d'Épinal. — H. 59. — L. 43.2.</small>

80 — BAC (F.). — **Le Berger sans troupeau.** — Le vieux berger, tristement ému, voit des débris, des ruines, des cadavres, couvrir les plaines où il menait paître ses troupeaux.
   <small>Lithographie. 1915. Vente réservée au profit des veuves et des orphelins. — Imp. Robaudy, Cannes. — H. 34. — L. 44,2.</small>

90   **Le Renouveau.** — La guerre finira ; alors, des dernières rougeurs des incendies, s'élancera la messagère de la paix, semant des fleurs et précédée de l'olivier ; les laboureurs, la bêche sur l'épaule, reprendront le chemin de leurs champs abandonnés.
   <small>Lithographie en couleurs. 1915. Vente réservée au profit des veuves et orphelins. — H. 34. — L. 44,5.</small>

126 — BERNARD (Valère). — La France, drapée à l'antique, tient, d'une main, le rameau d'olivier ; son autre main étrangle l'aigle allemand, dont les griffes déchirent des enfants et des femmes.
   <small>Eau-forte et aqua-tinta. Épreuve signée par l'auteur. — H. 34,5. — L. 24,5.</small>

127 — BÉRONNEAU (Marcel). — **La Revanche.** — Le coq celtique laboure la poitrine du vautour allemand.
   <small>Lithographie. — H. 40. — L. 27.</small>

COMPOSITIONS D'ORDRE GÉNÉRAL

147 — BLOCH (Marcel). — **Le Semeur. Plus fort que la mort.** — Les armées en lutte ont à peine quitté le terrain que la charrue y reparait, suivie du semeur.

<small>Procédé industriel. 1914. — La Rénovatrice, imp., Bayonne. — H. 28. — L. 37,6.</small>

155 — BOICHARD. — « *A la honte de l'impérialisme de Guillaume II et des armées allemandes 1914. A la ville de Louvain et à la cathédrale de Reims. L'Humanité pensante.* »

Légende : « *... Que l'Allemagne reste, pour des siècles, courbée sous le poids de ses forfaits.* »

Groupe allégorique rappelant les barbaries allemandes.

<small>Lithographie. — Imp. Mourlot, 75, rue St-Maur, Paris. — Copyright by Boichard, Paris, 1914. — H. 53,5. — L. 33,8.</small>

158 — BONFILS (Robert). — **L'Honneur.** — La République et les souverains alliés chevauchent, théorie mystique, dans un paysage étrange, contre l'adversaire infâme.

<small>Gravure sur bois. Épreuve en noir, rehaussée de quelques tons. Signée par l'auteur. — H. 30. — L. 31.</small>

159 **La Marseillaise.** — La cathédrale de Reims en flammes. Des foules passent, drapeaux déployés, en chantant *la Marseillaise*.

<small>Gravure sur bois. Épreuve en noir, rehaussée de quelques tons. Signée par l'auteur. — H. 31. — L. 30,2.</small>

160 **Patrie.** — Au loin, une femme conduit la charrue. Un jeune dragon, monté sur un cheval noir, fonce contre l'ennemi, l'épée haute, au milieu des explosions d'obus.

<small>Gravure sur bois. Épreuve en noir, rehaussée de quelques tons. Signée par l'auteur. — H. 31. — L. 30.</small>

167 — BOULANGER (Cam.). — **Après le déluge des atrocités. — L'Arc-en-ciel de la gloire !** — A l'horizon, le soleil de 1914 se couche au centre d'un arc-en-ciel, dont les nuances rappellent les couleurs des pavillons alliés.

Au premier plan, chante fièrement un coq dressé sur un casque allemand et une baïonnette dentelée.

<small>Aquarelle-lithographie. — L. Deberme, 48, rue des Marais, Paris. — H. 30. — L. 44.</small>

168 **Par la force et l'union... vers la paix.** — Le soleil atteint l'horizon. Un lion, sous les plis des drapeaux alliés, pose une patte victorieuse sur des enseignes allemandes.

<small>Aquarelle-litho. — L. Deberme, Paris. — H. 30 — L. 49.</small>

177 — BOURGONNIER. — Moisson de lauriers. — Un soldat français, la faulx en mains, moissonne des lauriers.

Remarque à gauche : les mots *Honneur* et *Patrie* dans un encadrement de lauriers barré d'une palme.

Lithographie. 1915. Ton noir et violacé. — H. 43. — L. 32.

188 — BOUTET (Henri). — « **Commune de Ville-d'Avray. Année scolaire 1914-1915. L'élève...** » — « *Les enfants des écoles communales ont abandonné leur prix en faveur des œuvres de guerre. Le présent certificat est destiné à commémorer leur geste patriotique et humanitaire.* »
Le coq a terrassé le vautour allemand, il chante sur un canon de 75. La France tient d'une main le rameau d'olivier.

Lithographie. — Une des cinq épreuves réservées à l'artiste, et par lui signée. — H. 33. — L. 52.

203   **Pâques 1915.** — L'œuf des Alliés. De sa brisure sort le coq victorieux. La France l'acclame ; elle tient d'une main le rameau de laurier, son autre main porte suspendue, par l'extrémité de sa moustache, la tête de Wilhem II.

Lithographie. — H. 24. — L. 33.

206   **Pâques 1915.** — De l'œuf de Pâques brisé sort le vautour allemand. Un soldat français le foule sous ses pieds, le perce de sa baïonnette.

Lithographie. — H. 25. — L. 33,5.

209 — BRÉGER (édit.). — **Les Nations alliées poursuivant le crime.** — Composition de Prud'hon. La Belgique figure Abel assassiné, Caïn-Guillaume II s'enfuit, un poignard au poing.

Photogravure en couleurs. — A. Bréger, grav., 9, rue Thénard, Paris. — H. 18,4. — L. 28,3.

033 — CADEL (Eug.). — **La Marche à l'étoile.** — L'armée, dont le front s'étend jusqu'à l'horizon, s'avance dans la nuit, guidée par une étoile.

Dessin au crayon noir. Signé par l'auteur. — H. 50. — L. 74.

241 — CAMIS (édit.). — **Diplôme. Souvenir patriotique aux combattants de la grande guerre.** — Au centre, le Foyer de la France. A gauche, sous les plis du drapeau tricolore, sous des armoiries, un Gaulois, une jeune Gauloise prêtent serment à la patrie. A droite sont assemblés des soldats de toutes armes.

Lithographie en couleurs. — H. 37,5. — L. 54,5.

247 — CAPPIELLO (L.). — **1915.** — Les drapeaux alliés, étroitement unis, se dressent sur le champ de ruines et de carnages ; leurs hampes solides traversent le corps du vautour allemand.

Lithographie. — H. 37,2. — L. 37,5.

245   **L'Empereur de la mort.** — Le vieux François-Joseph foule un champ immense couvert de crânes.
  Lithographie. 1914. — H. 42,8. — L. 56.

246   **Fin d'un empire.** — Un grand Christ, qui se détache sur les fumées d'incendie de la cathédrale de Reims, brise l'épée malfaisante de Wilhem II écroulé à ses pieds.
  Lithographie. — H. 56. — L. 44.

255 — CARLUS (Charles). — **Le Noël des petits Serbes.** — Noël apparait sous la figure d'un Allemand aux mains sanglantes et menaçantes. Il apporte aux enfants le froid, la faim, la mort dans le désespoir et les tortures.
  Lithographie. Déc. 1915. — H. 30. — L. 42.

264 — CAUSÉ. — « **Le Kaiser prend le commandement des armées austro-hongroises et allemandes!** »
  (Les journaux.)
  « *Trop tard!!! von Klück et le Kronprinz rendent leur épée à l'admirable lion belge pendant que le coq gaulois chante victoire et que le léopard anglais jongle avec la Russie. La jeune armée allemande est venue au secours de la vieille landsturm qui ramène le vieux François-Joseph. Le Kaiser est suivi de son dernier rejeton monté sur un cheval de bois. L'aigle teuton blessé vient tomber sous les griffes de l'ours russe. L'aigle du casque impérial transformé en canard, qui ne veut plus rien savoir.* »
  Lithographie en bistre. 1914. — H. 30. — L. 45.

266 — CAVOLO. — Un caporal français tient dans sa main les enseignes de tous les alliés.
  Procédé en couleurs. — H. 27,2. — L. 19,5.

287 — CHANOT. — **Épopée.** — Le coq chante, l'oiseau rapace s'enfuit et Saint-Michel terrasse le satan germanique.
  Lithographie. Coloriée au pinceau. Remarque à gauche. — H. 53. — L. 43.

044   Au loin, une cathédrale en feu. Femmes et enfants mutilés gisent au pied d'une croix.
  Les Allemands détachent le Christ de cette croix en disant : *Qu'il soit avec nous! Gott mit uns.*
  Dessin au crayon noir. Signé par l'auteur. — H. 47. — L. 43.

300 — CHAPERON (Eug.). — **Les Vedettes.** — Un cavalier français va frapper de sa lance le poteau-frontière d'Alsace ; à ce geste les combattants tombés là, dans la guerre de 1870, sortent de terre, se dressent, squelettes revêtus des anciens uniformes, et encouragent le dragon vengeur.
  Procédé photographique. — H. 36,5. — L. 47,5.

COMPOSITIONS ALLÉGORIQUES, PATRIOTIQUES, SENTIMENTALES 231

302 — CHAPRONT (Henry). — **Symphonie héroïque.** — Le bruit de nos canons, les clameurs de nos soldats défendant la Patrie, sont des symphonies aussi sublimes, que celles de Beethoven.

<small>Eau-forte, ton bistré. Signé par l'auteur. — H. 17. — L. 13,2.</small>

322-323 — CRÉTÉ (B.). — **Carte symbolique de l'Europe. Guerre libératrice de 1914-1915.** — Diverses figures, ingénieusement disposées, couvrent le territoire des nations : le taureau allemand se rue contre le coq celtique ; le cuirassé Angleterre fend les vagues ; les ours russes se mobilisent, l'Italie joue de la guitare ; les Balkaniques se tournent le dos ; le monarque hellène tient des statues antiques ; la Suède, la Norvège, le Danemark, la Hollande regardent ce qui se passe, l'Espagne et le Portugal rient de tout cœur (1re édit.).

<small>Procédé en couleurs. — Édit. Delandre, 11, rue Bergère, Paris. (2e édit. légèrement modifiée). — H. 42. — L. 56.</small>

327 — DANTIGNY (W.). — *Cathédrale de Reims. Septembre 1914. Ce que le fer et le feu des barbares ne pourront jamais atteindre.*
C'est l'âme de Jeanne d'Arc, qui survit aux cathédrales et aux empires.

<small>Lithographie. — Librairie de l'Estampe, Paris. Copyright by Dantigny. Octobre 1914. — H. 35. — L. 22.</small>

351 — DEVAMBEZ (édit.). — **Au champ d'honneur.**
 « *Ceux qui pieusement sont morts pour la Patrie*
 » *Ont droit qu'à leur cercueil la foule vienne et prie ;*
 » *Entre les plus beaux noms, leur nom est le plus beau,*
 » *Toute gloire, près d'eux, passe et tombe éphémère,*
  » *Et comme ferait une mère,*
 » *La voix d'un peuple entier les berce en leur tombeau.* »
Victor Hugo.

<small>Diplôme. Encadrement de drapeaux, de lauriers ; le coq dressé sur le tout et chantant. — H. 28. — L. 23.</small>

352 **Au champ d'honneur.**
 « *Ceux qui pieusement sont morts pour la Patrie*
 » *Ont droit qu'à leur cercueil la foule vienne et prie ;*
 » *Entre les plus beaux noms, leur nom est le plus beau.*
 » *Toute gloire, près d'eux, passe et tombe éphémère,*
  » *Et comme ferait une mère,*
 » *La voix d'un peuple entier les berce en leur tombeau.* »
Victor Hugo.

<small>Diplôme. A gauche du cadre : drapeaux, armes, effets de grand équipement. A droite : le coq, drapeaux, tambours, armes, etc.
Procédé en couleurs. — H. 23. — L. 18.</small>

050 — **DOMERGUE (Géo).** — Composition allégorique. Une femme ailée tient une couronne sur la tête d'un caporal. Un drapeau, parmi les fleurs, porte la date de 1916.
Dessin à la plume et aquarelle. Signé par l'auteur. 1915. — Forme circulaire. 23 c.

421 — **DOMERGUE (Jean-Gabriel).** — **Le Prisonnier.** — Ses bras labourent la terre de l'ennemi, et ses yeux, rêveurs et attristés, levés vers le ciel, croient revoir les plaines de la patrie.
Lithographie. Juin 1915. — H. 32,5. — L. 48.

446 — **DUMAS.** — **Aurore.** — Des ruines, des débris, des cadavres; quelques volatiles de basse-cour du voisin village errent çà et là; un coq, monté sur un canon brisé, salue le nouveau soleil qui se lève.
Lithographie, ton noir mêlé de quelques teintes roses et jaunes. Remarque à droite : tête de coq. — Épreuve signée par l'auteur. — H. 33,5. — L. 47,5.

493 — **FAIVRE (A.).** — **Concours du Conservatoire. Tragédie 1915. Le Rideau.** — (V. le Kaiser.)

498 **Le Jour des morts. Soldats de France.** — Un général est arrêté, le front baissé, devant une petite croix que surmonte un képi. L'ombre du mort apparaît vaguement et salue l'officier supérieur.
Lithographie. Épreuve signée par l'artiste. — H. 35. — L. 30.

501 **La Louve du Capitole.** — (V. Nations et Chefs d'États alliés.)

516 **Noël 1914. « A la belle étoile. »** — Les soldats dorment dans la tranchée. Le ciel, sombre, est rempli d'étoiles... de la Légion d'honneur, et les insignes tombent dans les souliers déposés sur le remblai.
Lithographie en couleurs. Épreuve signée par l'auteur. — H. 17,5. — L. 25,8.

529 — **FLAMENG (Fr.).** — **Hommage aux héros français inconnus et sans gloire (1915).** — Une Gloire couronne des soldats morts.
Photogravure en couleurs. — Devambez, édit. — H. 30,5. — L. 38,1.

556 — **FORAIN.** — **L'Inlassable.** — Une figure puissante et calme s'avance en dépit des morts qui couvrent les plaines.
Lithographie. — (L'Opinion, 14 août 1915.) — H. 24. — L. 39.

599 — **FOURIE (Alb.).** — **La Marseillaise.** — Le soleil va paraître. Une paysanne d'Alsace, assise dans les champs, non loin de

son village, écoute l'hymne de la *Marseillaise* que clame, dans les airs, la Victoire de Rude volant au front d'une armée.

A gauche de l'Alsacienne, le coq celtique pousse un cri de gloire.

Lithographie. — H. 37,5. — L. 27.

606 — FRAIPONT. — **France toujours!**
France quand même!

« *Car la France est éternelle, et rien de ce qui est la France ne saurait périr.* »

Les soldats de France, de tous les temps, depuis le Gaulois chevelu jusqu'au poilu de nos tranchées, entourent de leurs spirales sans fin la colonne de la Patrie, surmonté du coq celtique.

Procédé en couleurs. — Éditions Delandre, 11, rue Bergère, Paris. — H. 101,6. — L. 41,5.

607   **Texte de l'estampe « France toujours ! ».**

H. 47. — L. 28.

621 — GALINIER. — « **Mais hélas, ce n'était qu'un rêve...** » **44 ans après.** »

La Mort, revêtue de l'uniforme allemand, travaille vainement à anéantir l'armée française.

Lithographie en couleurs. Épreuve signée par l'auteur. — « Artiste-Gallery », « 44 ans après ». N° 2. — H. 27. — L. 19,8.

063 — GAZAN (H.). — **Les Loups.** — Une femme, que poursuit une horde de boches, s'enfuit échevelée.

Aquarelle. Signée par l'auteur. — H. 20,5. — L. 26.

654 — GENNARO (G. de). — **France renaissante.** — Composition allégorique.

Lithographie. 1915. — H. 39,5. — L. 21.

069   **Par la confiance et le courage, la justice triomphera.**

Dessin à la plume. 1916. — H. 28. — L. 15.

657   **La Revendication du droit.** — Le coq celtique a brisé le vautour allemand.

Lithographie. 1914. — E. Merlaud et Cº, imp., Paris. — H. 21. — L. 45.

666 — GEOFFROY. — **France!! Belgique!!**

La France : « *Patience, chère sœur, cette fois le droit prime la force.* »

Lithographie. Coloriée à la main par son auteur. 1915. — H. 33. — L. 23.

676 — GERVAIS (Ch.). — « *Toi, qui nous fis la guerre,*
   » *Germain ton aigle périra*
   » *Et le coq gaulois chantera*
   » *Dans le fond de son aire.* »
   1915.
Un fantassin français désigne du doigt un coq lointain qui chante, dressé sur le mot « demain ».
<small>Lithographie en couleurs. — Édit. « La Guerre ». Paris, imp. Verneau, Henri Chachoin, successeur. — H. 30. — L. 24.</small>

696 — GOZ (Fr.). — Chevauchée victorieuse.
<small>Lithographie en couleurs. 1914. — Constantin Tarin, édit., Lausanne. — H. 42. — L. 32,5.</small>

697   Un clairon salue d'une fanfare le soleil levant.
<small>Lithographie en couleurs. 1914. — Constantin Tarin, édit., Lausanne. — H. 42. — L. 32,5.</small>

721 — HAMPOL (d'). — **L'Aigle allemand en 1915.** — Très déplumé sur son bâton de cage, entre ses deux godets, l'un plein de *Honte*, l'autre plein d'*Infamie*.
<small>Procédé en couleurs. — Librairie de l'Estampe. Paris. — H. 21. — L. 14.</small>

725 — HANSI. — Une Alsacienne priant sur la tombe d'un combattant français.
<small>Procédé photographique en couleurs. 1915. — H. 25,5. — L. 36.</small>

765 — HERMANN-PAUL. — **La Macédoine.** — Des combattants de toutes les couleurs, sous tous les drapeaux.
<small>Bois, en couleurs. Épreuve signée par l'auteur. — H. 21. — L. 26,5.</small>

786 — HUGUENIN (A.). — **Théâtre de la Guerre européenne. 1914-1915.** — Figures allégoriques sur l'emplacement de chaque pays.
<small>Procédé photographique. — Aug. Fiedler, La Chaux-de-Fonds. — H. 52. — L. 62.</small>

803 — IBELS. — **La Retraite Russe.** — Dans sa retraite, le grand ours blanc entraîne vers sa tannière boches et Autrichiens.
<small>Lithographie. 1915. — H. 28. — L. 48.</small>

809 — ICART (L.). — L'Angleterre victorieuse.
<small>Pointe sèche en couleurs. Épreuve signée par l'auteur. — H. 49. — L. 29.</small>

810   La France victorieuse.
<small>Pointe sèche en couleurs. Épreuve signée par l'auteur. — H. 49. — L. 30.</small>

COMPOSITIONS ALLÉGORIQUES, PATRIOTIQUES, SENTIMENTALES 235

811 — IRIBE (Paul). — **Ce que nous ne verrons jamais.** — L'aigle allemand aux pieds de la statue d'*Hellas*.
Reproduction lithographique. — H. 50. — L. 26.

890 — JONAS. — **La Marne. Anniversaire.** — Des poilus s'élancent, baïonnette en avant. Au-dessus d'eux plane la victoire de Samothrace, du Musée du Louvre.
Lithographie. Remarque à gauche. — H. 40,3. — L. 30.

906 — JOU (Louis). — **L'Orage a passé.** — L'Ange de la paix, suivi d'innombrables chérubins, glisse dans le ciel, et, sur la terre, le paysan reprend ses utiles travaux.
Lithographie. Signée par l'auteur. — H. 43. — L. 55.

907   **L'Orage passe.** — Sous les nuées lourdes, qu'animent et que poussent les fureurs et les scélératesses teutoniques, des populations s'enfuient; femmes, vieillards, enfants, mais... le Mal ne sera pas toujours vainqueur.
Lithographie. 1915. Signée par l'auteur. — H. 40. — L. 55,2.

932 — KIRCHNER (Raphaël). — **Pour le droit et la liberté.** — Debout sur le globe du Monde, au milieu des drapeaux alliés, une Figure allégorique écrase le vautour allemand qui agonise dans une mare de sang.
Lithographie en couleurs. Copyright by Raphaël Kirchner. — Librairie de l'Estampe, Paris. — H. 26,5. — L. 20.

933 — KOECHLIN. — *1914-1915. Il voulait être le pivot du monde, mais il est obligé de plier sous le poids de ses victimes et la réprobation universelle.*   (V. le Kaiser.)

943 — LACAILLE. — **Le Châtiment du barbare.**
    « *Alors l'aigle d'airain qu'il avait sur son casque,*
    » *Et qui, calme, immobile et sombre, l'observait,*
    » *Cria : cieux, étoiles, montagne que revêt,*
    » *L'innocente blancheur des neiges vénérables,*
    » *O fleuves, ô forêts, cèdres, sapins, érables,*
    » *Je vous prends à témoins que cet homme est méchant.*
    » *Et, cela dit, ainsi qu'un piocheur fouille un champ,*
    » *Comme avec sa cognée un pâtre brise un chêne,*
    » *Il se mit à frapper à coup de bec Tiphaine,*
    » *Il lui creva les yeux, il lui broya les dents,*
    » *Il lui pétrit le crâne en ses ongles ardents*
    » *Sous l'armet d'où le sang sortait comme d'un crible,*
    » *Le jeta mort à terre et s'envola terrible.* »
    (*D'après « L'Aigle du Casque », de Victor Hugo.*)
Lithographie rehaussée de taches rouges. Épreuve signée par l'auteur. — H. 32. — L. 43.

956 — LALAUZE. — **Hommage des anciens.** Les soldats de 92, sortis de leurs tombes, viennent honorer et saluer leurs héroïques descendants, les soldats de la grande guerre de 1914.
Photogravure en couleurs. 1915. — H. 53. — L. 40.

962 — LAPARRA (W.) — **L'Art d'être grand-père** : « *Voyez, mon fils, où mènent ces idées de droit, d'honneur, de liberté.* » — (V. Kaiser.)

964   **Son rêve.** — L'Empereur Guillaume est à cheval sur le faîte d'une sorte de Panthéon-Moloch, le monument flambe et, dan toutes les ouvertures, s'accumulent des cadavres.
Eau-forte et aqua-tinta. Épreuve signée par l'auteur. — H. 33,5. — L. 45,5.

965 — LATUNER. — **L'Heure de la justice.** — (D'après la Leçon d'anatomie de Rembrandt.)
Le corps qui va être disséqué, c'est celui du vautour allemand. Le professeur, c'est l'Ange de la paix. Les carabins sont figurés par les Chefs des États alliés.
Lithogravure en sanguine. — Lapina, imp., Paris. — Remarque à droite. — H. 33. — L. 49.

972 — LÉANDRE. — **Le Banquet de la Paix.** — Composition inspirée des tableaux de la Cène. La Paix lumineuse se tient debout et semble prédire à ses invités (les Chefs d'États d'Europe) qu'elle sera trahie.
Lithographie rehaussée de quelques tons rouges ou roses. 1914. Épreuve signée par l'artiste. — H. 33. — L. 53.

973   **Les Belles alliées et les bêtes monstrueuses.** — Le monstre, coiffé d'une tête de mort surmontée d'un hibou, précédé de gnômes, est tenu en laisse par les belles alliées.
Lithographie. 1915. Épreuve signée par l'auteur. — H. 38,6. — L. 56,5.

978   **La Guerre et la Paix.** — L'Ange du mal s'élance d'un sommet, sa main gauche tient une torche enflammée; la main droite, sacrilège, brandit un crucifix. Au loin, incendies et carnages.
Sur l'autre versant du mont, Jésus, assis, bénit le monde, et le monde se déroule à ses pieds, heureux, laborieux et pacifique.
Lithographie. Épreuve signée par l'artiste. — H. 59. — L. 81,5.

980   **Leur première victoire.** — Par le champ désert, à la lueur des incendies qui rougissent l'horizon, une religieuse emporte dans ses bras le corps inanimé d'un jeune garçon.
Devant elle, marche un enfant; son front est bandé, il tient,

COMPOSITIONS ALLÉGORIQUES, PATRIOTIQUES, SENTIMENTALES

d'une main, des drapeaux roulés, et de l'autre main, un falot.
Lithographie. Épreuve signée par l'artiste. — H. 44,5. — L. 60.

981 La Résistance belge. Albert Ier. — (V. Chefs d'État.)

1011 — LEPÈRE (A.). — **La Mort et les Passions vont fondre sur le monde.** — La Mort sonne une fanfare et toutes les furies sont accourues. L'une brise les balances de la Justice et brandit une torche enflammée. Une autre jette ses torches sur le monde, une autre menace, hagarde, pendant que s'agitent les serpents de sa chevelure. Et sur terre des foules fuient épouvantées.
Bois original. Signé par l'artiste. — Paris. Sagot. — H. 21. — L. 16,6.

1037 — LÉVY (Alph.). — **Le Forgeron de la victoire.** — Il assure le succès en produisant canons et obus.
Lithographie. Remarque à droite. — H. 48. — L. 33,5.

1039 — LEVITSKA. (Mme) — **La Délivrance de la Pologne.** — Un cavalier russe, symbolique, perce de sa lance le vautour allemand. Les pieds de son cheval foulent le vautour autrichien à deux têtes. La Pologne, éplorée, à genoux, les bras ouverts, attend l'issue de la lutte.
Bois. — H. 25,3. — L. 34,5.

1092 — MARTINI (Alb.). — **Avanti Italia!** (V. François-Joseph.)

1163 — NAM (Jacques). — **1915. Les Coqs alliés** picorent l'œuf allemand.

1222 — NEUMONT (Maurice). — *1914. Haut les cœurs! Le Bataillon sacré.* « ... *La France est assurée de la victoire parce qu'elle est résolue à l'obtenir.* » (Extrait de la lettre de M. Millerand au général Joffre.) — Les quatre alliés, figurés par quatre combattants, foulent aux pieds les drapeaux ennemis et combattent.
Estampe n° 3. Procédé en couleurs. — A. Lasnier, édit., Paris, 1914. — H. 39. — L. 30,5.

1272 — OSTOYA (d'). — **Le Char de la victoire.** (V. François-Joseph.)

1341 — PANN. — **Les Traqués.** (Triptyque.) — Scène centrale : Famille fuyant à travers bois.

Scène de gauche : Trois enfants épouvantés dans l'angle d'une pauvre chambre.
Scène de droite : Famille assoupie, au coin d'un bois.
<small>Lithographie en couleurs. Édition « La Guerre ». Lith. E. Verniau, H. Chachoin, successeur, Paris. — H. 31. — L. 69.</small>

1350 — PETIT-GÉRARD (Pierre). — **La Vision.** — Une sentinelle, dans un bois, voit glisser, au loin, entre les troncs d'arbres, la grave apparition d'une Alsacienne.
<small>Héliogravure. — H. 38.8. — L. 47.5.</small>

1366 — PLUMEREAU (P.). — **A la mémoire de...** — Diplôme. A gauche, une femme drapée tient une couronne d'or sur le cartouche destiné à l'inscription. A droite, femme en pleurs. Porte architecturale. Paysage avec visions de guerre.
<small>H. Plantin, édit., Paris. — H. 36. — L. 49.</small>

1415 à 1427 — POZZI. — Compositions enluminées.
    1. La Mobilisation.
    2. Le Faisceau.
    3. L'Italie.
    4. La Serbie.
    5. Le Monténégro.
    6. L'Alliance.
    7. Comment on prend les loups.
    8. Vive la France.
    9. La Barrière.
    10. Le Complot.
    11. Diplôme.
    12. Le Japon.
    13. Jusqu'au triomphe.
Ces enluminures sont toutes signées par l'auteur. Trois copies de lettres écrites par le consul du Monténégro, l'ambassadeur d'Italie, l'ambassadeur du Japon.
<small>H. 13 — L. 22.</small>

1428 — PRATELLI. — **Le Sort de la nouvelle Triplice.** — Allemagne, Autriche, Turquie ne font plus à elles trois qu'une effrayante tête de mort.
<small>Procédé en couleurs. 1915. — Sasso et Cie, édit., 16, rue Chaudron, Paris. — H. 21,4. — L. 20.</small>

1432 — PULGAR. — Triptique.
    Patria : Soldats combattants.
    Fides : Blessés tendant les mains au Christ.
    Amor : Le père en soldat, la mère, l'enfant.
<small>Lithographie. Encadrement en sanguine. Sujets en noir. — H. 38. — L. 53,5.</small>

1466 — PUTOIS. — **Récompense**. — *Évocation de la grande guerre.*
— Les vaillants combattants, tombés sur le champ de bataille, sont ramassés par des anges.
<small>Héliogravure. — Camis, édit., Paris. — H. 28. — L. 19.</small>

— RAEMAEKERS (L.). — **Het Toppunt der Beschaving**.
— *Uitgegeven door de Uitgev. Maatsch y « Elsevier », Amsterdam. Anno Dom MCMXV*. — Six séries comprenant chacune douze compositions lithographiées, et une treizième sur la couverture.

1506 à 1518   Série I : *Après vingt siècles de christianisme.*
   Les Blés sont mûrs.
   L'Europe : Ai-je maintenant un degré suffisant de civilisation ?
   « So ein frolicher Krieg. »
   Les Mères.
   Les Veuves.
   Où gisent nos pères ?
   L'Art crucifié.
   Nécessité militaire.
   Voilà le profanateur.
   Notre-Dame d'Anvers.
   La Guerre est divine.

1519 à 1531   Série II : *Notre Père qui êtes aux cieux...*
   La « Kultur » céleste.
   La Mine flottante.
   Mines de tranchées.
   Fils barbelés.
   En route pour Calais.
   Chère mère, nous avons encore fait quelques progrès...
   En revenant sain et sauf des champs de bataille...
   Des soupes gratuites pour...
   Les Femmes, à gauche!
   Les Boucliers de Rousselaere.
   Je rêvais si délicieusement que tout cela n'était pas arrivé.

1532 à 1544   Série III : *« C'est toi, maman ? »*
   Exhumation des martyrs d'Aerschot.
   Les Bons samaritains d'Afrique.
   Les Présents des rois mages.
   Hypocrisie, homicide et despotisme à la crèche.
   La Famine erre à travers les rues.
   Cooaaa... invente donc quelque chose d'inédit !
   J'abats ce qui me barre le chemin.
   N'est-ce pas que je sais me faire aimer ?
   A La Haye ou... au Havre!
   Tu n'as pas assez exploité les Francs-Tireurs...
   « C'est une guerre de conquête ... »

240   COMPOSITIONS D'ORDRE GÉNÉRAL

1545 à 1577   Série IV : *Asphyxie lente.*
 Les Merveilles de la « Kultur ».
 Les Petites victimes de la « Lusitania. »
 Le Cauchemar d'Hérode.
 Qui ne proteste pas est complice.
 Une qui ne comprend pas la beauté de la guerre.
 Maman n'avait rien fait !
 Bah ! on nous trouvera bien des excuses.
 Pourquoi ne s'est-elle pas livrée, puisqu'on payait !
 Voici du pain ! mais taisez-vous...
 Vos soldats recevront le bel uniforme prussien...

1558 à 1570   Série V : *Dieu punisse l'Italie.*
 Maintenant nous en viendrons à bout.
 Et ils se moquaient de lui.
 Dieu punisse l'Angleterre ! ou je m'en charge.
 Est-ce fini, oui ou non ?
 Nous ne sommes pas... des barbares.
 De l'est à l'ouest, de l'ouest à l'est.
 Bernhardi : Vous n'en espériez pas tant, n'est-ce pas ?
 Papa, c'est loin encore, la Bérézina ?
 La Vérité est en marche...
 Faim et misère.
 (A la Belgique) : Ta souffrance et la mienne.

1571 à 1583   Série VI. : *Quelle victoire !*
 Ferdinand s'en va-t-en guerre, ne sait s'il reviendra.
 Les peuples n'existent qu'afin de nous acclamer.
 Nous te proclamons m'bret de Pologne.
 Champagne.
 Attention, pas souffler !
 Voilà qui est fait, maintenant tu peux me donner la protestation américaine.
 Déporté pour l'usine à munitions.
 Coupe-toi le cou, ou je m'en charge.
 Lui dirai-je qu'il est un assassin ? non, je vais le saluer poliment, c'est plus neutre.
 Amsterdamsche Boek- en Steendrukkerij van Jh. Ellerman-Harms et Cie. — H. 39,5. — L. 30.

1472 à 1505   **La Baïonnette. 10 fév. 1916.** — (*Numéro spécial consacré à Raemaekers.*)
 Où sont nos pères ?
 La Belgique aux mains de la « Kultur ».
 Les Mères.
 Démasqué.
 L'Europe.
 Les Veuves.
 Le Kronprinz.

COMPOSITIONS ALLÉGORIQUES, PATRIOTIQUES, SENTIMENTALES 241

 Retour sur le front.
 Propositions de paix.
 Le Torpillage du Hespérian sans avertissement.
 Le Discours du chancelier et la vérité.
 L'Amérique et les assassins allemands.
 Le Chemin de la victoire.
 Boucherie orientale.
 Leur « Kultur ».
 Notre-Dame en danger.
 Les Contrebandiers et le N.O.T.
 La Mort russe.
 Herr Pangermanicus et la Hollande.
 Le Christ outragé.
 La Conscience universelle.
 La Mort et la Germania.
 La Belgique et la Hollande.
 Voilà ce que nous n'aurions jamais pu croire.
 L'Humanité après vingt siècles de christianisme.
 Joffre parlant à la paix.
 Notre Père qui êtes aux cieux...
 La Récompense de nos peines.
 La Prospérité des Flandres.
 Bernhardi et la Mort.
 Louvain.
 L'Aigle saisi à la gorge.
 Via Liège-Aix-La-Chapelle.
 Raffinement de la joyeuse guerre.
 <small>34 reproductions par la photogravure, dont deux sur la couverture. Exemplaire signé par l'auteur. — H. 33,5. — L. 26,5.</small>

1471 **Aux Neutres. Qui ne proteste pas est complice.**
  « ... *La conscience universelle*
  Vous empoignant par le collet
  De tout son mépris vous flagelle. »
 <small>Reproduction industrielle. — H. 34,5. — L. 23,5.</small>

0426 — REDON (Georges). — **Aux héros de la défense de Verdun.**
 La Mort : « *Au nom du roi de Prusse, je passe.* »
 Le poilu : « *Toi, peut-être; lui, jamais !* »
 Dialogue entre un poilu, dans sa tranchée, et la Mort montée sur un cheval-squelette.
 <small>Dessin au crayon noir. — H. 32. — L. 49.</small>

1592 — REINTHAL (édit.). — *And bring him safely home.*
 <small>Héliogravure en couleurs. Reinthal and Newman, N. Y., Ch. Houff, Ltd, London. Copyright.</small>

1593 Même planche, ton monochrome.
   H. 36. — L. 24.

1596 **Somewhere in France.**
   Héliogravure en couleurs. Reinthal and Newman, N. Y. Charles Houff, Ltd London. Copyright. — H. 30,5. — L. 21.5.

1603 — ROBERT (André). — **Boutez-les hors.** — Jeanne d'Arc, à cheval, au milieu de nos troupes. Un sonnet de M. Martial Teneo.
   Photogravure. D. Michaud, grav.-imp., boul. Voltaire, Paris. — H. 19,8. — L. 12,6.

1604 **Péril jaune et péril germain. 1814-1914.** — Composition de J. Monpelas de Dax et d'André Robert.
   Reproduction photographique. — H. 15. — L. 27,3.

1606 — ROBIDA. — L'Arrivée du taube. — Les gargouilles de Notre-Dame de Paris sont mises en rumeur par l'apparition d'un taube.
   Eau-forte. Remarque à droite. Épreuve signée par l'auteur. — H. 23. — L. 33,7.

1607 **La Délivrance.** — Le vautour allemand s'enfuit. Sur la cathédrale de Strasbourg, paraît l'âme de l'Alsace, dont les liens sont brisés. Le coq celtique chante victorieusement.
   Lithographie. — H. 42,2. — L. 29,5.

1609 — ROLL. — **La Jeune république.** — Album national de guerre, publié par la Fraternité des artistes.
   H. 27,4. — L. 18,4.

1610 — ROSEMONT. — Belgique. — Le Christ s'agenouille devant la Belgique crucifiée.
   Eau-forte et aqua-tinta, ton bistre. Épreuve signée par l'auteur. — H. 32. — L. 42.

1611 — ROSENKRANTZ (Arild). — « **When the battle's lost and won.** » — Jésus se penche sur un homme étendu dans la campagne déserte.
   Procédé en couleurs. Reinthal and Newman publish, N. Y. Ch. Houff, Ltd. London. — H. 16.5. — L. 35,5.

1615 — ROUBILLE (A.). — 1916. — Un bleuet embrasse la jeune année, pendant qu'un coq chante sur le cadran du noir et immense vautour allemand.
   Photogravure. Épreuve signée par l'auteur. — H. 24. — L. 36.

COMPOSITIONS ALLÉGORIQUES, PATRIOTIQUES, SENTIMENTALES 243

1616 **Minuit chrétien ! 1915.** — Les anges sont troublés dans leur mission par l'éclatement des bombes.
Procédé industriel. Épreuve signée par l'auteur. — H. 24.5. — L. 36.

1618 **Vaine poursuite.** — L'Allemagne veut atteindre la Paix. La Paix, fuyant, répond : « *Ma colombe ne se pose pas sur les baïonnettes.* »
Procédé industriel. Épreuve signée par l'auteur. — H. 24.4. — L. 35.6.

1647 — SASSO. — *Coq gaulois, tu es le droit, tu écraseras l'aigle germanique.* — Le coq est vainqueur du rapace.
Procédé en couleurs. Vente en gros chez Sasso. 16, rue Chaudron.

1650 — SCOTT (George). — *1914-1915.*
« *Le tambour bat, le clairon sonne.*
» *Qui reste en arrière... personne !*
» *C'est un peuple qui se défend,*
» *En avant.* »
Aquarellatypie. — Imp. art. G. Bertrand, Paris. — H. 37.5. — L. 27.

1653 — SCOTT (Septimus). — **La Promesse de la victoire.** — Soldat français et soldat anglais unis sur le champ de bataille.
Procédé en couleurs, n° 20280. Copyright. — H. 45.6. — L. 33.6.

1654 — SEIGNAC (G.). — **Enfin ! 1915.** — L'Alsace peut librement serrer sur son cœur un drapeau tricolore.
Photogravure en couleurs. — Imp. Lapina, Paris. — H. 37. — L. 29.8.

1666 — SOLOMKO (de). — **Les Alliés.** — Un mousse se précipite vers un invalide et lui montre une barque vaporeuse où les Alliés dressent leurs drapeaux.
Photogravure en couleurs. — H. 25.5. — L. 20.

1668 **Va-t-en !** — Ordre de Jeanne d'Arc à un boche.
Photogravure. — Imp.-édit. Lapina, Paris. — H. 18. — L. 26.

0450 — STEINLEN. — La France embrasse un soldat mutilé.
Dessin au crayon lithographique. Signé par l'artiste. 1915. — H. 40. — L. 43.

1671 Aide aux mutilés. — La France embrasse un soldat mutilé.
Lithographie. 1915. — H. 32. — L. 27.

1672 Aide aux mutilés. — La France embrasse un soldat mutilé.
Lithographie. 1915. Remarque. — H. 32. — L. 24.

1673 Aide aux mutilés. — La France embrasse un mutilé.
Lithographie. 1915. Remarque à gauche. — H. 37. — L. 31.

1692 **La Marseillaise.** — Dans un boulevard de Paris, la figure du *Chant du Départ*, de Rude, vole dans l'air.
: Eau-forte. 1915. Épreuve signée par l'auteur. — H. 53. — L. 40.

0451 Une République se précipite, les bras tendus, vers une foule composée de femmes, d'enfants, de vieux, portant des paquets. Légende : *Pour les réfugiés de la Meuse.*
: Dessin au crayon lithographique. Signé par l'artiste. — H. 33. — L. 52.

1701 **La République nous appelle.**
: Lithographie. 1915. Remarque à gauche. — H. 50. — L. 66.

1706 — SYNAVE. — **Le Crapaud et la Fleur.** — Germania, crapaud couvert de pustules, se traine, la bouche sanguinolente, sur des crânes humains, et salit de sa bave quelques pétales de France-Fleur.
: Reproduction industrielle en couleurs. 1915. — H. 28. — L. 38.

1731 — THOMASSE. — **Cent ans après. (1815-1915).** — Du haut des nuages, Napoléon et sa grande armée regardent les Alliés unir leurs drapeaux.
: Lithographie. 1915. — Copyright. Librairie de l'Estampe, Paris. — H. 19,5. — L. 28,3.

1733 **Haut les cœurs ! (août 1914.)** — Composition allégorique.
: Lithographie en couleurs. — Librairie de l'Estampe, Paris. — H. 29,8. — L. 19,8.

0458 — TOFANI. — Un cavalier russe perce de sa lance l'aigle allemand. Derrière, charge de cosaques. En marge deux titres : « *Jusqu'à la mort de l'aigle* » et : « *Le nouveau Saint-Georges.* » Le premier de ces titres est rayé.
: Dessin au lavis, sur bristol. Signé par l'auteur. 1914. — Déposé, reproduction interdite. L'Estampe. — H. 22. — L. 29,3.

1734 **Le Nouveau St-Georges.** — Il combattra jusqu'à la mort du Vautour allemand.
: Procédé en couleurs. — Librairie de l'Estampe, Paris. — H. 14. — L. 19,1.

0459 Sept femmes, symbolisant les nations alliées, Belgique, Russie, Japon, France, Monténégro, Serbie, Angleterre, se prêtent serment sur l'épée. Elles jurent de lutter jusqu'à la complète victoire. En marge (au crayon) : *Le Serment des Alliés.* (Sept. 1914.)
: Dessin au lavis, sur bristol, signé par l'auteur. Déposé. Reproduction interdite. L'Estampe. — H. 22. — L. 29,5.

1735 **Le Serment des Alliés. (Sept. 1914.)**
: Procédé en couleurs. — Librairie de l'Estampe, Paris. — H. 14,2. — L. 19,1.

COMPOSITIONS ALLÉGORIQUES, PATRIOTIQUES, SENTIMENTALES 245

1749 — TRUCHET (Abel). — « **Bravo ! mon frère !** » crie le coq celtique en voyant frémir au vent les plumes des Bersagliéri.
Procédé lithographique. — H. 31.2. — L. 46.8.

1750 **Debout les morts !** — Un dragon fantastique claironne son appel aux morts sur la plaine infinie, hérissée de petites croix.
Lithographie. — H. 31. — L. 47.

1768 **Printemps.** — « *Comme ils sont noirs, les rossignols, cette année !* »... remarque un vieux paysan, dont la vue est affaiblie, et qui ne distingue, sur les arbres et dans les champs, que des oiseaux noirs. Il les appelle des rossignols, et ce sont des corbeaux, familiers des champs de bataille.
Lithographie. — H. 31. — L. 46.

0461 **Printemps.** — « *Comme ils sont noirs les rossignols cette année !* »...
Dessin au lavis, signé par l'auteur. — H. 31. — L. 46.

1770 **14 Juillet 1915.** — *C'est l'âme d'un peuple qui passe...* Précédées par la Victoire de Rude, les troupes passent au milieu de l'enthousiasme des foules.
Lithographie. — H. 30. — L. 46.

1773 **Les Reliques !** — « *Tu parles !* » — Deux poilus, dans un musée, contemplent la redingote, le chapeau, l'épée de Napoléon.
Lithographie. — H. 27. — L. 36.

1774 **Semailles.** — Le sang et la chair des braves tombés dans les plaines préparent les belles moissons.
Lithographie. — H. 31. — L. 47.

1775 **La Survivante.** — L'ex-impératrice Eugénie, nonagénaire, parcourt un immense cimetière rempli de croix aux inscriptions lamentablement célèbres.
Lithographie. — H. 27. — L. 46.

1794 — VARGUEZ-DIAZ. — **Les Rois mages.** — Les rois alliés s'avancent guidés par l'étoile qui précède l'ange de la victoire.
Lithographie, ton bleu. — H. 48,5. — L. 31.

1796 — VEBER (Jean). — **L'Arbre a des drapeaux. 1914.** — Le drapeau français, planté dans l'humus, étend partout des ramifications aux feuilles tricolores. « *On l'avait mis dans le fumier. Dame ! il a poussé !* »
Lithographie en couleurs. — H. 35. — L. 24.

1812   **La Ville de Paris au mois d'août 1914.** — Elle est assise, dans une geôle, garrottée et bâillonnée.
Lithographie. — H. 33. — L. 23.

1813   **Vive l'Angleterre!... 1914.** — Napoléon, debout sur le marbre de son tombeau, pousse joyeusement ce cri.
Lithographie. — H. 36. — L. 24.

1823 — VINCENT-ANGLADE. — **Le Rêve.** — Une jeune femme accroupie dans sa chambre voit, en rêve, des chevauchées ardentes, et un beau dragon qui tourne vers elle son visage.
Procédé lithographique. 1915. — Librairie de l'Estampe, Paris. — H. 33,6. — L. 23,2.

1825 — VION (Raoul) [*Lire :* DION]. — **1914. A la baïonnette!** — Une Marianne à la draperie tricolore jette ce commandement.
Lithographie en couleurs. — H. 39. — L. 29.

1829   **1915.** — Le coq celtique, dressé sur un casque allemand qui ne recouvre plus qu'une tête de squelette, se dresse fièrement.
Lithographie en couleurs. — H. 40. — L. 30.

1843 — WEISSER (Ch.). — **Inviolable.** — La Jeanne d'Arc équestre par Paul Dubois, dressée devant la cathédrale de Reims, n'a pas été atteinte par les bombardements qui ont détruit la ville et les monuments. (V. Dévastations.)

1845 — WIDHOPFF. — **Classe 1917.** — *La Victoire à l'An 1916 : Marche petit, je te suis...*
Lithographie. — Édité par Dreysse et Cie, 17, rue de la Banque, Paris. — H. 46. — L. 59.

1846   **La Classe 1934.** — Un petit garçon, bien râblé, est accroché au sein maternel et tête vigoureusement.
Un tirage porte inscrit le mot : « *Veinard* ».
Lithographie. 1914. — H. 45. — L. 41.

1849 — WILLETTE. — **Au profit de l'hôpital auxiliaire de Saint-Ay (Loiret).** — L'Apollon du Belvédère s'adresse à un revenu du front, loqueteux, infirme :
« *Tu es plus beau que moi... c'est l'avis de la Victoire de Samothrace.* »
Photogravure. — H. 24. — L. 33.

COMPOSITIONS ALLÉGORIQUES, PATRIOTIQUES, SENTIMENTALES 247

1850 — WILLETTE (catholique). — **Au seuil du Vatican.** — *Ouvrez... ouvrez... c'est l'infortunée Belgique.*
   Photogravure. 1913. — H. 22. — L. 19.

1852 **La Bêtise au front de taureau est vaincue par la France.**
   Lithographie. 1913. — H. 60. — L. 47.

1857 « **Mais regarde-toi donc mourir, dans l'éclat de ma loyale épée, ô sorcière immonde !** » — Groupe allégorique de l'héroïsme français maîtrisant l'ignominie allemande.
   Lithographie, rehaussée de rouge. Épreuve signée par l'artiste. — H. 49. — L. 31,5.

1860 **Les Semailles.** — « *Ne crains rien, je veille !... Creuse le sol d'où sortira la moisson de la paix.* »
   Procédé lithographique. Mai 1914. — H. 26. — L. 14,5.

1863 **La Vraie culture.** — *Vivre beau et mourir en libérant une belle âme.*
   Procédé lithographique. — H. 26,5. — L. 41,5.

1851 Bénédiction d'une tombe. — La France et l'ange du souvenir bénissent les mères et les petits enfants, qui prient et pleurent sur des tombes de chers soldats.
   Lithographie. 1915. — H. 39. — L. 36.

COMPOSITIONS HUMORISTIQUES ET SATIRIQUES

012 — ALBA (d'). — Gardien du drapeau. — Dans la campagne, un soldat tué protège de son corps un drapeau.
Dessin au crayon noir. Signé par l'auteur. — H. 17,5. — L. 27.

04 **Dans les tranchées.** — Sortie des tranchées sur une route.
Lavis, gouache. — H. 8. — L. 10.

019 **Les Nouvelles recrues.**
Crayon, encre de Chine. — H. 20. — L. 19.

03 **Chez eux. Fabrication du pain K.K.**
Plume et lavis. Signé par l'auteur. — H. 18. — L. 28.

020 Un poilu portant un blessé.
Crayon, plume. — H. 23,3. — L. 14.

011 **L'Esprit des choses.** — *Malgré les obus allemands je me porte comme un charme.*
Plume. — H. 20. — L. 21.

016 **Maisons bombardées** (à Champagne).
Aquarelles.

09 **L'Escargot.** — *Dieu ! Ils ont aussi sa maison sur le dos.*
H. 24. — L. 29.

013 **Jusqu'à leurs chiens.** — *Le boche : « Et on appelle ça un chien sanitaire. »*
H. 25. — L. 22.

015 **Leur politesse envers les soldats.** — *Allons, mon enfant, une prise?*
H. 24. — L. 29.

017 **Le Moderne Néron.**
H. 20. — L. 26.

010 **Esprit d'imitation.** — *Le porc: Kamerad!... Kamerad!...*
H. 22. — L. 31.

07 **En Allemagne.** — *Allez donc faire le sou du franc, avec ça.*
   H. 26. — L. 23.

014 **Leur odorat.** — *Oh! la belle soupe! Je me rends, kamerades !*
   H. 25. — L. 16.

02 **Le Bombardement de Thann.** — Un aspect d'une maison sur laquelle les Allemands se sont acharnés.
   H. 26. — L. 19.

05, 06 **De mal en pis... sauvé !**
   H. 24. — L. 18.

08 **Les Envois utiles.** — *La voilà ma déveine ! Ma marraine qui m'avait envoyé du cirage pour mes bottes !*
   H. 27. — L. 22.

018 *Mon Dieu, ils sont lourds, les boches !*
   H. 24,5. — L. 19.

01 Auberge du Cheval blanc. — *Le Herr colonel : Eh bien ?... — Le boche : J'ai cherché de tous côtés et pas de cheval blanc. Ils ont dû l'emporter !*
   H. 22,4. — L. 29.

021 **Visions de guerre. L'évacué.**
   H. 30. — L. 24.

12 — ANONYME. — **Le Kas allemand.** — « *Par un phénomène inexpliqué, l'alphabet allemand ne comprend qu'une seule lettre : K.* »

Dix médaillons : kultur, kuisine, kapital, kouturière, karde au Rhin, kolossale flotte, kuirassier, kràce, kamelote, kalanterie.

Procédé en couleurs. — Vente en gros : Bernard, 15, rue du Cherche-Midi, Paris. — H. 21. — L. 10,5.

39 — ATCHAIN. — **Taisez-vous ! ! ! Méfiez-vous ! ! !** — Pénétrés de ce conseil, deux bons bourgeois remarquent l'attitude réservée du Penseur, de Rodin, et l'un des deux s'écrie : *En voilà un qui a compris !*

Lithographie. Épreuve signée par l'auteur. — H. 31. — L. 45.

78 — AURRENS. — **Bonbons anglais.** — *Exploits d'une mitrailleuse anglaise.*

Lithographie en couleurs. — Imprimerie provençale. Guiraud, Marseille. — H. 30. — L. 16.

79 **Pruneaux français.** — *Exploits d'un 75.*

Lithographie en couleurs. — Imprimerie provençale. Guiraud, Marseille. — H. 30. — L. 16.

81 — BAC (F.). — **La Danse du foulard.** — Pendant qu'un spahi danse et s'amuse avec un drapeau conquis, les prisonniers boches mangent avec entrain.
<small>Lithographie, ton bistré. — Vente réservée au profit des veuves et des orphelins. — H. 34. — L. 44,5.</small>

120 — BÉNITO. — **Le Prestige de la force.** — *Alors, petit, tu n'as pas peur des bombes? — Dame! puisque vous êtes là.*
<small>Lithographie sanguine. Épreuve signée par l'auteur. — H. 48. — L. 32.</small>

121 — BERNARD (Édouard). — Le Défi. — Une Marianne, assise sur un canon, fait la nique à l'ennemi.
<small>Eau-forte et aqua-tinta, en deux tons. 1915. Épreuve signée par l'auteur. — H. 23,5. — L. 32,5.</small>

028 — BOGNARD. — Pendant qu'un soldat afficheur allemand colle une proclamation, des petits Belges lui font des pieds de nez. *Dessin dédié à nos petits amis, les gavroches belges.*
<small>Crayon de couleur. Signé par l'auteur. — H. 36. — L. 43.</small>

157 — BOIRY. — **Match européen de 1914-1915.** — Assistent à gauche : Wilson, Enver Pacha, le kaiser, François-Joseph.
A droite : Nicolas (Monténégro), Pierre Ier, Mikado, Albert Ier, French, Joffre, grand duc Nicolas.
Tactiques différentes.
« *Le champion sympathique : — Tes formidables directs, tes upercuts dans la lune, ne me font pas peur; continue, je finirai bien par t'avoir!* »
<small>Lithographie en noir. — Le caleçon du champion français est tricolore. — Librairie de l'Estampe, Paris. 1915. — H. 36. — L. 49.</small>

169 — BOURGONNIER. — **Le Briseur de chaînes.** — M. Clemenceau, en lutteur forain, brise les plus solides chaînes.
<small>Lithographie. 1915. — H. 48. — L. 35.</small>

171   **Le Colleur d'affiches.** « **Taisez-vous! Méfiez-vous! les...** » — Une remarque à gauche : Le Sphinx d'Égypte.
<small>Lithographie. 1915. — H. 49. — L. 34.</small>

174   **Le Fort.** — Un fort de halle plie sous la charge de l'emprunt. Une remarque à gauche : une balance; le poids de l'emprunt soulève la victoire.
<small>Lithographie. 1915. — H. 53. — L. 32.</small>

178   **L'Ogre et le Petit Poucet.** (V. France. Chefs d'État.)

173   M. le sénateur Humbert, l'homme-canon, fait des prouesses qui émerveillent le public.
<small>Lithographie. 1915. Remarques. — H. 53. — L. 33.</small>

186 — BOUTET (Henri). — **Le Cadeau des Parigotes.** — « *A la mémoire de Paul Déroulède. Souvenir de la fête du 75. Paris, 7 février 1915.* »
Le cadeau, c'est la victoire du coq sur le vautour allemand ; le triomphe du 75.
Lithographie. — H. 34. — L. 48.

189 **Étrennes 1915. Produits boches.** — Des jouets allemands très variés : des bons vieux-dieux, des porcs, des gretchen, des kaisers moustachus, etc. Le marchand propose à un client un kronprinz et un cochon disant : « *Prenez la paire !* »
Lithographie en couleurs. — H. 26. — L. 33.

190 **Étrennes 1915. Produits français.** — Une marchande présente ses jouets : une Jeanne d'Arc, un poilu, une Alsacienne, un mouton, un sabot, un livre, etc., objets « *aussi solides les uns que les autres* ».
Lithographie, rehaussée de jaune et de rouge. — H. 23. — L. 32.

191 **Les Étrennes du poilu. 1915.** — « *Hé ! poilu, toi qu'es amateur, allume un peu c'te paire de teutons !* » crie un soldat qui amène deux prisonniers boches dont les têtes casquées s'arrondissent sur sa poitrine.
Lithographie. — Georges Crès et Cie, édit., Paris. — H. 32. — L. 45.

194 **Les Mots et les maux de la guerre.**
Couverture d'une suite de dix lithographies (tirage à 125 exemplaires, n° 57) plus une lithographie *La lettre de l'absent.* — H. 56. — L. 38.

193 **La Lettre de l'absent.** — Une jeune femme lit une lettre.
Écrit au crayon, au bas de l'épreuve : *Les pièces n°s 2, 8 et 9, ayant été interdites par la censure ne figurent pas dans cet album, et ne peuvent être mises en vente.....*
Henri Boutet, mars 1916.

195 1. **Les Mains fraternelles.** — *Congrès de Londres.* « *Y' m' les ont coupées, eh ! pochetée !* » crie un mutilé en montrant ses moignons aux orateurs du Congrès de Londres.

196 2. ... « *Et quinze mille balles ne nous font pas peur !* »

197 3. Après avoir écouté de brillants harangueurs, un grand blessé parait à la tribune nationale et s'écrie : « *Je demande la parole !* »

198 4. « *Voilà l'ennemi !* » (A Charles Humbert.) L'orateur désigne un rond de cuir, que transperce une intelligente baïonnette.

199 5. *Article unique. Pendant la durée de la guerre, les discours seront remplacés par le buste de Danton.*

200	6. *La Sixième arme.* Ce serait la guillotine.
201	7. *L'État, c'est moi!* Ainsi parle un bureaucrate pontifiant parmi des montagnes de paperasses.
202	8. ... « *Taisez-vous!* »
203	9. ... « *Et y's plaignent de la Censure!* »
204	10. *Aux héros de Verdun. 5 mars 1916. Quand même.*

Lithographies. — H. 30. — L. 38.

207 **Le Retour.** — « *N. de D! garder ça ici!!! J'aimerais mieux retourner me faire casser la gueule!* » hurle un poilu en trouvant sa famille augmentée d'un affreux petit bonhomme d'origine tudesque.

Lithographie. — *Autour de la guerre.* — H. 30. — L. 42.

184 **Souvenir de Noël 1914. Allô! la tranchée!** — Le bonhomme Noël déverse dans les cheminées, à l'intention des combattants, vêtements chauds et friandises.

Lithographie. — H. 25. — L. 33.

208 **Souvenir de Noël 1914.** — Une fillette va mettre un gros sabot devant la cheminée. Ce qu'il contiendra sera pour les petits enfants des blessés.

Elle se demande : « *Sera-t-il assez grand?* »

Lithographie rehaussée de quelques tons. — H. 35. — L. 33.

030 — BUSTAMENTE. — **Et je le croyais déplumé.** (V. le Kaiser.)

031 — CADEL (Eug.). — **La Bistrocratie.** — *Le jour de boire est arrivé.* Une boutique de marchand de vins, fermée. On voit son enseigne : *A Marseille la colonie grecque.* Des placards couvrent les volets : « *Rendez-nous l'absinthe et, à la rigueur, l'Alsace-Lorraine. Vivent les mercantis! La France doit être alcoolique. L'État c'est moi, bistro.* » Le tenancier, gros et bestial, s'adresse aux maisons d'en face, maisons aux numéros très apparents, et il crie aux femmes dépoitraillées, qui font le guet : « *pécaïré, de cette guerre s'ils en crèvent, qu'on en vive nous otres!* »

Dessin à la plume. Signé par l'artiste. — H. 25. — L. 32,5.

035 — CAPPIELLO. — **Les Loustics.** — *Je lui ai montré ma gueule, mais j'ai descendu la sienne,* crie du haut d'un arbre un poilu à ses camarades.

Dessin aquarelle. Signé par l'auteur. — H. 44. — L. 60.

E. CADEL. — **La Bistrocratie.** « Pécaïre, de cette guerre, s'ils en crèvent, qu'on vive nous otres ! »

(L'original fait partie de la collection Henri LEBLANC.)

248 — CAPON (édit.). — **K. boches. M... c'en est!** — Exclamation d'un Boche étique et jaune goûtant, dans un restaurant, du pain KK.
    Procédé en couleurs. Signé G. D. — H. 20,7. — L. 38,8.

249   **K. boches. Suprême injure.** — Un chien, conscient, lève la patte sur le coffre somptueux renfermant le corps de Wilhem II.
    Procédé en couleurs. Signé G. D. — H. 20. — L. 36,8.

254 — CARLUS (Jacques). — **La Censure.** — Une élégante traverse un jardin public, exagérant peut-être la mode du jour. Elle n'échappe pas aux sévères critiques de deux respectables commères qui, elles, n'ont jamais été esclaves de la mode.
    Lithographie. 1915. — H. 23. — L. 37.

036   1. *Au doux pays de l'industrie.*
038   2. *Kamarad! pardon.*
039   3. *Le Marmarasme.*
040   4. *Ti viens voir!... li Turc y en a neutre.*
    Quatre compositions teintées à l'aquarelle. Signées par l'auteur. — Dimensions moyennes, 50 c/m × 30 c/m.

257   **Nos poilus.** — Un énorme obus troue le sol, sans éclater. Un poilu s'écrie : « *Encore un qui n'a pas éclaté! Pas d'erreur, c'est un obus de confiance !!!* »
    Lithographie en couleur. 1915. — H. 52. — L. 34.

041   Un ivrogne, lisant le *Journal*, pousse cette exclamation : « *Les veinards! i's se battent dans les caves!* »
    Aquarelle. Signée par l'auteur. — H. 22. — L. 30.

267 — CAVOLO (A.) — Un zouave tire les ficelles d'un pantin boche.
    Procédé en couleurs. — H. 32,7. — L. 32,6.

268 — CHAIX (Imprimerie). — « **A ton tour, Martin !** » — Le Français, l'Anglais, le Belge voient avec plaisir l'ours blanc faire son effort contre le boche déjà fatigué.
    Lithographie en couleurs. — H. 19. — L. 27.

269   **A tous les coups l'on gagne.** — Pitou s'amuse au jeu de massacre; il touche tantôt le kaiser, tantôt le Sultan, tantôt François-Joseph.
    Procédé en couleurs. — H. 19. — L. 26.

270   **Balle à bocher!** — Un boxeur anglais exerce son poing sur un ballon ayant forme de tête de boche.
   Procédé lithographique en couleurs. — H. 12. — L. 20.

271   **Boujez pas, mes agneaux... ça ne sera pas long.** — Le chauffeur d'un rouleau municipal russe tient ce propos à des boches qu'il a déjà à demi écrasés.
   Lithographie en couleurs. — H. 19,5. — L. 26,6.

272   **Chacun son tour.** — L'ogre allemand a perdu ses bottes de sept lieues. Le troupier français, qui les chausse, nargue et menace le colosse écroulé et suppliant.
   Procédé lithographique en couleurs. — H. 11,5. — L. 20.

273   **Le chien jappe au nez!...** — Le dogue japonais montre les crocs au soldat boche.
   Procédé lithographique en couleurs. — H. 12. — L. 20.

280   **Sauve qui peut!** — Boches voudraient fuir l'étreinte de l'ours blanc.
   Lithographie en couleurs. — H. 11,5. — L. 20.

282   « *Toi, baïonnette à dents! Moi, couteau dans les dents!...* » — Le boche paraît très effrayé par cette remarque que lui fait un turco, presque nez à nez.
   Procédé en couleurs. Ces 8 estampes anonymes ont été composées par Schusler. — H. 19,5. — L. 20.2.

291 — CHANOT (A.). — **Hier. « La Méprisable petite armée du maréchal French. »** — Un gigantesque soldat boche, marchant au pas de parade, non loin d'un 420 crachant, regarde avec mépris le tout petit soldat anglais.
   Lithographie en couleurs. — H. 31. — L. 31.

290   **Demain. « La méprisable petite armée du maréchal French. »** — Le soldat anglais a grandi: il regarde fuir, en souriant, le minuscule soldat boche. Derrière le groupe, la mer, que couvrent de nombreux et terribles navires.
   Lithographie en couleurs. — H. 31. — L. 30.

295 — CHAPERON (Jean). — **Les Alliés ont décidé de ravitailler l'Allemagne.** — Les Alliés présentent d'alléchants menus à Guillaume : faux-filets (à l'anglaise), bombe Turpin, eau-z-à-volonté, etc. Le kaiser, charmé, dit : « *Vais-je maintenant être contraint à l'indigestion?* »
   Lithographie. 1915. — H. 30. — L. 45.

296   **Économies.** — « — *Tu ne me donnes que ça?*
   » — *Ma petite, je fais comme la Ville, réduction de l'éclairage!* »
   Explications entre un poilu et une belle de trottoir.
   Lithographie. 1915. — H. 33. — L. 44.

COMPOSITIONS HUMORISTIQUES ET SATIRIQUES

297 **Gaz asphyxiants.** — La tranchée française voit les occupants de la tranchée adverse se mettre en position inconvenante pour envoyer des gaz. Elle crie : « *Attention, les poilus, les voilà qui recommencent leurs bochonneries !* »
Lithographie. 1915. — H. 30. — L. 44.

298 **Les Plaisirs de la caserne en 1915.** — « *Dessins exécutés à la caserne où l'artiste est en garnison.* »
Une multitude d'incidents comiques ou grotesques.
H. 40,5. — L. 57,5.

299 « *P'stt!... La belle enfant! Vous nous emmenez? — Oui, si vous voulez!... sur le front!...* », répond à deux délicieux embusqués un trottin patriote. Un écolier leur jette : « *Pan! dans l'œil !* »
Lithographie. 1915. — H. 27. — L. 40.

319 — COUSIN. — **Le Tennis. Play? Ready!** — Joffre et le grand-duc Nicolas se renvoient les balles au tennis, balles coiffées du casque à pointe et chaussées de bottes prussiennes.
Lithographie en couleurs. — Tirage limité à 200 exemplaires. — H. 24. — L. 34,8.

329 — DEBUT (Jacques). — **Le Béguin 1916.** — Le béguin actuel de la petite dame — qui dut en avoir beaucoup — c'est un petit poilu, très crâne, qu'elle tient dans le creux de sa main.
Photogravure en couleurs. — H. 23. — L. 15.

052 — DOMERGUE (Géo). — **Pauvre proprio!** « **Tiens! mon vieux, prends toujours cela comme acompte, en attendant.** » — Un rapin reconduit son propriétaire, jusqu'à la porte, à grands coups de pied au derrière.
Aquarelle. Signée par l'auteur. — H. 35. — L. 32.

361 **Un zéro en chambre.** — « **Comme c'est la guerre, j'espère que vous me ferez une petite diminution ?** » — **Mon ami, pensez-vous? D'abord, vous n'avez plus vingt ans!** »
Échange d'observations entre un monsieur d'âge respectable et une petite femme.
Lithographie. 1915. — H. 27. — L. 37.

362 **Victime boche.** — *La vie chère à Berlin !* — « Pour madame, voyez caisse... un kilo de sucre, 90 francs, et un litre de pétrole, 137 fr. 50!! »
Une Allemande chez un fournisseur.
Lithographie. 1915. — H. 25. — L. 37.

364 **Victimes du pessimisme. Victimes inconnues de la guerre et les... zéros.**
« — *Pourvu qu'ils fassent vite!*
» — *Qui donc?*
» — *Nos poilus...* »
Propos sous la lampe, dans une famille de bourgeois paisibles.
Lithographie. — H. 26. — L. 37.

366 **Victimes de la vieillesse.**
« — *Vous n'êtes donc pas encore parti, monsieur Arthur?*
» — *Mais non, madame Michu...*
» — *... Oh! si je n'étais pas si vieille...* »
Mme Michu, concierge, n'est guère satisfaite de son locataire, jeune et embusqué.
Lithographie. 1915. — H. 25. — L. 37.

367 — DOMERGUE (Jean-Gabriel). — **L'Agence Wolff.** — Présentée sous les traits d'une affreuse commère, elle veut faire avaler un gros canard à un petit homme qui va en étouffer. Elle dit : « Il est un peu gros, mais il passera tout de même !!! »
Lithographie en couleurs. Janv. 1915. — Édit. « La Guerre », 111, avenue Victor-Hugo, Paris. — H. 29. — L. 36.

409 **La Botte française.** — Une jeune femme adresse un élégant coup de pied à quelque grotesque herr professor
Lithographie. Novembre 1915. — H. 29. — L. 44.

412 **Friction au Portugal.**
Lithographie. Fév. 1915. — H. 27. — L. 41.

415 **La Main fraternelle.** — Un poilu, qui se traîne sur des béquilles au milieu de cadavres, dans un pays ruiné et incendié, ne comprend rien aux subtiles beautés de la *Main fraternelle*. Il tend aux Allemands la seule main qui lui reste et crie : « *Je la leur tendrai... oui... mais fermée et sur la gueule !* »
Lithographie. 1915. — H. 43. — L. 30.

417 **Notre Culture.** — « *Tu ne veux plus apprendre l'allemand?* » demande un magister à un élève.
« — *C'est plus la peine, c'est une langue morte!* », répond le gamin, aussi malicieux que paresseux.
Lithographie. 1915. — H. 28. — L. 38.

422 **Le Professeur de « Kultur ».** — Un herr professor explique les merveilles de la « Kultur » et les gloires du K à un petit boche trônant sur son pot.
Lithographie en couleurs. 1914. — H. 34,5. — L. 27,5.

447 — DUMAS. — « **Et maintenant, tais ton bec, l'oiseau.** »
— Par leurs milliers de bouches, les canons hurlent; partout des Français souffrent et meurent pour la Patrie. Que les hâbleurs du Parlement, perroquets sinistres, aient au moins la pudeur de se taire !
Deux remarques à gauche. Un casque allemand à tentacules de pieuvre. Le perroquet est de teinte rose.
<small>Lithographie. 1915. Épreuve signée par l'auteur. — H. 42. — L. 33,5.</small>

477 — FABIANO. — Une mère et ses deux enfants regardent la grande carte piquée de deux petits drapeaux; la fillette demande : « *Où est papa ?* »
<small>Lithographie en couleurs. 1915. — H. 47. — L. 34. — Forme ovale.</small>

483 — FAIVRE (Abel). — **A Berlin, la guerre des modes.** — *Nos usines peuvent en fabriquer 80.000 par jour.*
<small>Lithographie. Épreuve signée par l'auteur. — H. 35. — L. 30.</small>

485   **A la Chambre. Sacrée union.** — Des groupes de deux, de trois honorables, dans tous les coins. Discours pressants. Sourcils froncés. Intérêts, égoïsmes, qui se défendent âprement, alors qu'à 80 kilomètres...
<small>Reproduction lithographique. Épreuve signée par l'artiste. — H. 28. — L. 28.</small>

486   **L'Alcool.** — « *A votre santé !* ». — La Mort verse généreusement de l'alcool à un « poilu » peu conscient.
<small>Reproduction lithographique. Épreuve signée par l'artiste. — H. 28. — L. 28.</small>

488   « *Allons, ne g... pas, c'est pas des liquides enflammés !* ». — Un arroseur municipal donne une leçon à un petit jeune homme qu'exaspèrent quelques gouttes d'eau tombées sur ses bottines.
<small>Reproduction lithographique. Épreuve signée par l'artiste. — H. 28. — L. 28.</small>

492   **Ceux qui demandent des comptes.**
« — *Pourquoi nous avoir promis l'offensive pour le 15 avril ?*
» — *C'est évident... on vous doit des excuses!* », répond un blessé au monsieur important qui, sévèrement, l'interroge.
<small>Reproduction lithographique. Épreuve signée par l'artiste. — H. 28. — L. 28.</small>

490   **Des canons ! des munitions !** — « *Nous sommes prêts!* », affirme le fier mastroquet, dont les étagères plient sous les litres d'alcools et les brocs de vinasse.
<small>Reproduction lithographique. Épreuve signée par l'auteur. — H. 28. — L. 28.</small>

495   **Et après ?...** — « *Faites-moi penser, je vous prie, à écrire à l'accordeur.* »
Le salon est dévasté, le piano est éventré. Monsieur visite

son appartement et donne cet ordre à la bonne, qui semble un peu surprise.

<small>Reproduction lithographique. Épreuve signée par l'artiste. — H. 28. — L. 28.</small>

510 **Le Tacticien.**
« — *Et là, vous m'entendez, je les écrase!...*
» — *Oui, mais attention au tramway...* »

<small>Reproduction lithographique. Épreuve signée par l'auteur. — H. 28. — L. 29.</small>

500 « *Lourd, le sac? Pensez-vous... y a dedans la photographie de ma gosse!* »

<small>Reproduction lithographique. Épreuve signée par l'auteur. — H. 25. — L. 28.</small>

505 « *Oh! oui, quelle guerre terrible!... Moi, j'ai perdu mes meilleurs danseurs!* »
Une très jeune dame confie ce grave souci à un monsieur navré.

<small>Reproduction lithographique. — H. 28. — L. 28.</small>

506 **Pensons aux pessimistes.**
« — *Tu écris?*
» — *A mon filleul... C'est un civil que j'ai adopté...* »

<small>Reproduction lithographique. Épreuve signée par l'artiste. — H. 28. — L. 28.</small>

511 « *Tu vois, mon vieux, comme on peut être rigolo avec des jambes!* »
Remarque de deux blessés, assis sur un banc, en voyant passer, fière et grotesque, une prétentieuse quinquagénaire.

<small>Reproduction lithographique. Épreuve signée par l'artiste. 1915. — H. 28. — L. 30.</small>

491 La ville n'est que décombres. Au loin, sur une place, les gens sont rassemblés. Un habitant de l'endroit dit à un gamin : « *C'est un ministre, mon petit, qui vient inaugurer nos ruines!* »

<small>Reproduction lithographique. Épreuve signée par l'artiste. 1915. — H. 28. — L. 29.</small>

513 **Voué au blanc.** — « *La censure? Allô, allô!... ça y est, encore coupé!* »
Les petits ennuis du journalisme militant.

<small>Lithographie. Épreuve signée par l'auteur. — H. 35. — L. 30.</small>

514 « *Y aura de quoi faire des bagues!* », dit un poilu imberbe, en voyant, du fond de sa tranchée, passer un énorme obus allemand.

<small>Lithographie. Épreuve signée par l'auteur. — H. 35. — L. 30.</small>

583 — FORAIN (Jean-Louis). — **Sur le front.**
« — *Eh bien, il la saura, sa théorie...*
» — *Sa théorie? C'est son bréviaire.* »

<small>Lithographie. (*L'Opinion*, 5 déc. 1914.). — H. 25. — L. 40.</small>

557 **Inquietude.**
« — *Pourvu qu'ils tiennent !...*
» — *Qui ça ?*
» — *Les civils.* »
Propos immortels dans la tranchée.
Lithographie. *L'Opinion*, 9 janv. 1915. — H. 25. — L. 37.

560 **Loin du front...** — « *Comme c'est long ! nous n'avançons pas !* »
Causerie de table, sur un beau rivage.
Lithographie. *L'Opinion*, 30 Janv. 1915. — H. 26. — L. 40.

061 Un officier en petite tenue, les bras encombrés de colis ; une femme à genoux, très affairée, au milieu d'un désordre de victuailles, de paquets, détournés de leur destination.
Légende : « *Et les cure-dents ?* » Desclaux (François-Antoine-Baptiste) répond : « *Fallait bien leur laisser quelque chose.* »
Dessin sur bristol, au crayon lithographique, rehaussé de pastel rouge. Signé par l'artiste. — H. 33. — L. 50.

538 **Chez Mme Béchoff.**
« — *Et les cure-dents ?*
» — *Fallait bien leur laisser quelque chose.* »
Lithographie. *L'Opinion*, 6 fév. 1915. — H. 25. — L. 40.

585 **Une victime de la guerre.** — « *Une mominette ? — Voilà le dernier être qui s'en va...* », répond d'un air tragique le tenancier à sa clientèle.
Lithographie. *L'Opinion*, 20 fév. 1915. — H. 25. — L. 40.

577 **Pour la France.** — « *Si c'était pour un patron, quelle grève !* », disent des soldats traversant un lac de boue, bêches et pics à l'épaule.
Lithographie. *L'Opinion*, 27 fév. 1915. — H. 26. — L. 39.

539 **Communiqué de 3 heures.**
« — *Nous les aurons...*
» — *Nous sommes si riches.* »
Propos de deux guenilleux.
Lithographie. *L'Opinion*, 6 mars 1915. — H. 25. — L. 39.

553 **En tirailleurs.**
« — *Dis donc, l'abbé, tu n'en rates pas un !*
» — *Ça ne m'empêche pas de prier pour eux.* »
Lithographie. *L'Opinion*, 15 mars 1915. — H. 25. — L. 40.

575 **La philosophie du front.** — « *Qu'est-ce que tu veux ?... c'est la vie...* »
Remarque d'un poilu à un autre poilu, devant une tombe de soldat.
Lithographie. *L'Opinion*, 3 avril 1915. — H. 25. — L. 39.

576 **Poum! poum! poum!** — « *Regarde... on voit la même chose que papa dans les tranchées !* »
Les deux enfants ont quitté le lit; le grand frère, de douze ans, porte son petit frère dans ses bras et lui fait cette virile remarque.
Lithographie. (*L'Opinion*, 10 avril 1915.) — H. 28. — L. 40.

578 **Premier mai.** — « *Quand on pense que l'année dernière, nous fraternisions encore avec ces bandits-là !* »
Réflexion d'un combattant socialiste enfin devenu quelque peu conscient.
Lithographie. (*L'Opinion*, 1ᵉʳ mai 1915.) — H. 25. — L. 38.

552 **En représailles.** — « *Qu'est-ce qu'on va y faire à Carlsruhe ? — Nous faire prendre au sérieux.* »
Lithographie. (*L'Opinion*, 26 juin 1915.) — H. 26. — L. 39.

573 **Les Pessimistes.** — « *Qu'on ne compte pas sur nous pour une campagne d'hiver.* »
Propos de deux civils allant, d'un pas ferme, sur une plage ensoleillée.
Lithographie. (*L'Opinion*, 3 juillet 1915.) — H. 25. — L. 39.

559 **Leurs couloirs.** — « *Ici on ne parle pas.* »
Ici représente les couloirs des tranchées, non les couloirs de la Chambre ou du Sénat.
Lithographie. (*L'Opinion*, 10 juillet 1915.) — H. 25. — L. 39.

568 **Paysage de guerre** (III). — Dans le fond, la Chambre des députés. Trois honorables, tous civils, une serviette sous le bras, pérorent.
Lithographie. (*L'Opinion*, 17 juillet 1915.) — H. 24. — L. 39.

570 **Le Permissionnaire.** — *Faut bien aller les rassurer.*
C'est la raison pour laquelle il consent à quitter la tranchée.
Lithographie. (*L'Opinion*, 24 juillet 1915.) — H. 24. — L. 39.

574 **La Peur des braves.** — « *Pourvu qu'on ne soit pas obligé de se ref... en civil !...* »
Propos dans la tranchée.
Lithographie. (*L'Opinion*, 31 juillet 1915.) — H. 25. — L. 39.

569 **Paysage de guerre** (IV). — *Plus bas !... on vous entend du front.*
Rappel à la prudence, d'un civil à deux autres civils, dont l'un porte sous son bras une serviette de député. Ils traversent la place de la Concorde.
Lithographie. (*L'Opinion*, 21 août 1915.) — H. 28. — L. 39.

549   **En avant!** — « *T'inquiète pas du lieutenant... il ne t'a pas attendu!* »

Mot d'un poilu à un retardataire, au moment où l'on sort des tranchées...

Lithographie. (*L'Opinion*, 18 sept. 1915.) — H. 28. — L. 40.

543   **Devant la mort.** — « *Pauvre bougre!... il ne verra pas le Rhin...* »

Réflexion attristée d'un jeune poilu devant le corps d'un camarade couché sur une civière.

Lithographie. (*L'Opinion*, 9 oct. 1915.) — H. 25. — L. 41.

540   **Conscience tranquille.** — « *Ne te frappe pas! si ils étaient restés dans leur pays, ça ne leur serait pas arrivé.* »

Paroles dites à un poilu trop sensible, que trouble la vue d'une tranchée pleine de cadavres d'Allemands.

Lithographie. (*L'Opinion*, 30 oct. 1915.) — H. 23. — L. 42.

534   **L'Autre danger.** — *Pour nous empoisonner les Allemands suffisent.*

Un patron de cabaret, soucieux de ses affaires déclinantes, entend cette réflexion de deux poilus conscients.

Lithographie. (*L'Opinion*, 27 nov. 1915.) — H. 28. — L. 39.

613 — FRÉRET. — **La Chasse au coq.** — « *Guillaume est pressé, mais Médor a le temps!* »

Le kaiser traîne le chien François-Joseph, piqué à la queue par un taon. Il veut envahir la frontière française, que défendent un coq et un garde.

Lithographie en couleurs. — H. 36,2. — L. 62.

615   **Le Pain K. K.** — Dans une mansarde : « *Le petit boche : Maman, K K, K K.* » *La mère boche : Voyons, est-ce de manger que tu as envie ou bien de... le contraire?* »

Lithographie en couleurs. — H. 48,5. — L. 69.

616   **Un tire-au-flanc.** — Un cheval malade se fait tâter le pouls par le major et dit : « *M'sieu le major, j'ai une fièvre de cheval! Vous pourriez pas me faire passer dans l'infanterie, m'sieu le major?* »

Lithographie en couleurs. — H. 48,6. — L. 62.

667 — GEOFFROY. — **Il y a « feu » et « feu ».** — « *Ça chauffait où tu as pris ça?*
— *Oui, mais pas comme dans ton bureau.* »
Répond à l'embusqué le grand blessé.

Lithographie, coloriée à la main par son auteur. — H. 39. — L. 25.

675   « **Le Village évacué** ». — *Il s'agit de tenir à présent, m'sieu le notaire.*
— *Dame, monsieur le maire, nous voici passés poilus civils!*
Lithographie, coloriée à la main par son auteur. — H. 32 — L. 23.

676   **L'Ours russe.** — *Il ne faut pas vendre la peau de l'ours avant de l'avoir... pris.*
Lithographie, coloriée à la main par son auteur. — H. 28. — L. 24.

674 — GERVAIS. — *... Je voudrais pas me marier avec lui, y s'appelle Guillaume!*
Réflexion d'une fillette à son amie.
Dessin à la plume, aquarelle. Signé par l'auteur. 1915. — H. 19. — L. 12.

670   *Je sais bien pourquoi son moteur y part pas... il est pistonné.*
Plaisanterie d'un gamin, témoin d'une panne d'auto.
Dessin à la plume, aquarelle. Signé par l'auteur. 1915. — H. 19. — L. 12.

672   *Maman a pris le train ce matin; papa lui a écrit pour qu'elle aille le voir de suite, parce qu'il voulait l'embrasser sur le front!*
Propos de deux fillettes.
Dessin à la plume, aquarelle. Signé par l'auteur. 1915. — H. 19. — L, 12.

673   *Mon père à moi... c'est pas un embusqué... c'est un poilu.*
Mot d'un gamin mal peigné, à un autre très gourmé.
Dessin à la plume, aquarelle. Signé par l'auteur. 1915. — H. 19. — L. 12.

671   *Non, mademoiselle, je n'appelle plus ma fille... « Germaine! »*
La fille débaptisée est une poupée à la tignasse en révolte.
Dessin à la plume, aquarelle. Signé par l'auteur. 1915. — H. 19. — L. 12.

675 — GOLIA. — « *Little von Tips has lost her ewe ships and cannot tell where to find'em; leave them alone, they won't come home, they're leaving no tales behind'em.* »
Aquarelle. Signée par l'auteur. — H. 23. — L. 19.

677 — GRANDJOUAN. - **Les Neutres.** — Les oiseaux neutres: Hollande, Suisse, Espagne, Grèce, Roumanie, échangent des réflexions machiavéliques en voyant le tigre allemand se traîner sur le ventre, comme le tigre de l'antique et célèbre bas-relief assyrien, les reins brisés par une flèche, la flèche « Marne ».
Dessin à la plume et aquarelle. Signé par l'auteur. — H. 28. — L. 44.6.

712 — GUILLAUME (Albert).—**Viens avec nous, petit, viens!...** (air connu).
— *Hein! c'qu'il est gentil!*
— *Si on l'emmenait?*
Propos ironiques de deux rudes poilus, en voyant passer un joli embusqué, tiré à quatre épingles.
Lithographie en couleurs. Épreuve signée par l'auteur. — H. 38. — L. 31.

COMPOSITIONS HUMORISTIQUES ET SATIRIQUES

720 — GUYLO (édit.). — La bonne aventure (telle que prédite au tarot).

— *As de pique* : *C'est le moderne roi de pique*
Un roi de pique si piqué
Qu'il aiguisa son casque à pique
Pour une tête mieux piquée.

— *As de cœur* : *Se croyait neutre par le trèfle*
Il partit en foulant le cœur
Et sema dans un geste bref,
Le deuil, la ruine et la douleur.

— *As de trèfle* : *Mais le Très-Haut tout en colère,*
En voyant l'œuvre du racca
Lui coupa le nerf de la guerre
Et lui donna le pain K. K.

— *As de carreau* : *Et l'impériale canaille*
1916 *Comme il fut prédit au tarot*
Quand vint le soir de la bataille
Se trouva seul sur le carreau.

Lithographie en couleurs. — H. 28. — L. 92.

078 — HAMPOL (d'). — **L'Aigle allemand en 1916.**

Dessin à l'encre de Chine, au pinceau. Signé par l'auteur. — H. 35,5. — L. 22,8.

727 — HANSI. — **La Bataille de la Marne.** — Des enfants jouent à la guerre, sur les rives d'un mince ruisselet. Le parti des alliés remporte une grande victoire.

Lithographie en couleurs. Déc. 1914. Épreuve signée par l'auteur. — H. 32. — L. 45.

731 — **Seiner Majestat alter gott.** — Le vieux dieu de S. M. l'empereur Guillaume. Il fume sa pipe, installé sur des nuages Un téléphone le met en rapport avec l'agence Wolff. Un phonographe ressasse que l'Allemagne est au-dessus de tout. En bas, Reims flambe, zeppelins et taubes sèment leurs bombes.

732 Une explication, rédigée par Hansi, est jointe à l'estampe.

Lithographie en couleurs. Épreuve signée par l'auteur. — Imp. Klein et Cⁱᵉ. Épinal. — H. 49. — L. 33.

079 — HENRIET. — « **Moi je continue.** » — Réflexion d'un noir dans la tranchée.

Dessin colorié à l'aquarelle. Signé par l'auteur. — H. 16. — L. 17.

737 à 757 — **HERMANN-PAUL.** — **La Dernière guerre.** — 20 dessins. Préface d'Anatole France.

1. *C'est pas comme en 70, mon vieux boche, on sait pourquoi on se bat.*
2. *Y a pas de quoi pleurer.*
3. *Culture germanique.*
4. *La Bête prisonnière.*
5. *Le Blessé.*
6. *La Bombe dans l'hôpital.*
7. *« Furor teutonicus » à l'hôpital.*
8. *La Protection des faibles.*
9. *Le Repos de l'intellectuel.*
10. *Prends-moi... Impossible, c'est plein de pendules.*
11. *Les Incendiaires.*
12. *Jeu de prince.*
13. *L'Achèvement des blessés.*
14. *Crosse en l'air.*
15. *Pas de parade.*
16. *Récréation.*
17. *Qu'est-ce que tu fais? Je regarde ceux qui remuent encore.*
18. *Le Service de la Croix-Rouge.*
19. *Emballe tout : on triera à la maison.*
20. *Vengeance!*
21. *Couverture.*

Reproduction industrielle. — Dorbon aîné, édit., 15, boul. Haussmann, Paris. — H. 24,5. — L. 31,8.

766 à 778 **Pendant la guerre.** — *12 dessins par Hermann-Paul.*

1. **Deuil boche.** — Une veuve en console une autre : « *Vous avez de la veine, vous... le mien est mort avant d'avoir rien envoyé...* »
2. Dessin sans légende.
3. **La Bague.** — Un soldat allemand montre à un camarade une bague qu'il vient d'arracher du doigt d'une femme : « *Envoie le doigt avec, ce sera plus délicat...* » dit le complice.
4. Dans les tranchées. — *Mon vieux, ça ne ressemble pas du tout aux grandes manœuvres!*
5. Conseils. — Le kaiser à son fils : « *Soyons pratiques, pas de laurier.* »
6. **En pays envahi.** — Un boche à des gens effondrés de désespoir. — *Pleurez pas tant!! on fera bien pis en s'en allant...*
7. **En pays envahi.** — Deux boches blessés causant : « *Je vois ce qu'il y a... c'est le climat de France qui ne nous convient pas.* »
8. **En pays envahi.** — Un boche veut faire photographier une fillette assise sur ses genoux : « *Ris ou je te fais fusiller.* »

9. Les Atrocités allemandes. — Un boche à des gens affolés de terreur : « *Mais vous savez ce sont les Anglais que nous détestons le plus !* »

10. Une femme sur l'âge, à son mari : « *Laisse-moi pleurer... je suis fière quand même !* » Sur une table, on voit le képi et l'épée du mort.

13. Ce dessin est reproduit sur la couverture, rehaussé de deux tons, ton chair et ton bleu.

11. Été 1915. — Un G. V. C. regarde les rails, l'horizon et dit : *Ce que les Parisiens doivent s'embêter...*

12. « *Qu'est-ce que tu étais avant la guerre ?*
— *J'étais neurasthénique.* »

<small>Reproduction industrielle. — Librairie de l'Estampe, 88, rue de la Chaussée-d'Antin, Paris. — H. 31. — L. 45.</small>

781 « *Saluez, c'est l'amour qui passe.* » — Une femme nue, agonisante ou morte, est étalée sur un lit.

<small>Lithographie. Estampe censurée. — H. 28. — L. 44.</small>

782 — HÉROUARD. — **Le Filleul imprévu.** — Un grand gaillard de dragon se présente à sa jeune et élégante marraine. Voyant sa surprise, il dit : « *Rassurez vous, chère marraine, vous n'avez pas à me tenir sur les fonts baptismaux.* »

<small>Photogravure. — H. 25. — L. 21.</small>

083 — HORATIO. — *Ça va très mal, l'ennemi a pris une tour et cinquante pieds de nos murailles.*
— *J'espère que vous comptez en pieds de femme*, répond le chevalier bardé de fer, à la langoureuse châtelaine qui lui transmet cette inquiétante nouvelle.

<small>Dessin à la plume, coloré au pastel. Signé par l'auteur. — H. 27. — L. 25.</small>

084 *Et si l'Espagnol nous affame?* demande une haute et puissante dame assiégée dans une forteresse des temps de Vauban.
— *Alors, nous mangerons nos fraises...*, répond le seigneur et roi.

<small>Dessin à la plume, coloré au pastel. Signé par l'auteur. — H. 27,5. — L. 25.</small>

085 *Que signifie ce grand cheval de bois ?* demande une Grecque à un héros de la guerre de Troie.
— *C'est un bateau que nous montons aux Troyens*, répond le grand chef.

<small>Dessin à la plume, coloré au pastel. Signé par l'auteur. — H. 27. — L. 25.</small>

799 — IBELS. — **Nos ennemis.** — *Monsieur Lebureau.*

<small>Lithographie. — H. 24. — L. 36.</small>

808 Un gros garçon, à la revision, est examiné par le major, il demande : *Vraiment, vous n'entendez rien, monsieur le major? — Si, si, maintenant j'entends un petit bruit... de piston... Allons, bon pour le service!*

<small>Lithographie sanguine. — H. 35. — L. 55,5.</small>

817 — **JANUS.** — **Les Soldats de plomb qui parlent.**
« — *Les boches : Rendez-vous, tas de truffes !...*
» — *Les Français : Les cochons les cherchent mais ne les mangent pas.* »

Un garçon et une fillette jouent avec des soldats.

<small>Lithographie. — H. 45. — L. 55.</small>

091 — **JODELET.** — **Les Gosses du front.** — *T'as le 420 pour toi tout seul et t'es pas encore content?*

<small>Aquarelle. Signée par l'auteur. Juin 1915. — H. 32,5. — L. 23.</small>

829 — **JOHNSON-RIDDEL and C°.** — **Hark!! Hark!! Série comique, map of Europe at war.** — Carte allégorique de l'Europe en guerre.

<small>Procédé en couleurs. — London. G. W. Bacon et C°, L. T. D. Strand. — H. 49. — L. 71, plié au 18e.</small>

928 — **KIRCHNER (Raphaël).** — **La Petite guerre en 1915. Après la bataille.** — Deux fillettes portent sur une échelle-civière un garçonnet dont la tête est bandée. Une toute petite fille traîne une caisse remplie de médicaments et décorée de la Croix-Rouge.

<small>Lithographie en couleurs. — Copyright by Raphaël Kirchner. Librairie de l'Estampe. Paris.</small>

929 <small>Une épreuve en noir. — H. 20. — L. 28, 5.</small>

930 **Avant la bataille.** — Des pavés de bois assemblés, représentent des forteresses. Un garçonnet, son léger fusil en mains, regarde devant lui. Deux fillettes se serrent, apeurées, l'une contre l'autre. Une troisième, plus petite, promène ses deux poupées.

931 **Après la bataille.** — Les deux fillettes portent, sur une échelle-civière, le garçonnet, dont la tête est bandée. La toute petite fille traîne une caisse remplie de médicaments et décorée de la Croix-Rouge.

<small>Lithographie en couleurs. Les deux compositions sont imprimées sur une même feuille. — Copyright by Librairie de l'Estampe, Paris. 1915. — H. 20. — L. 32.</small>

935 — KUFFERATH. — **Le Retour du propriétaire.** — Les membres de la famille voyant le pillage se désolent et pleurent ; les Allemands ricanent et agissent en maîtres.
>Lithographie. 1915. — H. 30. — L. 41.

947 — LACAILLE. — **Marne. Le coup de massue de l'un.** (Voir Kaiser.)

950   **Przemysl. Le coup de massue de l'autre.** (Voir François-Joseph.)

0107 — LAURI. — Le Plongeon.
>Pastel. Signé par l'auteur. — H. 47,7. — L. 63.

967 — LAWSON-WOOD. — « **A British warm.** »
>Photogravure en couleurs. — Copyright n° 2121c. Published by S. H. and C°, L. T. D. — H. 25,5. — L. 17,5.

969 — **More work for the navy** *(The boys on the rails).* — « *I Jellicoe, if you're goin down ag'in you might ave a look for my knife, will yer? It's got two blades an a brown andle.* »
>Photogravure en couleurs. — Copyright n° 2117c. Published by S. H. and C°, L. T. D. — H. 25,5. — L. 17,5.

975 — LÉANDRE. — **Dans la tranchée.** — *Mein gott, c'est à en perdre la tête !* clame le kaiser au bruit des explosions, et pendant ce temps les têtes de ses deux complices, l'empereur François-Joseph et le sultan, sont emportées par les obus.
>Reproduction d'un dessin à la plume, encrage noir sur teinte verte. — H. 31,2. — L. 41.

0108   Original de la composition ci-dessus. (Voir le Kaiser.)

974   **Le Centenaire de Bismarck. Le vrai chiffon de papier.** — Bismarck se lève de la tombe et révèle à son maître que le « *vrai chiffon de papier* » c'est le traité de Francfort.
>Lithographie. 1915. — H. 31,5. — L. 41,3.

985 — LE BLANT. — **Cinéma.** — Quelques poilus regardent l'affiche.
>Lithographie. Une remarque à droite. Épreuve signée par l'auteur. — H. 26. — L. 19,5.

0110 — LEKA — **Le Deutsch Kupidon.**
>Aquarelle. Signée par l'auteur.

0111 à 0315   204 aquarelles signées par l'auteur. — H. 18. — L. 30.

995 — LÉON (Fréd.). — **Le jeu de quilles.** — Les alliés figurent les joueurs; les quilles, les ennemis.
>Lithographie. Épreuve signée par l'auteur. — H. 27. — L. 40.

998 **Sous bonne garde. La bête est prise.** — Le maraudeur boche vient de se faire prendre la jambe dans un piège à loup. Un gamin et une gamine font bonne garde auprès de lui.
>Lithographie. Épreuve signée par l'auteur. — H. 28. — L. 38.

1019 — LEVEN et LEMONIER. — **A Vienne.** — *Celles qui pensent à l'absent... — Tu lui diras que c'est un cosaque !*
>Lithographie. 1915. — H. 25,4. — L. 42,5.

1021 **A Vienne.** — *Les Veuves joyeuses... Et puis le noir me va si bien !...*
>Lithographie. 1915. — H. 28. — L. 46.

1020 **A Vienne.** — *Les Lettres qu'on écrit... Ta petite femme qui s'ennuie à mourir !!!*
>Lithographie. 1915. — H. 26. — L. 43,7.

1044 — LOHRER (H.). — **A tête carrée : poing carré !** — Une tête allemande et casquée apparaît à l'horizon. Le cultivateur français suspend son travail et retrousse ses manches pour recevoir le bandit.
>Lithographie. Louis Moline, édit., Paris. Imp. de l'Art, 41, rue de la Victoire. — H. 23. — L. 22.

0347 — MANFREDINI. — **Gavroche prisonnier.** — *Il me donne des détails sur leur nouvelle mode... Savez-vous ce qu'on voit partout en Allemagne ?*
— ...?
— Des fichus, ma chère...!!!
Une dame locataire communique ces grosses nouvelles à une dame concierge.
>Dessin à l'encre de Chine, sur bristol, avec des indications en bleu. Signé par l'auteur. — H. 26. — L. 21.

0348 **Du Kuivre! des Kanons!** (V. Ambulances.)

0351 **Réorganisons!!** — Une commission d'honorables fait son enquête. Elle étudie les wagons embusqués, loués à des familles, fixés au sol, détériorés complètement. L'ingénieur de la commission dit :
« *Ça (il suffit de le regarder, du reste), c'est le matériel roulant...* »
>Dessin à l'encre de Chine, sur bristol, avec des indications en bleu. Signé par l'auteur. — H. 26. — L. 21.

COMPOSITIONS HUMORISTIQUES ET SATIRIQUES

1093 — MATON-WICART — **C'est pas ma pendule.**

1094   **Cochon d'eau.**

1095   **Encore « Champagne. »**

1096   **... Y a pas bon ti boche.**
     4 estampes. Reproduction en couleurs. 1914. — H. 30. — L. 21.

1157 — MORINET (G) — *Allez-vous-en, mon petit, il n'y a rien à faire ici pour vous. — Nous n'avons pas le temps.* — Le Général Joffre interpelle un polisson d'Amour venant rôdailler dans le camp. (Voir Officiers généraux.)

1159   **En Champagne.** — *Moi aussi, je faisons des prisonniers.*
Un paysan champenois n'a qu'à se promener avec sa brouette pour ramasser, tant qu'il en voudra, des boches ivres-morts.
     Lithographie en couleurs. — H. 35. — L. 31.

1164 — NABOULET (imp.) — **La purge française.** — Scènes diverses dans une infirmerie allemande.
     Lithographie en couleurs. 1914. — H. 29. — L. 38.

0356 à 0377 — NAMUR — 22 dessins.
     1. **Le Calvaire.** — Un soldat revenant chez lui, voit, lié à un arbre, le cadavre squelettique de sa femme.
     2. **L'Épouvantail.** — C'est un grand mutilé qui traverse un champ, sur ses jambes de bois et en agitant des bras de bois.
     3. **Le Traînard.** — *La route pour Bâris ? — Suis les casques à pointes ; quand il n'y en aura plus tu demanderas à m'sieu Joffre.*
     4. **Humanité. Ferme ta gueule !**
     5. **Le 10ᵉ allié.** — *Pitié ! — Oui, pour nous enchaîner comme les chiens loups.*
     6. **La Guerre en conserves.** — *Soigne la chose, celle-là ce sera pour l'état-major.*
     7. *Moi vainqueur, moi général, toi vache.*
     8. **Les Alliés.** — *La Champagne le Maroc et puis ?... Et puis, comme prime, moi, je ferai son affaire à Joffre.*
     9. **Invocation.** — *Un conseil, prince ? F... le camp et fais-toi boucher.*
     10. *Dis, Ruhlman, sur le livret y a rien attendre le réchiment le 10 août à Bâris ?*
     11. **Croix-rouge allemande.** — *C'est pour amputer les Allemands, n'est-ce pas ? On s'en servira.*
     12. *Je veux apprendre ta culture, sais-tu. Nous verrons si tu mûris avant le potiron belge.*
     13. *Par ici ton blessé ! On le soignera bien en France.*

14. *Il y en aura donc toujours.*
15. *Ça récompensera un peu l'Alsace-Lorraine.*
16. *Rejoindre mon corps! Tiens, c'est celui des vaches enragées.*
17. *Astoria, Buhl et Cⁱᵉ. Enfoyez à Maubenge 12 grosses caisses Bouillons Kub. Prix 7.420.*
18. *Ça vaut bien les Pyramides d'Égypte, ça papa.*
19. *La tenue pour Paris. Pas encore, Machesté !*
20. *Termonde. C'est-y za le Moulin Rouge?*
21. *Fiche-le en bas le misérable petit coq anglais !*
22. *Toi l'aristo, tu as trop déshonoré la corporation.*

Compositions au crayon noir, signées par l'auteur. — H. 28. — L. 36.

1225 — NEUMONT (Maurice) — **Le Noël aux armées.** — Le père Noël distribue aux poilus, dans les tranchées, ses petits paquets.

Procédé en couleurs. 1914. — H. 31.5. — L. 22.2.

236 — NIKÉ — **La soupe du chien** : « *J'peux pas manger... ça sent le boche !* »

Dog's soup : « *I cannot eat... it's smells of boche.* »

Un chien refuse de manger une soupe servie dans un casque allemand.

Procédé en couleurs. — H. 19. — L. 27.

1273 — OSTOYA (d') — « *Nous venons pour demander à m'sieu le bon Dieu ce que les boches ont fait de maman et de notre petit frère après qu'ils sont partis de notre village.* »

Trois enfants adressent humblement cette question au vieux Saint-Pierre, qui, de la porte du Paradis, les regarde par dessus ses lunettes.

Lithographie en couleurs n° 4. Le Prince, édit., Paris. — H. 44. — L. 34.

1328 — PANN — **Bochophile et Russophile.** — Deux femmes se battent à l'épée.

Lithographie. Épreuve signée par l'auteur. — H. 34. — L. 44.

1330 **La classe 1935 se débrouille.** — La maison est ruinée, abandonnée, un baby d'un an se traîne sur le sol et cherche sa vie.

Lithographie coloriée. — H. 37.5. — L. 26.5.

1327 **A qui la faute ?**

Lithographie coloriée et signée par l'auteur. — H. 40. — L. 70.

0421 — POULBOT — Le Blessé.

Composition à la plume. Signée par l'auteur. 1915. — H. 34. — L. 30.

1383 *Et si i gèle cette nuit ?*
— *Ben, mon vieux, on pourra s'asseoir.*
Les poilus pataugent dans l'inondation d'une tranchée, ils échangent, en riant, leurs héroïques propos.
Lithographie en couleurs. — H. 23. — L. 18.

1385 « *Fais attention à tes cartes, joues-tu ou joues-tu pas?* » Paroles impatientées d'un poilu à un copain qui se laisse distraire de son jeu par l'explosion proche et formidable d'une vulgaire marmite.
Lithographie. 1915. — H. 35. — L. 23.5.

1386 « *Finissez de tirer ou je descends vous botter le derrière* », crie du haut d'un arbre, un poilu observateur, à quelques lourdauds de boches qui, gauchement, le mettent en joue.
Lithographie en couleurs. — H. 39. — L. 28.5.

1405 *Mon pauvre vieux, t'es touché ?*
— *Tu parles !... j'mai cogné l'œil dans une betterave.*
Lithographie en couleurs. — H. 21. — L. 30.

0423 « *Toi, tu regardes la bataille sans rien faire. T'es le pape.* »
Composition à la plume. Signée par l'auteur. — H. 24.5. — L. 21.5.

0422 « *Qu'est-ce que c'est que ces deux-là ?*
» *C'est le père et la mère du prisonnier, mon capitaine.* »
Si le prisonnier peut avoir dix ans, le père et la mère en marquent trois ou quatre.
Dessin à la plume. Signé par l'auteur. — H. 12. — L. 19.5.

1412 « *Ton seau ! c'est ton seau ! veux-tu ma main sur la gueule ?* »
Des propos sans aménité sont échangés entre un poilu dégourdi et un boche épais, auprès d'un puits situé entre deux tranchées.
Lithographie en couleurs. 1915. — H. 36. — L. 23.

1433 à 1465 — PUNCH. — 1. *Hommes d'action.*
2. *La Dernière amie.*
3. *Indomptable.*
4. *Dieu (et les femmes) notre seul bouclier.*
5. *L'Insensible Américain.*
6. *Photographie officielle.*
7. *Le Nouveau vieux dieu.*
8. *Consolations in extremis.*
9. *Un nouveau rôle.*
10. *Accomplissement.*
11. *Kultur.*
12. *L'Excursionniste.*
13. *Un Chiffon de papier.*

14. *En tournée.*
15. *Au poste d'honneur.*
16. *Nouvelle danse.*
17. *George V au front.*
18. *Grand triomphe naval.*
19. *La Délivrance de l'Alsace.*
20. *Garçon de café.*
21. *Le Fils de Dieu.*
22. *Patriotisme.*
23. *Raid manqué.*
24. *Hier et aujourd'hui.*
25. *Gargouille de Notre-Dame.*
26. *Gymnastique suédoise.*
27. *Pacifisme.*
28 et 29. *A l'exercice.*
30. *En avant la Russie.*
31. *Tommy sentimental.*
32. *La Victoire.*
33. *Criminel de droit commun.*

<small>Compositions de Bernard Partridge, Reinolar, Wallis Mills, Patten, Simmons Lewis, Hutchon, Belcher, Craven, Raven-Hill, etc.
Cliché photogravure. L. A. G., édit., 37, Essex Street, London W.C. Punch, Londres. — H. 21. — L. 17.</small>

1468 — **RABIER (B.).** — **Cocorico !** — En présence du léopard anglais et de l'ours russe, le coq celtique chante, victorieux, sur le cadavre du vautour allemand.

<small>Procédé en couleurs. C. Boutié, édit., Paris. — H. 14. — L. 21.</small>

1467 — *Je t'en prie, Chantecler, f... moi la paix !...* — Les cris d'espoir du coq celtique exaspèrent le dogue allemand, piteux, réduit à la « *pâtée au pain de guerre* ».

<small>Procédé en couleurs. En marge de la guerre de 1915. Les Estampes populaires G.W.E. — H. 36.3. — L. 24.</small>

1587 RÉGAMEY. — ..... **1914 !** — *La Guerre à l'allemande. The war in the german way.* « *En Belgique, en Pologne, ils nous apprennent ce que c'est que la guerre à l'allemande.* »

<small>Héliogravure. E. Le Deley, imp., Paris. — H. 27.5. — L. 17.6.</small>

1590 ..... **1914 ! Les Tournedos bordelaises.** — « *Certainement que vous pouvez rentrer puisqu'on vous dit qu'il n'y a plus de danger.* »

« *Certainly you can come back home, since you are told that there is no more danger.* »

Paroles d'un gardien de Paris, aux prudents civils qui avaient fui à l'approche de l'ennemi.

<small>Héliogravure. E. Le Deley, Paris. — H. 27.5. — L. 17.5.</small>

1589   **Conflit européen. 1914.** — Les Alliés. — « *Les petits Belges leur en bouchent un coin depuis le 4 août.* »
« *The « little Belgian » are having a game since the 4th of august.* »
Héliogravure. Le Deley, Paris. — H. 28,5. — L. 20.

1591   **Conflit européen. 1914.** — *Les voilà les deux qui voulaient dévorer l'Europe.*
Here they are those two who wanted to swallow up Europa.
Un turco entraîne ces deux voraces : Guillaume II et François-Joseph ; il tient leurs têtes prisonnières sous ses aisselles, et leur épée dans ses mains.
Héliogravure. — H. 29. — L. 20.

1643 — SANDY-HOOK. — **En marge de la guerre.** — *On ne passe pas ! Votre livret militaire ?*
Un bon réserviste jette ces paroles, baïonnette en avant, à deux dames en auto.
Lithographie en couleurs. Les Estampes populaires G.W.D. — H. 30. — L. 44,8.

1655 — SÉLUGES. — *Ah ! c'te guerre, c'te guerre !*
— *Eh bien, mon gars, ferme ta g...., on aura la paix !*
Procédé en couleurs. 1915. — H. 35. — L. 27.

1657   *Le Brigadier : « Pas de papiers ? Mais qu'est-ce qui me prouve que vous êtes réformé ? »*
L'interpellé est cul-de-jatte.
Procédé en couleurs. 1915. — H. 47. — L. 42.

0436 à 0448   Originaux : fantaisies, aquarelles et gouaches.
H. 30. — L. 15.

1656   **Les Étrennes à son poilu.** — « *Pandore : c'est épatant ce que madame la boulangère a de cousines !* »
Procédé en couleurs. — H. 35. — L. 28.

1658   *Quelle est votre situation militaire ?*
— *Oh ! monsieur l'agent... taisez-vous... méfiez-vous... des oreilles ennemies vous entendent !...*
Procédé en couleurs. 1915. — H. 45. — L. 36.

1660 — SESBOUÉ (S.). — **Aidez-vous les uns les autres.** — Un soldat, gravement blessé, présente la main à une jeune et élégante infirmière qui descend de son auto.
Procédé en couleurs. En marge de la guerre. 1915. Les Estampes populaires G.W.D. — H. 32. — L. 23,8 ovale.

1661 — **L'Entente plus que cordiale.** — Un soldat anglais serre contre lui une femme française.

 Procédé en couleurs. En marge de la guerre. 1915. Les Estampes populaires. G.W.D. — H. 32. — L. 23,8 ovale.

1705 — STEINLEN. — **Veuves d'un louis.** — Trois filles, jeunes, guettent le passant.

 Lithographie. — H. 40. — L. 30,5.

1710 — SYNAVE. — **Un civil. Un poilu.** — Deux figures académiques : le civil est velu comme un singe et le poilu est un adolescent imberbe.

 Lithographie en couleurs. 1915. — H. 41. — L. 50.

1712 — TABOURET. — **Paris allemand ? Pas encore !**

 Lithographie, sanguine. 1914. — H. 33. — L. 22.

1716 — TAP. — **Au front.** — *Dis-donc, Milo, crois-tu qu'elle tiendra ?*
— *Qui ça ?*
— *Ma femme.*

 Lithographie. — H. 24. — L. 34.

1724   St-Pierre et le vieux bon dieu. *1914.* — St-Pierre : « *Patron ...c'est votre copain Guillaume qui vous demande au téléphone...* » *Le bon vieux dieu allemand : « Encore !... dis-lui M....! »*

 Lithographie. Librairie de l'Estampe, Paris. Copyright par Tap. Septembre 1914. — H. 32. — L. 23.

1725   **Une vraie nuit à zeppelins.** (Paris, été 1915.) — Toute la ville est sur les toits.

 Procédé industriel. — H. 22. — L. 30,5.

1723   **Les Plaies.** — *Monsieur Vautour à son concierge : « Mettez-moi cela bien en vue... je crois que ça fera de l'effet ! »*
Il s'agit d'un *Avis* ainsi rédigé : « *Messieurs les locataires qui péront leur termes, seront assurer de toutes la sympathie de Mossieur le Propriétaire.* »

 Procédé industriel. Les Estampes populaires. — H. 46. — L. 34.

1727 — TENRÉ. — **Le Banc de l'Entente.** — Sur un banc de jardin public, jeunes soldats anglais et jeunes femmes françaises sympathisent.

 Héliographie. Devambez, édit., Paris. — H. 48. — L. 34.

1738 — TRUCHET (Abel). — **Les Affaires.** — *Est-ce que tu crois qu'on s'fait casser la gueule pour que tu gagnes trente sous sur un camembert ?*

 Lithographie. — H. 38. — L. 52.

COMPOSITIONS HUMORISTIQUES ET SATIRIQUES

1739 **Les Anglais.** — *Tiens!... je ne les croyais pas de cette couleur-là.*
Lithographie. — H. 33. — L. 45.5.

1741 **Berliner Tageblatt.** — *Faut-il qu'ils s'amusent dans ce Paris, pour y rester si longtemps!*
Lithographie. — H. 25. — L. 36.

1742 **Les Bouches inutiles.** — *Ce sont les rôdeuses de trottoir.*
Lithographie. — H. 31. — L. 49.

0460 *Camard! j'ai cru que tu m'avais appelée!* — Un soldat boche, tombé blessé sur un champ de bataille, poussait le cri habituel : « Kamerad ! » La Mort, la Camarde, se croyant invoquée, était venue à lui.
Dessin au crayon. Signé par l'auteur. — H. 48. — L. 35.

1752 **En Champagne.** — Un officier, regardant des plants de vignes :
— *Si, au moins, ils avaient planté tout ça en pommes de terre!...*
Lithographie. — H. 29. — L. 47.

1744 **Chanson d'Avril.** — *Victoire! Victoire! vous êtes ma seule pensée!...* — Déclaration d'un tourlourou à une grosse nourrice.
Lithographie. — H. 29. — L. 40.

1745 **Les Cloches s'en vont à Rome...**
— *Dites donc, Pierre, il me semble qu'il y en a moins que d'habitude...*
— *Hélas! Seigneur, il manque celles de la Belgique... et aussi beaucoup de France...*
Lithographie. — H. 28. — L. 45.

1746 **Combat naval.** — *Tout à coup, qu'est-ce que je vois?... Un sous-marcingne!!... Bagasse! que je lui crie!..... Il avait disparu!!!*
Lithographie. — H. 27. — L. 45.

1747 **Le Communiqué.** — *Ah! ce Joffre!... il en a une patience!!*
Lithographie. — H. 28. — L. 37.

1751 **L'Embusqué.**
Lithographie. — H. 25. — L. 43.

1753 **Féminisme.** — *Nous, maintenant, c'est comme si qu'on s'rait les hommes!...*, dit au tenancier du débit une femme buvant sur le zinc.
Lithographie. — H. 26. — L. 39.

1755 **La Guerre économique.** — *Ça, ma petite mère!.. A Berlin, y en aurait pour 200 francs!*
Conversation des petites victimes de la guerre.
Lithographie. — H. 24. — L. 31.

1759 **La Lettre du p'tit homme...** — *Ici, c'est le rêve, une nouvelle marmite toutes les cinq minutes!...*
   Lithographie. — H. 28. — L. 41.

1760 **La Mode.** — *Faut v'nir des tranchées pour voir ça!...*
   « Ça » c'est l'accoutrement des petites écervelées, des petites poupées de la ville.
   Lithographie. — H. 34. — L. 42.

1762 **Optimisme.** — *Et si je vous disais, Lieber Schweinskopf, qu'ils n'ont même plus d'absinthe...*
   Lithographie. — H. 22. — L. 36.

1764 **L'Ordonnance.** — *Coupez-lui aussi les cheveux...* ajoute un major en parlant d'un homme que l'on vient d'amputer d'un bras et d'une jambe.
   Lithographie. — H. 31. — L. 40.

1765 **Permissionnaires.** — *Eh ben moi, j'y dirai à ton ministre... si vous comptez sur lui pour la classe 36, vous pouvez garder vos permissions!!!*
   Lithographie. — H. 26. — L. 38.

1766 **Les Poilus.** — *Quand je pense que j'aspirais à la vie au grand air!!!*
   Réflexion d'une sentinelle, sous la pluie, les pieds dans l'eau, dans une immense plaine.
   Lithographie. — H. 29. — L. 46.

1769 **14 Juillet.** — *Je les accroche seulement..... je les allumerai à la victoire.*
   Lithographie. — H. 29. — L. 36.

1772 **Récits de guerre.** — *Paraît que vous avez fait un prisonnier mame Lessive?*
   — Ben oui... j'étendais mes draps... dès qu'il a vu du blanc, il est arrivé en criant : Camarade!... Alors, j'ai appelé les gendarmes!...
   Lithographie coloriée au pastel. — H. 30. — L. 42.

1776 **Les Tranchées pacifiques.** — *« L'Dimanche, alors, on rigole... on voit passer ceux qui vont à la campagne .. »*
   Réflexion d'un G. V. C.
   Lithographie coloriée au pastel. — H. 30. — L. 45.

0462 **Travaux agricoles.** — *Si j'avais su, j'aurais dit que j'étais Suisse.*
   Dessin au crayon noir. Signé par l'auteur. — H. 47. — L. 34.

1777 **Le Tuyau.** — *Et ça, vous savez, je le tiens de quelqu'un qui est bien informé...*
   Lithographie. — H. 30. — L. 41.

1778   **L'Uniforme.** — *4 scènes :*
   1. *Tout enfant, je rêvais d'avoir un uniforme... aussi quelle fut ma joie quand je me sentis admiré dans les rues!*
   2. *La cuisine, à vrai dire, manque un peu de prestige, mais le* **calot** *vous a, quand même, un petit air cascadeur.*
   3. *Les longues factions sous la pluie et la neige ont bien un peu défraîchi mon uniforme.*
   4. *Mais depuis qu'un jour, dans la tranchée, une vilaine marmite m'en a arraché un grand morceau, il ne m'a jamais paru si beau...*
   <small>Lithographie en couleurs. — H. 44. — L. 32.</small>

1780   **Les Villes martyres.** — « *Moi aussi, j'ai été envahie!* »
   La ville de Bordeaux (statue décorative de la place de la Concorde) songeant à un passé peu éloigné, se juge aussi éprouvée que ses sœurs, les villes de Strasbourg ou de Lille.
   <small>Lithographie. — H. 26. — L. 39.</small>

1786 — **VALLET (R.).** — **Gavrocheries.** — *Nº 1. La Terreur des boches.*
   Des gamins tirent la langue à un soldat boche, colleur de « kommuniqués ». Auprès des paroles allemandes : « *Avec l'aide de Dieu, nous aurons la victoire* », ils charbonnent sur le mur : « *Sans l'aide de Dieu, nous te casserons la gueule.* »
   <small>Lithographie colorée au pastel. 1915. — H. 24. L. 35.</small>

1783   **Gavrocheries.** — *Nº 2. Espions de marque.*
   ... Ces Français ne doutent de rien, ils veulent imiter notre 420!
   Il s'agit d'une petite boîte de forme cylindrique posée sur un chariot d'enfant.
   <small>Lithographie colorée au pastel. Mai 1915. — H. 22.5. — L. 35.5.</small>

1785   **Gavrocheries.** — *Nº 3. Soif de brute.*
   Un soldat allemand regarde avec convoitise une petite fille qui pleure. Derrière son dos un gamin lui montre le poing et murmure : « *T'as vraiment de la chance que je ne sois pas un poilu... eh, sale boche...* »
   <small>Lithographie colorée au pastel. 1915. — H. 24. — L. 36.5.</small>

1784   **Gavrocheries.** — *Nº 4. Les gazs asphixiants...*
   — *Oh! le sale, il lâche des gazs.*
   — *A la prochaine fois, il fera le rôle du Kronprinz...*
   Enfants qui jouent à la guerre.
   <small>Lithographie colorée au pastel. — H. 26. — L. 37.3.</small>

1807 — **VÉBER** — **Marmites..., Pots de fleurs..., Pruneaux..., etc.**
   <small>Lithographie. 1914. — H. 27. — L. 38.</small>

1817 — VILLEMOT (Jean). — *Cré nom de nom! c'est bien ma veine! v'là la pluie et j'ai justement touché ce matin un képi neuf...*
Un poilu s'inquiète de cet incident au milieu de l'averse plus bruyante des obus.
Lithographie en couleurs. Épreuve signée par l'auteur. — H. 29. — L. 41.

1818 — VINCENT (René). — Avant la guerre.
Procédé lithographique. — Imprimé par Chachoin, Paris. — H. 40. — L. 30.

1821 Pendant la guerre.
Lithographie. — Imprimé par Chachoin, Paris. — H. 40. — L. 30.

1819 Le Départ.
Lithographie en couleurs. — Imp. Champenois, Paris. — H. 31,5. — L. 41.

1820 **Le Départ de l'Ambusqué.** — L'embusqué baise les mains de ses jolies amies. Ordonnance et domestiques emplissent une auto de ses bagages de haute élégance.
Lithographie en couleurs. — Imp. Champenois, Paris. — H. 43. — L. 59.

1822 **Le Retour de l'Ambusqué.** — L'embusqué revient blessé et digne, il rapporte de nombreux casques allemands et des trophées.
Lithographie en couleurs. — Imp. Champenois, Paris. — H. 43. — L. 59.

0467 à 0487 — WENDT. — **Durant la guerre 1914-1915. Fantaisies humoristiques.**
1. Le « **Looping the loop** », par le clown, Prince Willy, à l'instar de son papa. Novembre 1914.
2. **La Mort** : « Cou... cou! me voilà! »
En proie à un affreux cauchemar, Guillaume saute à bas de son lit, rampe sous le sommier, voudrait se faire invisible, mais la Mort le guette en ricanant, le pourchasse, et quand il espère, un moment, l'avoir dépistée, elle surgit soudain, et sa voix grince : « *Cou... cou! me voilà!* »
3. **Le Fil à la patte**, ou le supplice au « Cantal » du Toucan Ferdinand. (Janvier 1915.)
4. **Qui s'y frotte s'y pique.** (Février 1915.)
5. **Impérial bluff.** (21 mars 1915.)
6. **La Ronde des enfants bien appris.** (Avril 1915.)
Les enfants alliés dansent autour de l'immense gâteau des Empires du Centre ; l'Italie les regarde.
7. **La Ronde des enfants bien appris.** (Mai 1915.)
L'Italie, honteuse de rester à l'écart, se mêle à la ronde et danse avec entrain.
8. **La Dernière parade.** (Mai 1915.) — La Mort caracole sur un cheval écorché, et, au bout de sa pique, se balance la tête de Wilhem II.

9. **L'Épave indigeste. L'oiseau rare. Misère de moi, serait-ce du pain K.K? 1915.**
10. **Théâtre de la danse. Une leçon au père saucisse.** (Juin 1915.)
11. **Théâtre de la danse. L'Agence Wolff.** (Juin 1915.)
12. **Le Gourmand puni.** (Juillet 1915.)
13. **Atrocités allemandes (mille et unième). Et avec la pendule?... Oh le monstre!!!**
14. **Les Nuits de l'Empereur.** (Juillet 1915.)
15. **Un repas du grand tireur S. M. K. K. Mohamed Willioum Louff!!** (Août 1915.)
16. **Théâtre de la danse. Crime et châtiment.** (Septembre 1915.)
17. **Le Premier lit. Le poilu : « Bon sang! Fallait-il que je sois fourbu pour m'être couché avec mes souliers! »** (Septembre 1915.)
18. **L'Ancêtre.** — Les journaux. L'accusation contre les deux colonels émeut la Suisse. — « Que fais-tu là, p'pa? » « Y a que je gratte le prénom, j'veux plus m'appeler Guillaume. » (Janvier 1916.)
19. **Kaiser Kaïman le Kolossal.**
Couverture.

Aquarelles sur feuilles Ingres, signées par l'auteur. — H. 62.5. — L. 47.

0488 à 0494 **Six produits variés de grosse culture impériale et royale, dessinés et peints d'après nature.** Octobre 1915.

1. **Le Kronprinz.** — Le navet. Impérial produit spécimen de « gross kultur » de Potsdam.
2. **Prinz Eitel Fritz.** — La gourde (de la famille des kukurbitacées) la coqueluche des berlinoises.
3. **Prinz Oscar.** — La betterave (produit commun de Brandebourg).
4. **Prinz Adalbert.** — La patate, dite saucisse. L'homme de mer de la famille Brandenburg.
5. **Prinz August.** — Le concombre (vert tout vert, comme son père).
6. **Prinz Joachim.** — Le poireau et dernier. « Ciel! entends nos vœux! »
Couverture.

Aquarelles sur feuilles Ingres. 1915. Signées par l'auteur. — H. 62.5. — L. 47.

1854 — WILLETTE — *Dans nos tranchées. Des poiluses!... ben, kamerades, vous ne vous embêtez pas!...*

— *Mais voui, les boches! y a du bon, quand on combat avec la liberté, la vérité et la fraternité.*

Photogravure. 1915. — H. 24 — L. 38.

1858 **Marche et défilé en Belgique et en France de l'armée du crime.** — Trois bandes de compositions avec légendes.

Procédé en couleurs. — Sceaux, imp. Charaire. — H. 30. — L. 45.

A. TRUCHET. **Printemps.** « Comme ils sont noirs les rossignols, cette année ! »

L'original fait partie de la collection Henri Leblanc.

LES ANIMAUX

LES ANIMAUX

306 — CHEVIOT (Lilian). — **Scots Tried and True.** — Trois petits chiens coiffés de toques écossaises.
>Lithographie en couleurs. — « Printed in England. » — H. 38. — L. 46.

305 **A « terrier ».** — Un fox tient le drapeau de la Grande-Bretagne, et, coiffé de la toque écossaise, semble défier ses adversaires, quels qu'ils soient.
>Procédé en couleurs. — Printed and published by Thosifornian and Sons, Nottingham. Copyright. — H. 25.— L. 18.

353 — DICKSEE. — **Rescued!** *(the red cross dog).* — Un chien ambulancier découvre un blessé.
>Héliogravure. — Copyright 1915 by Frost and Reed of Bristol England in the United States of America. — H. 46. — L. 60.

410 — DOMERGUE (J.-G.). — « **Chez les hommes, on appelle ça un acte inamical!** » — Réflexion des poissons en voyant des cadavres humains s'amonceler sur les rocs et les coraux des fonds marins.
>Lithographie. 1915. — H. 31. — L. 26.

470 — EHRMANN (édit.). — **Le Chien sanitaire et patriote.** — Il apporte dans sa gueule le képi d'un de nos blessés, et, en route, il ne témoigne aucun respect aux casques allemands.
>Lithogravure. — Ehrmann, Édition Lorraine. — H. 14.5. — L. 23.

830 — JONAS. — L'Aide aux blessés (en Belgique). — Chiens belges attelés à une voiturette transportant deux blessés. (V. Services auxiliaires.)

1070 — MAGLIN. — **Souvenir de la guerre de 1914. Fidèle jusqu'à la mort.** — « *Ceux des soldats qui le choyaient (un chien adopté) sont tombés dans l'un des combats de la Marne. On* l'avait vu près d'eux au plus fort de la bataille, on le vit encore gardant leurs glorieuses dépouilles quand on vint les enterrer.

» L'OEuvre pieuse accomplie, la brave bête veille toujours, et dans la nuit, longuement, appelle ses amis... »

Procédé en couleurs. — Croissant, Paris. — H. 19. — L. 24.

1075 à 1084. — MALHER (P.). — **Nos chiens sur le front.**

1. — *Chien sanitaire rapportant le képi d'un blessé (chien Briard).*

2. *Chien sanitaire menant son conducteur vers le blessé qu'il vient de découvrir (chien des Pyrénées).*

3. *Chien sanitaire aboyant pour appeler les brancardiers (chien beauceron).*

4. *Trait d'imitation d'un chien de guerre déterrant de lui-même un blessé enseveli par un obus (chien de berger d'Alsace).*

5. *Un chien de liaison accomplit héroïquement sa mission quoique blessé à mort (chien bouvier des Flandres).*

6. *Chien patrouilleur en arrêt devant un bois où sont cachés les ennemis (chien collie).*

7. *Chien ravitailleur portant des munitions aux tranchées (chien groenendael).*

8. *Chien de traction ramenant un blessé (chien Terre-Neuve).*

Dessins de Malher, texte d'Adolphe Lasnier.

Reproductions lithographiques. — Maison de l'Édition, 156, faubourg Saint-Martin, Paris. — H. 29. — L. 39.

1841 — WEISSER (Ch.). — *Plus fort que la mort, l'instinct le ramène à la tombe de son maître.* — Un chien pleure près d'une petite croix, toute semblable aux autres croix dressées dans la plaine.

Lithographie, avec remarque, d'après le tableau de l'artiste. Épreuve avant la lettre, sur Chine. Signée par l'artiste. — H. 47. — L. 33,7.

1842   **Le Dernier habitant.** — Un chien erre, la queue basse, au milieu des ruines d'un pays.

Lithographie. 1916. — H. 17,5. — L. 23,5.

PORTRAITS

PORTRAITS

13 — ANONYME. — **Nurse Cavell.** — « *She was happy to die for her country. Nurse Cavell martyred at Brussels. Oct. 12th 1915.* » — Tête et buste de face.

    Héliogravure. — Printed and published by thas Formar et sons, Nottingham. — H. 22,8. — L. 14.5.

26 — ARANGO. — **Son Eminence le cardinal Mercier.** *Primat de Belgique.* — Le Cardinal est debout, le corps de face, la tête regarde à droite.

    Lithographie. — Copyright bay Dan, Niestlé, Paris. — H. 36. — L. 36.

29 — ARNOUX (Guy). — **Maurice Barrès,** *l'écrivain patriote.* — Il est debout, en costume d'académicien, le poing droit sur la hanche et tenant son bicorne. La main gauche, appuyée sur une canne, tient un livre rouge. Derrière, à la hauteur des jambes, s'alignent : *Les églises de France et Metz.* Plus bas, défilent des petits soldats.

    Reproduction, genre imagerie d'Épinal. — H. 35. — L. 28.

30   **Paul Déroulède,** *patriote français.* — Le poète est debout, tenant un drapeau. Il regarde à gauche, et son bras s'étend à droite, vers la ville de Strasbourg. Des petits soldats défilent derrière lui.

    Reproduction, genre imagerie d'Épinal. 1915. — H. 35. — L. 27.

166 — BOUCHOR (J.-F.). — « **A la sœur Julie** ». **Gerbeviller,** *11 janvier 1915.*

    Portrait de face, vu en buste. Photogravure en couleurs. — H. 27. — L. 20,5.

338 — DELZERS (A.). — **Albert.** *Roi de Belgique.*

    Gravure, burin, eau-forte et pointe. — H. 38. — L. 26.

348 — DÉTÉ. — Gravure sur bois du portrait du maréchal French, par Jonas. Juin 1915.
>Épreuve signée par l'artiste. — H. 31.5. — L. 22.5.

653 — DOMERGUE (J.-G.). — Le profil de Paul Déroulède.
>Croquis au crayon noir, sur papier gris. Signé par l'auteur. 1915. — H. 31. — L. 22.

617 — FRITEL. — *Miss Cavell.* « *Fritel a jugé qu'un tel sujet devait être débarrassé de toute laideur à seule fin de présenter l'héroïque jeune fille sous le symbole des martyrs.* « *La Jeanne d'Arc de 1915* » *est représentée sans attributs d'époque ni rien qui rappelle l'infirmière. Voilée, au front une plaie ouverte de laquelle s'écoule un sang généreux, elle semble dans sa douceur immortelle reposer dans son tombeau.* » (Note de M. Fritel.)
>Burin. Remarque. Épreuve signée par l'auteur. N° 31 sur 125. — H. 41. — L. 30.6.

622 — GARDETTE. — **Généralissime Joffre.** — A cheval, de trois-quarts.
>Reproduction d'un dessin à la plume. 1915. — H. 49. — L. 40.

623 **Général Pau.** — A cheval, de trois-quarts.
>Reproduction d'un dessin à la plume. — H. 49. — L. 40.

624 **Général Joffre.**
>Eau-forte. Signée par l'auteur. — H. 29. — L. 15.

625 à 644 — GATIER. — **Une Liaison.** — Album, portraits ou études de poilus.
>Gravé sur linoléum. — H. 15. — L. 8.

668 — GENNARO (G. de). — **M. Millerand,** *ministre de la Guerre.*
>Dessin à la plume. 1915. — H. 18. — L. 15.

711 — GRÜN. — Le général Joffre, en grand uniforme, le visage tourné vers la gauche.
>Procédé en couleurs. 1915. Épreuve signée par l'auteur. — H. 42.5. — L. 24.6.

813 — JACQUIER (Henry). — Portrait du général Joffre. — « *Une troupe qui ne peut plus avancer devra, coûte que coûte, garder le terrain conquis et se faire tuer sur place plutôt que de reculer.* »
>Joffre. (Ordre du jour du 6/9 1914.)

Le corps est vu jusqu'à la ceinture, les bras sont croisés, la tête est de trois-quarts.
>Photogravure d'après le portrait peint par Henry Jacquier, peintre du Ministère de la Guerre. — H. 39. — L. 33.6.

096 — JONAS. — L'Aumônier Narp.
    H. 33. — L. 23.

0101   Le Soldat Pétrol.
    H. 33. — L. 23.

960 — LANDEKER (phot.). — **S. M. Albert, roi des Belges.** — *Digne soldat d'une vaillante nation.*
Le roi est assis et vu de face.
    Procédé d'héliogravure. Copyright. 1914. — H. 31,5. — L. 21,5.

961   **Field marshal the Rt Hon. Earl Kitchener. P.C.K.P., etc.** — Lord Kitchener est debout, de face ; sa main droite tient le bâton de maréchal.
    Procédé d'héliogravure. Copyright. — H. 31,5. — L. 23.

1017 — LE RICHE. — Monsieur Poincaré. Trois études, face, trois-quarts, profil.
    Héliogravure, tirée en sanguine. Épreuve signée par l'auteur. — H. 39. — L. 64.

1263 — NOÉ. — **S. M. Nicolas II, empereur de Russie.** *(2 août 1914.)* — De face, regardant à droite.
    Photogravure en noir. — H. 25. — L. 17,5.

1262   **S. M. l'impératrice de Russie.** *(2 août 1914.)* — Tournée vers la gauche.
    Photogravure en noir. — H. 25. — L. 17,5.

1258   **S. A. grand-duc Nicolaievitch.** *(2 août 1914.)* — Corps de face, tête tournée vers la droite.
    Photogravure en noir. — H. 25. — L. 17,5.

1261   **S. M. Georges V, roi d'Angleterre.** *(2 août 1914.)* — De face.
    Photogravure en noir. — H. 25. — L. 17,5.

1265   **S. M. la reine d'Angleterre.** *(2 août 1914.)* — Tournée vers la droite
    Photogravure en noir. — H. 25. — L. 17,5.

1259   **Gloire à l'héroïque Belgique. S. M. Albert de Belgique.** *(2 août 1914.)* — Légèrement tourné vers la droite.
    Photogravure en noir. — H. 25. — L. 17,5.

1264   **S. M. Pierre Ier, roi de Serbie.** *(2 août 1914.)* — De face.
    Photogravure en noir. Claude Noé, édit., Paris, 22, rue Saint-Paul. — H. 25. — L. 17,5.

1256 — **S. M. Alexandre de Serbie.** *(2 août 1914.)* — De face.
    Photogravure en noir. — H. 25. — L. 17,5.

1267 **S. M. Victor-Emmanuel, roi d'Italie.** — De face, regardant à gauche.
Photogravure en noir. — H. 25. — L. 17,5.

1260 **S. M. l'empereur du Japon.** *(2 août 1914.)* — De face.
Photogravure en noir. — H. 25. — L. 17,5.

1266 **S. M. le roi de Grèce.** *(2 août 1914.)* — Tête regardant à droite. Corps de face.
Photogravure en noir. — H. 25. — L. 17,5.

1257 **S. A. duchesse de Luxembourg.** *(2 août 1914.)* — Tournée vers la gauche.
Photogravure en noir. — H. 25. — L. 17,5.

1249 **Général Renemkampf.** *(2 août 1914.)* — De face.
Photogravure en noir. — H. 25. — L. 17,5.

1239 **Amiral Jellicoe, commandant en chef de la flotte anglaise.** *(2 août 1914.)* — Tourné vers la gauche.
Photogravure en noir. — H. 25. — L. 17,5.

1254 **Maréchal French.** *(2 août 1914.)* — Presque de face, tenant le bâton de maréchal.
Photogravure en noir. — H. 25. — L. 17,5.

1253 **Lord Kitchener.** *(2 août 1914.)* — De face, tenant le bâton de maréchal.
Photogravure en noir. — H. 25. — L. 17,5.

1245 **Général Foch.** *(2 août 1914.)* [Cliché Pirou.] — Légèrement tourné vers la droite.
Photogravure en noir. — H. 25. — L. 17,5.

1246 **Général Franchet d'Esperey.** *(2 août 1914.)*
Cliché Pirou. Photogravure en noir. — H. 25. — L. 17,5.

1248 **Général Maunoury.** *(2 août 1914.)* [Cliché Pirou.] — Tourné vers la gauche.
Photogravure en noir. — H. 25. — L. 17,5.

1247 **Général de Maud'huy.** *(2 août 1914.)* — Corps de face, tête regardant à gauche.
Photogravure en noir. — H. 25. — L. 17,5.

1242 **Général de Castelnau.** *(2 août 1914.)* — Très légèrement tourné vers la droite.
Photogravure en noir. — H. 25. — L. 17,5.

1244 **Général Eydoux.** *(2 août 1914.)* [Cliché Manuel.] — Tourné légèrement vers la gauche.
Photogravure en noir. — H. 25. — L. 17,5.

1243 **Général Dubail.** *(2 août 1914.)* — De face.
Photogravure en noir. — H. 25. — L. 17.5.

1250 **Général Sarrail.** *(2 août 1914.)* — De face.
Photogravure en noir. — H. 25. — L. 17.5.

1238 **Amiral Boué de Lapeyrère.** *(2 août 1914.)* [Cliché Pirou.] — De face, regardant à gauche.
Photogravure en noir. — H. 25. — L. 17.5.

1255 **Paul Déroulède.** *(2 août 1914.)* [Cliché Pirou.] — Tourné vers la droite.
Photogravure en noir. — H. 25. — L. 17.5.

1269 — GILETTE. — **Their Majesties the king and queen of the Belgians with their children.** (Photo Alexandre, Bruxelles.)
Phototypie en couleurs. Raphaël Tuck and Sons Ltd. London, Paris, New York.
Publishers to theirs majesties the king and queen. Copyright. Printed in England. — H. 23. — L. 16,3.

0420 — PELLUS. — Portrait d'un soldat.
Dessin à la mine de plomb. Signé par l'auteur. — H. 21. — L. 16.

1351 — PETIT PARISIEN. — **L'Héroïne de Loos.** — Émilienne Moreau.
Procédé industriel. — H. 32. — L. 28.

1375 — PORTRAITS PHOTOGRAPHIQUES. — *S. M. Élisabeth, reine de Belgique.*

1372   *Général de Castelnau.*

1373   *Général Gallieni.*

1374   *Généralissime Joffre.*
H. 17. — L. 11.

1430 — PRO PATRIA. — **Les Célébrités de la guerre 1914-1915. Turpin.** — « *Turpin a droit à la reconnaissance de tous les Français comme inventeur de la mélinite...* »
Photogravure. — H. 27. — L. 41.

1662 — S. H. AND C°. — *In memoriam nurse Edith Cavell, who died for her country. At Brussels, octobre 12, 1915.*
Procédé photographique. Published by S. H. and C°, Ltd, London. — H. 45,5. — L. 33.

1713 — TAMAGNO. — **Albert I**^{er}**, roi des Belges.** *1914-1915.* — Tête de face, buste.
<small>Lithographie. Imp. P. Legeay, 18, rue Chapon, Paris. — H. 61. — L. 46.</small>

1714   **Feld-marechal French.** *1914-1915.* — Tête presque de face, buste.
<small>Lithographie. Imp. P. Legeay, Paris. — H. 57. — L. 44.</small>

1715   **Général Joffre,** *1914-1915.* — Trois-quarts. Tête tournée à gauche, buste.
<small>Lithographie. Imp. Legeay, Paris. — H. 57. — L. 44.</small>

1729 — THIERS. — **Le Patriote Paul Déroulède qui sauva l'idée de la revanche.** — *Enfin !*
<small>Photogravure. 1914. B. M. Chasseirat, édit., Paris. Société des établissements Minot, Paris. Remarque à gauche. — H. 27. — L. 18.</small>

IMAGERIE
JEUX — LIVRES D'ENFANTS

A. DEVAMBEZ. — **Le Retour de la patrouille.**

(L'original fait partie de la collection Henri Lavedan.)

IMAGERIE D'ÉPINAL

L'HUMOUR ET LA GUERRE 1914-1915

N° 85 — *Le Trophée du Kronprinz.* — Paroles de Jules Célès, illustrations de O'Galop. Notation d'une ronde populaire. 8 compositions. — H. 40,5. — L. 30,5.

N° 86 — *Pour échapper aux Cosaques.* — Chanson de marche sur l'air populaire : *Il court, il court le furet.* Notation de cette ronde. 11 compositions. Paroles de Jules Cérès, illustrations de O'Galop.

LA GUERRE 1914-1915
EN IMAGES A COTÉ HUMORISTIQUE

N° 86 bis — *La Princesse Zirtanomelapowska.* — Texte et dessins de O'Galop. — Pellerin et Cie, imp.-édit.

LA GUERRE 1914-1915 EN IMAGES, FAITS, COMBATS, ÉPISODES, RÉCITS

N° 87 — *Le Dieu Thor, le plus barbare d'entre les barbares divinités de la vieille Germanie.* — Composition de F. Clasquin.

N° 87 bis — *Pour le 55e anniversaire de sa naissance, Belgique, France, Angleterre, Russie, Serbie, La Kolossale Germania lui présente, disposées en un Kolossál bouquet, les plus belles d'entre les fleurs de Ses parterres de Haute « Kultur » que ses généraux n'ont pas regardé à faire faucher, par dessus tant d'autres, en vue de l'exceptionnelle circonstance... sous l'œil de ses deux complices : François-Joseph, qui en demeure tout gaga, et le Sultan, qui s'en mord les doigts.* — Composition de O'Galop.

N° 88 — *Herr Doctor ou von Kolossaligan : tous pareils! Colosses... en tant que gonflés d'orgueil et de cochonnade, surtout saligauds.* — Composition de O'Galop.

N° 88 bis — *Informations et démentis à la façon de barbarie ou la vérité allemande.* — 7 compositions de O'Galop.

N° 89 — *L'Attila du XX⁰ siècle et ses hordes. Quelques-uns de leurs crimes de Lèse-Humanité.* — Vues de la Bibliothèque et de l'Église St-Pierre, de Louvain; de la Cathédrale de Reims; de l'Hôtel de Ville et du Beffroi d'Arras. — Dessins de F. Clasquin.

N° 89 bis — *L'Attila du XX⁰ siècle et ses hordes. Quelques-uns de leurs crimes de Lèse-Humanité.* — Vues d'Albert (Somme); Raon-l'Étape (Vosges); d'Ypres, avant et après les désastres. — 4 compositions de F. Clasquin.

N° 90 — *Pendant et après la bataille de la Marne. Les Marais de Saint-Gond. Après la victoire.* — 2 compositions de O'Galop.

N° 90 bis — *Glorieux épisode de la bataille de la Marne : La prise du drapeau du 36ᵉ régiment de fusiliers prussiens par le 298ᵉ d'infanterie le 7 septembre 1914. Après la victoire de la Marne, les 9 drapeaux pris aux Allemands exposés aux Invalides.* — 2 compositions de O'Galop.

N° 91 — *Tactique allemande!!! Une ruse de guerre bien teutonne.* — 2 compositions de O'Galop.

N° 91 bis — *Chez eux et chez nous.* — 2 compositions de O'Galop.

N° 92 — *Nos vaillants alpins « les diables bleus ».* — 2 compositions de O'Galop.

N° 92 bis — *Les Cuistots.* — 3 compositions de O'Galop.

N° 93 — *La Guerre sur les flots : deux importants succès anglais. La fin de l'Emden. Combat naval des îles Falkland ou Malouines.* — 2 illustrations de G. Bigot.

N° 94 — *Les Grands moyens de guerre allemands : gaz asphyxiants et obus lacrymatoires. Jets de liquides enflammés.* — 2 compositions de O'Galop.

N° 94 bis — *L'Allemagne se dit et veut être « au-dessus de tout ».* — 3 compositions de O'Galop.

N° 95 — *Roland Garros, gloire de l'aviation française. L'un de ses derniers exploits.* — 2 illustrations de O'Galop.

N° 95 bis — *La Guerre dans les airs. Brillante prouesse de l'aviateur Gilbert.* 2 illustrations de G. Bigot.

N° 95 ter — *La Guerre dans les airs. Trois hauts faits du célèbre aviateur Pégoud*. — 4 compositions de G. Bigot.

N° 96 — *La Guerre de tranchées. Avant et pendant l'assaut*. — 3 compositions de O'Galop.

N° 96 bis — *A la jeune France. Lettre de soldat écrite par un adjudant d'infanterie aux fillettes d'une école primaire, qui lui avaient envoyé de menus cadeaux pour ses hommes*. — 5 dessins de Morinet.

N° 96 ter — *Nos bons généraux*. — 6 dessins de Morinet.

N° 97 — *Sur le front, en première ligne. En retrait : le temps de décorer un drapeau*. — Une composition centrale entourée de 5 autres compositions.

N° 100 — *Gloire à nos braves poilus !* — 11 compositions de Morinet.

N° 115 — *Nos jeunes héros. Mort héroïque du petit Émile Després*. — 6 dessins de Morinet.

IMAGERIE D'ÉPINAL — SOLDATS

Pellerin et Cie, édit.

N° 564 — *Infanterie italienne. Tenue de guerre*. — 4 rangées de 8 soldats. A. Bognard, dél.

N° 591 — *Infanterie anglaise. Tenue de guerre*. — 4 bandes de 8 soldats. A. Bognard, dél.

N° 715 — *Infanterie allemande, au port d'arme. Tenue de campagne*. — 4 bandes de 8 soldats. A. Bognard, dél.

N° 716 — *Infanterie allemande, au port d'arme. Tenue de campagne*. — 6 bandes de 11 soldats. A. Bognard, dél.

N° 717 — *Musique d'infanterie allemande. Pas de parade. Tenue de campagne*. — 4 bandes de 4 soldats. A. Bognard, dél.

N° 718 — *Infanterie allemande, tenue de campagne, défilant au pas de parade*. A. Bognard, dél.

GENRE SUPÉRIEUR HORS GROUPES

Le *152e Poilus 1914-1915*, par Hansi. 4 rangées de soldats et une *explication pour les petits garçons de France*. — H. 46. — L. 35.

IMAGERIE D'ÉPINAL — SÉRIE DE GUERRE
GRANDES CONSTRUCTIONS

Pellerin et Cie, édit.

N° 1 — *La Garde-robe du Kaiser*. — 15 compositions. — H. 39. — L. 50.

N° 2 — *L'Oiseau de proie*. — 8 compositions.

N° 3 — *Les Français en Alsace*. — 29 compositions.

N° 4 — *Le Domino des Alliés (se joue comme les dominos ordinaires)*. — 17 compositions.

N° 5 — *Aspect de la tranchée*. — F. Clasquin. Avril 1915.

N° 6 — *Sur le front : les Poilus de 1914-1915*.

N° 7 — *Italiens, bersagliers et chasseurs alpins combattant dans le Trentin*.

N° 8 — *Une Revue sur le front où le général Joffre remet des décorations devant le Président de la République et le Ministre*.

N° 9 — *Notre merveilleux 75 : La terreur des boches (le canon français à tir rapide de 75 millimètres est dû à la collaboration du colonel Deport, du général Sainte-Claire Deville et du général Langlois)*.

N° 10 — *Le Carrousel des petits Alliés*.

N° 11 — *L'Héroïque résistance des Belges*.

N° 12 — *Une attaque à la Baïonnette*.

N° 13 — *Nos poilus dans la forêt d'Argonne*.

N° 14 — *Une ambulance sur le front*.

N° 15 — *Une salle d'ambulance de la Croix-Rouge*.

N° 16 — *Son vieux bon Dieu en 5 personnes à bascule ou plutôt à... bouscule!... ainsi soit-il!*

N° 17 — *Le Poilu-type pour adaptation de quelques-unes de ses si diverses physionomies, dont celle du grand chef, le « Poilu des poilus »*.

IMAGERIE D'ÉPINAL
GENRE ASSIMILÉ A GRANDES CONSTRUCTIONS
PERSONNAGES A ASPECT COMPLET

N° 2035 — *Infanterie de ligne. Tenue de campagne*. — Une bande de 8 soldats à cheval et 2 bandes de 12 soldats.

N° 2036 — *Infanterie de ligne en action. Tenue de campagne.*

N° 2036 bis — *Infanterie française avec casques et engins de tranchées.*

N° 2037 — *Nos alpins, les diables bleus aux avant-postes.*

N° 2038 — *Artillerie alpine en action.*

N° 2039 — *Nos braves marsouins (fusiliers-marins). Les héros des âpres luttes de Belgique et du Nord.*

N° 2040 — *Infanterie allemande au combat.*

N° 2041 — *Chasseurs allemands au combat. Tenue de campagne.*

N° 2044 — *Infanterie autrichienne au combat. Tenue de campagne.*

N° 2045 — *Infanterie italienne en action.* — 3 bandes de 8 soldats.

N° 2046 — *Bersagliers et chasseurs alpins au combat.*

N° 2047 — *Fantassins anglais et écossais au combat.* — 2 bandes de 8 soldats et 1 bande de 10 soldats.

N° 2049 — *Infanterie russe au combat. Tenue de campagne d'été.* — 3 bandes de 8 soldats.

N° 2080 *Infanterie belge au combat. Anciennes tenues et nouvelles tenues (kaki).* — 3 bandes de 8 soldats.

IMAGERIE D'ÉPINAL — SÉRIE DE GUERRE
MOYENNES CONSTRUCTIONS

Pellerin et Cie, édit., à Épinal. — H. c., 30. — L. 40.

N° 1 — *Les Zeppelins sur Paris.*

N° 2 — *Messe célébrée sur le front.*

N° 3 — *La Maison du Passeur, modeste demeure désormais célèbre à raison de nombreux et furieux combats par lesquels sa possession, vu l'importance de sa position stratégique, fut si terriblement disputée.*

N° 4 — *Un camp hindou.*

N° 5 — *Tableaux humoristiques à animer à l'aide des doigts : danse écossaise; l'empereur gaga; le bain de pied du poilu; le nez de Guillaume.*

N° 6 — *Le Délassement des tranchées et le divertissement des petits poilus des deux sexes. Cartes à transformations, faites pour exécuter un tour de prestidigitation.*

N° 7 — *Les Marionnettes du pantin.*

N° 8 — *Le Kronprinz, le pantin boche.*

N° 9 — *Kamerad!*

N° 10 — *Un foudre de bière.*

N° 11 — *Les Gaz asphyxiants, initiative allemande dans les procédés de guerre!*

N° 12 — *Leurs têtes!!! Le maître et ses valets : Mohamed V, sultan; François-Joseph; Guillaume II; le Kronprinz; Cobourg-boche.*

N° 13 — *A l'État-major du général Joffre.*

GENRE ASSIMILÉ A MOYENNES CONSTRUCTIONS SOLDATS A ASPECT SIMPLE ET COMPLET

Pellerin, imp.-édit., à Épinal. — H. 30. — L. 40.

N° 1 — *Infanterie allemande au pas de parade dit « Pas de l'Oie ». 17 figures en trois rangées.*

N° 2 — *Cambriolage militaire. Les déménageurs* (aspect simple).

COLLECTION PATRIA. — CONSTRUCTION DE LA GUERRE 1914-1915

Édit., 3, rue de Rocroi, Paris.

N° 1 — *Pièce d'artillerie lourde de 155 long. Artilleurs, canons, affûts, attelages. 28 images sur 4 bandes.*

N° 2 — *Un Camp indien. 21 pièces.*

N° 3 — *Une Tranchée anglo-belge. 18 pièces.*

N° 4 — *Une Ambulance aux avant-postes. 24 pièces.*

N° 5 — *Grades et décorations.*

N° 6 — *Le Képi français*, offert par le Bouillon « Oxo ».

N° 7 — *Le Bonnet belge.*

N° 8 — *La Casquette anglaise.*

N° 9 — *La Casquette russe.*

N° 10 — *La Maison du Passeur. 28 éléments.*

N° 11 — *Russes contre Turcs.*

N° 12 — *Section de mitrailleuses. Soldats et mulets.*

N° 13 — *Le Grand Quartier général établi dans une ferme abandonnée.* Officiers, soldats, chevaux, autos, etc.

N° 14 — *L'Auto blindée.* Auto, motocyclette, cavaliers, etc.

N° 15 — *Charge de cuirassiers.* 12 cavaliers.

N° 16 — *Charge à la baïonnette en skis.* 24 soldats.

N° 17 — Italienne. Russe. Écossaise. Flamande.

N° 18 — Alsacienne. Infirmier, Toilette de ville, Infirmière anglaise.

N° 19 — *Jeanne d'Arc*, poupée mannequin. Jeanne bergère. Jeanne en costume de prisonnière. Jeanne en costume de guerre.
H. 29. — L. 59.

N° 20 — *Armée italienne*, hommes et cavaliers.
H. 29. — L. 59.

N° 21 — *Le Véritable aéroplane blindé.*

N° 22 — *La Prise des Éparges.*

N° 23 — *L'Armée boche.* Infanterie, artillerie, uhlans.
H. 29. — L. 59.

N° 24 — *Débarquement aux Dardanelles.* Navires, canots, troupes.
H. 29. — L. 59.

N° 25 — *Une Victoire en Champagne* (25 septembre 1915).

N° 26 — *Le Sous-marin français*, pièces du navire, marins, etc.

LA GUERRE SUR LA TABLE
M. A. déposé. — H. 33. — L. 52.

N° 1 — *En Argonne* (village bombardé) d'après documents photographiques.

N° 2 — *Le Fort d'Anvers.*

PRO PATRIA. — *Éditions H. Bouquet, Paris.* SOLDATS A DÉCOUPER. *Support breveté S.G.D.G. Nos Soldats « PRO PATRIA » à support breveté imprimés en couleurs des deux côtés (face et dos) se tiennent debout. Ni assemblage, ni collage, simplement un découpage, un pliage.*
H. 39. — L. 25.

Pl. 1 — *Infanterie, armée française.* 25 soldats ou groupes en 5 rangées.

Pl. 2 — *Artillerie, armée française*. 26 artilleurs et 1 canon en 4 rangées.

Pl. 3 — *Infanterie, armée anglaise*. 30 soldats en 5 rangées.

Pl. 4 — *Colonies, armée anglaise*. 13 soldats et 7 cavaliers en 4 rangées.

Pl. 5 — *Ambulances, armées françaises*. 4 rangées.

Pl. 6 — *Écossais, armée anglaise*. 27 soldats en 4 rangées.

Pl. 7 — *États-majors français, anglais, belge*. 4 rangées.

Pl. 8 — *Artillerie, armée française*. 19 soldats, 4 canons dont 1 attelé en 4 rangées.

Pl. 9 — *Les Boches*. 4 rangées de soldats.

Pl. 10 — *Alpins, armée française*. 24 soldats et 3 mulets, en 4 rangées.

Pl. 11 — *Fusiliers marins*. 33 soldats, 1 auto, 1 motocyclette, en 5 rangées.

Pl. 12 — *Marine, armée navale française*. 15 images de navires, canots, bouées, etc.

Pl. 13 — *Train sanitaire, armée française*. Soldats blessés, assistants, trains, etc.

Pl. 14 — *Gare d'évacuation, armée française*. Blessés, servants, wagons, gare, etc., en 4 rangées.

Pl. 15 — *Zouaves, armée française*. 34 soldats et 1 chien, en 5 rangées.

Pl. 16 — *Ravitaillement, armée française*. Autos, camions, soldats, etc., en 4 rangées.

Pl. 17 — *Génie, armée française*. 37 soldats en 5 rangées.

Pl. 18 — *Tirailleurs, armée française*. 32 soldats, tentes, etc., en 4 rangées.

Pl. 19 — *Télégraphie, Téléphonie, T.S.F.* 12 compositions.

Pl. 20 — *Infanterie coloniale, armée française*. 42 soldats, en 4 rangs.

IMAGERIE DE PARIS

G. Gérardin, imp.-édit., 178, quai de Jemmapes. — H. 32. — L. 50

N° 14 — Les Monuments de la glorieuse Belgique. La porte d'Ostende, à Bruges.

N° 15 — Pont de bateaux sur l'Yser.

N° 16 — La Flotte alliée dans les Dardanelles.

Nos boys-scouts. Vie de nos éclaireurs en campagne. Groupes et sujets découpés. Support breveté H. B., Paris, 26×33.

La Loterie des Poilus. 80 n°s à découper, G. Gérardin, imp.-édit, 118, quai de Jemmapes, Paris, 49×32.

Le Piquet des Tranchées. Jeu de 32 cartes à découper pour nos enfants, pour nos soldats. Guerre de 1914. Imp. Eugène Verneau, H. Chachoin, succr, 24,5×31.

Découpage. Construction. Jeu des tranchées. Tir d'appartement. Ch. de Busly, del. Paris, J. Pitault, édit., 5, rue de la Banque, 35×67.

Les Ombres de la revanche, 1914. 15 planches à découper. Paris-Limoges, Imp. Guillemot et de Lamothe, 28×38.

La Transformation des Boches en 52 tableaux, dessins de Benjamin Rabier. Vve Hayard, édit., Paris, plié 9,5×14,5.

200 drapeaux, environ 17 douzaines, pour suivre les opérations de la guerre. France, Russie, Angleterre, Belgique, Serbie, Japon, Monténégro, Italie, Grèce, Allemagne, Autriche, Turquie. — Eug. Cuoci, boul. de la Magdeleine, 215, Marseille.

H. 24. — L. 32.

JEUX D'ASSEMBLAGE A DÉCOUPER

Nos Bêtes et la Guerre. G. Vignal, del., 1914. Ad. Lasnier et Cie, édit., Paris, 156, faub. St-Martin et 16, rue Marie-et-Louise.
H. 46. — L. 32.

Pl. 1 — « *Pourquoi pleures-tu?*
» *Le Kronprinz m'a volé mon terrier.* »
Deux lapins se font des confidences.

Pl. 2 — « *Appeler cette abominable parade « Le pas de l'Oie! » Quelle injure pour notre race!* »
Indignation des oies en voyant marcher une escouade allemande.

Pl. 3 — « *Ah! les goinfres, ils ont bouffé notre pâtée!* »
Des Allemands quittent la ferme, et les cochons constatent qu'ils ont vidé leur auge.

Pl. 4 — « *On les appelle « vaches », protestons énergiquement.* »
Les vaches véritables n'admettent pas qu'on applique aux boches leur nom estimé.

Pl. 5 — « *Constatez qu'ils filent plus vite que moi.* »
Un lapin jalouse la rapidité de leur fuite.

Pl. 6 — « *Comme les canards de l'Agence Wolff ne les nourrissent pas, c'est nous qu'ils veulent manger.* »
Maîtres canards de se sauver à toutes pattes!

Pl. 7 — « *Faisons bien attention, ma chérie, car les boches crèvent de faim.* »
Chats et chattes, conférant dans les gouttières, manifestent quelque inquiétude.

Pl. 8 — « *Zut, j'en ai assez, je fiche le camp de ses casques.*
» *Et moi de ses drapeaux.* »
Aigles et vautours ne veulent plus rien avoir de commun avec les allégories boches.

ALBUMS DE PLANCHES A DÉCOUPER

90 sujets, 180 aspects. Les plus artistiques. Pour le droit! pour l'honneur!

H. 32,5. — L. 49.

N° 1 — *Cette estampe artistique et documentaire est la deuxième* (sic) *d'une série du « Plus beau souvenir pour nos enfants »*.
Britain! What thou wert, Thouart! Soldats anglais et écossais combattant.

N° 2 — *Cette estampe ... est la deuxième*, etc. L'armée des Belges. Eendracht maakt macht. « *Gallorum omnium fortissimi sunt Belgae* » (J. César, COMMENTAIRES).

N° 3 — *Cette estampe ... est la troisième*, etc. L'armée des Russes 1914-1915. Ranvier-Chartier.

ALBUMS A COLORIER

Album à colorier. Les Grands faits en petites images. N°s 1 et 2. F. Lafon, del. Lasnier, édit., 1914.

H. 16,5. — L. 23,3.

Les Petits soldats de bois. Album à colorier. 8 cahiers. Rainaldi, del. Maison de l'Édition, 156, faub. St-Martin.

H. 19. — L. 28.

Dessins de soldats, par R. de la Nézière. Hachette et Cie. Dessinons des soldats.

H. 34. — L. 27,3.

JEUX

— **Boîte de soldats** en carton découpé. — H. 32. — L. 36.

— **Jeu de la Bombarde**. Imp. Bouquet, Paris. — H. 42. — L. 34

— **Jusqu'au bout**. — *Nouveau jeu de la guerre de 1914* (imité du jeu de l'Oie). Aux angles de la feuille cartonnée, on lit ces inscriptions :
    1º **Peints par eux-mêmes**. « *Les Prussiens sont vraiment cruels, mais la civilisation les rendra féroces.* » Goethe (1809).
    2º **Extrait d'une lettre du duc de Wellington à sa mère**. « *Je puis vous assurer que du général allemand jusqu'au plus petit gamin jouant le tambour dans leur légion, la terre n'a jamais gémi sous une telle bande d'assassins, d'infâmes scélérats. Ils assassinèrent, volèrent, maltraitèrent les paysans partout où ils allèrent.* »
    3º *La Civilisation a une grande dette envers la Belgique, elle lui doit peut-être de subsister.*
    4º *Les Alliés sont la Force du droit contre le Droit de la force.* Lasnier, éd. — H. 32. — L. 42.

— **Notre Joffre** (imité du jeu de l'Oie). Delohys, 63, rue Damrémont, Paris. — H. 32. — L. 48.

— **Le Petit soldat articulé**. Dessin de H. Zo. — H. 32. — L. 25.

— **Le Tacticien**. Jeu stratégique. Inventeur et éditeur Eug. Petiot, 61, rue Servan, Paris. — 1º La carte du champ de bataille entourée par le texte des explications.— 2º La carte du champ de bataille collée sur carton octogone. — H. 51. — L. 33.

— **La Transformation des « boches »** en 52 tableaux.

— 4 devinettes : Il fait un nez. — Où est le 5ᵉ ? — Où est le général Joffre ? — Où est le 75 ?

— 40 devinettes.

— Sénégalais étranglant un soldat boche.

— 6 guérites, soldats alliés.

— 1 boite de dominos.

— Jeux de patience : 1º Le général Joffre.— 2º La prise de Dixmude.

— Soldat boche levant les bras et criant : « Kamerad ! ».

— Jeu des tranchées.

— 4 silhouettes en carton : Guillaume, François-Joseph, un Tommy, un tirailleur sénégalais.

— 10 Alsaciennes, silhouettes en bois contenues dans une boite.

PETITE BIBLIOTHÈQUE DE LA GRANDE GUERRE

1 — **1914-1915**. — Texte de Pascal Forthuny. Dessins de Maurice Neumont.

2 — **Eux et nous**. — Texte de Gustave Le Rouge. Dessins de J.-F. Bernard-Dumay.

3 — **Graine de Héros**. — Texte de Pascal Forthuny. Dessins de F. Fabiano.

4 — **La Guerre et l'enfant**. — Poésies et Texte d'Edmond Teulet. Dessins de W. Janko.
« Les dessins de W. Janko illustrant ce fascicule sont
« publiés en **album**, avec préface d'Edmond Teulet. Cet
« album sous couverture, mesurant 40×30 c., est imprimé en
« couleurs, sur papiers riches, et relié par un cordonnet de
« soie. En vente chez tous les libraires. »

5 — **Les Heures d'une sentinelle**.— **Ceux du front**. — Texte de Henri Rainaldy. Dessins de Alfred Hoën.

6 — **Nos bêtes et la guerre**. — Texte de Gustave Le Rouge. Dessins de G. Vignal.

7 — **Nos gosses et la guerre**. — Texte de Gustave Le Rouge. Dessins de V. Spahn.

8 — **Pages glorieuses**. — Texte de Pascal Forthuny. Dessins de F. Fabiano.

9 — **Pro Patria**. — Texte de M. d'Argenton. Dessins de P. Loubère.

10 — **Sourires et coups de sabre**. — Poésies de Hugues Delorme. Dessins de d'Ostoya.

Maison de l'Édition, 16, rue Marie-et-Louise, et 156, faubourg Saint-Martin, Paris. — H. 24,5. — L. 16.

LIVRES POUR ENFANTS

Histoire de deux petits Alsaciens pendant la guerre, par Lisbeth. Paris, Berger-Levrault, Nancy, 1915. In-4° 32×26. 28 p. Prix 5 fr.

Alphabet de la grande guerre. — Texte et dessins de Hellé. Paris, Berger-Levrault, 1915. In-4° 32×25. Prix 5 fr.

En guerre. — Texte et images de Charlotte Schaller. Berger-Levrault, édit., 5, rue des Beaux-Arts, Paris. 33 p. 21,5×25.

Le Petit Bé et le vilain boche. — Texte de Serrie-Heim, dessins de J. Fontanez. Paris, Delagrave, 15, rue Soufflot, 1915. In-4°, 28 p. 34×28.

Tricoti-Tricota. — *Dédié aux Tricoteuses de France. V'la qu'arrive Joff'e. En l'honneur du 75, crevez les boches que vous pourrez. Dédié aux poilus.* — Texte et dessins par Ch. Moreau-Vauthier. 1915. Paris, Jouve et Cie, 15, rue Racine. In-8° oblong. 19×28.

L'Ogre boche. — Texte et dessins par Moreau-Vauthier. Paris, Jouve et Cie, 1915. In-8° oblong. 19×28.

Mon Journal pendant la guerre 1914-1915. — Cartes au jour le jour pour marquer soi-même les opérations, éphémérides de guerre et journal. Paris, Berger-Levrault, 1915. In-8° oblong. 28×22.

Carnet de route du soldat Fritz Bosch, illustré par J. Robinet. Paris, Berger-Levrault, 1915. In-8° oblong. 48 p. 16×24. Prix 1 fr. 50.

Histoire d'un brave petit soldat. — Texte et images par Charlotte Schaller. Paris, Berger-Levrault. In-4°, album 24,5×32.

La Classe de 1925. — Texte de G. Le Cordier, dessins de J. Fontanez. Paris, Delagrave. 1915. In-4°. 28 pages. 34×28. Prix 3 fr. 90.

La Jeunesse héroïque. Histoires vraies. — Préface par Edmond Haraucourt. Paris, F. Lointier, 1915. In-4°. 78 pages. 32×25. Prix 7 francs.

La Petite fille de Thann, par Mme Hermet. Paris, Hachette et Cie, 16 p. in-8°. 26×21.

Leurs caboches, leurs uniformes. — 20 types allemands. Édité par Ollendorf. 1re série.
2e série. — 20 estampes. 16×16. Prix, chaque série, 2 fr. 50.

BILLETS DE SATISFACTION. 1914-1916

L'Héroïsme de nos instituteurs. — 8 estampes en couleurs, genre Épinal, dessinées par Tanko. Texte au verso.

Graine de héros. L'Enfance héroïque : François Ratto, Gustave Chatain, André Lange, Émile Després, Aimé Agélot, André Guédé, Talhouet. Dessins par Fabiano, texte au verso. Ad. Lasnier et Cie, édit., 16, rue Marie-et-Louise, Paris. — H. 13. — L. 16,5.

100 Bons Points. La Grande guerre chez nos alliés. 1re série, 2e série. Kaufmann, del. Paris, Fernand Nathan, édit. — H. 7. — L. 11

PROGRAMMES

Représentations théâtrales et musicales au profit d'Œuvres de guerre.
Année 1915.

Casino de Paris. — Dimanche, 4 novembre. Matinée organisée par le *Comité belge* (142 rue Montmartre), au profit du *Secours de guerre* (œuvre des gardiens de la paix de Saint-Sulpice), des *Œuvres de guerre russes et du Monument à la mémoire de miss Cavell*. En tête, une composition lithographiée par Steinlen : Soldat allemand debout sur le corps nu et ligoté d'une femme gisant évanouie à côté de son enfant assassiné. Sous l'énoncé du programme, deux compositions par L. Huygen (?). Édition « La Guerre », 111, avenue Victor-Hugo. Imp. H. Chachoin, 108, rue de la Folie Méricourt. 38, 5×28.

Comédie-Française. — Samedi 24 avril. Matinée au bénéfice des Œuvres de guerre. (Éclopés, blessés ou malades, mutilés des armées de terre et de mer, réfugiés, etc.) Sur la couverture, composition par Léonce de Joncières. Publication Gonzalez, 31, boulevard Bonne-Nouvelle. Imp. Carjeanne, 21, boulevard du Temple. 30×22.

Samedi, 8 mai. Répétition générale de Colette Baudoche, donnée au bénéfice des Victimes de la guerre en Alsace-Lorraine. (Comité : 23, rue d'Artois.) Sur la couverture (verso), *Rouget de l'Isle chante la Marseillaise chez le maire de Strasbourg*, par Hansi. Imp. Kapp., Vanves. 34×25.

Vendredi, 25 juin. Matinée donnée par l'Opéra et la Comédie-Française, au bénéfice des soldats aveugles. Couverture : composition par Lévy Dhurmer. Rep. art. L. Marotte. 33×25.

Samedi, 20 novembre. Matinée exceptionnelle pour les héros de l'air. Dessin offert par Forain. Édité par les publications Willy Fischer, 94, rue de la Victoire. Imp. Robert, 77, rue Rochechouart. 31×25.

Hôpital auxiliaire 87. — 17 octobre. Concert organisé par les blessés, au profit de l'orphelinat Mentienne ; créé par la Société d'enseignement moderne, pour les fillettes des soldats tombés au Champ d'honneur. Composition lithographiée par Steinlen : Femme charitable recueillant des enfants. Imp. Chachoin. 38,5×28.

Hôpital de la Pitié. — 24 décembre. Matinée-concert. Composition en couleurs, par André Devambez. Arbre de Noël : *Le Père Noël n'oublie pas les Poilus du service 7*. Sur le verso, le programme est écrit à la main. 25×32.

Palais du Trocadéro. — 14 janvier. Concert au profit de nos compatriotes réfugiés à Paris. Le Comité des réfugiés du Pas-de-Calais. Composition par A. Mayeur : Bombardement et incendie du beffroi d'Arras. Imp. Lapina. 33×25.

Dimanche, 7 février. Gala au bénéfice des Lettres. Composition décorative et symbolique, par Armand Ségaud. Héliogravure rehaussée d'or. Imp. Marcel Picard. 32×24.2.

Samedi, 13 mars. Le Gala des Étoiles, deuxième matinée au profit des Lettres et professions libérales. Semblable au programme du 7 février.

Samedi, 1er mai. Deuxième matinée offerte par les artistes de Paris aux blessés militaires. En première page, une composition par Maurice Neumont : *Présent !* Hors texte, une composition en couleur par George Scott : *A nos héros*. Devambez. 33×24.

Dimanche, 16 mai. France et Belgique. Gala organisé au profit de l'Assistance aux réfugiés (Cirque de Paris), du Comité de Secours aux Réfugiés (salle Wagram) et de l'OEuvre du Tabac pour la nouvelle armée belge. Composition par Steinlen. Imp. Chachoin. 46,5×32,2.

Dimanche, 26 décembre. Matinée au profit des œuvres : la Bourse du Grand-Père, la Cassette de la Reine Élisabeth. — Afin de donner de belles étrennes aux soldats de France et de Belgique. — Couverture, composition par Abel Faivre, et signée au crayon bleu : Grand-Père Noël, 1915. Imp. Devambez. 42,5×31.

Salle des « Charmettes », à Barbizon (S.-et-M.). — 8 août. Pour les Blessés et Convalescents. En couverture, une composition par Victor L... Offert par Devambez. 27×21.

Dimanche, 5 septembre. — Deuxième matinée pour les Blessés et les Convalescents. En couverture, un dessin par Abel Faivre. Devambez, imp. 35×26.

Salle des Concerts du Conservatoire. — Mardi, 18 juillet. Concert donné au bénéfice de la Caisse de secours de l'Association nationale des anciens élèves du Conservatoire. Couverture, composition par Abel Faivre. Devambez, gr. 31×23.

Salle Gaveau. — 25 mars. Concert au profit du Bureau de Bienfaisance de Reims et des artistes musiciens rémois actuellement à Paris. Couverture, recto : cathédrale de Reims ; verso : la cathédrale le 19 septembre 1914 (15 h. 30) ; la cathédrale, le 22 septembre 1914. Matot, imp., 2, place du Palais-de-Justice, Reims. Provisoirement : 18, rue Milton, Paris. 28,5×14,5.

4 décembre. Concert organisé par l'Orphelinat des Arts, au bénéfice de son vestiaire de soldats, de réfugiés et d'artistes. En couverture, composition par Steinlen. (Imp. Chaix). 34×27.

Salle Victor Poirel. — Dimanche, 14 février 1915. Séance donnée au profit des soldats et réfugiés belges, par le Comité belge de bienfaisance de Nancy. Couverture, une composition : *Pour la Belgique héroïque et martyre*, par V. Prouvé. Photogravure. Nancy, lith. Berger-Levrault et Cie. 33,2×25.

Société belge de bienfaisance de Nancy. — 2 mai 1915. Matinée-Concert Franco-Belge. Au verso, du feuillet : les drapeaux alliés et les armes belges. Procédé en couleur. Paris-Nancy, imp. Berger-Levrault. 32×25.

Théâtre Sarah-Bernhardt. — Matinée au bénéfice de l'escadron de l'Union des Sociétés de préparation militaire de France. Couverture : un élève de Saumur à cheval, par L. Abbema. 28×22,5.

Trianon Lyrique. — Du jeudi 23 au vendredi 31 décembre. Fils d'Alsace. Programme en forme de triptyque, composition par J. Encel. Pétry, imp., 47, rue Doudeauville, Paris. 13×24.

EXPOSITIONS ET ŒUVRES (1915)

Exposition Ch. Fouqueray. — Galerie Devambez, du 10 au 25 novembre 1915. Couverture avec lithographie par Ch. Fouqueray. 27×16.

Exposition du Cercle de la Librairie. — La Guerre 1914-1915 par le livre et l'image. De juillet à octobre. Carte d'entrée pour une famille. A droite, un soldat assis et lisant un livre, par Henri. 8×12,2.

Œuvre de guerre des Colonies de vacances. — Couverture avec dessin (photogravure en couleurs) et hommage à l'Œuvre, par Géo Doria.

Au profit de l'Ambulance pour les chevaux de guerre blessés ou malades. Tête de cheval en haut, à gauche (photogravure). 23×17.

COMITÉ DE L'OR ET DES BONS DE LA DÉFENSE NATIONALE

Pour la Défense Nationale. — Image genre Épinal, 12 vignettes en couleurs. Édit. A. Bodard. Imp. de Montsouris, P. Orsoni, directeur, 7, rue Lemaignan, Paris.

LOTERIE

Journée des Éprouvés de la Guerre. — Loterie organisée par le Syndicat de la Presse, en faveur des porteurs de 29 ou 30 vignettes. N° D. 137. (Imp. Chaix.) Trésorier : Arth. Meyer. Président : Jean D.

JOURNÉES

Journée belge. — Une épée.

Journée du Calvados, 15 août 1915. — Insigne en carton aux Armes de Normandie.

Journée des Éprouvés de la Guerre. — Insigne en carton pour les Commissaires, composition allégorique par Luc-Olivier Merson. Pochette en papier décorée de la même composition.

Journée française. — Secours national 1915. Estampages sur feuilles de métal couleur or, couleur argent. Drapeau tricolore en étoffe. Drapeaux en carton portant écussons de Lorraine, d'Alsace, de Champagne, de Flandre, de Picardie, de l'Artois, de l'Ile-de-France. Drapeau italien. Drapeau japonais.

Journée de la Nièvre, 22 septembre 1915. — Deux insignes en carton aux Armes du Nivernais.

Journée de l'Orne, 17 octobre 1915. — Deux insignes en carton. Devambez.

Orphelinat des Armées. — Estampage sur lamelle de cuivre et feuille de papier, d'une composition représentant une femme accroupie, serrant son enfant dans ses bras. (Lalique.) Petits drapeaux en papier.

Œuvres des Orphelins des P. T. T. — Lamelle de métal estampée. Un facteur, suivi d'un enfant, fait son service dans Reims bombardée et incendiée.

Journée de Paris, 1914-1915. — Médailles simili or, argent, bronze : un canon 75. Broche en bronze : un coq sur un canon. Médaille : Rouget de l'Isle, 1792-1915.

14 Juillet 1916. — Insigne des Commissaires : carton découpé en forme d'écu français ancien, partie azur et gueules, avec les Armes de Paris en pointe. Un insigne rond, en carton : un coq sur les trois couleurs tiercées en fasce. Insigne en carton : vaisseau flottant. (L'éditeur voulait représenter les Armes de

Paris, mais, ayant omis les fleurs de lys sur azur, il a reproduit les Armes de la ville d'Arras et non celles de la capitale.)

Insigne en carton : buste de femme casquée. Insigne aux Armes de Paris. Médaille en métal blanc, estampé : des poilus chargeant, au premier plan une figure de la *Marseillaise*. Deux médailles en métal blanc, même composition décorative surmontée d'une couronne de tours. Médaillon : le profil du général Gallieni.

Ville de Paris. 14 juillet 1915. — Insigne en carton : les Armes de Paris sur drapeaux alliés. (Devambez.)

Journée du Poilu, 31 octobre et 1er novembre 1915. — Insigne ovale, carton estampé, argent sur sinople ou sur azur, or sur argent. Insigne en carton : Aux poilus, le Parlement ; Zouave épaulant (Lapina). Aux poilus, le Parlement, le Sénat, Noël 1915 ; un poilu baïonnette en avant (Lapina). Chasseur sonnant du clairon (Lapina). Chasseur épaulant (Lapina). Un Marocain (Lapina). Un canonnier (Lapina).

Insigne découpé en croix grecque ; les branches, aux couleurs des drapeaux alliés, rayonnent autour d'une tête de poilu. (Devambez.)

Quatre broches en métal imitant l'or et le vieil argent : poilus chargeant. Une croix de guerre fixée sur une médaille.

Journée serbe, 25 juin 1916 — Drapeaux en carton, avec armoiries, 1389-1817. Drapeau carton, en couleurs. Insigne en carton portant armoiries, 1389-1817. Insigne en carton, portrait du roi, chromo (Devambez). Drapeau ; une vue de soldats serbes sur des montagnes couvertes de neige. Médaille ovale, métal couleur d'or : une femme symbolique, debout. 1916. Médaille en métal blanc : gloire aux Serbes. Insigne : le roi Pierre. Une médaille en bronze, en forme de cœur : Pierre Ier et Alexandre : avers : Gloire aux armées serbes. Emblèmes héraldiques de Serbie et de France. Médaille couleur de vieil argent : Un vieux Serbe marche derrière une femme emportant son enfant.

Journée du 75. 1914-1915. — Médaille ronde, en métal couleur d'or, d'argent, de bronze : un canon 75. Broche en bronze : un coq sur un canon.

La petite Croix-Rouge. — Épingle vendue au profit de multiples Sociétés de secours aux blessés.

CALENDRIERS

On les aura. — 8 calendriers de poche. 1916. Sur les deux côtés de la couverture : une composition par Sem. Nœud de ruban tricolore.
<small>Édit. Deberny. — H. 10. — L. 14.</small>

1916. 2 calendriers de poche. 16 pages. Couverture avec drapeaux alliés.
<small>H. 5. — L. 4.</small>

1916. 1 calendrier de poche. 14 pages. Sur la couverture : l'Hôtel de Ville d'Arras.
<small>H. 5 1/2. — L. 4.</small>

1916. Petit calendrier. 30 pages. Sur la couverture : la Cathédrale de Reims.
<small>H. 6. — L. 4.</small>

1916. Petit calendrier. 36 pages. Sur la couverture : la Cathédrale de Senlis.
<small>H. 6. — L. 4.</small>

1916. Petit calendrier. 36 pages. Sur la couverture : la Cathédrale de Soissons.
<small>H. 6. — L. 4.</small>

1916. 2 calendriers. 36 pages. Drapeaux alliés sur la première page.
<small>H. 6. — L. 4.</small>

1916. 2 calendriers 1916. 36 pages. Couverture genre aquarelle.
<small>H. 6. — L. 4.</small>

1916. Petit calendrier. 36 pages. Sur la couverture : drapeaux alliés et croix de guerre.
<small>H. 6. — L. 4.</small>

1916. Petit calendrier. 36 pages. Sur la couverture : croix de la Légion d'honneur.
<small>H. 6. — L. 4.</small>

1916. Petit calendrier. 36 pages. Sur la couverture : l'inscription 1916 et la médaille militaire.
> H. 6. — L. 4.

1916. Petit calendrier. 31 pages. Sur la couverture : un coq tricolore en relief, avec l'inscription : *France quand même*.
> H. 6. — L. 4.

1916. Petit calendrier. 36 pages. Sur la couverture : 1916, en bleu; la Croix-Rouge en médaillon et en relief.
> H. 6. — L. 4.

1916. Petit calendrier postal et télégraphique. 42 pages. Sur la couverture : Joffre.
Un deuxième calendrier, même modèle.
> H. 5. — L. 4.

1916. Petit calendrier postal et télégraphique. 50 pages. Sur la couverture : Albert Ier.
Un calendrier, même modèle.
> H. 5. — L. 4.

1916. Almanach-agenda. 56 pages. Sur la couverture : le général Joffre.
> H. 10. — L. 7.

Un agenda dit *des dates désormais historiques de la guerre*. 104 pages. Sur la couverture : drapeaux alliés.
> J. Rosen, édit., mobilisé au 13e d'artillerie.

Calendrier pour l'année 1916. Sur la couverture : République Française, 1916. L'Armée de la Victoire. Pour la France, pour l'armée. Dessin-aquarelle.
> Coquemer, édit. — H. 6. — L. 9.

Calendrier pour l'année 1916. Sur la couverture : « *L'Étoile de la Victoire* ». Aquarelle.
> Picot, édit., Paris. — H. 6. — L. 9.

Petit calendrier 1916. Sur la couverture, reproduction de l'affiche d'A. Faivre : *Pour la France versez votre or, l'or combat pour la victoire*.
> Deberny, édit., Paris. — H. 9. — L. 6.

1915. Calendrier. Sur un côté de la couverture : *Bravoure, Force, Santé, Gaieté, Concorde, Liberté, Sécurité, Sagesse, Victoire*. De l'autre : drapeaux alliés, avec des vers de Paul Déroulède :

> *Souhaits à nos soldats.*
>
> *Bonne chance et que Dieu vous garde,*
> *Soldats vengeurs de nos fiertés.*
> *La France entière vous regarde,*

> *O chers porteurs de sa cocarde*
> *C'est son cœur que vous emportez !*

Sur l'autre côté : *Dieu, Honneur, Patrie.*
Victorieux revenez-y bientôt. Aquarelle.

<small>Imprimerie des Orphelins d'Auteuil. — H. 14. — L. 11.</small>

1915. Calendrier double, encadré d'un filet tricolore. Un côté de la couverture porte les Armes de Paris. *République Française. La France à son armée. Jusqu'au bout l'armée glorieuse.*

<small>Coquemer, édit., Paris. — H. 6. — L. 9.</small>

6 livrets de poche, 4 pages. Sur chaque couverture : une composition par Anto. Nœuds de rubans aux couleurs alliées.

<small>H. 14. — L. 9.</small>

1 calendrier 1916. *Fidélité, Justice, Liberté, Persévérance, Concorde, Patriotisme.* Drapeaux alliés avec des vers de Paul Déroulède :

> *Autour du drapeau qui nous guide*
> *Tout un peuple attend intrépide*
> *L'heure que nul ne peut prévoir.*
> *L'homme espère, Dieu seul décide.*
> *Autour du drapeau qui nous guide*
> *Tout un peuple est prêt au devoir.*

« *Nous tenons partout, nous passerons, nous vaincrons... A bientôt.* »

<small>Imprimerie des Orphelins, Apprentis d'Auteuil, Paris. — H. 12. — L. 8.</small>

Almanach 1916. Sur la couverture : le portrait du général Joffre, et une composition en photogravure : *Nous les vaincrons.*

<small>Édité par Rosen, mobilisé au 13ᵉ d'artillerie. — H. 6. — L. 10.</small>

Calendrier genre réclame. Sur la couverture : une aquarelle de Sandy-Hook.

<small>Devambez, édit., Paris. — H. 16. — L. 8.</small>

Calendrier 1916. P.T.T. « *Ajustez le Taube. — Le voilà !* »

<small>H. 12. — L. 17.</small>

Marne 1914. — Champagne 1915. 4 compositions.

<small>Édité par Rosen, mobilisé au 13ᵉ d'artillerie, élève de l'école L. Vauclin. Papeterie de la Bourse, Paris.</small>

Almanach des P.T.T. *Grande guerre 1914-1915. Régiment de cuirassiers quittant Paris. Août 1914.*

<small>Platinogravure. — H. 21. — L. 26.</small>

Almanach des P.T.T. 1916. *En Argonne. Section d'infanterie se défilant sous bois.*

<small>H. 21. — L. 27.</small>

Calendrier pour l'année 1915. *Honneur à la Victoire. Patrie.* — Composition par Allard.

<small>Lasnier, édit. — H. 38. — L. 28.</small>

1915. Drapeaux alliés.
>Édition des Estampes populaires. — H. 34. — L. 27.

1915. Les Alliés vous présentent leurs meilleurs vœux pour 1915.
>Édition des Estampes populaires. G.W. D. — H. 25.5. — L. 37.

ÉPHÉMÉRIDES

Le Filleul imprévu. — *Rassurez-vous, chère marraine, vous n'aurez pas à me tenir sur les fonts baptismaux.*
>Composition par Hérouard, reproduction d'une page en couleurs de *La Baïonnette*. Encadrement de rubans aux couleurs françaises et belges. — H. 38. — L. 27.

Où l'héroïsme redevient femme. — *Évidemment j'ai vu la bataille de la Marne, mais ça... je ne peux pas.*
>Encadrement aux couleurs françaises et belges. Reproduction d'une page en couleurs de *La Baïonnette*. — H. 31. — L. 27.

Gloire à nos poilus. — Nœud de ruban tricolore.
>Composition en couleurs par Géo. Domergue. — H. 37. — L. 28.

Gloire à nos poilus. — Nœud de ruban aux couleurs anglaises.
>Composition en couleurs par Géo. Domergue. — H. 37. — L. 28.

Ypres.
>Composition en couleurs. W. 4. L. V. C. — H. 31. — L. 24.

Malines.
>Composition en couleurs. W. 4. L.V. C. — H. 31. — L. 24.

1916. — Drapeaux alliés. — Nœud de ruban tricolore.
>H. 29. — L. 18.

1916. — En relief, le Généralissime Joffre. Nœud de ruban jaune.
>H. 31. — L. 21.

1916. — En relief, *Jehanne d'Arc, 1412-1431.*
>Composition par *Max*. — H. 32. — L. 24.

1916. — Albert 1er en relief sur le drapeau belge. Nœud de ruban aux couleurs belges.
>H. 19. — L. 13.

1916. — Maréchal French en relief sur le drapeau anglais. Nœud de ruban aux couleurs anglaises.
>H. 19. — L. 13.

1916. — Le général Joffre en relief sur le drapeau français. Nœud de ruban aux couleurs françaises.
>. 19. — L. 13.

Jehanne d'Arc tenant un étendard d'une main, de l'autre une épée.
H. 26. — L. 11.

1916. — Nœud de ruban tricolore.
Composition par F. L. — H. 19. — L. 21.

1916.
Composition par Gottlob. — H. 30. — L. 36.

PAPETERIE

Bloc de 25 cartes-lettres toile. — *Ça c'est bien*.
H. 14. — L. 9.

6 cartes-lettres avec aquarelles.
H. 11. — L. 15.

Album 8 feuilles de papier à lettres illustrées en couleurs, 8 dessins de Spahn, illustrant les feuilles, sont édités en album sous couverture en couleurs (format 28×38). Ouvrage honoré d'une souscription du Conseil général de la Seine.
Édit. 16, rue Marie-et-Louise, Paris. — H. 20. — L. 16.

10 cartes-lettres : Devise patriotique. France d'abord.
H. 14. — L. 19.

Une boîte de papier à lettres avec illustrations de Ray. *Papier pour écrire à mon papa qui bat les boches* : Toto.
Devambez, édit. — H. 15. — L. 12.

24 feuilles de papier révolutionnaire 1789-1915.
Illustrations de Guy Arnoux. — Devambez, édit. — H. 19. — L. 22.

5 cartes-lettres. *Cocorico*, *Victoire* 1914-1915. Sur la couverture, un coq sur une mappemonde.
H. 14. — L. 18.

Boîte de papier de la guerre 1914-1915, avec illustrations de Louis Morin.
Devambez, graveur. — H. 21. — L. 17.

50 feuilles de papier à lettres avec drapeaux alliés.
H. 13. — L. 18.

1 boîte de cartes militaires différents modèles. Sur la boîte, des aquarelles. *La lettre à papa*.
Édité par Berger-Levrault.

Album de papier allié. Flags Writings.
Made in England. — H. 25. — L. 21.

Pour écrire à mon soldat. — Boîte de papier à lettres.
Tolmer et Cie. — H. 12. — L. 16.

Nous les vaincrons. — Boîte de papier à lettres.
Composition par Coquemer. — H. 21. — L. 15.

Until the end. Boîte de papier à lettres.
Coquemer, graveur. — H. 23. — L. 18.

AFICHES ILLUSTRÉES

FRANCE 1914-1915

A. 1 — **ADLER (Jules).** — **Emprunt de la Défense Nationale.**
Publié sous les auspices de l'Union des Sociétés de tir de France et de l'Union des Sociétés de gymnastique de France.

Un poilu blessé, voyant, dans une banque, d'humbles souscripteurs verser leurs économies, dit : « Eux aussi font leur devoir! ».

<small>Procédé lithographique. — Crété, imp., Paris. — H. 122. — L. 80.</small>

A. 2 — **ANONYME.** — **Le Bon gite.** *Sous le patronage de la princesse de Poix, la marquise de Breteuil, la marquise de Ganay, Mme Émile Boutroux.*

Sont dessinés autour d'une maison : un lit (50 fr.), un fourneau et des casseroles (20 fr.), un buffet (15 fr.), une table (10 fr.) et deux chaises (5 fr.).

<small>Imprimé sur zinc, en deux tons, vermillon et indigo; encadrement tricolore. — Imp. Marcel Picard, 140, faubourg Saint-Martin, Paris. — H. 130. — L. 94.</small>

A. 3 — **Croix-Rouge française.** *Achetez le timbre 0 fr. 15 c. de la Croix-Rouge. 0 fr. 10 c. affranchissement, 0 fr. 05 c. pour le blessé.*

Une reproduction en vermillon, sur fond vert, du timbre de la Semeuse, avec un écusson, à gauche, indiquant l'augmentation du prix de 0 fr. 05 c.

<small>Procédé sur zinc. — Chaix (Imprimerie), Paris. 5-15. — H. 125. — L. 90.</small>

A. 4 — **ATAMIAN (Ch.).** — **Debout les morts!!** *Spécimen des illustrations sur la guerre de l'almanach Vermot. 1916.*

« *Debout les morts!!* » *Pareils à des démons, les Allemands se ruent à l'assaut de la tranchée française qu'ils inondent d'une avalanche de bombes. Dix des nôtres, surpris, sont couchés à terre, morts et blessés, pêle-mêle; le moment est critique! Tout à coup, un des hommes, étendu, une blessure au front, le visage ruisselant*

STEINLEN. — **Pour les réfugiés de la Meuse.**

(L'original fait partie de la collection Henri Leblanc.)

de sang, se relève, empoigne un sac de grenades et lance les projectiles sur l'ennemi en criant : « Debout les morts! » A son appel, trois autres blessés se redressent dans un suprême effort, saisissent un fusil, épaulent péniblement, et commencent un feu rapide et meurtrier. C'est un combat épique. Les Allemands, terrorisés par cette contre-attaque héroïque qui les décime, lâchent pied et s'enfuient en désordre, laissant de nombreux morts sur le terrain. La position est sauvée. Le mot sublime avait ressuscité les morts! ».
<small>Affiche d'intérieur visée par la Censure de Paris. — H. 72. — L. 53.</small>

A. 5 — BARRÈRE (A.). — **Galerie Brunner**, *11, rue Royale, les 10, 11 et 12 décembre 1915. Vente de charité au profit des soldats au front et des prisonniers.*

En frontispice quelques soldats, dont on ne voit que les têtes, marchent, sous la pluie, casqués et armés.
<small>Procédé lithographique. — Imp. Robert et Cⁱᵉ, Paris. — H. 121. — L. 79.</small>

A. 6 — BERNE-BELLECOUR. — *Lire le 20 avril :* **Pâques de guerre,** *numéro de luxe publié par les* **Annales.**

Un poilu, assoupi dans la tranchée, voit en songe sa fillette, et rêve aux douces joies du foyer.
<small>Estampe extraite du numéro de Pâques des **Annales.** 1915. — H. 72. — L. 32.</small>

A. 7 — CLAIRIN (G.). — **Théâtre Sarah-Bernhardt.** *Matinée de gala au profit de l'Association nationale des Mutilés de la guerre, mercredi 15 décembre.*

Un mutilé, décoré, gémit de son impuissance à manier le fusil ou un outil de travail; deux enfants cherchent à le consoler.
<small>Procédé lithographique, sanguine. — Imp. Cornille et Serre, Paris. — H. 121. — L. 80.</small>

A. 8 — DORIVAL (Géo). — **Guerre des nations.** *Revue bi-mensuelle, François Tedesco, édit., 29, boulevard Raspail, Paris.*

Une main écarte un rideau aux bandes tricolores, et ce rideau découvre une carte du Nord-Est de la France, entourée d'une bordure de feuilles de lauriers.
<small>Procédé lithographique en couleurs, atelier Géo Dorival, Paris. — Cornille et Serre, imp. — H. 118. — L. 160.</small>

A. 9 — FAIVRE (Abel). — **L'Alarme.** *Société française d'action contre l'alcoolisme. Président d'honneur : M. Poincaré. Siège social : Paris, 45, rue Jacob.*

Un soldat allemand se console en disant : *Ce que nous n'avons pu faire, l'alcool le fera.*
<small>Procédé lithographique. — Devambez, Paris. — H. 50. — L. 33.</small>

A. 10 — **Pour la France versez votre or.** *L'or combat pour la victoire.*

Une énorme pièce d'or roule sur un soldat allemand et le renverse. Le coq celtique de la médaille prend vie et s'apprête à déchirer le visage casqué de l'éternel ennemi.

<small>Procédé lithographique, édité par la Société des Amis des Artistes. — Devambez, imp. Paris. — H. 120. — L. 80.</small>

A. 11 — FORAIN. — **Le Bon feu, 1914-1915-1916.** *Sous le patronage de Mmes la princesse Lucien Murat, la marquise de Ganay, la baronne Henri de Rothschild, Mme François Carnot, Mme Pierre Goujon.*

Un artiste, enveloppé de couvertures, grelotte dans son atelier, et sa femme, tristement, regarde le foyer sans flamme.

<small>Procédé lithographique. — Imp. H. Chachoin, Paris. — H. 122. — L. 84.</small>

A. 12 — **Le Bon feu.**

<small>Épreuve avant la lettre. — H. 58. — L. 79.</small>

A. 13 — **Le Vêtement du prisonnier de guerre.** *Rattaché à la Croix-Rouge française, 63, avenue des Champs-Élysées, Paris.*

<small>Lithographie. — Imp. Champenois, Paris. — H. 74. — L. 102.</small>

A. 14 — GALLAND (A.). — **Les Blessés au travail.** *Œuvre pour les soldats convalescents ou réformés, rattachée au Ministère de la Guerre. Siège social, 154, avenue des Champs-Élysées.*

Un soldat manchot colorie de petites statuettes.

<small>Lithographie, ton sanguine. — Imp. Studium, 22, rue des Volontaires prolongée, Paris (XVe). — H. 50. — L. 66.</small>

A. 15 — JOB. — **Cercle national pour le soldat de Paris.** — *Fondé en 1909, 15, rue Chevert (7e), cercle militaire des troupes de la garnison.*

Un soldat indique à un camarade blessé l'entrée du Cercle.

<small>Photogravure Demoulin frères. — Imp. La Chromographie française, Paris (XIIe).</small>

A. 16 — JONAS (L.). — **Association des Dames de la Croix-Rouge française.**

Deux blessés sont soignés non loin des champs où l'on se bat; celui que panse le major recharge son fusil pour courir aussitôt à l'ennemi.

<small>Procédé lithographique en couleurs. — Lapina, imp.-édit., Paris.
Épreuve offerte par l'auteur à Mme Henri Leblanc. « Respectueux hommage » — H. 119. — L. 80.</small>

A. 17 — **Exposition des œuvres des artistes originaires des départements envahis. Peintures, sculptures,** gravures, arts décoratifs. — *École des Beaux-Arts. Du 13 juin au 15 juillet 1915.*

Trois artistes du Comité travaillent à l'installation de l'Exposition.

<small>Procédé lithographique. — Imp. Lapina, Paris. — H. 76. — L. 104.</small>

A. 18 — **La Journée du poilu.** « *Avec vous et pour vous, nous jurons de sauver la France.* » *(L. Gambetta.)*

Un poilu sourit devant les richesses du colis qu'il vient de recevoir. Un autre poilu, le fusil en mains, prêt à tirer, tourne la tête et regarde son heureux camarade.

<small>Procédé lithographique en couleurs. — Lapina, imp.-édit., Paris. — H. 121. — L. 81.</small>

A. 19 — **Lire, le 12 février,** *dans les* « **Annales** », *la première des lettres à un jeune Français, par Louis Barthou.*

Derrière le mur on peut pleurer.

La mère et la jeune femme ont montré au cher soldat un visage souriant. La visite terminée, elles se livrent à leur chagrin.

<small>Estampe hors texte en taille douce et couleurs, extraite du n° des Annales du 12 février 1915. — H. 69. — L. 33.</small>

A. 20 — LÉANDRE. — **Journée de l'Orne.** *17 octobre 1915, au profit des Œuvres de guerre du département.*

Une paysanne normande, guidant un blessé aveugle, quête sur le grand chemin.

<small>Procédé lithographique. — Devambez, imp., Paris. — H. 121. — L. 81.</small>

A. 21 — **Journée du Calvados.** *15 août 1915, au profit des Œuvres de guerre du département, pour les combattants, les blessés, les convalescents, les mutilés, les réfugiés, les prisonniers.*

Derrière une dame quêteuse, défilent des poilus blessés. Au loin, des combattants.

<small>Procédé industriel sur zinc. — Devambez, graveur. — H. 119. — L. 80.</small>

A. 22 — **Journée du poilu.** *31 octobre 1915, organisée par le Parlement.*

Une vieille paysanne, assise près de l'âtre, voit en imagination, les troupes défilant et combattant.

<small>Procédé lithographique. — Devambez, imp., Paris. — H. 121. — L. 81.</small>

A. 23 — LEMAIRE (Germaine). — **Union des familles françaises et alliées.** *Aide aux mères, veuves et orphelins des soldats morts au Champ d'honneur. Frères et sœurs de guerre.*

Une jeune femme et sa mère, en deuil, regardent tristement deux fillettes qui, dans leur douleur, s'appuient l'une sur l'autre.

<small>Lithographie sur ton bleu. — Devambez, imp. — H. 114. — L. 79.</small>

A. 24 — LEPÈRE (A.). — **Le Poilu.** Un soldat réserviste, aux traits amaigris, à l'œil rêveur, arpente les champs où gisent de nombreux morts ; il écrit sur un carnet.

<small>Épreuve sanguine, avant la lettre, n° 3, tirage 25. Signée par l'auteur. — H. 119. — L. 82.</small>

A. 25 — MAITREJEAN. — *Le Journal publiera, le 27 novembre,* **Les Gars de la flotte,** *par Arnould Galopin, l'auteur célèbre du Poilu de la 9ᵉ.*

Des fusiliers-marins, blessés pour la plupart, combattent avec fureur.

<small>Lithographie en couleurs. — G. Dupuis, imp. — H. 120. — L. 159.</small>

A. 26 — MERSON (L.-O.). — **Journée des éprouvés de la guerre,** *le 26 septembre 1915. Dernière heure, prime de la grande tombola.*

Une figure ailée, debout, vue de face, est accoudée ; elle tient une trompette. Feuilles de chêne, branches d'oliviers. Ton vermillon.

<small>Procédé sur zinc. — Affiche Camis, Paris. — H. 120. — L. 80.</small>

A. 27 — **La journée des éprouvés de la guerre.** — *Grande tombola organisée par le syndicat de la Presse française.*

Une figure décorative, ailée, couronnée d'oliviers, se tient debout et accoudée. Sur sa poitrine ; une trompette, une palme, feuilles d'olivier et de laurier. Ton bleu cobalt.

<small>Procédé sur zinc. — Devambez, imp. — H. 120. — L. 80.</small>

A. 28 — NAUDIN (Bernard). — **Emprunt de la défense nationale.** — *Faisons notre devoir.*

4 croquis : Nos fils aux armées. — Notre or au pays. — Drapeaux et branchages. — Charrue, armes et équipements militaires.

<small>Procédé lithographique. — Imp. Devambez. — H. 78. — L. 110.</small>

A. 29 — NEUMONT (Maurice). — **Journée de l'Œuvre nivernaise des mutilés de la guerre.** *12 septembre 1915.*

Une femme quête, la main posée sur l'épaule d'un jeune blessé.

<small>Procédé lithographique. — Devambez, imp., Paris. — H. 120. — L. 80.</small>

A. 30 — **Journée du poilu.** *25 et 26 décembre 1915. Organisée par le Parlement.*

Un soldat lance une grenade.

<small>Procédé lithographique. — Devambez, imp., Paris. — H. 121. — L. 81.</small>

A. 31 — POULBOT. — **Emprunt de la défense nationale.**

<small>Épreuve en couleurs avant la lettre, n° 30, sur un tirage de 150. — Signée par l'auteur. — H. 114. — L. 86.</small>

A. 32 — **Emprunt de la défense nationale.**
N'oublie pas de souscrire pour la victoire et le retour... Publié sous les auspices de la Fédération nationale de la Mutualité française.
La femme, les enfants font leurs adieux au poilu qui repart et leur crie sa dernière recommandation.
<small>Procédé lithographique. — Devambez, imp. — H. 111. — L. 76.</small>

A. 33 — Exposition de tableaux de maîtres modernes.
<small>Épreuve avant la lettre. — H. 76. — L. 108.</small>

A. 34 — **Journée du poilu.** — Pour que papa vienne en permission, s'il vous plaît.
25 et 26 décembre 1915. Organisée par le Parlement.
Deux enfants des faubourgs quêtent dans une rue.
<small>Procédé lithographique. — Devambez, édit. — H. 121. — L. 81.</small>

A. 35 — REDON (Georges). — **L'Œuvre de la Permission du poilu** des régions envahies, chez les restaurateurs, limonadiers et hôteliers parisiens. 1915.
Un poilu permissionnaire est gracieusement invité à partager un succulent repas.
<small>Imp. sur zinc. — Monrocq, Paris. — H. 107. — L. 80.</small>

A. 36 — ROLL. — **Journée de l'Orphelinat des armées.**
20 juin 1915. Siège social, 16, rue de la Sorbonne.
La mère et ses deux enfants, écrasés par la misère et le chagrin.
<small>Procédé lithographique. — Imp. Pichot, Paris. — H. 120. — L. 160.</small>

A. 37 — ROMBERY (Maurice). — **Œuvre du Soldat belge.**
Sous le haut patronage de S. A. R. la duchesse de Vendôme. Solennité à l'occasion de la fête de LL. MM. le Roi et la Reine des Belges, dimanche 14 novembre 1915.
Derrière un soldat tenant ferme le drapeau, tirent des soldats belges.
<small>Procédé lithographique en couleurs. — H. 70. — L. 54.</small>

A. 38 — **Le Secours de guerre.** Fondé le 10 août 1914 par des commerçants et gardiens de la paix des VIe et XIVe arrondissements. Ancien séminaire Saint-Sulpice.
Un gardien de la paix indique à des réfugiés de tout âge la porte hospitalière de l'ancien séminaire.
<small>Procédé chromolithographique. — Imp. F. Champenois, 66, boulevard Saint-Michel, Paris. — H. 124. — L. 90.</small>

A. 39 — ROY (José). — **La Route du 75 (1914-1915)**, par Paul d'Ivoir, Roman de guerre et d'espionnage, que publie « l'Information »...

Un général montre du doigt une route que jalonnent la cathédrale de Reims en flammes, Verdun, Metz et Strasbourg.

<small>Procédé en couleurs, sur zinc. — Imp. spéciale de l'*Information*, 7, rue Cadet, Paris. — H. 76. — L. 113.</small>

A. 40 — SIMON. — **Donnez tous à l'Œuvre du Souvenir de la France à ses marins.**

Des vaisseaux de guerre, des bateaux de pêche se profilent à quelques encâblures. Sur le rebord d'une barque, nageant au premier plan, une femme se tient assise, ses pieds effleurent l'eau. Elle est coiffée de bleuets, de marguerites et de coquelicots. Elle s'appuie sur le bras gauche, et son autre bras retient un colis. Un grand drapeau, dont la hampe plonge dans les flots, est posé obliquement sur le corps de la jeune femme.

<small>Procédé chromolithographique. — Établissements Ruckert et Cie; Goddé, successeur, Paris. — H. 141. — L. 100.</small>

A. 41 — STEINLEN. — **En Belgique, les Belges ont faim.** *Tombola artistique au profit de l'alimentation populaire de Belgique.*

Six Belges, vieillard, femme, enfants, passent avec de petites marmites contenant de la nourriture.

<small>Procédé lithographique. — Lapina, imp., Paris. — H. 128. — L. 78.</small>

A. 42 — **En Belgique, les Belges ont faim.** Épreuve avant la lettre, 1915.

<small>Procédé lithographique. — Lapina, imp. Paris. — H. 103. — L. 58.</small>

A. 43 — **Journée du Poilu, 25 et 26 Décembre 1915.** *Organisée par le Parlement.*

Deux poilus, le bâton à la main, quittent le front pour quelques jours.

<small>Lithographie. — Devambez, imp., Paris. — H. 121. — L. 81.</small>

A. 44 — **Office de renseignements** *pour les familles dispersées, créé par le Conseil national des Femmes françaises, 27, avenue de l'Opéra.*

Un père va seul, tristement, avec ses deux enfants.

<small>Procédé lithographique. 1915. — Imp. Crété, Corbeil. — H. 91. — L. 85.</small>

A. 45 — TINAYRE (Louis). — **Pressant appel à la solidarité** *en faveur des soldats des départements envahis, enfants des villes martyres, victimes de la guerre, réfugiés, qui retrouvent un foyer à la cantine-refuge du VIe, rue de l'Abbaye, 16, place Saint-Germain-des-Prés.*

Un soldat, une femme, des enfants sont réconfortés à la cantine-refuge.

<small>Procédé lithographique. — H. 140. — L. 100.</small>

A. 46 — TRUCHET (Abel). — **Lisez, dans « l'Œuvre », l'Araignée du Kaiser**, *roman, par G. de la Fouchardière.*
Une monstrueuse araignée égratigne le crâne de Wilhem II.
Procédé lithographique. — Imp. H. Chachoin, Paris. — H. 88. — L. 120.

A. 47 — WILLETTE (A.). — **Journée du Poilu. Enfin, seuls!** *25 et 26 décembre 1915. Organisée par le Parlement.*
Un « permissionnaire » et son amie s'embrassent de toute âme, dans la petite chambre où trépidait la machine à coudre.
Lithographie. — Devambez, imp., Paris. — H. 121. — L. 81.

ANGLETERRE

A. 48 — **Airships, aéroplanes, german british. Public warning.**
Silhouettes de zeppelins : shutte-lanz, Parseval, stahltaube monoplane, rumpler, taube monoplane, aviatik biplane, albatros.
Silhouettes de H. M. A. astra Torrès, Beta Eta, H. M. A. Parseval, Bristol biplane, aero biplane, short biplane, Farman biplane, Sorpwith tractor Biplan, etc.
London, printed under the autority of his Majesty's stationnery office, by sir Joseph Causton and Sons, Limited, 9, East Cheap E. C. 1915. — H. 87. — L. 57.

A. 49 — **Belgian Red Cross.**
Une dame infirmière de la Croix-Rouge, ailée comme un ange, panse un soldat dont le front est meurtri. (Buchel, Ch., del.).
Chromolithographie. — Printed by Johnson and C°, L. T. D., London S. E. — H. 74. — L. 54.

A. 50 — **Belgian Red Cross fund.** *Please send donations to : the President, Baron C. Goffinet, 3, Savoy court, London W. C.*
Procédé lithographique. — H. 102. — L. 77.

A. 51 — **Polish victim's** *relief fund. Most holy virgin of czenstochowa helps us.*
Des hommes, des femmes, que la guerre éprouve, regardent le ciel illuminé par l'apparition d'une Vierge-mère hiératisée.
Printed by Johnson Riddle and C°, L. T. D., London. E. S. — H. 77. — L. 54.

A. 52 — *The polish victim's relief fund. 11 Haymarket, London S. W. The homeless women and children of Poland are far... but need they be far from your hearts ? Pray help us to help them!*
Des Polonais, hommes et femmes, fuient chargés d'enfants et de paquets. (Verpilleux, E. del.)
Procédé lithographique en couleurs, 1915. — Miles and C°. L. T. D. Lith. Wardour St. W. — H. 77. — L. 49.

A. 53 — **Russia's day,** *nov 18 th. Organisation offices, 5 argyll place. London W.*
Un ambulancier est auprès d'un blessé russe effondré dans la neige.
<small>Printed by Johnson, Riddle and C°, L. T. D., London S. E. — H. 77. — L. 50.</small>

A. 54 — **Serbia's Flag day.** *King Marko returns to lead his people. Sept. 22nd.*
Ce roi, armé d'un casse-tête, passe à cheval. Blessés et gens de la foule le regardent et l'acclament.
<small>Chromolithographie. — Johnson, Riddle and C°. L. T. D. — H. 102. — L. 75.</small>

A. 55 — **War !** *Please help the horses. The blue Cross fund.*
Président : lady Smith-Dorrien; Arthur J. Coke, secretary, 58, Victoria street, London S. W. (Y. I. M., del.).
<small>Walter Mair et C°, lith., 48. Lime street, Londres E. C. — H. 47. — L. 28,5.</small>

A. 56 — **War Cartoons.**
Germany's last Tango from West to East, from East to West. (Raemaekers Louis, del.)
<small>The fine art society, 148, new Bond St. — Alf. Cooke. Copyright, design. N° 53. — H. 76. — L. 49.</small>

A. 57 — **The Watchers of the seas. The navy needs boys and men from 15 to 40 years of âge. Apply : 7, Whitehall place, S. W.**
Un marin, du pont de son bateau, regarde la mer agitée. (J. Daven hill (?), del.)
<small>Printed by Johnson, Riddle and C°, L. T. D., London. — H. 103. — L. 64.</small>

A. 58 — **What will you do for Russia's day.**
<small>November 18 th. Organizing offices, 5 Argile Place, London W. Hudson and Kearns. L. T. D. London S. E. — H. 77. — L. 50.</small>

A. 59 — BRANGWIN. — **Belgian and Alliés aid league.** *Will you help these suffererers from the war to start a new home. Help his better than sympathy. Please send contributions to the hon tres golden House Gt Pulteney St London. W. Eug.*
Des foules, composées de femmes, d'enfants, de vieillards, fuyant les villes bombardées et incendiées.
<small>Printed by the Avenue Press, L. T. D., Bouverie St., London, E. C., England. — H. 103. — L. 76.</small>

A. 60 — **Why Britain is at war.**
 1. *To save her good name......*
 2. *To save her life and her empire......*
 3. *To save the freedom of the people in all Europe......*
  Fight then for your life.
  Fight for your honour.

*Fight for freedom.
Fight for manking.
Extracted from « The Times ».*
Un soldat armé.
<small>Procédé lithographique. — Printed and published by David-Allen and Sons. L. T. D., Harrow Middlesex. — H. 153. — L. 101.</small>

A. 61 — Des blessés soignés dans une ambulance de la Croix-Rouge.
<small>Procédé lithographique. — H. 102. — L. 152.</small>

A. 62 — **Do your duty to our boys as they are doing theirs to you.** The 1914 war society wants to give every disabled man a fair chance of honourable indépendance in healthy rural surroundings. Donations large of small. But send now uhile. You think of it. Adresse : 1914 war society, 28 Duke St., St-James W.
Au large, des navires; sur le rivage, des combattants blessés, des morts.
<small>Lithographie. — Printed by Avenue Press., L.T.D., Bouverie St., London E. C. England. — H. 52. — L. 77.</small>

A. 63 — N° 1. **Marche Khaki.** 6. *Dnett* **your friends need you. Be a man.**
Groupe de soldats artilleurs combattant ou observant.
<small>Printed by the Avenue Press., L. T. D., Bouverie St., London E. C., England. — H. 77. — L. 51.</small>

A. 64 — **Mars appeals to Vulcan.** *Daily Chronicle war cartoon, by Franck Brangwyn A. R. A.*
Mars attire l'attention d'un forgeron sur les désastres de la guerre.
<small>H. 77. — L. 51.</small>

A. 65 — **Men on the march.** *Pipes and tobacco league.*
Une ville incendiée et bombardée; au premier plan, des soldats fument ou allument leur pipe.
<small>Printed by the Avenue Press., L. T. D.. Bouverie St.. London, England. — H. 102. — L. 64.</small>

A. 66 — **The Remaking of Belgium exhibition.**
The Belgium Town Planning Committee.
Des manœuvres travaillent à la restauration d'un ancien monument atteint par les obus.
<small>Printed by the Avenue Press. L. T. D. Bouverie St., London E. C., England. — H. 102. — L. 75.</small>

A. 67 — **Sailor's and soldier's Tobacco fund.** « *Let us make every effort and see that they are never in want of either pipes of tobacco* ». *Contributions gratefully received by Hon. sec., central house, Kingsway W. C.*

La Tour d'Ypres est en feu. Au premier plan, des soldats fument ou allument leur pipe.

Lithographie.— The Avenue Press, L.T.D., 6 and 8, Bouverie Street, London E. C. — H. 151. — L. 102.

A. 68 — La Ville en ruine et en feu. Des morts, des blessés, mais l'usine travaille où l'on fabrique des munitions.

Procédé lithographique. — H. 102. — L. 152.

A. 69 — **Ypres Tower. Sailor's and soldiers " Tobacco fund ».** *It is a significant fact that almost every letter from the front contains a request for « something to smoke ».*

Contributions *gratefully receveid by Hon. sec., central house, Kingsway, London W. C.*

Répétition en moindre format de la composition précédente.

Lithographie.— Printed by the Avenue Press., L. T. D., Bouverie St., London E. C. — H. 77. — L. 51.

A. 70 — **The Zeppelin raids** : *The vow of vengeance. « Daily Chronicle » readers are covered against the risks of bombardement by zeppelin or aeroplane.*

Un homme tend le poing vers un zeppelin semant des bombes.

Printed by the Avenue Press. L. T. D., Bouverie St., London. E. C. — H. 77. — L. 52.

A. 71 — PUBLISHED BY PARLIAMENTARY RECRUTING COMMITTEE. LONDON. — *Poster n° 1. Pay your 5, for this, and help crush the Germans. Apply at the nearest Post office.*

Une main tient un bulletin de souscription.

Lithographie en couleurs. — Printed by David Allen and Sons. Ld Harrow Middlesex W. — H. 77. — L. 51.

A. 72 — Poster n° 13. **Wanted men. Munitions, Money.** *If you can neither enlist nor make munitions.* **Buy** *the new 4 1/20/0 war Loan !*

Une bourse et quelques pièces d'or éparpillées.

Procédé lithographique. — Printed by A. White and C°, 6, Hill Street, Finsbury, E. C. — H. 75. — L. 51.

A. 73 — Poster n° 15. **The Scrap of paper.**

There are the signature and seals of the representatives of the six powers to the « Scrap of paper » the Treaty signed in 1839 guaranteeing the independance and neutrality of Belgium.

The Germans have brocken their pledged word and devastated Belgium help to keep your Country's honour bright by restoring her liberty. Enlist to day.

Reproduction du parchemin revêtu de ses cachets et des signatures. Procédé lithographique en couleurs. — Johnson, Riddle and C°, L. T.D., London. S. E. — H. 74. — L. 48.

A. 74 — Poster n° 20. **He did his duty. Will you do yours?**
Cette phrase est inscrite au-dessous du portrait du Maréchal Roberts.
_{Printed by Johnson, Riddle and C° L. T. D. London. S. E. — H. 77. — L. 51.}

A. 75 — Poster n° 22. **Come along boys! Enlist to day.**
« *The moment the order came togo forward, there were smiling faces everywhere* ». (*Extrait from letter written in the trenches of the Aisne by General Sir Horace Smith-Dorrien.*)
Un engagé passe joyeusement (W. H. Caffyn, del.).
_{The Haycock-Cadle C°. London. S. E. — H. 76. — L. 49.}

A. 76 — Poster n° 29, **Remember Scarborough.** *The Germans who brag of their « Culture » have shown what it is made of by murdering defenceless women and children at* **Scarborough.** *But this only strengthens* **Great Britains** *resolve to crush the German Barbarians.*
Enlist now!
_{Harisson and Sons, printers St-Martin's Lane W. C. — H. 75. — L. 50.}

A. 77 — Poster n° 43. *You're proud of our pals in the army of course! But what will your pals think of you? Think it over!*
_{Designed and printed by Johnson, Riddle and C°. L. T. D. London S. E. — H. 77. — L. 51.}

A. 78 — Poste n° 54. **Line up, boys! Enlist do day.**
Quatre Ecossais, le visage souriant, marchent militairement.
_{W. 13275/358, 20 M. 3/15. E. and S., L. T. D. — H. 75. — L. 50.}

A. 79 — Poster n° 58. **The Empire needs men!** *The overseas states all answer the call.*
Helped by the young Lions, the old lion defies his Foes. Enlist now.
Des lions s'avancent contre l'ennemi. (Arthur Wordle, del.)
_{Chromolithographie. — Printed by Straker brothers. L. T. D. 194-200. Bishopsgate. London. — H. 75. — L. 51.}

A. 80 — Poster n° 61. **Wat will your answer** *be when your boy ask you :* « *Father, what did* **you** *do to help when Britain fought for freedom, in 1915?* **Enlist now.**
Deux silhouettes noires : un homme très gêné par les questions que lui pose son fils.
_{Procédé lithographique. — Chorley and Pickersgill, L. T. D. Leeds and London. — H. 50. — L. 77.}

A. 81 — Poster n° 63. **The veteran's farewell.** « *Good bye, my lad, I only wish. I were young enough to go with you!* »
Une composition en couleurs représente un ancien serrant

la main à un jeune engagé, et disant de mâles paroles. (Frank Dadd del 1914.)

<small>Reproduced by kind permission of messrs, Abdulla and Cº. L. T. D. Wt. W. 10179. — Printed by Straker brothers. L. T. D. 194-200 Bishopsgate. London E. O. — H. 75. — L. 51.</small>

A. 82 — Poster nº 64. **A. Answer the call right Quickly.**
Ces mots sont inscrits sur des pavillons anglais.

<small>Printed by Chorley and Pickersgill. L. T. D. Leeds and London. — H. 14. — E. 79.</small>

A. 83 — Poster nº 74. *Come into the ranks and fight your Kind and Contry, Dont stay in the crowd and for stare. You are wanted ad the front. Enlist to day.*
Des engagés passent en longue file, tout équipés, pleins d'ardeur; la foule les regarde, prête à les suivre.

<small>Chromolithographie. — Printed by Roberts and Leete L. T. D. London. W. 1348 1/369. — H. 96. — L. 63.</small>

A. 84 — Poster 75. **Women of Britain. Say : Go!**
Deux femmes, la mère et la fille, regardent passer des engagés et les accompagnent de tous leurs vœux.

<small>Lithographie en couleurs. — Printed by Hill, Siffker and Cº. London. — H. 76. — L. 51.</small>

A. 85 — Poster nº 81. **Be ready. Join now.**
Silhouette en noir d'un soldat, croisant la baïonnette.

<small>Printed by David Allen and sons Ld. Harrow Middlesex. W. 1690. 10 M. 5/15. — H. 99. — L. 63.</small>

A. 86 — Poster 82. **Boys come over here, you're wanted.**
Un soldat anglais, sur le sol de France, regarde vers l'Est, et adresse un appel à ses compatriotes.

<small>Procédé lithographique. — Printed by David Allen and Sons. — H. 102. — L. 128.</small>

A. 87 — Poster nº 83. **Surely you will fight for your...** (portrait du Roi) **and...** (une carte de la Grande Bretagne). *Come alongs, boys, before it is too late.*

<small>Photogravure et Lithographie. — Printed by Jas, Truscott and Sons. L. T. D. Suffolk lane, London. E. C. — H. 74. — L. 50.</small>

A. 88 — Poster nº 84. **At the front!** *Every fit Briton should join our brave men at the front Enlist now.*
Une batterie d'artillerie se déplaçant sous les éclatements d'obus.

<small>Printed by Es. et A. Robinson. L. T. D. Bristol. — H. 76. — L. 51.</small>

A. 89 — Poster nº 85. *Were both needed to serve the Guns! Fill up the ranks! Pile up the munitions!*
Un combattant serre la main à un travailleur d'usine.

<small>Printed by Chorley and Pickersgill. L. T. D. Leeds and London. — H. 52. — L. 76.</small>

A. 90 — Poster n° 86. **Each recruit brings peace nearer.**
Mots inscrits sur une projection de lumière rasant horizontalement le faîte des monuments de Londres.
<small>Printed by Andrew Reid and C° L. T. D. 50 Grey Street. Newcasttle-on-Tyne. — H. 13. — L. 76.</small>

A. 91 — Poster n° 87. *Your country's call. Isn't this worth fighting for? Enlist now.*
Un soldat, tout équipé, montre de la main, son village ensoleillé et fleuri; c'est pour la défense de la grande patrie et aussi de cette petite patrie, qu'il a pris les armes.
<small>Chromolithographie. — Printed by Jowet and Sowry. Leeds. — H. 76. — L. 50.</small>

A. 92 — Poster n° 88. **An appeal to you.**
Un engagé, équipé, armé, fait un signe à des hésitants.
<small>Procédé lithographique. — Printed by Roberds and Leete. L. T. D. London W. 1453/421. — H. 98. — L. 64.</small>

A. 93 — Poster n° 93. **Come and do your bit. Join now.**
Un soldat anglais, souriant, armé, encourage du geste ses concitoyens à faire leur devoir.
<small>Printed by David Hallen and Sons. Ld Harrow Middlesex. W. 8064. 40 M 8/15. — H. 102. — L. 127.</small>

A. 94 — Poster n° 94. *Thousand have answered the nation's call, but* **You** *may be*
The one
to turn the scale at a critical moment.
Do you realize this?
<small>Printed by Seargeant Bros. L. T. D. London and Abergavenny. — H. 70. — L. 50.</small>

A. 95 — Poster n° 96. **Enlist to day?** *He's happy and satisfied. Are you?*
Tête joyeuse et confiante d'un engagé (O. R., del.).
<small>Chromolithographie. — Printed by Turner and Dunnett. London and Liverpool. — H. 77. — L. 51.</small>

A. 96 — Poster n° 101. **1805 « England experts » 1915.**
Are you doing your duty to day?
L'amiral Nelson est debout sur le rivage; au loin, croisent des cuirassés.
<small>Chromolithographie. — Printed by David Allen and Sons. Ld Harrow Middle. sex. W. 1690. 40 M. 3/15. — H. 57. — L. 74.</small>

A. 97 — Poster n° 104. **Step into your place.**
Ouvriers, laboureurs, étudiants, magistrats, s'engagent et prennent rang dans une longue file de soldats engagés.
<small>Printed by David Hallen and Sons. Ld Harrow Middlesex. — H. 54. — L. 77.</small>

A. 98 — Poster n°s 105, 106. **Take up the Sword of Justice.**
Une figure, qui passe sur les flots de la mer, soulève l'Épée de la Justice et va châtier les crimes des pirates teutoniques.

Procédé lithographique en couleurs P. P. del.). — Printed by David Allen and Sons. Ld Harrow Middlesex. W. 3311. 20 M. 0.15. — H. 150. — L. 102. 97×61.

A. 99 — Poster n° 107, **It's our Flag.** *Fight for it. Work for it.*
Le pavillon britannique. (Guy Lipscomer, del.)

Chromolithographie. — W. 3749-20000. 6-15. Henry Jenkinson, L. T. D. Kirkstall (Leeds) and London. — H. 150. — L. 99.

A. 100 — Poster n° 158. *Britain. Needs you, at once.*
Dans un médaillon, un Saint-Georges à cheval attaque et transperce le monstre.

Chromolithographie. — Printed by Spottiswoode and Cº, L.T.D., London. — H. 77. — L. 51.

A. 101 — Poster n° 111. **Take up the Sword of Justice.**
Voir numéros 105 et 106. — H. 75. — L. 51

A. 102 — Poster n° 112. **Are you in this?**
Les uns se battent, les autres travaillent aux munitions. On demande ce qu'il fait au gentleman qui passe, indifférent, les mains dans les poches.

Chromolithographie. — Designed by L.T. Gen. Sir. R. S. S. Baden Powell. — Printing by Johnson Riddle and Cº L. T. D., London S.E. — H. 77. — L. 51

A. 103 — Poster n° 116. *The Key to the situation. Munitions Men and Monney. Are you helping to turn it.*
Une grande clé illustre cette affiche.

Photogravure, procédé en couleurs. — Printed by Seargeant Pros, L. T. D. London and Abergavenny. — H. 79. — L. 49.

A. 104 — Poster n° 118. **Join the brave throng that goes marching along** (affiche papillon).
Six têtes d'engagés souriants et braves.

Printed by Beck and Inchbold, London. — H. 46. — L. 74.

A. 105 — Poster n° 119. *Make as us proud of you as we are of him.*
Médaillon d'un engagé.

Printed by David Allen and Sons, L. T. D., Harrow Middlesex. W 8655. I. S. M. 9/15 — H. 76. — L. 51.

A. 106 — Poster n° 120. **Single men.** *Hundreds of Thousands of married men have left their homes to fight for King and Country. Show your appréciation by following their noble exemple.*
En haut de l'affiche : un mari et ses trois enfants. Le mari est absent « for King and Country ».
En bas : la tranchée où combattent les vaillants pères de famille.

Chromolithographie. — Printed by the Abbey Press 32 and 34, Gt Peter Street Westminster S.W. W. 6908. 23 M. 8/15 — H. 77. — L. 51.

A. 107 — Poster n° 121. **Everyone should do his bit. Enlist now.**
   Un boy-scout voudrait avoir l'âge de s'engager. Baron Low, del.
   Chromolithographie — Printed by Roberts and Leete L. T. D., London W. S. 519/524. 1914. — H. 74. — L. 49.

A. 108 — Poster n° 122. **There's Room for you. Enlist to day.**
   Les engagés volontaires, que va emmener le train, font leurs adieux aux familles et s'efforcent de décider les jeunes Anglais hésitant devant le devoir.
   Chromolithographie. — Printed by W.M. Strain and Sons L.T.D., Belfast and 104 High Holborn, London W. C. — H. 78. — L. 51.

A. 109 — Poster n° 123. *Take up the sword of Justice. Join now.*
   Une main tenant un sabre.
   Printed by David Allen. — H. 45. — L. 77.

A. 110 — Poster n° 124. **Join the brave that goes marching along.**
   Six têtes d'engagés braves et pleins de bonne humeur.
   Chromolithographie en deux feuilles. (Gerald Wood, del.) Printed by Beck and Inchbold. L. T. D., Leeds and London. — H. 49. — L. 117 × 121.

A. 111 — Poster n° 125. **Whos absents ?** *Is it you?*
   John Bull pourchasse ceux qui ne se sont pas encore engagés.
   Procédé lithographique en couleurs. Printed by Reid and C°, L. T. D. Grey. street, Newcastle-on-Tynie. — H. 74,5. — L. 50.

A. 112 — Poster n° 127. *Be honest with yourself. Be certain that your so called reason is not a selfish excuse.*
   Enlist to day.
   Sur la partie supérieure de l'affiche, se détachent, en noir, un canon braqué et ses servants.
   Printed by Bemrose and Sons, London and Derby. W. 8768/576. — H. 76. — L. 51.

A. 113 — Poster n° 128. **Which ?**
   Have you a reason, on only an excuse for not enlisting.
   Now !
   Procédé lithographique. — Printed by the Abbey Press, 32 and, 34 Gt Peter Street, Westminster. S.W. — H. 76. — L. 50.

A. 114 — Poster n° 129. Un soldat engagé fait un signe d'appel à certaines gens qui oublient trop facilement leur devoir.
   Procédé de photogravure. — Printed by David Allen and Sons. — H. 99. — L. 63.

A. 115 — Poster n° 130. **Come now.** *Your arms uniform and accoutrements are ready wainting for you.*
   (Lord Kitchener at Guildhall. July 1915.)
   Be honest with yourself.
   Procédé lithographique en couleurs. — Printed by David Allen and Sons, Harrow L. T. D., Middlesex. W. 916. 25. M. 9/15. — H. 102. — L. 126.

A. 116 — Poster n° 131. **Come lad slip across and help.**
Un engagé, qui a un pied dans Ypres, tend la main à un camarade resté à Folkestone et l'engage à venir le seconder.
<small>Lithographie en couleurs. — Printed by David Allen and Sons. — H. 102. — L. 126.</small>

A. 117 — Poster n° 132. **Forward!** *Forward the Victory.*
Forward the Victory.
Enlist now.
Un cavalier s'élance au galop en criant : *En avant!* (L.K.W., del.).
<small>Procédé en couleurs. — Printed by David Allen, Harrow, L.T.D., Middlesex. — H. 151. — L. 100.</small>

A. 118 — Poster n° 143. Lord *Kitchener says* : « *Men, Materials and Money are the immediate necessities... Does, the call of duty find no reponse in you until reinforced. Let us rather say superseded. — By the call of compulsion ?*
(Lord Kitchener speaking at Guildhall. (July 9 th 1915.)
Enlist to day.
Un portrait de lord Kitchener, d'après un cliché, par Bassano.
<small>Chromolithographie. — Printed David Allen and Sons. Harow Middlesex. W. 9003. 10 M. 9-15. — H. 52. — L. 77.</small>

A. 119 — Affiches de propagande.
1. — Un encadrement de 21 drapeaux : 5 sur la bande horizontale supérieure. 4 sur la bande horizontale inférieure, 6 sur les bandes latérales.

A. 120 — 2. — Un drapeau au sommet d'un mât.
<small>Procédé lithographique en couleurs.— David Allen and Sons, L.T.D., Harrow Middlesex, London. — H. 75. — L. 51.</small>

ITALIE

A. 121 — 1 **Prestito nazionale 5 %**. — *Gli uffici del credito italiano si incaricano gratuitamente di tutte le operazioni relative alla sottoscrizione.*
Un chasseur alpin écrit à sa famille et l'engage à souscrire à l'emprunt.

A. 122 — 2 **Prestito nazionale 5 %.**
« *Per il nostro interesse, per lui, per la patria !* »
Imitateli! Sottoscrivete al...
Le père et la mère du combattant ont en mains le titre auquel ils viennent de souscrire.
<small>Procédé lithographique en couleurs. Appo (?) del. — H. 140. — L. 100.</small>

CARTES POSTALES

FRANCE

La Guerre européenne 1914-1915. — Les Alliés sur le front. — 24 cartes postales détachables, marque LL. Série 1.

1 — *Les Derniers engagements à Termonde. — Tirailleurs belges arrêtant un détachement de cavalerie prussienne.*

2 — *La Bataille de Hofslade. — Artillerie belge recevant un message par le téléphone de campagne.*

3 — *Infanterie française.*

4 — *Compiègne. — L'Artillerie anglaise allant au feu.*

5 — *Cavaliers anglais traversant une rivière.*

6 — *Bataille de la Marne. — L'Infanterie anglaise cachée dans une briqueterie des environs de Meaux.*

7 — *Infanterie anglaise en embuscade.*

8 — *Arrivée de troupes canadiennes.*

9 — *Troupes algériennes.*

10 — *Patrouille de spahis marocains traversant le village de Ribécourt.*

11 — *Spahis marocains traversant la forêt de Compiègne.*

12 — *A Neufmoutiers, près de Meaux. — Marocains examinant leur butin de guerre.*

13 — *Ribécourt. — Campement de spahis marocains.*

14 — *Artillerie russe traversant une rivière.*

15 — *Les Braves cosaques.*

16 — *Un Groupe de cosaques.*

17 — *« Le Dieu de la nation russe est grand. » — L'Empereur de Russie, un icône sacré devant ses soldats agenouillés.*

18 — *Campement des troupes indiennes en France.*

19 — *Les Indiens font des tranchées.*

20 — *Prisonniers allemands dirigés sur l'Angleterre.*

21 — *Soldats anglais escortant plusieurs prisonniers allemands.*

22 — *Officiers allemands prisonniers.*

23 — *Marins français en possession de trophées.*

24 — *Artillerie anglaise.*

Guerre européenne 1914-1915. — Les Églises martyres, œuvre de la « Kultur » allemande. — 20 cartes postales détachables. LL. Série 10. 1re partie. — Lévy fils et Cie, Paris.

1 — *La Cathédrale de Malines après le bombardement.*

2 — *En Belgique. — L'Église de Pervyse après le bombardement.*

3 — *Arras. — Intérieur de la cathédrale. — Le chœur après le bombardement.*

4 — *Carency (région d'Arras).*
Cliché section photographique de l'armée. Copyright.

5 — *Albert. — Les Ruines de l'Église.*

6 — *Intérieur de la cathédrale de Soissons après le bombardement du 5 février.*

7 — *Bétheny. — L'Église bombardée par les Allemands.*
Lévy fils et Cie, Paris. — Visé Paris n° 379.

8 — *Le Crime de Reims. — Le Temple protestant après le bombardement par les Allemands.*

9 — *Bataille de la Marne. — Sommesous. L'Église entièrement brûlée.*

10 — *Bataille de la Marne. — Intérieur de l'Église de Sermaize-les-Bains après le passage des Allemands.*

11 — *Bataille de la Marne. — Revigny. — L'Église et les ruines après le passage des sauvages (les boches).*

12 — *Bataille de la Marne.* — *Église de Reuves, marais de Saint-Gond. Souvenir laissé par les boches après leur fuite.*

13 — *Beauzée.* — *L'Église bombardée par les Allemands.*
Cliché section photographique de l'armée.

14 — *Beauzée.* — *L'Église après le bombardement des boches.*
Cliché section photographique de l'armée.

15 — *Rambercourt aux-Pots.* — *L'Église bombardée par les Allemands.*
Cliché section photographique de l'armée. Copyright.

16 — *Clermont-en-Argonne.* — *Les Ruines de l'église.*

17 — *Saint-Remy, près Saint-Dié.* — *L'Église détruite par les boches.*
Cliché section photographique de l'armée.

18 — *Saint-Michel, près Saint-Dié (Vosges).* — *L'Église bombardée par les Allemands.*
Cliché section photographique de l'armée.

19 — *Montpatelize (Vosges).* — *L'Église bombardée par les Allemands.* — *The church bombarded by germen.* — *LL.*
Cliché section photographique de l'armée.

20 — *Mandrey (Vosges).* — *L'Église, œuvre de la « Kultur » allemande.* — *The church, work of the german « Kultur ».*
Cliché section photographique de l'armée. Copyright.

Guerre européenne. — Journées de Gloire. — La Marne. — Série 2. Vues détachables LL. — 6-14 septembre 1914. — Modèle déposé. M. Vermot, éditeur.

1 — *Combat dans les ruines de Huiron.* (Extrait de « En plein feu ».)

2 — *Combat de Courdemanges.* (Extrait de « En plein feu ».)
Lévy fils et Cie, Paris.

3 — *Un corps à corps dans le bois du Faux-Miroir.* (Extrait de « En plein feu »).
Lévy fils et Cie, Paris.

4 — *Prise de Vassicourt.* (Extrait de « En plein feu ».)

5 — *La Ferme du Faux-Miroir.* (Extrait de « En plein feu ».)

6 — *Batterie de 75 sur les hauteurs de Revigny.* (Extrait de « En plein feu ».)

7 — *Prise du Village-aux-Vents, où le kronprinz avait son « terrier ».* (Extrait de « En plein feu ».)

8 — *Devant Louppy-le-Château.* (Extrait de « *En plein feu* ».)

9 — *Prise des tranchées allemandes entre Villotte et Louppy-le-Château.* (Extrait de « *En plein feu* ».)

10 — *Prise des tranchées allemandes au Château et à la Ferme des Merchines.* (Extrait de « *En plein feu* ».)

11 — *Prise d'assaut de la gare de la Vaux-Marie.* (Extrait de « *En plein feu* ».)

12 — *Charge à la baïonnette dans les rues de Rembercourt (Meuse).* (Extrait de « *En plein feu* ».)

13 — *Combat de Beauzée (Meuse).* (Extrait de « *En plein feu* ».)

14 — *Batterie de 75 sur le signal de Beauzée (Meuse), détruisant le village de Bulainville occupé par les Allemands.* (Extrait de « *En plein feu* ».)

15 — *Combat autour du village de Saint-André. (Meuse)* (Extrait de « *En plein feu* ».)

16 — *Prise du village d'Ippécourt (Meuse), en partie incendié par les Allemands* (Extrait de « *En plein feu* ».)

17 — *Combat de Osches (Meuse).* (Extrait de « *En plein feu* ».)

18 — *Prise de Clermont-en-Argonne, incendié par les Wurtembergeois.* (Extrait de « *En plein feu* ».)

Reims. — Les Ruines après le bombardement. — 24 cartes postales détachables. Modèle déposé. Clichés M. Lavergne. Série n° 1.

1 — *Le Crime de Reims. Maison Niles, rue Saint-André, incendiée et bombardée par les Allemands.*

— *Le Crime de Reims. Rue du Faubourg-Cérès, maisons incendiées et bombardées par les Allemands.*

3 — *Le Crime de Reims. Rue Cérès et rue Nanteuil, bombardées et incendiées par les Allemands.*

4 — *Le Crime de Reims. Rue Legendre. Maisons incendiées et bombardées par les Allemands.*

5 — *Le Crime de Reims. Maisons incendiées et bombardées par les Allemands.*

6 — *Le Crime de Reims. Intérieur de la Maison Prieur et Cie, incendiée et bombardée par les Allemands.*

7 — *Le Crime de Reims. Maison rue de Mâcon, incendiée et bombardée par les Allemands.*

8 — *Le Crime de Reims. Usine Lelarge, incendiée et bombardée par les Allemands.*

9 — *Le Crime de Reims. Maisons incendiées et bombardées par les Allemands, rue Eugène-Desteuque.*

10 — *Le Crime de Reims. Intérieur d'une maison rue Eugène-Desteuque, bombardée et incendiée par les Allemands.*

11 — *Le Crime de Reims. Rue de l'Université, bombardée et incendiée par les Allemands.*

12 — *Le Crime de Reims. Maison I. Masson et fils, incendiée et bombardée par les Allemands.*

13 — *Le Crime de Reims. Rue de la Grue, bombardée et incendiée par les Allemands.*

14 — *Le Crime de Reims. Rue Courmeaux, maison bombardée et incendiée par les Allemands.*

15 — *Le Crime de Reims. Rue Cérès, après le bombardement par les Allemands.*

16 — *Le Crime de Reims. Le Mont-de-Piété, bombardé et incendié par les Allemands.*

17 — *Le Crime de Reims. Place Royale, incendiée et bombardée par les Allemands.*

18 — *Le Crime de Reims. Rue des Cordeliers, bombardée et incendiée par les Allemands.*

19 — *Le Crime de Reims. Rue de Vesles, maison « Singer », incendiée et bombardée par les Allemands.*

20 — *Le Crime de Reims. Rue Ponsardin, bombardée et incendiée par les Allemands.*

21 — *Le Crime de Reims. Place Royale et rue Colbert, bombardées et incendiées par les Allemands.*

22 — *Le Crime de Reims. Rue Saint-Symphorien, bombardée et incendiée par les Allemands.*

23 — *Le Crime de Reims. Rue Colbert. Magasin de pain d'épices, incendié et bombardé par les Allemands.*

24 — *Le Crime de Reims. Rue Colbert. Magasin de poissonnerie, incendié et bombardé par les Allemands.*

La guerre européenne 1914-1915. Après le passage des Allemands. Les ruines. 24 cartes postales détachables, marque **LL**. Modèle déposé. Série n° 2.

1 — *Louvain détruit par les Allemands. La Cathédrale et l'Hôtel de Ville.*
2 — *La Cathédrale de Malines après le bombardement.*
3 — *Anvers. Un des effets du bombardement d'Anvers. Intérieur d'une maison.*
4 — *Bataille de l'Aisne. Un Village près Soissons.*
5 — *Soissons. Maisons bombardées par les Allemands.*
6 — *Soissons.*
7 — *Senlis. Quartier de la Licorne.*
8 — *Une Rue incendiée.*
9 — *Senlis. Une Rue bombardée.*
10 — *L'Épine. Village en ruines ; au fond, l'église intacte.*
11 — *Panorama de Reims après le premier bombardement. Au premier plan, l'archevêché.*
12 — *Le Crime de Reims. Galerie Henri Vasnier, rue Chanzy. Nouveau Musée de Reims, inauguré par M. Poincaré : importante collection de tableaux modernes.*
13 — *Le Crime de Reims. Une Rue près de la Cathédrale.*
14 — *Le Crime de Reims. Rue du Ruisselet, cinq personnes enfermées dans une cave, une de tuée, les autres ont dû être sorties par le soupirail qu'on a dû agrandir.*
15 — *Le Crime de Reims. Le Faubourg Cérès.*
16 — *Le Crime de Reims. Une Rue bombardée.*
17 — *Le Crime de Reims. Intérieur de l'église Saint-Rémy.*
18 — *Après le passage des troupes allemandes. L'Intérieur de l'église de Barcy.*
19 — *Creil. La rue Gambetta.*
20 — *L'Évacuation d'une ville bombardée.*
21 — *Bétheny. Ce qu'il reste du pensionnat Saint-Symphorien.*

22 — *Albert. La Place de l'Hôtel-de-Ville et l'Hôtel de Ville.*
23 — *Albert bombardé.*
24 — *Clermont-en-Argonne. Les Ruines du village détruit et incendié.*

La guerre européenne 1914-1915. Ponts et lignes de chemins de fer détruits. 24 cartes postales détachables, marque LL. Modèle déposé. Série 3.

1 — *Dinant détruit par les Allemands. L'Église et le pont sur la Meuse.*
2 — *Soldats belges défendant une voie ferrée.*
3 — *Meaux. Pont du Moulin.*
4 — *Train précipité dans la Marne.*
5 — *La Bataille de la Marne. Un train dans la Marne.*
6 — *Trilport. Pont détruit par le Génie français au moment du passage d'une automobile allemande.*
7 — *Pont de Lagny-Thorigny.*
8 — *Pont de Lagny.*
9 — *Pont de La Ferté-sous-Jouarre, détruit par les Anglais. Le Château de Condé, où s'arrêta Louis XVI retour de Varennes.*
10 — *Verberie. Pont détruit par le Génie français.*
11 — *Le Pont de Pont-Sainte-Maxence (Oise).*
12 — *Pont-Sainte-Maxence. Destruction du pont.*
13 — *Pont-Saint-Maximin (Oise) après le bombardement.*
14 — *Senlis. La Gare après le bombardement.*
15 — *Compiègne. Le Pont détruit.*
16 — *Compiègne. Le Pont.*
17 — *Choisy-au-Bac. Pont détruit par le Génie français.*
18 — *Le Pont de Creil.*
19 — *L'Isle-Adam. Le Pont détruit.*
20 — *Pont du chemin de fer entre Amiens et Rouen détruit par les Allemands.*
21 — *Hirson. Le Viaduc coupé.*

22 — *Soissons. Le Pont Saint-Waast.*

23 — *Le Pont de Soissons détruit par les Allemands.*

24 — *Ligne détruite après le passage des troupes.*

Croix-Rouge française. Association des Dames françaises, 12, rue Gaillon, Paris.

1. *Louvain.*
2. *Malines.*
3. *Reims.*
4. *Dixmude.*
5. *Nieuport.*
6. *Ypres.*
7. *Ramscapelle.*
8. *Termonde.*
9. *Arras.*
10. *Albert.*

10 cartes postales en couleurs. Guerre européenne de 1914-1915. Édition patriotique. Imp. Lapina. Notice de M. Barrès.

10 Cartes postales des uniformes de l'armée française, par Alphonse Lalauze.

J. H., Paris, n° 1.

Livre n° 1.

1. *Général de brigade (petite tenue).*
2. *Infanterie de ligne (tenue de campagne).*
3. *Dragons (officier, grande tenue).*
4. *Infanterie de ligne (troupe, tambour grande tenue).*
5. *Dragons (sous-officier, tenue de campagne).*
6. *Infanterie coloniale (troupe, tenue de campagne).*
7. *Hussards (cavalier, tenue de campagne).*
8. *Infanterie de ligne (officier, grande tenue).*

9. *Cuirassier (cavalier, tenue de campagne).*
10. *Chasseurs à pied (troupe, tenue de campagne).*

Livre n° 2.

11. *Artillerie à cheval (officier, grande tenue).*
12. *Artillerie à pied (troupe, grande tenue).*
13. *Artillerie montée (cavalier, tenue de campagne).*
14. *Cuirassiers (officier, grande tenue).*
15. *Infanterie coloniale (officier, grande tenue).*
16. *Hussards (officier, grande tenue).*
17. *Médecins-majors (grande tenue).*
18. *Chasseurs à cheval (officier, tenue de campagne).*
19. *Chasseurs à pied (officier, grande tenue).*
20. *Chasseurs à cheval (cavalier, grande tenue).*

Livre n° 3.

21. *Tirailleurs algériens (officier, grande tenue).*
22. *Tirailleurs algériens (troupe, tenue de campagne).*
23. *Zouaves (officier, grande tenue).*
24. *Zouaves (troupe, tenue de campagne).*
25. *Artillerie coloniale (troupe, tenue de campagne).*
26. *Chasseurs d'Afrique (officier, grande tenue).*
27. *Chasseurs d'Afrique (cavalier, tenue de campagne).*
28. *Spahis (cavalier, tenue de campagne).*
29. *Spahis (officier indigène, grande tenue).*
30. *Train des équipages (officier et troupe, grande tenue).*

Livre n° 4.

31. *Garde républicaine à cheval (cavaliers, grande tenue).*
32. *Garde républicaine à pied (officier et troupe, grande tenue).*
33. *Sapeurs-pompiers (troupe, tenue de feu).*
34. *Chasseurs alpins (officier, tenue de campagne).*

35. *Chasseurs alpins (troupe, tenue de campagne)*.
36. *Génie (officier, grande tenue)*.
37. *Génie (troupe, tenue de campagne)*.
38. *École polytechnique (grande tenue)*.
39. *École de Saint-Cyr (bataillon, grande tenue)*.
40. *École de Saint-Cyr (escadron, grande tenue)*.

<small>4 livres de cartes postales coloriées des uniformes de l'armée française, par Alphonse Lalauze.</small>

La guerre par la carte postale. — 14 vues.

Premier album.

1. *Départ des volontaires*
2. *L'Entente cordiale*.
3. *Le Repas des prisonniers*.
4. *La Destruction de Louvain (Belgique)*.
5. *La Destruction de Louvain (Belgique)*.
6. *L'Entrée des Allemands à Amiens*.
7. *La Visite d'un taube*.
8. *Maintenant, les gars, en avant!!*
9. *La Destruction de Louvain (Belgique)*.
10. *Sur la tombe de ses amis. Le chien fidèle*.
11. *Artillerie anglaise*.
12. *Route de la Belgique après la bataille*.
13. *Duel aérien : vainqueur et vaincu (par Scott)*.
14. *Les Environs de Verdun*.

<small>Ces 14 cartes, d'après *l'Illustration*, sont renfermées dans un album avec couverture illustrée. A gauche, en médaillon, le généralissime Joffre. George, édit., Paris.</small>

Deuxième album.

1. *Sur le versant des Vosges, un détachement progresse sous bois en creusant des tranchées à chaque bond en avant*.
2. *Blessés allemands, Église de Neufmoutiers*.

3. *Pont de Lagny-Thorigny.*

4. *Auto allemande tombée dans la Marne.*

5. *Albert en ruines (Somme).*

6. *Rue de Soissons. Effet d'un obus allemand.*

7. *Senlis. Le Palais de Justice.*

8. *Senlis. La Rue Bellon.*

9. *Reims. Le Faubourg Cérès.*

10. *Église de Barcy.*

11. *Convoi allemand détruit. Route de Soissons.*

12. *Un pont de fortune sur l'Oise.*

13. *Caporal Bourgoin décoré pour avoir sauvé le drapeau de son régiment.*

14. Carte détaillée du théâtre des opérations militaires aux environs de Soissons.

<small>Album avec couverture illustrée. En médaillon, S. M. George V. Clichés d'après l'Illustration. George, édit., Paris.</small>

Troisième album.

1. *On interroge un prisonnier allemand.*

2. *Allemands tués par un aéroplane français.*

3. *Canons allemands détruits par notre 75.*

4. *La Madone préservée (Belgique).*

5. *Termonde (Belgique).*

6. *Pervyse. Le Couvent de Saint-Vincent-de-Paul.*

7. *Après la chute de Lierre (Belgique).*

8. *Rue de Reims.*

9. *Carrières de Soissons, où s'étaient retranchés les Allemands.*

10. *Le Souterrain et le fauteuil du Kronprinz.*

11. *Les Derniers coups de canon d'Anvers.*

12. *Dans une église belge, par Simon.*

13. *S. A. I. le Grand Duc Nicolas Nicolaïewitch.*

14. Carte des opérations militaires des environs de Soissons.

<small>Album avec couverture illustrée. En médaillon, le Tzar Nicolas II. Clichés d'après l'Illustration. George, édit., Paris.</small>

CARTES POSTALES

Quatrième album.

1. *Reims. La Cathédrale en feu.*
2. *La Défense d'Anvers.*
3. *Rue d'Albert (Somme).*
4. *Ferme d'Horzel, route de Péronne.*
5. *Nos Autobus en campagne.*
6. *Le Village de l'Épine (près de Châlons).*
7. *Dinant. Le Pont et la Cathédrale.*
8. *Maisons en flammes. Faubourg d'Anvers.*
9. *Tombe de l'aviateur Mendès, fusillé par les Allemands.*
10. *Pièces d'artillerie allemande (Montreuil-aux-Lions).*
11. *Les Foyers détruits (Anvers).*
12. *Cosaques gravissant les Carpathes.*
13. *Duel aérien : vainqueur et vaincu.*
14. Carte du théâtre des opérations militaires des environs de Soissons.

Album avec couverture illustrée. En médaillon, le général Maunoury. Clichés d'après l'*Illustration*. George, édit., Paris.

Cinquième album.

1. *Retranchements, route de Lierre.*
2. *Pièces d'artillerie anglaise en Belgique.*
3. *Hôtel de Ville d'Arras.*
4. *La Vie dans les tranchées.*
5. *Pont-Sainte-Maxence.*
6. *Ferme à Vauchamps (près Montmirail).*
7. *Train blindé utilisé par les Belges.*
8. *Revigny (Meuse).*
9. *Pendant l'occupation allemande (Termonde).*
10. *Anglais dans la tranchée.*
11. *La Grande Place à Écumonde (Belgique).*
12. *Avant-postes belges.*

13. *Duel aérien : vainqueur et vaincu.*

14. Carte du théâtre des opérations militaires des environs de Verdun.

>Album avec couverture illustrée. En médaillon, le général Castelnau. Clichés d'après *l'Illustration*. George, édit., Paris.

Sixième album.

1. *L'Intrus.*
2. *Promotion sur le front.*
3. *Notre 75 en action.*
4. *Épisode de bataille. Château de Mondement.*
5. *Le Roi des Belges aux armées.*
6. *Dragons français chargeant des uhlans.*
7. *La Trouée en masse.*
8. *Les Restes d'un fort de Liège.*
9. *Anvers. Les Ruines.*
10. *La Dernière ligne de défense à Berlin.*
11. *Sénégalais.*
12. *La Belgique.*
13. *Caporal Bourgoin décoré pour avoir sauvé le drapeau de son régiment.*
14. Une carte détaillée du théâtre des opérations militaires des environs de Soissons.

>Album avec couverture illustrée. En médaillon, le général Pau. Clichés d'après *l'Illustration*. George, édit., Paris.

Septième album.

1. *Rencontre nocturne*, par G. Scott.
2. *Beffroi de l'Hôtel de Ville. Arras.*
3. *Le Roi Albert, le Président et le général Joffre à Furnes.*
4. *Leurs bains. A 600 mètres des tranchées allemandes.*
5. *Un Coin soudanais. Huttes faites de boue séchée.*
6. *Comme à la parade. Écossais*, par Woodeville.
7. *Sermaize-sur-Marne.*
8. *Longwy en ruines.*
9. *Nieuport. Les Halles du XIVe siècle.*

10. *Il faut s'entr'aider (tableau de guerre)*.

11. *Nieuport : la chapelle*.

12. *Allemands tirant une grosse pièce*.

13. *Duel aérien : vainqueur et vaincu*.

14. *Une carte détaillée du théâtre des opérations militaires*.

<small>Album avec couverture illustrée. En médaillon, le général Foch. Clichés d'après l'Illustration. George, édit., Paris. — L. 19. — H. 14.</small>

Huitième album.

1. *La Grande-Rue du village de « Bon espoir »*.

2. *Un Bain inoffensif, par Michaël*.

3. *Boucliers vivants*.

4. *Le Dernier exploit de l' « Emden »*.

5. *La Panne : 3 héros belges*.

6. *Campement de zouaves en Belgique*.

7. *Allemands surpris par des Russes*.

8. *Village de Pervyse (3ᵉ bombardement)*.

9. *Nieuport. — L'Église*.

10. *Carpentier et son chien allemand*.

11. *Tableaux de guerre. — Le Convalescent*.

12. *Un obus éclate à dix pas du photographe (Dixmude)*.

13. *M. Poincaré aux puits des mines de Bruay*.

14. *Une carte détaillée des départements du Nord de la France et d'une partie de la Belgique*.

<small>Album avec couverture illustrée. En médaillon, le généralissime Joffre. Clichés d'après l'Illustration. George, édit., Paris. — L. 19. — H. 14.</small>

Neuvième album.

1. *Ypres. — Les Halles en feu, par G. Fraipont*.

2. *La Déroute des Allemands en Argonne (Septembre 1914)*.

3. *Le Dernier adieu. — L'Ami et le cheval d'un brave (Russie)*.

4. *Visite d'un état-major des Alliés à la zone inondée (Belgique)*.

5. *Encore une image du Christ outragée. Église de Ramscapelle*.

6. *La Marseillaise, dessin de Scott. Comme en 92, elle nous conduit à la victoire.*

7. *Sampigny. — La Maison de M. Raymond Poincaré bombardée.*

8. *Champ de bataille près de Dixmude.*

9. *A Dannemarie. — Le Dessinateur alsacien Zislin.*

10. *Reims. — L'Église de Saint-Rémy en ruine.*

11. *Les Déménageurs, dessin de Jonas.*

12. *Indiens chargeant à la baïonnette.*

13. *Joffre et Foch. Le Généralissime et le Général en chef des armées du Nord, à Cassel.*

14. *Carte des opérations militaires. Fin octobre.*

<small>Album avec couverture illustrée. En médaillon, le roi Albert. Clichés d'après l'Illustration. George, édit., Paris. — L. 19. — H. 14.</small>

Dixième album.

1. *La Martyre de Reims, dessin de L. Dauphin (d'après les « Annales »). « Cathédrale de Reims toute mutilée, tu demeures notre relique nationale ». (Maurice Barrès.)*

2. *La Réoccupation de Ville-en-Woëvre (Octobre 1914).*

3. *Église d'Hébuterne (Pas-de-Calais).*

4. *L'Holocauste. (La Belgique sacrifiée, mais qui sera vengée), par Roganeau.*

5. *Tranchées-abris à flanc de côte (région de Soissons).*

6. *Bataille des Flandres. Fléchissement des masses allemandes, par Simon.*

7. *Sur la côte belge. Promenade solitaire du Roi et de la Reine, par Simon.*

8. *En Belgique. Le Tir de notre Rimailho.*

9. *La Récompense d'un brave. Fiançailles en Alsace, à Sopper-le-Haut.*

10. *Interrogatoire d'un prisonnier, par Scott.*

11. *Petit poste avancé dans le Pas-de-Calais.*

12. *Forêt d'Argonne. Poste d'observation à 200 mètres des tranchées allemandes.*

13. *Reims. Vue prise de la rue Saint-Jacques.*

14. *Rue de Nieuport.*

<small>Album avec couverture illustrée. En médaillon, le général Dubail. Clichés d'après l'Illustration. George, édit., Paris. — H. 14. — L. 19.</small>

Onzième album.

1. *Le Soir d'une bataille.*
2. *La Messe en plein air. Argonne.*
3. *Scène de la vie militaire à Burcy-le-Long (Aisne).*
4. *Arras. L'Hôtel de Ville et le Beffroi.*
5. *Soissons bombardé par les Allemands.*
6. *Intérieur des Halles d'Ypres après le bombardement.*
7. *Ruines de l'église de Rambercourt-aux-Pots (Meuse).*
8. *Les Soldats anglais en France.*
9. *En Alsace. Canons français « 155 » bombardant les tranchées allemandes dans la plaine de Cernay.*
10. *Ypres. Le Beffroi des Halles après le bombardement.*
11. *Le Christ préservé. Belgique.*
12. *Église de Crouy.*
13. *Le Prince de Galles.*
14. *Amiral Boué de Lapeyrère.* (Cliché Manuel.)

Album avec couverture illustrée. En médaillon, le général Galliéni. Clichés d'après *l'Illustration*. George, édit., Paris. — H. 14. — L. 19.

Douzième album.

1. *La Cathédrale de Reims en feu, dessin de Fraipont.*
2. *Mortier et obus de 220 sous bois. Argonne.*
3. *Alerte à l'approche de l'ennemi. Argonne.*
4. *Batterie de 75 en position de combat.*
5. *Infanterie russe s'élançant hors de ses tranchées.*
6. *Dannevoux, près Verdun, occupé par les Allemands.*
7. *Les Opérations en Alsace. Notre 75.*
8. *Une Tranchée de première ligne. Officier en observation.*
9. *Intérieur des Halles d'Ypres.*
10. *Un Détachement belge, retour de combat, passe devant l'église de Nieuport en ruines.*
11. *Pilon en ruines (Meuse).*

12. *Église de Berry-au-Bac.*
13. *Maison éventrée. Soissons.*
14. *Nos Héros de l'air. Mitrailleuse à bord d'un monoplan.*
   Album avec couverture illustrée. En médaillon, l'amiral Boué de Lapeyrère.
   Clichés d'après *l'Illustration*. George, édit., Paris. — L. 19. — H. 14.

Treizième album.

1. *La Destruction de Lille par les Allemands.*
2. *La Destruction de Lille par les Allemands.*
3. *Malines après le bombardement.*
4. *Église de Lihons (Somme).*
5. *Longwy. Les Fortifications après le bombardement.*
6. *Gerbevillers en ruines.*
7. *Turpin et sa fusée auto-giroscopique.*
8. *La Vierge dorée de la basilique d'Albert.*
9. *Ypres. Église Saint-Martin.*
10. *Les Adieux des compagnons d'armes.*
11. *Appel des soldats avant le départ pour la tranchée (Nord).*
12. *Ypres. Les Halles en ruines.*
13. *Comment les Allemands respectent nos ambulances.*
14. *Le Guet-apens. Dessin de Jonas (d'après l'Illustration).*

   « Nos troupes donnent l'assaut : mais tout à coup, les Allemands semblant se rendre crient : Kamarades! mais nos fantassins connaissent la ruse, car derrière le rideau des Allemands une mitrailleuse est armée, prête à commencer son œuvre de traîtrise ».
   Album avec couverture illustrée. En médaillon, le généralissime Joffre.
   Clichés d'après *l'Illustration*. George, édit., Paris. — L. 19. — H. 14.

Quatorzième album.

1. *Arras. Le Beffroi en ruines.*
2. *Cavaliers indiens.*
3. *Ypres. Le Théâtre.*
4. *En Embuscade.*
5. *Les Opérations en Alsace. Une pièce de 75.*
6. *Mitrailleuse prise aux Allemands.*

7. *Albert. Usine Rochet-Schneider.*

8. *Église de la Croix-sur-Meuse. Environs de Troyon.*

9. *Église de la Croix-sur-Meuse. Environs de Troyon.*

10. *Clermont-en-Argonne.*

11. *Camp de Spahis.*

12. *Marché d'Ortelsburg après la destruction (Prusse orientale).*

13. *Maréchal French.*

14. *Général Langle de Cary.*

Album avec couverture illustrée. En médaillon, le général Castelnau. Clichés d'après l'*Illustration*. George, édit., Paris. — H. 14. — L. 19.

Album G.

1. *Généralissime Joffre (grande tenue).*

2. *Généralissime Joffre (petite tenue).*

3. *Général Maunoury.*

4. *Général Foch.*

5. *Général Dubail.*

6. *Général Galliéni.*

7. *Général Pau.*

8. *Général Castelnau.*

9. *Amiral Boué de Lapeyrère.*

10. *Tzar Nicolas II.*

11. *S. M. George V.*

12. *S. M. Albert Ier.*

Album avec couverture illustrée. En médaillon, le général Joffre.— Clichés d'après l'*Illustration*, George, édit., Paris. — H. 14. — L. 19.

Album G.G.

Album semblable à l'album G, mais colorié.

3 albums patriotiques de la guerre européenne 1914-1915 « contenant 30 cartes postales patriotiques. Ces vues, la plupart inédites, ont été prises aux sources les plus sûres, et choisies par l'éditeur parmi les plus intéressantes ».

« Ces albums donneront au public l'idée la plus exacte des opérations militaires de notre valeureuse armée, de celles de nos alliés, du vandalisme de nos ennemis et de leur Kultur ».

M. NEUMONT. — **Devant Verdun.** Un enterrement de première classe. La Famille !

L'original fait partie de la collection Henri Leblanc.

CARTES POSTALES

1 album patriotique de la guerre européenne 1914-1915, contenant 52 cartes postales patriotiques.

album patriotique de la guerre européenne 1914-1915, contenant 49 cartes postales patriotiques.

album patriotique de la guerre européenne 1914-1915, contenant 52 cartes postales patriotiques.
Chacun de ces albums possède une préface de Maurice Barrès. — Lapina, édit., Paris. — H. 18. — L. 12.

3 albums de 15 cartes postales. *Guerre 1914-1915. 15 actualités. Avant-propos de Jérôme Doucet.*
Lapina, édit., Paris. — H. 19. — L. 13.

Dessins d'un neutre, Louis Raemaekers. Se vend au profit des blessés de France. (21 cartes.)

1. *Les Présents des rois mages.*
2. *Luther-Liebknecht au Reichstag.*
3. *Nécessité fait loi.*
4. *La Guerre civilisatrice.*
5. *L'Ordre règne à Dinant.*
6. *Avant la fusillade.*
7. *Les Otages.*
8. *Francs-Tireurs?*
9. *Prospérité des Flandres.*
10. *Séduction.*
11. *L'Holocauste.*
12. *Kreuzland, kreuzland uber alles!*
13. *Les Atrocités en Belgique.*
14. *La Grande surprise.*
15. *La Lettre.*
16. *Sur l'Yser.*
17. *Les Témoignages des pierres.*
18. « *Hoch Kultur* ».

19. « *Barbares noirs ?* »
20. *Le Livre jaune.*
21. *Le Réveil.*

Dessins d'un neutre, Louis Raemaekers. Se vend au profit des blessés de France. (21 cartes, 2ᵉ série)

1. *Parfaitement.*
2. *Morale des neutres.*
3. *En pays envahi.*
4. *Exhumation of the aerschot martyrs.*
5. *Bernhardilisme.*
6. *Annexion ?*
7. *Les Beautés de la guerre.*
8. *En Serbie.*
9. *La Guerre au XXe siècle.*
10. *Triomphe de zeppelin.*
11. *Les Petites victimes de la Lusitania.*
12. *Après la Lusitania.*
13. *Les Gaz. — Asphyxie lente.*
14. *Liquides brûlants. — Les merveilles de la Kultur.*
15. *Liquides brûlants.*
16. *Paroles impériales.*
17. *La Conscience universelle.*
18. *L'Europe opérée du prussianisme.*
19. *Sœurs latines.*
20. « *Gott strafe Italien !* »
21. *Les Neutres pacifistes.*

Ces séries sont vendues au profit des blessés de France. Les comptes et les recettes de l'Œuvre amsterdanoise des blessés de France sont placés sous le contrôle du consul de France à Amsterdam. Adresse du Comité : 93, Overtoom, Amsterdam.

H. 9. — L. 16.

ANTOINE, édit., 12, rue de l'Université, Paris.
>Cathédrale d'Anvers. — Hôtel de Ville de Compiègne. — Hôtel de Ville de Louvain. — Cathédrale de Reims.— Église Saint-Rombaut, à Malines. — La Tour de Bruges. — Cathédrale d'Arras. — Cathédrale d'Arras. — Cathédrale d'Amiens. — Église de Senlis.
Toutes ces cartes reproduisent d'anciennes gravures.
>A la niche. — La Triple contrainte. — Pour remplacer sa garde. — Le Kaiser et son ombre. — François-Joseph et son ombre. — Les Barbares.

AU DOUBLE BÉCARRE, 30, rue des Petits-Carreaux, Paris.
>Ne pleurez pas, femmes françaises! Paroles de Gabriel Valette, musique de Maurice Vallée.

AVE MARIA, 36, avenue de Châtillon, Paris.
>Pieuses condoléances.

PASSANI (procédé breveté).
>Les Crimes allemands. Compositions originales par Noël Dorville, reproduites sur cartes postales doubles.
>L'Otage abattu. — Le Bouclier humain. — Achèvement des blessés. — Le Martyre des prisonniers. — Le Soldat canadien crucifié. — Le Curé pendu dans son église détruite. — Le Militarisme prussien au banc (sic) des armées de l'humanité. — Suprême outrage. — Le Médecin-major massacré dans son ambulance. — La Petite fille à la main coupée. — L'Assassinat de miss Edith Cavell. — Les Vieillards brûlés vifs.

BERGER-LEVRAULT, Paris et Nancy.
>Les Camarades. Cartes en couleurs, dessinées par Herbst, 1915.
>Hussard de la Mort. — Un qui faisait dans les marmites. — Uhlan. — Un Mitrailleur boche. — Cuirassier de la garde. — Major boche. — Artillerie boche. — Colonel de dragons blancs. — Hussard de la garde. — Che sui un poilu boche. — Génie français et génie boche.

BLOUD et GAY, édit., 7, place Saint-Sulpice, Paris. 13 cartes.
>Le « Chiffon de papier ». — Comité catholique de propagande française à l'étranger. — La Communion pascale. — Le Couvent de Sainte-Agnès, à Arras. — Image allemande. — La Liberté de conscience en Allemagne. — La Piété des soldats français. — Ruines de l'église Saint-Jean-Baptiste, à Arras. — Ruines du Beffroi et de l'Hôtel de Ville d'Arras. — Ruines de Louvain. — Quelques-uns des prêtres français tués par les Allemands. — Le Saint-Ciboire fusillé par les Allemands, à Gerbéviller. — Vases sacrés mutilés et profanés par les Allemands.

BOICE, dépositaire général, 43, chaussée d'Antin. Publicité Wall.
> Les Gosses et la guerre. 12 compositions par R. Dion, Fabiano, Faivre, Falké, Hellé, Moriss, Poulbot, Rabier, Radiguet, Ricardo-Florès, etc.

BOUASSE, J^{ne}, édit., place Saint-Sulpice, Paris.
> Que le Sacré-Cœur les protège !
> La Guerre sainte. Madrazzi, sc.

BOURDELLE, sc.
> Œuvre de protection des orphelins des P.T.T. Carte illustrée par la reproduction d'une plaquette de Bourdelle, pour l'œuvre des orphelins des P.T.T.

CAMIS, imprimeur, Paris.
> 12 cartes. **La Grande guerre.** Compositions par différents artistes.
> *Vaincre ou mourir (Dutailly).* — *Un jeune héros, Émile Després.* — *Le Serment d'adieux (Dutailly).* — *L'Enfant au fusil de bois.* — *Mes chéries.* — *Vierge consolatrice.* — *Le Bon berger (O'Galop).* — *Sacrifice.* — *Récompense.* — *Assassinat de miss Édith Cavell.* — *Là-bas.*
> Un texte fait l'historique des événements, marque : Luxia.

CAREL frères.
> *Son premier jouet.* Hansi, del.

CHAIX (Imprimerie).
> 4 cartes au bénéfice de la Fédération nationale d'assistance aux mutilés de terre et de mer, 63, avenue des Champs-Élysées, Paris.
> *Nous pouvons tout sans eux.*
> *Le Droit prime la force.*
> *Aux forfaits sans pitié, justice sans pitié.*
> *La Frontière de la France est le Rhin.*

CHAMBRELENT, imprimeur, Paris.
> Œuvre de guerre de l'Automobile-Club de France, 8, place de la Concorde. — *Envois aux soldats.* 4 cartes.

COQUEMER, imprimeur.
> *Mimi pinson.*

COURCIER, 8, rue Simon-le-Franc, Paris.
> *La Guerre 1914-1915.* — *Kolossal kultur.*

C.P.I. Chambre syndicale française des éditeurs de la carte postale.
Les drapeaux alliés. Photogravure en couleurs. L.V. Cie. 8 cartes.
Officiers supérieurs et Chefs d'État. 25 cartes en couleurs. Généraux Maud'huy, Gallieni, Sarrail, Hirschauer, Pau, Joffre, de Castelnau, Leman, Niox, Maud'huy, Maunoury, Foch, Dubail, Sarrail, de Langle de Cary, Hirschauer, Kitchener, maréchal French, lieutenant-colonel Deport, M. Sainte-Claire Deville, Tzar Nicolas II, Albert 1er, roi de Belgique, Pierre 1er, roi de Serbie, prince Alexandre, héritier du trône de Serbie, Nicolas II, empereur de Russie, George V, Nicolas, roi de Monténégro, S. M. le roi et la reine des Belges.

CHRISTENSEN (A.), imprimeur, Rueil.
4 cartes. *Porte-bonheur pour les tranchées. Manière de s'en servir. Regarder cette carte une fois par jour, elle préservera le brave poilu.* Marque : Rex.

DAMIEN, imprimeur.
Trophées de la grande guerre. Musée de l'armée. Pavillon de guerre du zeppelin Z. 8. — *Dirigeable allemand abattu à Badonviller (Vosges), 24 août 1914.*

DEVAMBEZ, passage des Panoramas, Paris.
Journée française du secours national. 12 compositions par Abel Faivre, Léandre, Neumont, Poulbot, Steinlen, Surand, Willette, etc.

DOLQUES, imp.-édit., 57 bis, boulevard Raspail, Paris.
3 compositions. *Au sauveur de la France.* — *L'Empereur de la Mort* (inspiré d'Albert Durer). — *Leurs savants.*

L'ÉDITION, 4, rue de Furstemberg, Paris. G. Supot, imprimerie Alençon.
12 cartes : Fresnes-en-Woëvre. — La Boulangerie. — Le Chœur de l'Église. — L'Église entourée de ruines. — La Façade de l'église. — L'Hôtel de Ville incendié par les Allemands. — Maisons en ruines. — Le Monument du général Margueritte. — La Rue de Metz. — Tombes de civils fusillés par les Allemands. — Une flèche du clocher retombée sur le toit de l'église. — Un quartier bombardé.

ÉDITIONS DE LA BONNE ŒUVRE, 143, avenue Parmentier, Paris.
Les Chants patriotiques de 1914. — 6 cartes, paroles de G. Notiov. Stances pour les mamans et les tout petits (sur l'air de Charme d'amour). — La Folie de Guillaume (sur l'air de la Paimpolaise). — Mensonges prussiens. — Gloire à nos aviateurs. — La Victoire. — Après la victoire, musique de Ed. Perroud.

ÉDITIONS « DUM ».
    12 cartes. — *Les Dix commandements du soldat en 1915.* — *Le Credo du soldat en 1915.* — *L'Ave du soldat en 1915.* — *Les Dix commandements du boche en 1915.* — *Prière du soldat en 1915.* — *Oui, mais... les zeppelins éclatent mieux.* — *Pater du boche en 1915.* — *Confession impériale en 1915.* — *Doux souvenir en attendant la victoire* (Namours, del.).
    Espérance 1916 (en couleurs). — *Les Dix commandements du civil.* — *Menu des Alliés.*
    Les Pronostics du colonel Harrison.

ÉDITION GALLIA.
    Vision d'Alsace.

ÉDITION GRELLINGER, 6, rue Sedaine, Paris.
    10 compositions en couleurs, par Pierre Chatillon, condamné par le tribunal militaire suisse ; cartes jugées offensantes pour le *Kaiser.* — *La Turpinite.* — *Veni, Vidi, Vichy.* — *Un seul dieu, leur kaiser.* — *La Force prime le droit* — *Ayez pitié d'un pauvre aveugle.* — *L'Envoyé de Dieu.* — *L'Antechrist.*

ÉDITIONS J.-D. Imp. Lupu, 117, rue de Turenne, Paris.
    Taisez-vous, méfiez-vous, les oreilles boches vous écoutent.

ÉDITIONS LES ALLIÉS, Paris.
    Nos ennemis. 4 cartes en couleurs ; *Nos alliés,* 8 cartes en couleurs.
    Les ennemis ont figure d'insectes nuisibles : guêpes, bourdons, etc., une épée les transperce ; les Alliés déploient des ailes de papillons.

ÉDITION LORRAINE. — **L'Attaque et la riposte.** 6 cartes.
    Nº 1. *24 août. L'Attaque brusquée.*
        2. *2 septembre. La Marche sur Paris.*
        3. *8 septembre. L'Offensive française.*
        4. *11 septembre. La Victoire de la Marne.*
        5. *21 et 26 septembre. L'ennemi maitrisé.*
        6. *10 novembre. Le Coup de l'Yser.*
    Sur des cartes sommaires des régions envahies, l'Allemagne est représentée par un long ruban noir, terminé par une tête de kaiser ; ses deux petits bras sont en action .Un ruban blanc, que surmonte la tête de Joffre, figure la France. Leurs positions racontent, sur la carte, les phases des combats.

— **L'Autographe du poilu.** *Envoyez cette carte à nos poilus qui la retourneront avec leur signature.*

ÉDITION LORRAINE. — **Les Monstres des Cathédrales.** 6 cartes.
1. Guillaume II.
2. François-Joseph.
3. Le Kronprinz.
4. Von Moltke.
5. Von Kluck.
6. Von Bulow.

— **La France, l'Allemagne.** *Même dans leur timbre-poste, chacune des deux nations se représente telle qu'elle se voit, telle qu'elle se sent.*
Texte sous le timbre français : « La France, semeuse, vêtue d'aimable lin, dans le grand geste ouvert des semailles, sème à tous les vents les grains de la civilisation... »
Texte sous le timbre allemand : « L'Allemagne, à la face dure, est casquée d'une couronne massive ; une main ramenée dans le sens égoïste qui est vers soi-même, gantelée de mailles, cette main serre une poignée de glaive, c'est la menace. La poitrine est cuirassée et ces deux rondelles de métal bombé indiquent quel serait l'allaitement maternel pour l'humanité à naître quand celle-ci aurait à le chercher dans cette ferronnerie. »

ÉDITION PRO PATRIA.
Le Chien sanitaire est patriote.

ÉDITIONS SID, Paris.
Nos héros. 10 compositions. Aquarellatypie. 1915.
Zouave. — Aviateur. — Infanterie de marine. — Chasseur alpin. — Fusilier marin. — Artilleur. — Chasseur à cheval. — Chasseur à pied. — Mitrailleur. — Infanterie. — Dragon.

— Billet de banque de cinq francs : **N'oubliez pas votre poilu.**
Billet de banque de vingt francs : **Un comme ça de temps en temps, ça fait toujours plaisir.**

E. S. Lyon.
Cartes en chromolithographie.
Demain. — *Je suis venu, j'ai vu, je suis f...u.* — *Honneur aux braves.* — *Lui et son état-major.* — *Galerie des curiosités. François-Joseph.* — J. Groulier, del. *La Cathédrale en flammes.*
— *Je suis la France, vous êtes l'Alsace, je vous apporte le salut de la France.*

F. de C. T. Paris.
6 compositions en couleurs, par Carrey.
Infanterie, le caporal Sapin. — *Infanterie à la baïonnette.* — *Infanterie, les « highlanders ».* — *Cavalerie, les Cosaques.* — *Artillerie (armée anglaise).* — *Artillerie.*

FERON-VRAU, imp., 3 et 5, rue Bayard, Paris.

24 cartes. A utiliser seulement dans le service intérieur (France, Algérie, Tunisie. — Chansons par Jean Vezère.

La lettre du Saint-Cyrien. — Il court, il court le crochet... — La Première classe. — Le Rêve d'un soldat d'aujourd'hui. — Le Brinc d'ajonc. — Tommy s'en va-t-en guerre. — L'Étoile. — Le Dernier chevalier. — La Pluie à la tranchée. — Forêt de l'Argonne. — Dans la grand'ville de Rouen. — La Prière du soldat. — Bleu d'horizon. — Le Soldat canadien. — Dieu garde l'Angleterre. — La Bague du poilu. — Il était un petit navire.— Bon voyage, cher de Bulow. — Venise masquée. — Les Paons germains. — Berceuse grave. — Les Béquilles. — Les Déboires d'un cancre. — Trains de guerre.

Les 12 dernières cartes sont en vente à la Bonne Presse, 5, rue Bayard.

FOLY (L.), 13, rue Séguier.

Collection rare sur la grande guerre. 12 cartes en noir et en couleurs, dessinées par E. Causé. Acrostiches sur les noms suivants : *Joffre — Alsace-Lorraine — Allemagne — Guillaume — Kronprinz.*

2 cartes sans poèmes : *Ce que j'offre. — Leur Kultur.*

FOT-NOX, Paris.

François-Joseph, par Pierre.

GALERIE PATRIOTIQUE.

Correspondance militaire : Nous venons de... Nous allons à... Tout va très bien. George Scott. Août 1914. D'après l'*Illustration.*

GALLAIS, éditeur, 13, rue Chapon (23 cartes en couleurs).

1 carte par Fumy : *Au pays des saucisses.*

1 carte par Gayac : *Entr'acte.*

5 cartes par Hansi : *A la mémoire d'un ami mort en Alsace.— Saverne, dernière page de l'histoire en Alsace. — Leçon d'histoire. — Ceux qui n'oublient pas. — Alsacienne 1916.*

8 cartes par Huguet-Dumas : *Le grand-prêtre de la kultur bénissant ses enfants. — Quelques spécimens de leur race. — Justice immanente. — Permissionnaire. — Concert pour poilus. — Argument suprême. — Tranchée allemande vue par le périscope. — Taisez-vous, permissionnaires.*

3 cartes par Igor : *Pour Dieu, pour le Roi, pour la Patrie. — Gott mit uns.— Rira bien qui rira le dernier.*

2 cartes par Poulbot : *Boxeurs. — Quadrille.*

3 cartes par Zislin : *A bientôt. — Kultur allemande en Alsace. — La Paix. s. v. p., ou le flot qui monte.*

36 cartes :
1 carte par Fumy : *Au pays des saucisses.*
1 carte par Gayac : *Entr'acte. Le singe figure le Kronprinz.*
5 cartes par Hansi : *A la mémoire d'un ami mort en Alsace.— Ceux qui n'oublient pas. — Saverne. — Leçon d'histoire. — Alsacienne 1916.*

20 cartes par Huguet-Dumas : *Le grand-prêtre de la kultur bénissant ses enfants. — Quelques spécimens de leur race. — Permissionnaire. — Philosophie au clair de lune. — Pas d'argent pas de suisse. — Les Bistros sont ouverts à Carency. — Concert pour poilus. — Poilus au beuglant. — Vous êtes tous jeunes. — Où suis-je, mes enfants ? — A la fortune du pot. — Les Hasards de la guerre. — Nos poilus au repos. — Argument suprême. — Tranchée allemande vue par le périscope. — Réponse aux gaz asphyxiants. — Taisez-vous, permissionnaires. — Dans les boyaux. — Retour des tranchées. — Justice immanente.*

2 cartes par Igor : *Pour Dieu, pour le Roi, pour la Patrie. — Gott mit uns.*

3 cartes par Neumont : *Au premier temps de la liberté de la presse. — Raemaekers. — La Marseillaise.*

2 cartes par Poulbot : *Boxeurs. — Quadrille.*

2 cartes par Zizlin : *A bientôt. — Kultur allemande en Alsace.*

GALLIA, imp. d'art.
Sur le vif. 10 cartes photogravure en couleurs, par Santini.
Fantassin. — Mitrailleur. — Lanceur de grenades. — Poseur de mines. — Infanterie de marine. — Fusilier marin. — Chasseur alpin. — Zouave. — Artilleur. — Aviateur.

GAUTIER (Gilbert).
Le Retour du père. Campagne 1914-1915. Quand je serai grand, moi aussi je ferai un poilu.
Le Promoteur. Dans ce portrait vous y verrez : un condor, hibou, tigre, lézard, caïman, etc...
Observez bien ce portrait et vous y trouverez : deux femmes pleurant, cadavres d'enfants, cigognes étranglées par deux maquereaux, etc...
Je vous maudis.

C. M. V., Paris.
Une grande victoire par Hansi, élève-caporal au 152e d'Infanterie.

GORDE, imp., Paris.
6 cartes Augis (en couleurs) : *Basilique d'Albert. — Cathédrale de Reims bombardée. — Incendie des Halles d'Ypres. — Moulin de Ramscapelle. — Réparation de fortune du Pont de Meaux. — Ruines de l'Hôtel de Ville d'Arras, 1915.*

COURNAY (A.), del.
　　7 cartes.
　　Et par dessus le fumier, n'oublie pas de mettre des gueules de loup (en noir et en couleurs).
　　V'la les Indous. — Ils ont passé par là. — Pour les rafraichir du feu de nos 75, les pompiers les ont noyés dans leurs tranchées. — Il pleut, il pleut, Kaisè-re. — A la couverte, Guillaume.

GUERRE EUROPÉENNE 1914-1915.
　　1 carte. *Le crime de Reims.* (Cliché Lavergne, Reims.)

G. V. A., Paris.
　　Chant impérial russe. — Musique avec paroles françaises et paroles russes.

HAMILTON, del.
　　L'Amusement des enfants, la tranquillité des... gouvernements alliés !
　　Le Russe sort d'une boite et le vieux François-Joseph crie : « Coucou ! Ah ! le voilà ! »

J. K., édit., Paris.
　　Drapeaux pris à l'ennemi. 20 cartes en couleurs.
　　Drapeau du 4ᵉ bataillon du 132ᵉ régiment d'infanterie, pris à St-Blaise (Bas-Rhin). — 1ᵉʳ drapeau du 132ᵉ d'infanterie. — Drapeau du 94ᵉ d'infanterie. — Drapeau du 85ᵉ d'infanterie. — Drapeau poméranien du 94ᵉ. — Drapeau du 68ᵉ d'infanterie. — Drapeau du 69ᵉ d'infanterie. — Drapeau du 49ᵉ d'infanterie. — (3 cartes) Drapeau du 72ᵉ d'infanterie. — Drapeau bavarois. — Drapeau du 87ᵉ poméranien. — Drapeau du 36ᵉ régiment poméranien. — Drapeau du 36ᵉ fusiliers. — Drapeau du 3ᵉ fusiliers. — Au musée de l'Armée, les drapeaux pris à l'ennemi jusqu'au 1ᵉʳ janvier 1915.
　　Copie authentique des drapeaux déposés aux Invalides.

JOURNÉE DU FINISTÈRE. 10 octobre 1915 (offert par M. Rieunier). Composition par H. Deyrolle. Couplet en breton, par J. Le Guyader. Couplet par E. Dupouy.

J. P. Paris. ARMENGOL. — 2 cartes.
　　« *Heureusement que les moineaux français ne s'effarouchent pas facilement.* »
　　« *La pièce que nous avons l'honneur de représenter ici est celle qui a le plus de succès... sur le théâtre des opérations.* »
　　Il fut à la peine (le drapeau français), il sera à l'honneur.

J. R.
> *Carte correspondance instantanée.* — *Les phrases marquées d'une croix expriment mes sentiments et disent mes nouvelles.*

C. F., Paris.
> 10 compositions humoristiques en couleurs.

KLEIN et Cie., Épinal (Vosges).
> 3 cartes par Hansi. Chromolithographie.
> *Soldat du régiment du Kronprinz en tenue de campagne.* - *Le grand bonheur de 1915.* — *Le Mégalomane microcéphale.*

KLEIN, KAHN et Cie, Épinal (Vosges).
> *Nos poilus.* — 6 cartes par Thiriet. Chromolithographie.

LAFFRAY, Paris.
> *Le Retour sur le front*, par Toussaint Gugliemi. De Platel, del.

LAFONTAINE (L.), impr., rue Froidevaux, Paris.
> 10 cartes Lesieur : Amiens, Calais, Compiègne, Dunkerque, Laon, Lunéville, Meaux, Nancy, Noyon, Verdun.

LAPINA, édit.
> 2 cartes par Alcan-Lévy : *Le Départ pour la guerre. Le Repos bien gagné.*

— 1 carte par Alleaume : *Belgique.*

— 1 carte par Beaune (L. de) : *Petite victime des derniers bombardements de Reims. 1915.*

— 2 cartes par Brisgand : *La Marseillaise. Mlle Pierly, dans « Ma Blonde » (chanson de route).*

— 1 carte par Desvarreux (R.) : *L'Entente cordiale.*

— 1 carte par Fouqueray (Ch.) : *Combat sur la route de Keyem à Dixmude.*

— 1 carte par Gervex (Henri) : *Un poilu.*

— 1 carte par Gérard (L.-H.) : *La Prière avant la bataille.*

— 3 cartes par Jonas : *Antigone. Gott mit uns. La guerre détestée par les mères.*

— 1 carte par Maxence (Edgar) : *A l'Église.*

— 1 carte double : *Journée du poilu, 31 octobre, 1er novembre 1915. Le Clairon*, par Paul Déroulède.

Guerre européenne de 1914-1915. Édition patriotique.

6 cartes par A. Beerts : *L'Ange de la tranchée. Atout cœur. Engagé volontaire. Graine de cosaque. J'en suis. Premier amour. Premier chagrin.*

1 carte par P. Carrier-Belleuse : *Vers la victoire.*

2 cartes par Abel Faivre : *L'Heure du Taube. 15 minutes d'entr'acte.*

10 cartes par Fouqueray : *Artillerie de campagne, obusiers. Artillerie légère de campagne. Aviation militaire. Cavalerie, cuirassiers. Cavalerie, dragons. Fusiliers-marins. Infanterie de ligne. Marine de guerre. Troupes d'Afrique. Troupes d'Afrique, spahis.*

1 carte par Léandre : *La Charité doit fuir devant le crime.*

10 cartes par Solomko (S. de) : *L'Amour couronnera le poilu victorieux. L'Amour de la Patrie leur donnera la victoire. Bleu horizon et bleu céleste. Désormais, les fils d'Alsace seront tous des soldats français. L'Entente était d'argent. La Fortune est d'argent et la Victoire est d'or. O Dieu, sauvez mon fils. Petit poussin deviendra coq. Le Porte-bonheur de Tommy. Le Sang rouge de Garibaldi. Voici venir votre sauveur.*

1 carte par Tenré : *Dévouement.*

10 cartes photogravure en couleurs. Composition par S. de Solomko : *La Récompense. Deux méthodes de guerre. Pour nous réchauffer nous irons au feu. Maman. Merci. Il n'est plus. Quand papa sera vieux, moi j'irai le défendre. Galliéni, d'après le portrait peint par Royoet.*

Journées du poilu. 25-26 décembre 1915. — 6 cartes par Léandre, Steinlen, Poulbot, Willette, Neumont, Jonas.

Le Trogneprinz.

Les Français sont 20 (cœur), les Boches sont 20 (Q), par Alb. R.

Je sors de mon harem comme un vieillard en sort, par Paco.

Les Chansons de France, de Maurice Boukay. — 10 cartes feuilles doubles.

Les Aigles noirs. — Musique de René Buxeuil. Fabiano, pinx.

Moselle et Rhin. — Léonnec, pinx.

Les Trois uhlans. — Musique de Charles Pons. Renouard, pinx.

La Marche du Drapeau. — Musique d'Alfred Bruneau. Ch. Fouqueray, pinx.

La Chanson des poilus. — Musique de René Buxeuil. Steinlen, pinx.

Les Orphelins de la guerre. — Musique de Marcel Legay. Jonas, pinx.

Honneur aux blessés. — Musique de René de Buxeuil. F. Regamey, pinx.

La Chasse aux fauves. — A. Gabault, pinx.

La Revue nocturne. — Musique de R. de Buxeuil. S. de Solomko, pinx.

En rêvant de toi. — Musique de R. de Buxeuil. A. Guillaume, pinx.

<small>Sur chaque carte (côté de l'adresse) une empreinte en bleu, d'un timbre (Croix-rouge française) Association des Dames Françaises. Au milieu de la vignette, portrait d'un général.</small>

Union syndicale des maîtres-imprimeurs de France. — **Guerre européenne 1914-1915**. — *Édition patriotique. 8 cartes.*

Mlle Chenal chantant la Marseillaise. — G. Scott. del.

Notre Joffre. — Malatesta, del.

La Kultur boche par le pain K. K.

Ave Maria d'un poilu à sa baïonnette. — Malatesta, del.

Mon Credo. — Texte de Lavedan.

Cathédrale de Metz.

Alsace. — A. Fourié, del.

Vers l'immortalité. — A. Fourié, del.

Aux armées de la République. — Chansons de marche. Paroles de Maurice Boukay. Musique de René de Buxeuil.

LAUREYS, éditeur, 17, rue d'Enghien, Paris.
    6 cartes : *Bon retour après la peine ! 1914-1915-1916. On les aura. Je pense à toi. En travaillant pour toi, ma pensée ne te quitte pas. Je pense à toi et je ne puis dormir. Salut aux soldats de Verdun.*

L. D., reproductions en noir.
    6 cartes anonymes : *L'Agence Wolff. Guillaume avec un nez de porc. Jusqu'au dernier homme. Maudit assassin. 1914. Souvenez-vous que la Cathédrale de Reims...*

2 cartes signées d'un monogramme : *La Fin du rapace. Voilà l'ours.*

8 cartes par Boby : *Ça petits souvenirs... Deux millions d'hommes en présence. Le Diable. Fermé. François-Joseph s'en va-t-en guerre. Guillaume. François-Joseph. Non, mon vieux, pas de bateaux. Que d'argent f... dans l'eau! Trop de mousse!!!*

1 carte par Casenove : *Le Terrier du Kronprinz à Revigny.*

1 carte Broders : *Ça va... continuez.*

10 cartes extraites de « l'Histoire d'Alsace », par Hansi : *L'Alsace française. Le Conseiller von Bock Bier. La Marseillaise à Strasbourg, en 1792. Le Mauvais nuage. Mon village. L'Ogre et le Petit Poucet. Le Pont de Kehl, en 1792. La Première invasion. Un de leurs ancêtres. Un vandale.*

2 cartes par S. Léon : *Ça y a bon couïe... On te les coupera.*

1 carte par Meroy (?) : *Made in Germany.*

6 cartes par Moriss : *Jadis, nous battions nos soldats... Je suis l'intendant du Très-Haut... Le Kronprinz, le mignon de la garde. L'as-tu, le sourire? Pour renforcer la flotte aérienne. 70 était une belle date...*

8 cartes par Muller (E.) : *A Guillaume II, souvenir de la Marne. Aie pas peur, vieux, je te tiens. Casques à pointes. L'Entente. Guillaume à Joseph. Guillaume : Je ramasse toujours ça. Il avait prévu le péril jaune. Carte sans titre.*

19 cartes par Radiguet : *L'Autrichien estime que le petit Serbe est suffisamment châtié. Avec moi, Pologne... Avons-nous les foies blancs? C'est un oiseau qui r'vient de France. Der Kronprinz. Hardi les noirs! Haut les mains! Hurrah! voilà les Russes. Il est propre ton travail. Le Kaiser devant Nancy. Marianne et son 75. Notre ami Jap. On l'avait pris les armes à la main. Pacifiques touristes allemands... La poursuite. Le Rouleau slave. Le Suisse : oui, je suis là... Un bon mouvement de l'oncle Sam. Vouloir et pouvoir.*

6 cartes. **Les Sauvages** : *Leur kolossal kultur. Que te faut-il de plus? Un octogénaire massacrait. Victoire, Majesté! (Radiguet). 2 cartes sans titres*, par Meroy (?).

2 cartes par G. Scott, d'après l'*Illustration* : *Cavaliers cosaques en marche sur Berlin. Et maintenant... en avant!!!*

L. C., Paris.
  Sous l'égide de la victoire, notre Joffre prépare le triomphe de nos armées, par Numa.

LE DELEY, imprimeur-éditeur, 127, boulevard de Sébastopol, Paris.
  Œuvres des artistes tués à l'ennemi, blessés, prisonniers ou aux armées. 1914-1915. 49 cartes.

  — 1 carte par Bastar : *Un héros de Dixmude, N. Colas, quartier-maître à 17 ans.*

LE DELEY. — 5 cartes par Belnet : *Prisonnier allemand. Sur le front. Enterrement. Un enterrement.*

— 1 carte par Berne-Bellecour : *Lancier du Bengale.*

— 2 cartes par Bruyer : *Dans la tranchée. Sur le front.*

— 1 carte par Busnel : *Général Joffre.*

— 1 carte par Chaperon : *Le Corps de garde.*

— 1 carte par H. Cheffer : *Cantonnement.*

— 2 cartes par Dallet : *2 croquis pris sur le front.*

— 3 cartes par Dauphin (Louis) : *Cathédrale de Reims. Ruines près Ypres. Un moulin.*

— 3 cartes par Devienne : *Combat à la grenade. Église et ruines de Vienne. Route de Osches à Ippecourt.*

— 1 carte par Grebel : *Croquis.*

— 2 cartes par Jonas : *Les Trois poilus. Un poste.*

— 3 cartes par Lambert : *François-Joseph. Le Kronprinz. Les voilà les vrais éclopés.*

— 6 cartes par Lambrecht : *Au repos. Aux écoutes. En deuxième ligne. Le Poilu. Le Ravaudeur. Les Cuistots.*

— 1 carte par A. Lepère : *Un poilu.*

— 1 carte par Malespina : *Cavalier.*

— 1 carte par Mars (Robert) : *L'Abbé Lannusse.*

— 2 cartes par Méhent : *Arras. Arras, mars 1915.*

— 5 cartes par Montagné (E.) : *Cagnias de l'Espérance. L'Heure de la visite. Territorial devant sa cagnia. Un vieux territorial. Territorial en sentinelle.*

— 1 carte par Œsinger : *Garde indigène de Kaolak.*

— 1 carte par Pourquet : *Tirez donc, les gas !*

— 3 cartes par de Scevola : *Conseil de guerre de Toul. Garros, pilote-aviateur. Gerbeviller.*

— 1 carte par G. Scott : *Remise de décorations sur le front.*

— A l'annonce de la prise de *Laisse-ça-là*, par les Bavarois, la Colonne de Juillet est prise de convulsions. Enlèvement de l'Arc-de-l'Étoile par le zeppelin KK-100. Estomaquée par la visite des zeppelins, la Tour Eiffel se gondole. Pour aiguiser son grand sabre, Guillaume fait enlever l'Obélisque.

LE DELEY. — **Villes en pleurs.** — 6 cartes : Albert. Châlons. Lille. St-Quentin. Soissons. Valenciennes.

— *L'Agonie de l'Aigle noir. Face aux barbares.*

— *1914. Drapeaux pr à l'ennemi et déposés aux Invalides.*

L. E., éditeur, Paris.

— **La journée du poilu.** — 10 compositions par Paul Chambry. Photogravure en couleurs. Impression Sadag.

— *Le Réveil. Le Départ du cantonnement. La Relève. Dans la tranchée. La Soupe. Le Repos. L'Attaque. Au poste de secours. A l'hôpital de Paris. Convalescence à Paris.*

A. LEROY et R. CRÉMIEU. 4 bis, rue des Saisons, Paris.

— *Le Salut des anciens,* par Albert Mourlan.

— *1915,* par Jacques Nam.

L'HOSTE (A.), 139, rue de Lafayette. Paris.

— *Vive l'Italie!* 10 cartes. Chamoin (F.), del. *La Bienvenue. Cinq bons amis. Les Alliés se gondolent. Macaroni à l'italienne. Bon mandoliniste, bon joueur de vielle. Le Coup de l'étrier. La Soupe des poilus. Entente plus que cordiale. Allons oust!!! Dépêchez-vous de me guérir.*

LA LITHO PARISIENNE, 27, rue Corbeau, Paris.

— **Les Croix.** — 11 cartes en couleurs.

— *Souvenir des Journées françaises :* Mai, Février, Juillet, Juin. Septembre 1915.

— 10 cartes, sujets humoristiques en couleurs, par Géo Desain.

— *Général Joffre. 1914-1915.*

LONGUET, imprimeur, 250, faubourg Saint-Martin, Paris.

— *Chants nationaux des Alliés.* André Hellé, del. : 6 cartes.

— *La Marseillaise. Le Chant du départ. Hymne russe. La Brabançonne. God save the King. Hymne serbe.*

— 11 cartes anonymes ou signées d'un chiffre : *A nous deux maintenant. Bien travaillé!... Fiston. Deutschland über alles! Deux dates. Et tu as chargé? Il faut vous enlever deux doigts.*

Nous descendons tous deux de Guillaume de Normandie. Pas celle-là, patron, celle que j'ai mise dans le casier 17. Les Sauvages. Les Taubes à Paris. Y seront-ils bientôt, dis, grand'père?

LONGUET. — *La Marseillaise.* Composition par André Hellé.

— 4 cartes, par Beauvais (Lubin de) : *Leurs amateurs d'art. Leurs traces. Les Sauvages. Sur la route.*

— 8 cartes, par Boby : *Le Bouchon de Liège. Le Déjeuner du 11 août 1914. Il avance. Non vrai, Liège habille mal. Le Pas de la civilisation. Le Pas de parade. Sô! Michel voilà ce que nous offre son intendant. Une vieille connaissance du Maroc.*

— 15 cartes, par Broders (Roger). *L'Attente du facteur. Blessé. Blessé. C'est le duel à mort. Comme nos anciens. De l'audace. En est-il? Ils ont entendu l'appel de leur ancien. Impossible, Sidi... Jeanne d'Arc. Je veillerai sur eux. Marchons... ça ira. Touché. Une Lettre de papa. Une lumière paraît dans le ciel.*

— 6 cartes, par Casenove (G.) : *Les Apaches. En Éclaireurs. Faut que je les ramène. Kolossal! il y a des femmes et des enfants! Vous manquez donc d'habitude du vrai champagne. Zut la guigne, me voilà fantassin.*

— 1 carte, par F.-M. : *Les Deux Empires.*

— 1 carte, par Gennaro (G. de) : *Par la confiance et le courage, la Justice triomphera.*

— 1 carte, par Glove : *La Grasse terre de France retient leur artillerie lourde.*

— 1 carte, par Mervy (T.) : *La Marseillaise.*

— 3 cartes, par Moriss : *Leurs Chefs. Dans la tranchée. Jambagne!*

— 4 cartes, par R... : *Aux armes, citoyens. Les Intellectuels manifestent à Berlin. Le Maudit. On ne passe pas.*

— 6 cartes, par Radiguet : *L'Allemagne lève des renforts. Ils sentent l'ombre de la Kamarde. Les Jeunes Turcs reçoivent l'instruction allemande. La Nouvelle triplice. Petit Belge est devenu grand. Les Sauvages.*

— 2 cartes, par G. Scott : *En Alsace. Leur façon de faire la guerre.*

LUTÉTIA. Librairie, 66, boulevard Raspail, Paris.
Le Bouquet des alliés. 6 gravures sur bois en couleurs, par Roger Bonfils.

L. V. et Cⁱᵉ. Chambre syndicale française des éditeurs de la carte postale.

— **Nos Cavaliers.** — 6 cartes en couleurs, par Léon Hingre : Chasseur d'Afrique. Claye 1915. Chasseur à cheval, Vaujours. Artillerie montée, Vaujours. Dragons, Vaujours. Spahi algérien, Claye.

— **Nos Fantassins.** — 10 cartes en couleurs : Infanterie de ligne. Artilleurs, bataillon de forteresse. Chasseurs alpins. Fusiliers marins. Infanterie de ligne, tenue bleu azur. Infanterie coloniale. Sapeur du génie. Zouaves. Tirailleurs marocains. Cuirassiers.

— **Les Alliés contre les barbares.** — 2 cartes.

— **Les Récompenses.** — La Croix de guerre, **comment on la gagne.** La Croix de guerre. Légion d'honneur. La Croix de guerre.

— **Les Récompenses.** — 7 cartes en couleurs : La Croix de guerre, citation à l'ordre du corps d'armée, étoile en vermeil. — Citation à l'ordre de la brigade ou du régiment, étoile en bronze. Citation à l'ordre de l'armée, la palme en bronze. — Légion d'honneur, chevalier. — Légion d'honneur, officier. — Légion d'honneur, commandeur. — Médaille militaire.

— **Infanterie. En observation. En guerre. Auto-mitrailleuse belge.**

— 6 cartes photo en couleurs, par Rombery. Une notice explicative au verso : Les Dragons. Génie. La Guerre. Artillerie belge. La Mitrailleuse. Officier des Guides.

— 23 cartes anonymes : Alpins préparant le rata. Armée russe. Bataille de la Marne. Belges en embuscade sur l'Yser. Brave tommy qui... Combat pour gagner un peu de terrain en Argonne. Contingent de la Nouvelle Zélande. En embuscade. État-Major belge. Français offrant des fleurs. Les Généraux Joffre et French sur le front. Mitrailleurs belges. Père chéri. Les Poilus au retour des tranchées. Que cette lettre... Section de reconnaissance. Soins aux chevaux blessés. Ta pensée est en moi. Troupe indienne dans la tranchée. Un conscrit. Vaillant troupier. Les Zoulous. Canon de 65.

— 4 cartes en couleurs : Arras. Malines. Reims. Ypres.

MATOT (Jules), éditeur à Reims. Imprimerie photographique E. Neurdein et Cⁱᵉ, Paris.

Ruines de la ville de Reims, 150 cartes.

MERLAUD (E.) et Cⁱᵉ, édit.

Atchoum !! Sale pays ! par Thirion.

MICHAUD (D.), 206, boulevard Voltaire, Paris.
    Le Sacre, par André Robert. 1914.

MILLER (R.), del.
— *Guillaume fait ses premières charge (sic) avec la Garde.*

MOTTI, impasse Ronsin, 12. Imprimerie de Vaugirard.
— *Les deux pains.*

N. D., phot.
— *Pour l'honneur et pour un chiffon de papier*, par Juillerat, 1914.
— *Le Baiser de Judas*, par J.-B. Saint-Laurent.
— *Vade retro*, par J.-B. Saint-Laurent.
— **Le Prince Z'est plein**. *La dernière ressource.*

NÉO.
— *La Réalisation d'un rêve*, par R. Bataille.

NEURDEIN et Cie, imprimeur, Paris.
— *Campagne de 1914.* 2 cartes. *Sur le front. Tranchée de première ligne. Pont construit par le 1er génie sur l'Oise, à Stors.* (Olivier Ph.)

NODREB (Marque).
— *Anestin, ses aventures au régiment et quelques autres fantaisies militaires.* 42 compositions humoristiques, en couleurs, par A.-P. Jarry.

NOÉ, éditeur, 22, rue Saint-Paul, Paris. Marque Néo.
— 10 cartes, compositions en couleurs sur faits de guerre, par R. Bataille. *Une jeune victime. La Fin d'un fort. Sénégalais contre la garde impériale. Turcos contre batterie allemande. Mossieu le Maire. La Barbe du Capitaine. Un Raid d'Indiens. Un combat d'aéroplanes. Les Mines flottantes. L'Héroïsme d'un cosaque.*

ORPHELINAT DES ARMÉES. Siège social, 16, rue de la Sorbonne.
    8 compositions en couleurs. *La Petite guerre. Dans la*

tranchée. — Après la bataille. — Le Général. — J'étais boche pour rire. — Les Fugitifs, etc. (R. de Saint-Brieuc, del.)

4 cartes, par G. Scott : Assaut de Vermelles. — Le Printemps en Alsace. — Promotion sur le front. — La Soupe des poilus.

PANTEL, 3, rue Mulet, Lyon, E. S.

— Poésies de Th. Botrel. 8 cartes. 1916...? Le Petit paquet. La Marche des poilus. 4 et Hun. Rosalie. Le Pimpolais. Prière au jeune bon Dieu. En passant par ton Berlin.

— 3 cartes photogravure en couleurs.

PARIS-COLOR, 152, quai Jemmapes.

— **Les Femmes héroïques.** 12 cartes en couleurs par Em. Dupuy : La Flammande. L'Ardennaise. L'Ambulancière. La Russe. L'Alsacienne. La Wallone. La Caucasienne. La Lorraine. La Polonaise. L'Italienne. La Serbe. La Galicienne.

P. G. déposé. 3 cartes, drapeaux alliés. Au milieu des compositions un portrait photographique dans un cadre ovale en cuivre, fixé sur le carton. Portrait du Tsar, du roi des Belges, du général Joffre.

PICOT, édit., 9, avenue de l'Opéra, Paris.

— Nos petits Alliés. 6 cartes, Edy : Belgique toujours. Furia italienne. Indomptable Russie. Serbie quand même. Sourire de France. Ténacité britannique.

PRUD'HOMME (L.) (du 354e d'infanterie). 27 compositions originales, colorées avec diverses encres et des fragments de timbres-poste.

PRUVOST (R.), imprimeur, 159, rue Montmartre, Paris.

— **La Grande guerre 1914-1915.**

— 6 cartes. En Champagne : Le Château des Marquises, après le bombardement. Donjon du château de Sillery. Entrée d'un puits de sape. Le Fort de la Pompelle. La Gare de Sillery. Un coin du Fort de la Pompelle après le bombardement.

— 7 cartes. **La Guerre 1914-1915.** Mesnil-les-Hurlus. Perthes-les-Hurlus. Prosnes. Reims. Souains (Marne). Vauquois (Meuse). Prosnes.

PUYFOURCAT (A.), édit., 10, rue Rochechouart, Paris.

— **Les Alliés.** 12 cartes, par E. Honer. 1915.

— *Alpins. Belge sur l'Yser. Bersagliers. Cosaque. Fantaisie serbe. Gourkas à l'affût. Marsouin à l'avant. Le poilu. Poilu avec casque. Tommy. Turco à la chasse. Le Zouave.*

LE RIRE ROUGE, 1, rue de Choiseul.

— Les Vœux de la France à nos soldats pour Noël et le Jour de l'an 1914.

— 12 cartes, dessinées par Barrère, Roubille, Gerbault, Métivet, Louis Vallet, A. Guillaume, A. Faivre, Ricardo-Florès, Willette, Delaw, G. Meunier, Fabiano.

SIMONE, del.

— 2 cartes : Un bouquet de fleurs tricolores. Un petit soldat donnant le bras à deux Alsaciennes.

SOCIÉTÉ FRANÇAISE DE SECOURS AUX BLESSÉS MILITAIRES.

— 13 cartes, photogravure en couleurs, imp. Maréclal. Compositions par Georges Pruyer :
Marocains. Zouaves avec leur « barda ». Tenue de Poilu-polis. Un costume de soirée à Poilupolis. Les Cuistots des « Bonshommes ». Un jeuneau de la classe 15. Ce vieux soixante-quinze. Fusiliers-marins offrant « la Barbaque ». Les Hussards de la vie et de la liberté. Les Diables bleus. Imprimerie de la Gare. (Tableau de Cervex, d'après l'Illustration.) Noël, je le passerai dans les tranchées. Le Noël des petits enfants, par L. Rousseau.

TERNOIS, édit., 56, rue d'Aboukir, Paris.

— **Poulbot.** Les enfants. 10 cartes en noir : *Cours dire à maman qu'on est prisonnier avec la boîte au lait. Porte-le à Guillaume. C'est sa main. Ils nous prennent pour des artilleurs. Toi, regarde la bataille sans rien faire, t'es le pape. Il aura bouffé du boche. Mais, mon pauvre vieux, quand on nous appellera, la guerre sera finie. Il boit la purge du grand-père. Et si on trouvait un petit boche. Attention ousque vous tapez ! la terre tombe dans ma soupe !*

TRIMM. **Nos chers bébés.**

— 12 cartes, 6 sujets différents. L'épreuve en noir peut être colorée à l'aquarelle d'après l'épreuve en ton.

— Paroles et gestes d'enfants de la campagne inspirés par la guerre.

W. « *Que les horreurs de la guerre que tu as déchainée et le sang versé te clouent au pilori de l'histoire.* »

458 CARTES POUR CORRESPONDANCES MILITAIRES, feuille simple ou feuille double, illustrées ou non, portant des cartes géographiques, des notices historiques, des devises, des portraits, des emblèmes allégoriques, des faisceaux de drapeaux. Quelques types sont « polyglotte », plusieurs sont offerts par des industriels ou des Comités de secours. Quelques-unes donnent droit à des primes, à des loteries de bienfaisance. Certains modèles intéressent particulièrement une localité, un département ; des cartes « peuvent servir indifféremment aux civils et militaires », mais d'autres sont établies pour une affectation militaire spéciale : infanterie, cavalerie, artillerie, coloniale, état-major, etc.

ANGLETERRE

BRITISH MANUFACTURE E. J. Hey and Cº. London. E. C.

— N'ayez pas peur des torpilles.

Comiques series.

— « *Every little thing helps* ». On est petit, mais on sert à quelque chose. (Donal Mac Gill, del.)

— *We want to be out at the front too!* Nous venons pour nous engager.

— *It's the last lap that wins!* C'est le dernier coup qui compte.

— « *Oh lor! fancy having a pain in that!* » Oh! mon Dieu, imaginez-vous un bobo là-dedans !

— *A weigh we have in the army.* Qui souvent se pèse bien se connait.

— *Now i'll show the germans something!* Maintenant, je vais leur montrer quelque chose, aux boches !

— *Brings the war home to you doesn't it all us military chaps about!* C'est le seul costume qui me va bien.

— « *Im in the light infantery!* » Je suis dans l'infanterie.

— « *Puir mon! yer knees must be cauld!* » Pauvre homme, n'avez-vous pas froid aux genoux ?

— « *We'll keep the home fires burning!* » Ton foyer t'attend jusqu'au retour. (Dudley Buxton, del.)

— *Suspicious.* Suspect.

BRITISH MANUFACTURE. — « *I'm practising grenade throwing!* » L'exercice du lancement des grenades.

— « *I'm practising mining!* » Je m'exerce aux travaux de mines.

— « *I'm practising living in a dug-out!* » Je m'exerce pour quand je serai sur le front.

— « *This is as bad as the tranches!* » Je m'exerce à la vie des tranchées.

— « *I'm practising bayonet charging!* » L'exercice de l'escrime à la baïonnette.

GEO. W. JONES, *à l'enseigne du Dauphin, 12-14, Gough square, Londres E. C.*

— Ypres, par A. Bastien.

— Charleroi, par P. Paulus.

— Dixmude, par A. Baertson.

— « Héros », par Wagemans.

— « Visé », par Sterckmans.

— Les Anges des derniers moments, par J. Thirier.

HARISSON JEHRING and Cº PRINTERS, *11-15, Emerald St. London, W. C.*

Les Deux Willy. Série A. Nºˢ 1, 2, 3, 4, 5, 6.

— Série B. Nºˢ 1, 2, 3, 4, 5, 6.

— Série C. Nºˢ 1, 2, 3, 4, 5, 6.

18 compositions satiriques sur le kaiser et le kronprinz.

INTER ART Cº. *Red Lion square, London W.C.*

— « *Parting is such sweet sorrow.* » Le chagrin des adieux (F. Spargin).

— « *Scatter seeds of kindness.* » La consolatrice.

— « *I should like to join'em at the front.* » Vouloir c'est pouvoir, je vais les joindre tout de suite.

— « Le monde debout pour un chiffon de papier! » « *All for a scrap of paper!* »

— « Faisons notre devoir commes (sic) des hommes. » « *To do our duty like men.* »

INTER ART C°. — « *Is England watching.* » Amour et devoir.

— « *An angel in all but power is she!* » Un ange, mais une force !

— « Faut-il m'engager pour qu'elle m'aime un peu ? » « *Her window.* »

— « *Cant write much at present.* » « Je ne puis écrire long cette fois. »

— « Un homme... Voilà le moment de partir. » « *This is not the time for a man to stay at home!* »

— « *I'se writm'a letter, daddy dear...* » « Mon papa chéri, nous pensons à toi. »

— « *All the girls want souvenir buttons. It wout' part with any more!* » « Les filles m'ont chipé tous mes boutons. »

— « *By « special » permission!* » « Par permission spéciale ! »

— « *I'm ever lonesome now.* » « Le temps me dure loin de toi. »

— « *Now show me a German!* » « Maintenant pour un Allemand ! »

— « *Dear Lord! If y are still making little boys, can't you change me into one?* » « Mon Dieu ! ne pourriez-vous pas me changer en petit garçon ? »

— « *Did you say black cats for luck?* » « Qui a prétendu que les chats noirs portaient bonheur ? »

— « *Three cheers for the red, white, and blue!* » « Un ban pour les trois couleurs ! »

— « *You are my hero!* » « C'est toi mon héros ! »

— « *It's only a nervous habit.* » « C'est une habitude nerveuse. »

— *Kamarade ! Kamarade.*

— « *I'm learning the ropes here!* » « Plus difficile à manier qu'un câble ! »

— « *Badly hit. Condition serious!* » « Sérieusement atteint, état grave ! »

— « *No gun, no girl!* » Pas de fusil, pas de jeune fille !

— « *Mein Gott! vhy dey're even calling up de dead!!* » Mein Gott! Ils font même appel aux morts !!

INTER ART C°. — « *Kitchener wants 1.000.000 men.* » Kitchener demande 1.000.000 d'hommes. Oui... mais, je me contenterais de beaucoup moins.

— « *Business as usual !* » Les affaires comme d'habitude.

— « *You can foll some of the people all the time...* » Tu as pu tromper tout le monde pendant quelque temps...

— « *Should this meet the eye of Wilhelm or Willie.* » Si l'œil de Guillaume pouvait tomber là-dessus !

— « *A little more of this physic and I'll soon be all right !* » Encore un peu de ce traitement et j'irai tout à fait bien.

— « *Following father's foots taps !* » Suis les traces de son père !...

— « *Might as well be out of the world of the fashion !* » Tient à être à la dernière mode. »

— « *How happy could I be with either !* » « Si je pouvais les choisir tous les deux ! »

— « *England : « Fall in and follow me !* » Angleterre : Alignez-vous et suivez-moi ! »

— « *Russia : For God and Tsar !* » Russie : « Pour Dieu et pour le Tsar ! »

— « *Serbia : «*Vive la liberté ! » *Servia : « Freedom for ever ! »*

— « *France : « For Liberty or Death !* « France : La liberté ou la mort. »

— « *Belgium : « For King and country.* » Belgique : « Mon roi et mon pays. »

— « Italie : « Vous m'avez appelée, je suis venue. » *Italy : « When you called I came. »*

— « *Ever dreaming of our absent ones !* » Rêvant toujours au cher absent.

— « Ne voulez-vous pas m'emmener avec vous ? » « *Wont you take me with you ?* »

— « *I could not love thee dear, so much, loved I not honour more.* » Le devoir m'appelle mais ne me fera pas oublier l'amour.

— « *Come back to erin.* » Reviens-nous !

— « *Many happy returns !* » Les adieux.

— « *Give me a soldier, now !* » Plus de jouets, un soldat

INTER ART C⁰. — « *Russia* « *Calm, steadfast, and mighty* » La Russie, calme, brave et puissante.

— « *Great Britain* « *The kindliest isle in all the seas.* » L'Angleterre. L'île des mers.

— « *France : We all love France.* » La France : Tout le monde l'aime.

— « *Belgium.* « *Honour above all.* »

— « *Serbia. Heroïc little Serbia.* » La Serbie, une petite héroïne.

— « *Italy* « *The land where our dreams come true.* » L'Italie. Le pays où les rêves se réalisent.

— « *From scenes like these old scotia's grandeur springs.* » *Burns.*

— « *Could we stand by and not do anything?* » Pourrions-nous assister à tout cela et ne rien faire ?

— « *We have lost everything but our honour.* » Tout est perdu excepté l'honneur.

— « *Fair France. Thy sons were ever gallant!* » Belle France, tes fils sont toujours hardis.

— « *Our* « *arms* » *are strong and wo are not idle.* » Nos bras son (sic) forts et nous saurons nous en servir.

— « *We can also do a little on the sea!* » Nous pouvons jouer notre rôle aussi sur mer!

— « *Comrades in arms.* » Dans la même étreinte.

— « *We can't speak the language, but we can understand each other.* » Nous ne pouvons parler, mais nous nous comprenons.

— « *Somewhere in France, but I mustnt say anything more about him!* » En France de... mais je ne puis en dire plus.

— *We must love our neighbours.* Aimons notre prochain.

— *Come over, you will be welcome.* Passez, vous serez le bienvenu.

— *Forget-me-not.* Ne m'oubliez pas.

— *I want you to know I remember!* Sachez que je me souviens.

— *Just like the ivy, I'll cling to you.* Comme le lierre, je m'attache à vous.

INTER ART C⁰. — *My heart is in the hielands.* Mon cœur, c'est là.
- *My heart's right there.* Mon cœur, c'est là.
- *From your little bit of heaven.* Votre petit brin de paradis.
- *Ever faithful hearts and true dearest one, are waiting you.* Des cœurs fidèles et aimants attendent votre retour.
- *The roses are dead, the sunshine has fled, since we lost you.* Les roses sont mortes, le soleil s'est enfui depuis que vous nous avez quittés.
- *We are watching and waiting, till the boys come home.* Nous veillons et attendons jusqu'à ce que les hommes reviennent.
- *I know of two bright eyes watching for you.* Je connais deux beaux yeux qui veillent sur moi.
- *Remember us, and we'll forget you not.* Pensez à nous et nous n'oublierons pas.
- *Surrendered! Investissement complet.* (Nash, del.)
- *A call to arms.* Adieux touchants.
- *I see you're back from the front.* Évacué du front à l'arrière.
- *Captured!* Pris!
- *Not likely.* Elle n'est pas là pour toi.
- *The real angel of mons.* L'ange de nos blessés. (Arthur Buticly, del.)
- *The touch of an angel's hand.* Effleuré par la main d'un ange.
- *First step!* Première sortie.
- *This greeting, dear we send you, may all good luck attend you.*
  « Comme porte veine,
  « Recevez cette carte (elle représente un fer à cheval).
  « Et que la moindre peine
  « De votre chemin s'écarte. »
- *Put your faith in the navy.* « Mettez votre confiance dans la marine. »
- *Just smile through it all.* « Et toujours le sourire. »
- *You can count me in till the finish.* Comptez sur moi jusqu'au bout.

INTER ART Cⁿ. - *Some « steam roller. »* Loin de vous, mais avec vous jusqu'à la fin.

— *I see your'e doing your bit.* Je vois que vous vous occupez.
— *We all send love.* Nous vous envoyons chacun un baiser.
— *A bunch of white heather ! just for luck !*
— Cette branche de bruyère pour vous porter chance.
— *Here's all the luck' to you, tommy atkins !* Voilà de quoi te porter chance, mon brave tommy.
— *God luck at the front !* Bonne chance sur le front !
— *V. C. for valour.* La valeur récompensée.
Vive l'entente cordiale !
— *Cock o'the north !* La cornemuse écossaise.
— *We are seven.* Nous sommes sept.
— *My heart's right there.* « Ma pensée et mon cœur t'accompagnent. »
— *Good news from the front !* Bonnes nouvelles du front.
— *This is sure to make a it.* Sûre de son effet.
— *I can still smile at the sweet things over the bitter !* Dit-il de douces choses ou en dit-il de raides ?
— *None but the brave deserve the fair.* Les belles ne sont qu'aux braves.
— *Give me something in a uniform.* Je n'en veux pas d'autres qu'en uniforme.
— *Never less alone than when alone !* Jalousie !
— *I am always looking out for you.* Dans l'attente du retour.
— *I must get into a uniform at once !* Il me faut décidément un uniforme !
— *I'm a'richt the nod.* Bon, voilà mon affaire.
— *This is a nice place to be billeted at.* Voilà un bon logement.
— *I'm still a Raw recruit. That's why i'm so tender.* Je suis tendre, je ne suis qu'une recrue.
— *I suppose the'll be sending me ont soon.* L'heure du départ est sonnée.

INTER ART C°. — *No news-only the same thing over and over again!* Rien de nouveau, c'est toujours la même chose.

— *Oh! the trouble these things have caused!* La cause de tous mes malheurs !

— *Dear Mr. Censor. Don't look inside this.* Entrée interdite par la censure.

— *So's mine!* « Le mien aussi est dans la mer du Nord. »

— *War note. The british force is now operating. On an' extended front.* Nouvelles de la guerre. Les forces britanniques opèrent sur un front plus étendu.

— *I wonder who's kissing her now?* Savoir qui l'embrasse en ce moment ?

— *A mental expert states that thousands of lunatics believe themselves to be the Kaiser. They are all wrong but one.* Il y a une quantité de fous qui se figurent être le kaiser : ils se trompent tous, sauf un seul.

— *They make a lot of fuss about fellers hurt at the front.* Il y a des types qui font des histoires parce qu'ils ont écopé au front.

— *To keep the home fire burning.* Pour entretenir sa flamme patriotique.

— *Bai jove! they make a man think!* Un qui préfère rester chez lui.

— *The favourite for this year's « Derby ».* Le favori pour le Derby de cette année.

— *Poor man! and have you been wounded at the front?*

— *No, ma'am, at the back!*

— *Only a word at parting.* Un mot seulement en partant.

— *We must all do something for our country!* Chacun doit faire quelque chose pour son pays !

— *Folled, again.* Joué une fois de plus.

— *If ever you marry a nice young man.* Sous la protection de Tommy.

— *Don't forget to drop me a line.* L'arrivée du courrier.

— *We all love lizzie!* C'est ça qui donne du courage !

— *H. M. SS. « Venerable, Irresistible and Audacious ».* Navires d'escadre. « Vénérable, Irrésistible et Audacieux »

INTER ART C⁰. — « *They parted on the shore.* Souffrant d'une séparation.
- *The controller of the navy.* Contrôleuse de la marine.
- *Young man, dont you think you'd look bett r in khaki?* Jeune homme, ne seriez-vous pas mieux en kaki?
- *He looked smarter in khaki. But I love him best in this.* Il avait l'air plus élégant en kaki, mais je l'aime mieux ainsi.
- *I'm for the front.* Moi je suis pour le front.
- *Both' arms' of the service.* Les deux bras au service.
- *I'm for the front.* Moi je suis pour le front.
- *Say, I'm neutral, au I dont care a darn who licks the Germans.* Moi je suis neutre et je m'en fous qui rosse les Allemands.
- *We' re holding on tight.* Nous tenons bon.
- *We dont!* On est bien mieux ici !
- *A man's a man for a' that.* Le sergent recruteur.
- *I will be watching and vaiting for you.* Je ne vis que dans l'attente de ton retour.
- *The days are lonely without you!* Les jours me semblent longs sans toi !
- *We'll be here to welcome you back!* Nous serons là à t'attendre au retour !
- *I will be watching at the gate for your return!* Tu me retrouveras à la porte, guettant ton retour !
- *Here alone I'wail for you.* Je me sens bien seule et j'attends.
- *Cheer up, we aint the first that had to do it.* Courage ! nous ne sommes pas les premiers à faire des sacrifices.
- « *It's a long, long way to Paris!* » La route de Paris !
- « *Who said contemptible little army?* » Qui a dit une armée méprisable ?

LUDCATE. — British manufacture.
- *Now show me a Zeppelin!* Maintenant, apportez-moi un zeppelin. (Gilson, del.)
- *D-Those submarines!* Zut ! aux sous-marins.

LUDCATE. — *I've done my bit for a bit and this bit's a bit better.* Les petites compensations du blessé.

— *Envy.* Envie.

— *Wat did Eve say when she first saw Adam?* « Quelle belle mer. « Il y aura la paix quand toutes les belles-mères seront dans la belle terre. »

— *We're cutting down expenses.* Néanmoins que les cours hausses la cour continue! (sic).

— *How is it done in War-time?* La lutte contre la vie chère.

— *Les ennuis de nos alliés.* Je l'aime et il ne peut pas lire mes lettres. Il est comme mon chien.

— *Les ennuis de nos alliés.* « Cherry, je guard vos lines contre mon... (un cœur dessiné) et bocou regret non comprend français moi... »

— *Hi, more shells there!* Ceux qui ne sont pas bons à pondre, mais à pendre.

— *Things are settling down fine here?* Suis-je soldat ou marin?

— *How should I look in a kilt?* Cela me va-t-il?

— *His first day in kilts.* Le grand énigme (sic). Est-ce qu'il les porte ou est-ce qu'il ne les porte pas?

— *Hi, Bantam! Are ye no'awa yet?* Dites! est-ce que vous portez des caleçons?

— *Those search-lights again!* Encore ces projections électriques!

— *Nothing doing.* Quelles sales gueules!

— *I'm thinking o'nae itherbody.* Est-ce qu'il fait la cour à une Française?

— *No Sir, I newer see no Angels at mons, but our sergeant swore he sezn one at the canteen!* Il fallait voir les curés défendre leur patrie!

— *Say when?* Faut-il tirer?

— *National economy, or, Grow your own grub.* Économie nationale.

— *Hero worship.* L'adoration du héros.

— *What the zeppelin saw.* Ce que le zeppelin a vu.

LUDGATE. — *Top hole.* La flotte allemande! Damn!!

— *Bombs may burst but ve're insured.* Nous avons déménager (sic) pendant la guerre.

— *Halves, partner!* Partageons !

— *A love match.* Un amour insensé.

— *The briton comes into his own at last.* De l'argent allemand.

— *Life's little problems. Why was I'not born rich, instead of beauteful?* Étant si belle, pourquoi ne suis-je pas riche ?

— *His first love letter.* Son premier billet doux.

— *Trouble in China.* Les troubles en Chine.

— *War économy : Do your own Washing.* C'est pour moi une épargne considérable.

— *Why stop?* « La ville lumière » c'est Paris.

— *Repelling an attack.* Repoussant l'attaque.

— *An' Faither said he'd come straight hame !* Le chemin semble long, cependant.

— *There's none o'yer Damn blue skies in bonnie Scotland!* Le beau temps en Écosse. J'aimerai (sic) mieux être en France avec mon régiment.

— *Hoping this will find you as it leaves me at present.* Un compte à régler. Je ne me paie pas de belles paroles, von Tirpitz.

— *Surrender be damned!* Je ne me rends pas! zut!

— *After labour comest rest.* Repos bien mérité.

— *Eggs dear! How would you like to turn em out 4 for a Bob.* La poule mouillée n'existe pas en France.

— *I hear they've forced you into khaki!* Service obligatoire.

— *They didn't have to force me into khaki!* L'embusqué anglais.

— *Last month 1/6. This month 1 10. Next month.* C'est trop cher pour moi.

— *Garde à vous!*

— *Every thing's « Thumbs up » here.* Zut! aux sous-marins.

— *Maman soigne les blessés, mais moi je meurs de faim.*

LUDGATE. — *A line from the front*. Des lettres venant du front.

— *My country calls me, and she shall not call in vain.* Un peu de muscle en attendant l'appel.

— Depuis que maman est à la Croix-Rouge, je me débrouille tout seul.

— Un petit noir qui n'a pas peur du Kaiser.

— *War time economy. Or catch your own grub.* C'est demain vendredi.

— *War time Watch words : Frugality, Économy and Tact.* Nous avons supprimé tout luxe pendant la guerre.

— « *If I only had the eighteen-pence!* » Qu'attendons-nous pour être heureux ?

— *I hear you are dashing it on your War Bonus!* Toi, embusqué! Tu me refuses un chocolat.

— « *Away with useless games and cheap frivolity! Does not my country call. We want more men.* Plus de jeux inutiles et de frivolités. La patrie m'appelle. Il faut des hommes.

— *German fleet? Can't see none of em'nowhere!* La flotte allemande? Impossible de la voir.

— *Faither's lost his ammunition.* Je n'ai pas de pantalon et mon père frappe dur.

— *Oh! where is be, the simple fool. Who says our day is over?* Attends, Guillaume, j'aurais bientôt fini mon entrainement.

— *For hire, pair of trousers. Owner going abroad.* Je te prête mon pantalon, m'étant engagé dans l'armée écossaise.

— *Who said zeppelins?* Pst! c'est le sac à gaz de bluff allemand qui arrive.

— *God bless sister susie.* Mais cette chemise n'est pas de ma classe.

— *National airs.* Airs nationaux.

— *Faither says he must have munitions, more munitions, and still more munitions.* Un kilomètre, deux kilomètres, trois kilomètres sans boire.

— *Has anyone, seen ma regiment?* Mon régiment a-t-il passé par ici?

— *The scots guards.*

LUDGATE. — *The Highland light infantry.*
— *The Cameronians.*

REYNOLDS (G.), Ld. London.
— *The disabled soldiers.*
— *The navy is active.*
— *The aerial duel.*
— *The baïonnet charge.*

VIVIAN MANSELL and C°, Fine Art publishers. London.
Les Alliés : France, France, Russia, Russia, Belgium, Belgium, Great Britain, Great Britain, Italy, Italy, Japan.
Les Alliés : France, Belgium, Great Britain, Russia, Red Cross, Italy.
Red Cross.

ITALIE

ARCA LID. — *L'Ombra.* L'Ombre, par Golia.
— *L'Ingordo.* Trop dur.
— Angleterre, Belgique, France, Italie, Russie.
— *Les Alliés.* 6 cartes : des femmes tenant des petits drapeaux.

Cartolina postale commemorativa della IV guerra per l'indipenza ital. Edizione della Crosse Rossa.

Avanscoperta, par Cascella.

Passagio sull'Isonzo.

Cavalleggero ferito (Natisone).

L'Adige (verso chizzola).

Al forte... dopo alpa.

Piccolo accampamento (Cornale).

In ricognizione (Couca di Plezzo).

Alpini reduci dal fronte (Montenero).

Feriti del... Bersaglieri (Montenero).

Alla ricerca di feriti.

Una sentinella (valle Giudicaria).

Alpini in Trincea (valle Giudicaria).

Alpini in Trincea (valle Giudicaria).

Casa editrice Longo. Trevise.

La Brutta triplice, par Golia.

La bella intesa.

Lo spiedo.

Il babau.

Un passo... avanti...!

Il nostre piano.

Essere o non essere.

Postumi rimorsi.

CHERUBINI (M.). — 8 cartes en couleurs. Têtes féminines symbolisant par la coiffure et les accessoires les nations alliées.

MARTINI. — **La Danse macabre européenne.** — *Danza macabra europea di Alberto Martini. Lith. D. Longo. Treviso.*
1re série de 12 cartes postales. Octobre 1914.

— N° 1. *Prologo.* Il prologo rappresenta la repressione politica con la forca a la scure. Il vecchio Francesco nel bosco degli impiccati abbracia la prima attrice della danza macabra europea.

— N° 2. *Primo atto della Danza macabra europea.* Un gigantesco macabro buratinaio muove il filo delle belliche marionette. Lo spinoso arcangelo Guglielmo, mette a ferro e fuoco il suolo di Francia colla spada della giustizia divina. Seguono, il vecchio Francesco colla croce forca l'incendiario colla face : « Der Teufel », col. 420 et la marchera teutonica che vomita culturale petrolio sui Belgio.

— N° 3. *Confessore.* Il pio Francesco in devota gramaglia ascolta l'ultimo grido dei giustiziati « Evviva l'Italie! » La terra e inondata de sangue e percio la morte, scimmia fidele, lo aiuta nella bisogna.

MARTINI. — N° 4. *La preghiera delgli imperatori.* Ai piedi della croce gli imperatori pregano sinceramente. Ma ai posto di Cristo, minacciosa, la morte grida : « Tartufi ». Nel fondo arde une citta, et un rivolo di sangue lorda gli augusti piedi. mentre il G. napoleonico brilla... sulla punta dell'elmo.

— N° 5. *Il guado del sangue belga* (le gué du sang belge). Il macabro, caudato slimolatore non combattente Guglielmo, cavalcando un gigantesco, assetato centauro teutonico, guada l'eroico sangue belga.

— N° 6. *I figli et i focolari del Belgio* (Les fils et les foyers de la Belgique). Uno stormo di vampiri decorati, danza intorno al l'albero del sacrificio, alla madre dal ventre fucilato al giovane decapitato, alla vergine immolata, all'infanzia calpestata sulla via sanguinante di Lovanio.

— N° 7. *L'Ombre di Banco e le catene di Napoleone* (L'Ombre de la Banque et les chaines de Napoléon). Il famelico imperatore divora giovani, cuori et vino di vena. Quando appare sul piatto l'ombra di Banco, Poincaré. E la forte Inghilterra al grido War! War! (guerre, guerre). Colle minaccianti catene di Napoleone.

— N° 8. *Patriotismo.* Les Alboches! Il suolo francese dé irto i chiodi teutonici. Bisogna falciarli tutti. Il cuore sanguinante della Francia serve ad affilare la vecchia falce de 70.

— N° 9. *Scacco al Kaiser* (échec au Kaiser). L'intelligente Guglielmo, giuoca colla morte, rossa. E la Guerra di Scacco al Kaiser! La divina cathedrale de Reims e statta distrutta dalla muscolosa balordaggine dell'esercito tedesco.

— N° 10. — *Gli imperatori all'osteria* (Les empereurs au cabaret du sang). E l'epocca della vendemmia del sangue grappoli umani dondolano al sole : la porte pigia.
Gli imperatori hanno brindato parecchio e i ladroncoli ne approfittano a dovere. Sulla porta l'ostessa fume... pagheranno. L'ostia della macabra comunione ghigna sul calice rosso.

— N° 11. *Christo et i ladroni.* In mezzo ai ladroni, Trento e Trieste, in un laghetto di sangue il pio Francesco trema. Una lancia rossa mira al costato, I dadi sono pronti per il gran gioco finale. In alto volteggia il mostruoso pipistrello.

— N° 12. — *Ecco il sangue italiano, mio imperatore.* Un fiume caldo e rosso scende dalla Galizia infernale : Ecco il

sangue italiano mio imperatore dice la morte austriaca.
ed offre uno schop ai pio imperatore. Fra le decorazioni
di Francesco brilla la libica mezza luna.

2e série.

MARTINI. — N° 13. *La rapa que i Prussiani volevano piantare à Parigi!* La rave que les Prussiens voulaient planter à Paris.

— N° 14. *La Vendetta dell' Austria matrigna.* La vengeance de l'Autriche marâtre.

— N° 15. *Sei diventata un' oca.*
E tu una vecchia scimmia.
Tu es devenu une oie.
Et toi un vieux singe.

— N° 16. *L'Ultima tavola di salvezza.* La dernière table de salut.

— N° 17. *L'Impero della morte.* L'Empire de la mort.

— N° 18. *Il sogno macabrocomico di Guiglielmo.* Le songe macabre comique de Guillaume.

— N° 19. *La vittoria gialla!* La victoire jaune.

— N° 20. *Il calvario dell' esercito prussiano.* Le calvaire de l'armée prussienne.

— N° 21. *La purificazione dell' esercito prussiano.* La purification de l'armée prussienne.

— N° 22. *Macellai!* Bouchers!

— N° 23. *La fortuna del 1914.* La fortune de l'an 1914.

— N° 24. *Conferenza per la pace.* Conférence pour la paix.

3e série.

— N° 25. *Il carnevale del 1915.* Le carnaval de 1915.

— N° 26. *Come ci guarda la Germania.* Comment nous regarde l'Allemagne.

— N° 27. *Il militarismo germanico et il buratting.* Le militarisme allemand et le pantin.

— N° 28. *Guiglielmo il sanguinario.* Guillaume le sanguinaire.

— N° 29. *Il baro.* Le tricheur.

— N° 30. *Acrobatismo.* Acrobatisme.

MARTINI. — N° 31. *Il piccolo Belgia.* La petite Belgique.
— N° 32. *Il suicidio europeo.* Le suicide européen.
— N° 33. *I primi eroi italiani.* Les premiers héros italiens.
— N° 34. *L'Ultimo appello.* Le dernier appel.
— N° 35. *Il patriotismo e la piccola politica.* Le patriotisme et la petite politique.
— N° 36. *Patriotismo austriaco.* Patriotisme autrichien.

4e série.

— N° 37. *La morte grassa.* La mort grasse.
— N° 38. *Marcia trionfale dei barbari cornuti.* Marche triomphale des barbares cornus.
— N° 39. *Guiglielmo il gesuita.* Guillaume le jésuite.
— N° 40. *L'Archangelo della libertà.* L'archange de la liberté.
— N° 41. *Il terrore degli Austriaci.* La terreur des Autrichiens.
— N° 42. *Une lezione di anotamia.* Une leçon d'anatomie.
— N° 43. *L'imperatore errante.* L'empereur errant.
— N° 44. *Un trofeo germanico.* Trophée allemand.
— N° 45. *Il cammino della vittoria.* Le chemin de la victoire.
— N° 46. *Il cancro del mondo.* Le chancre du monde.
— N° 47. *I seminatori maleditti.* Les maudits semeurs.
— N° 48. *Tedeschi lurchi.*
— N° 49. *L'arce di trionfo.* L'arc de triomphe.
— N° 50. *I neutri e la guerra.* Les neutres et la guerre.
— N° 51. *Il buratino germanofilo.* Le pantin boche.
— N° 52. *Berlino.* Berlin.
— N° 53. *Ritrato dell' uomo tedesco.* Portrait de l'homme allemand.
— N° 54. *L'ultima danza macabra.* La dernière danse macabre.

Esercito italiano. Made in Italy.

Bersaglieri, par Cessari.

Artiglieria.

Dragoni.

Alpini.

Fanteria.

Carabinieri.

Lancieri.

Genio.

Cavaleggeri.

Marina italiana.

Traldi, Milano.

Le Roi d'Italie.

Thaon di Revel.

Luigi Cadorna.

Antonio Salandra.

Fotosculpture D. Mastrojanni.

Redenzione. Rédemption.

Pax. Paix.

Lanciere alla carica.

Italia. Trieste. Trente.

Alla baionetta!

La partenza dell' alpino. Au revoir.

Viribus unitis pro libertate mundi.

I prodi artiglieri portano sulle conquistate vette il bel nostro d'acciaio per aprise le vie alla vittoria italica.

Saluto alla madre.

Dolce ristoro. Doux réconfort.

S. M. il Re al campo.

Addio amore.

Addio amore. Fais ton devoir.

L'Ideale. L'idéal. The ideal.

Luna di miele. Lune de miel.

Vergine santa, fa ch' egli sia.

Frode e ritorni vincitore.

Sainteté et amour.

Saluto alla famiglia.

Per Dio, per la patria, per il nostra amore.

Speranza. L'Espérance.

Fede. La Foi.

La vittoria.

L'angelo consolatore.

O prode! sara premio al tuo sacrificio la vittoria della patria.

Dolce sorella.

Prestito Nationale 5 0/0.

1. Gli uffici del Credito italiano si incaricano gratuitamente di tutte le operazioni relative alla sottoscrizione.

2. Per il nostro interesse per lui par la Patria!
   Imitatelli! Sottoscrivete al prestito nazionale 5 0 0 presso il caedito italiano.

Riproduzione artistica riservata.

L'ultimo Tango. Le dernier tango, par A. Bertiglia.

Bordeaux.

Triplice et quadruplice.

Gas asfissianti.

L'ultimo rifugio. Dernier refuge.

Il carro della vittoria. Le char de la victoire.

Il branchetto dei vincitori. Le banquet des vainqueurs.

— *Sacro egoismo.* Egoïsme sacré.

— *Giuste aspirazioni.* Justes aspirations.

— *Rivendicazioni.* Revendications.

— *Giustizia.* Justice.

— *Risveglio.* Réveil.

POLOGNE

ANTOINE, éditeur, 12, rue de l'Université, à Paris. Série polonaise :
— Armes de Varsovie.
— Aigle polonais.
— Prince polonais au Tournoi en France (XVe siècle).
— François Rochebrun. Commandant des Zouaves de la Mort en Pologne (1863).
— Dame polonaise (XVIIIe).
— Grenadiers des Légions polonaises.
— Hommage polonais à l'Alsace-Lorraine.
— Lancier polonais de la Garde.
— Colonel Nullo, mort pour la Pologne. 5 mai 1863.
— Les Avant-postes polonais en 1830.
— Lancier polonais (colonel commandant).
— Garibaldi (1807-82).
— D'après A. Oleszczynski : *Français et Polonais de tout temps amis.*
— Poniatowski, d'après Vernet.
— Le Cheval polonais, par Carle Vernet.
— Les Volontaires polonais devant les Invalides. (1914.)
— La Pologne rédemptrice.
— L'Aigle polonais, avec la généalogie des branches régnantes jusqu'en 1612.
— Les Jours de gloire sont arrivés.
— La Lutte suprême. Les Slaves contre les Teutons.
— Il menace le monde.
— Leur « Kultur » de Louvain à Kalisz.
— L'Ouverture de la chasse 1914. Ne pas le manquer. 3 cartes, avec des variantes dans le dessin, portent ce titre.
— Le Prochain voyage du Kaiser.
— Leur Kultur. En temps de paix, l'an 1886, ils ont expulsé 40.000 ouvriers polonais de leurs foyers.

ANTOINE. — *Le Bon vieux dieu du Kaiser.*
— *L'Ombre du Kaiser.*
— *L'Armée de von Kluck en Champagne.*
— *Jubileum. 1914.*
— *Le Fou et le Globe.*
— *Le Kaiser tend la main à la Pologne.*

RUSSIE

Silhouettes de guerre par des officiers russes.

Attaque de l'infanterie allemande, par un escadron de dragons russes, près du village de Varinken, 31 octobre 1914.

Billets de faveur. « Dans une localité de la Prusse orientale, il resta si peu de granges que l'on fut obligé d'installer les chevaux dans un théâtre de la petite ville pour ne pas les laisser à l'air ou au froid. »

En reconnaissance. « Destruction de fils télégraphiques à l'aide de ciseaux fixés au bout d'une lance. »

Le Gué. « Passage d'un gué par une patrouille à cheval. Le cours d'eau a gelé sur ses bords et l'on est obligé de rompre la glace pour que les bêtes puissent les franchir. »

7 cartes de la guerre russe.

SUISSE

DETRAZ fils. Genève.
— *Agence des prisonniers de guerre.* Genève.
— Comité international de la Croix-Rouge. Agence des prisonniers de guerre. (Lithographie Sonor S. A. Genève.)

JAEGER (Georges), édit.. Genève.
— Le Passage des évacués.
— Le Passage des grands blessés français.
— Agence des prisonniers de guerre.

PERROCHET et DAVID. La Chaux-de-Fonds. Lausanne.
— Costumes suisses.
— Jeunes chiens de Saint-Bernard.

PERROCHET. MATILE. Lausanne.
— Aux frontières.

RÉPUBLIQUE ARGENTINE – AMÉRIQUE

CRITICA SERIES. Buenos-Ayres. (Imprimerie A. GOUT et Cⁱᵉ, Orléans.)
— *Dans le filet*. La Mouche et l'araignée.
— *Le Chat et la souris.*
— *Guillaume et les abeilles.*
— *Le Boucher teuton.*
— *La Judith européenne.*
— *Le Réveil de Napoléon à Sainte-Hélène.*
— *Implorant.*
— *D'homme à homme.*
— *Dans la laiterie allemande.*
— *Les Troupes fraîches de rechange.*
— *Le Rongeur allemand.*
— *Un incurable.*
— *Prisonniers de la dune.*
— *Sur le champ de bataille.*
— *Le Canard germanique.*
— *Le Crépuscule des Dieux.*
— *Le Petit couplet de l'Empereur.*
— *Le Billet de logement.*
— *Le Naturaliste.*
— *En retraite.*
— *Au café des Nations.*
— *Ma boisson favorite.*
— *Chemins de Russie.*
— *L'Avance russe.*
— *L'Illusion s'écroule.*

CRITICA SERIES. — Le Général Joffre prend les devants en fumant dans les pipes que le Kronprinz offre à ses soldats.
- Son vrai nom : Guillaume le « Dément ».
- La Face décrépite d'un personnage tragique.
- Le Kronprinz. « A père dément, fils... »
- Mahomet V, tête de turc de Guillaume le Dément.
- Le Feld maréchal baron von der Goltz.
- Général von Hindenburg « personnage aux moustaches très longues et aux idées très courtes ».
- Nouveau ministre de la Guerre turc, général Liman von Sanders.
- L'Archiduc François-Joseph, chef suprême des armées austro-hongroises et dont la devise est : « Courir, toujours courir. » Faber, del.

SECTION PHOTOGRAPHIQUE DE L'ARMÉE
(Ministère de la Guerre)

16 albums renfermant chacun 100 photographies. — H. 38,5. — L. 29.
Série en cours.

---

1 — **Le Front de l'Aisne.** — De la région de Berry-au-Bac à celle de Soupir.
2 — **Le Front de l'Aisne et de l'Oise.** — Du secteur de Soissons à la région de Tracy-le-Val.
3 — **Villes et Villages d'Alsace reconquise et les Vosges.**
4 — **Le Front des Vosges et d'Alsace.**
5 — **Le Front d'Argonne.**
6 — **Le Front d'Argonne** *(suite)*, de Woëvre et de Lorraine.
7 — **Le Front d'Artois.**
8 — **Le Front d'Artois** *(suite)* et vues d'Arras : Hôtel-de-Ville, grande et petite place, maison en ruines, etc.
9 — **Arras** *(suite)*. — Cathédrale, église Saint-Jean-Baptiste, ancien évêché, édifices divers.
10 — **Le Front de Champagne.**
11 — **Villes et Villages de la Marne.**
12 — **Une ville de France pendant la guerre.** — Lyon. — Les dépôts de prisonniers allemands du centre de la France.
13 — **Villes et Villages de la Meuse.**
14 — **Le Front entre l'Oise et la Somme** (du secteur de Bailly à la région de Royes.) — Villes et villages sur le front de l'Oise et de la Somme.
15 — **Camp retranché de Paris.** — Travaux et ouvrages de défense. — Vues diverses.

16 — **Dans le camp retranché de Paris.** — Usines de guerre, entrepôts de ravitaillement, établissements divers.

La Guerre. — Documents de la section photographique de l'Armée. Ministère de la guerre, tome Ier, 240 planches accompagnées de textes par Ardouin Dumazet.

Librairie A. Colin, 103, boulevard Saint-Michel, 1916. — H. — 28,5. L. 35.

A. WILLETTE. — **Comme l'empereur.** « Quoi donc ? le patron a bien violé la Belgique. »

(L'original fait partie de la collection Henri Leblanc.)

VIGNETTES ET TIMBRES DE GUERRE

Nota. — Le chiffre entre parenthèses indique le nombre des timbres ou vignettes.

ALSACE. — Timbre rouge, 0 fr. 10 c. 1915.

BELGIQUE. — Vignette, Miss Édith Cavell.

ITALIE. — Vignette. Truppe d'occupazione de l'Isola di Karki (3). Le grandi citta d'Italia, Milano, Napoli. (U. Marucelli et C°, édit. Milan). Croce rossa italiana, Rép. Argentina. — Per la piu grande Italia. W. l'esercito. W. la marina (4).

POLOGNE. — Armes de Varsovie. Aigle polonais. Pio Polonia. Armes de Pologne.

RUSSIE. — Pour l'indépendance de la Lithuanie, 4 vignettes à 0 fr. 25, sur papier bleu, vert, rose, gris.

AUTRICHE. — Creuzbesetzung, 1914 (5).

GRÈCE. — Boetheite ton upo tèn proedreian (2). — Boetheite ton Eruthron.

ALBANIE. — 5-10-20-40-80 paras.

SUISSE. — Occupez les industriels suisses (2). 1914 (une croix blanche). 1915. Grand format et petit format.

FRANCE. — Timbres militaire. 1er bataillon de France. Ch. Brun, del. Boy-scouts au service du Gouv. mil. de Paris. — Hôpital du Val-de-Grace.

INFANTERIE. — 1er régiment Picardie. 1er régiment second type. 2e régiment Picardie. 3e régiment Piémont. 5e régiment. 6e régiment. Première émission : 1, 2, 3, 4, 5, 6e rég. monochrome. Seconde émission : 1, 2, 3, 5, 6e rég. polychrome. 52, 56, 64, 119, 129, 135, 136, 139, 144, 159 (2 ex.), 165, 172, 217, 223, 230 (2 ex.), 231 (3 ex.), 240, 241, 244, 245, 246, 263, 282, 283, 287, 288, 300, 304, 305, 315, 319, 320, 322, 324, 326, 331, 334, 340, 348, 349, 353, 354, 364, 368, 401, 412, 413, 415, 419.

ÉCLAIREURS. — 45, 65, 67, 89.

RÉGIMENT TERRITORIAL. — 2, 4, 12, 21, 27, 33, 39, 40, 41, 42, 44, 46, 50, 51, 52, 57, 58, 64, 66, 68, 69, 71, 75, 76, 77, 80 81, 82, 83, 84, 88, 91, 96, 98, 99, 105, 107, 108, 116, 117, 121, 139, 141, 142, 222, 223, 279, 282, 283.

CHASSEURS A PIED. — 27e bataillon, 30, 44, 47, 62, 65, 102, 1er bataillon territorial, 2, 4.

GROUPES CYCLISTES. — 1er groupe, 3, 4, 5, 7, 8, 9.

ZOUAVES. — 1er régiment.

BATAILLONS TERRITORIAUX DE ZOUAVES. — 3, 5, 7, 15.

LÉGION ÉTRANGÈRE. — 2e régiment de marche du 1er régiment étranger.

VOLONTAIRES ÉTRANGERS. — Anglais, Suisses.

CUIRASSIERS. — 1er régiment, 5, 6.

CAVALIERS DE REMONTE. — 1re compagnie, 2, 3, 4, 5, 6, 7, 8.

DRAGONS. — 4e régiment, 16.
　　Groupe léger du 22e dragons, 24, 29 (2 ex.).
　　Section de mitrailleuse 29e dragons, 30.

CHASSEURS A CHEVAL. — 13e régiment.

HUSSARDS. — 2e régiment, 3, 5, 6, 7, 10.

SPAHIS. — 2e spahis, 1er escadron, 4e régiment.

ARTILLERIE DE CAMPAGNE. — 14e régiment, 52.

ARTILLERIE DE MONTAGNE. — 81e - Camp retranché de Paris.

GROUPES D'ARTILLERIE. — 2e groupe d'Afrique, 6e.

SERVICES DIVERS. — Cartoucherie de Valence.

GÉNIE. — 5e Madagascar, Maroc - 6e régiment de Génie - Compagnie technique des Chemins de fer de campagne.

AÉRONAUTIQUE. — Hydroaéroplane de Dunkerque - Escadrille M.F. 5, 14, 22, 29, 36, 62. Escadrille C. 27. — Escadrille M. S. 3 - École d'aviation de Buc. — Aviation maritime Le Havre.

SECRÉTAIRES D'ÉTAT-MAJOR. — 1re section, 4, 5, 15, 17, 18, Corps colonial.

COMMIS ET OUVRIERS MILITAIRES D'ADMINISTRATION. — 4e section, 6, 12, 16, 20.

AUMONIERS MILITAIRES. — Aumôniers divisionnaires - Aumôniers militaires - Chiens sanitaires.

INFIRMIERS MILITAIRES. — 1re section. — 8e d'infirmiers militaires.

PLACES FORTES ET PLACES DE GARNISON. — Place de Lorient - Place de Marseille - Fort de Lucey - Une vignette sans indication de nom - Fort de Bourlemont - Fort de Chelles - Fort d'Archambault - Fort de Cointet - Fort Crampel.

SERVICES DIVERS. — G.V.C., premier type - G.V.C., 2e type - Justice militaire.

INFANTERIE COLONIALE. — 8e infanterie coloniale - 44e télégraphistes coloniaux.

ARTILLERIE COLONIALE. — Tirailleurs sahariens.

TROUPES D'OCCUPATION DU MAROC. — Trésor et Poste du Maroc.

SÉNÉGALAIS. — 3e régiment.

INSTITUTEURS MILITAIRES D'ALSACE. — Thann - Sainte-Marie - Werseling - Saint-Amarin - Felleringen - Moosh - Urbès - Odern - Conquête des colonies allemandes. Castellorizo.

CORPS EXPÉDITIONNAIRES ET MISSIONS DIVERSES. — Corps expéditionnaire d'Orient - Occupation de l'île Rouad - Occupation de Lemnos et Samothrace - Détachement d'artillerie française du Monténégro - Interprètes militaires - Base navale française de Malte - Base navale de Moudros - Escadrille française d'aviation en Serbie - Escadrille du corps expéditionnaire d'Orient.

MARINE. — École supérieure de la Marine - Ateliers d'Indret - Torpilleurs d'escadre - Escadrilles de sous-marins de Cherbourg et de la Manche - 1re escadrille de sous-marins de la 1re armée navale. Torpilleurs d'escadre.

FLOTTE. — Cuirassé Condorcet - Patrie - Saint-Louis - Marseillaise - Desaix - Dupleix - Croiseur Friant.

ARMÉE BELGE. — 10e régiment infanterie.

GRANDE-BRETAGNE. — Armée - Cavalerie : Prince of Wales's Royal Lancers - 17e Lancers.

INFANTERIE. — Rough Riders, City of London Yeomanry - Sharpshooters - London Régiment - Post Office Rifles - Royal fusiliers (City London) - Albuhera, Middlesex - The Faith ful Durhams - Royal Highlanders - Armoured - Princesse Louise - Je suis prest, Loval scouts yeomanry - Sans peur, Seaforth highlanders.

ARTILLERIE ET DIVERS. — Royal field artillery - Royal flying Corps.

TROUPES COLONIALES. — 11 th K. E. O. Lancers - Une vignette sans texte, lanciers en bande.

MARINE. — H. M. S. New Zealand - H. M. S. Essex - Berwick - Defence - Cochrane - Falmouth - Warspite - Queen Elisabeth - Centurion - Dominion - Hercules - King Edward VII - Malborough - Dartmouth - Mining service - Superb - Thunderer - Queen Mary - Sydney - Port of Bukoba - Orfano and cavala under british occupation - Suffolk - Agamemnon - Duke of Edinburgh - Drake - Submarine.

RUSSIE. — Régiment des Gardes à cheval - 145ᵉ Régiment d'Infanterie Novotcherkasskiy, ou de l'Empereur Alexandre III - 1ᵉʳ Régiment de Uhlans Peterbourskiy, lanciers de Saint-Petersbourg.

ITALIE. — Marche nationale, série XIV. nᵒˢ 1, 2. 3, 4, 5, 6, 7, 8.

REGIA MARINA ITALIANA. — Garibaldi - Medusa - Amalfi - Dante Alighieri - Regina Margharita - Turbine - Roma - Napoli - Vittorio Emanuele - Giulio Cesare - Leonardo da Vinci - Conta di Cavour.

R. Esercito italiano, salute ai prodi che combattono per la grandezza della patria, 8 vignettes différentes.

Per la piu grande Italia, 16 vignettes, portraits de personnalités italiennes. Rocca di Caterina Sforza, Diretto militare di Forli, 36 vignettes, noir-violet-vert-bleu-jaune-rose.

Combattere con arte, brigate Siena, 4 vignettes, carmin-bleu-vert-violet. Le grande citta d'Italia, Milan, Naples, Rome. Genève.

CROIX-ROUGE. — Société de secours aux blessés - Pensez à nos soldats - Venez à nos soldats - Les Dardanelles - Monuments de Paris, 40 vignettes.

Lausanne - La Chaux-de-Fonds - Petrograd - Konakri - Tananarive - Casablanca - Chicago - La Havane - Buenos-Ayres - Caracas - Para - Sao-Paolo - Montevideo - Bogota.

CROIX-ROUGE ANGLAISE. — British-red-Cross-Society. 6 vignettes différentes polychromes - 1 vignette tirée en vert portant inscrits sur sa base enguirlandée des noms de colonies.

FRANCE. — *TIMBRES PATRIOTIQUES.* — Français, achetez aux Français des produits français - Tenir ferme jusqu'au bout pour la France - Achetez aux Français produits français - Pro Patria - Comité de secours de Maine-et-Loire : N'achetez rien aux Allemands - Français, n'achetez aucun produit allemand - Français, ne consommez aucun produit allemand - Plus de produits boches, les produits français sont les meilleurs - Refusez tous produits allemands - Union des sociétés de tirs de France. Pour la patrie par le tir - Souvenez-vous de 1914... et n'achetez plus de camelote allemande - Pneus Bergougnan — Pro patria sans défaillance jusqu'à la victoire - Union des sociétés de gymnastique de France - Souvenez-vous - Ligue nationale de défense des intérêts français, ligue anti-germanique - La croisade, femmes françaises - Pas de personnel, pas de produits allemands - Français, souvenez-vous, 4 vignettes tirées en violet et en un ton bistré et carmin - Réservez aux alliés toutes vos affaires - Gloire aux alliés - Union indivisible jusqu'au bout - Civilisation contre brutalité et barbarie - Notre 75 contre la barbarie - Pour la Liberté, le Droit, la Civilisation - (4 drapeaux alliés. 4 écussons) Le coq sous les drapeaux alliés - (Un coq, deux drapeaux) Au profit des soldats aveugles - Pour le droit et la civilisation - (Les drapeaux alliés, croix de la Légion d'Honneur) - Timbre des alliés - Jusqu'au bout - Haut les cœurs et vive la France ! - Faites-vous inscrire à la Propagande Française - Plus rien d'allemand, ni personnel, ni produits - Notre 75 contre la Barbarie - Français, ne consommez aucun produit allemand, rappelez-vous de 1914 - Ligue anti-allemande. 9, place de la Bourse, Paris - Rien d'allemand des Allemands, 3 épreuves, vert, rose, bleu - Belges, souvenez-vous. Ypres, rien d'allemand - A bientôt. A. D. E.. 72, avenue des Champs-Élysées, Paris; 3 épreuves, bistre carminé, vermillon, vert - Pour la défense du Droit et de la Civilisation - Armées alliées - Rien d'allemand dans notre maison - Maison française, ligue nationale française de défense industrielle et commerciale - Plus d'Allemands dans nos affaires - Dieu et Patrie - Ils vaincront - F. M. (ces deux lettres sont placées sous les drapeaux alliées), 1914, 1915 - Français, souvenez-vous. 7 timbres, 4 motifs différents tirés en violet ; 3 timbres tirés en bistre carminé.

TIMBRES ANGLAIS. — L'Angleterre sera implacable - Union indivisible jusqu'au bout - Your country needs you (8 drapeaux alliés) - The allies' war samp. God save the King ; l'union fait la force, Dieu sauve le Tsar, Dieu protège la France.

Lord Roberts memorial fund for disabled soldiers and sailors war Portrait stamp album. — London, Fawcett and C⁰, 125 Strand. W. C.

120 vignettes (photogravures en couleurs. H. 6,5. L. 4,5). Portraits de personnalités politiques et militaires, anglaises, belges, françaises, italiennes, russes, serbes, mêlées à la guerre de 1914.

Orphelinat des armées, journée du 20 juin 1915.

Journée de Paris, 14 juillet 1915.

La France aux Français, fixez cette vignette sur vos lettres, vos produits, vos prospectus et catalogues.

Gloire aux héros. Papier orange, papier bleu, papier chamois, papier vert. — Honneur aux Poilus, Gloire aux vaillants. Orange, citron, bleu, vert.

Honneur aux poilus. Vert, bleu, orange, jaune. — Les Alliés. Bleu, orange, vert.

Inscription nouvelle pour le Dictionnaire de l'Académie.

Les Allemands en Belgique, 1914. 8 inscriptions sur une même feuille : 2 épreuves, papier vert, papier rose. — 1914. Crimes et atrocités des armées allemandes, liste des accusés. — Le Pater français. — Vocabulaire des officiers boches quand ils s'adressent à leurs soldats. — Vive Nicolas II, libérateur de la Pologne. — Les mots de la Guerre de 1914, papier bleu, blanc, gris, rose, vert. — Bruxelles, 12 octobre 1915, l'héroïque miss Cavell fusillée par les Allemands. Papiers blanc, vert, rose, gris-bleu. — Abréviations usitées dans l'armée. Papiers blanc, bleu, rose. — Premier anniversaire de la victoire de la Marne. — 25 septembre 1915. La grande offensive d'Artois et de Champagne. 26.000 prisonniers, 146 canons. Papiers bleu, blanc, rose. — Premier anniversaire de la victoire de la Marne, 2 épreuves : jaune, rose. — Hohenzollern ! Papier vert, jaune, rose. — Combattons l'Allemand et tout ce qui est boche. — Le glaive vengeur de la Justice céleste frappera Guillaume II, empereur monstrueux, *Lusitania*. 7 mai 1915. Papier vert, rose, jaune, bleu. — Correspondance aux armées de la République. Papier rose, bleu, blanc. — 7 novembre 1914. Les Japonais s'emparent de Tsing-Tao, le grand arsenal des boches en Chine. Papier vert, gris et blanc. — Le vieux Cambrinus..... Papier gris-bleu. — Taisez-vous ! méfiez-vous ! Papier rose, vert, bleu et blanc. — L'emprunt de la victoire et la victoire de l'emprunt. Papier jaune, vert, rose. — L'alcool, voilà l'ennemi ! Papier jaune, rose. — Saverne, novembre 1913. Épilogue : le lieutenant Forstner rendu à la vie civile. Papier rose, vert, bleu, orange, blanc. — Premier coup de pioche pour le prolongement du boulevard Haussmann, 1er octobre 1914. — Musique allemande. — Vive Nicolas II. — Certes le Serbe est mauvais chien, mais l'Autrichien est trop acerbe. Papier jaune, bleu, rose. — Neufchâtel, 14 juin 1914, congrès des anciens de la Légion étrangère. Papier blanc, rose. — Jubilé de la Convention de Genève, 22 août 1864-1914. — Visitez l'exposition... musée Perpignan, août 1915. — Si vous économisez 10 centimes par jour... Papier bleu, rose. — Honneur et gloire à la noble Italie... 23 mai 1915. — 1914. Entente cordiale des généraux :

```
J O F  |  F R E
F R E  |  N C H
```

Le 10 mars 1903, l'Académie de médecine a condamné tous les apéritifs et tous les alcools. — L'alcool, poison, abrutit et conduit à la misère. Papier jaune, rose. — La phtisie se prend sur le zinc. Professeur Hayem. — Maison du buveur, maison de malheur. — Belges, souvenez-vous. — M. Asquith, prime minister... — Ricordate sempre il Belgio... — Franchise postale. — La France au Sacré-Cœur, asile des cœurs sacrés de Jésus et de Marie. Lourdes. Épreuve rose, épreuve bleue. — Dieu protège la France. Abbé Pestre, Vanault (Marne). Epreuve verte, épreuve vermillon. — La France au Sacré-Cœur, Mlle Crillet, Dôle (Jura). France. Espérance. Confiance. Que votre règne arrive. — Pro Patria, notre cause est celle du droit, de la liberté, de l'humanité. 1914-1915. — Pro Patria. La Paix par la Victoire, 1914-1915. — Proclamation du Général Galliéni aux habitants de Paris, le 3 septembre 1914. — 42 étiquettes sur papier denté et gommé. Encre rouge. Proverbes, dictons, citations, pensées diverses. — Nos chefs : Poincaré. Castelnau. Galliéni. Pau. Foch. Joffre; nos amis Nicolas II, Georges V, Albert Ier, Général French. Pour chaque vignette une épreuve bleue avec encadrement vermillon, une épreuve bistre avec encadrement vert. — La Marseillaise, 1794-1915; composition de Pils, 3 épreuves. — Porte-timbres de guerre des Alliés. 12 vignettes avec portraits différents.

Croix-Rouge Française. Association des Dames Françaises. 20 timbres avec portraits différents. — Automobile-Club de France, 0 fr. 25 c. — Automobile-Club de France, 0 fr. 50 c. — Franchise militaire. — Joffre, 2 épreuves, papier vert, papier violet. — Notre Joffre [Delaunay, gr.]. — Général Joffre, timbre indigo. — 1915, notre Joffre.

5 timbres semblables, aux inscriptions suivantes : Crédit Français, Banque de Savoie, Crédit de l'Ouest, Crédit du Rhône et du Sud-Est, Crédit du Sud-Ouest, Crédit du Centre, 2 exemplaires. — « La Marseillaise », 6 timbres différemment colorés. — Saint Christophe, préservez-nous. — Secours aux blessés, 4 timbres différemment colorés. — Société laitière Maggi. — Jusqu'au bout. — Gloire aux héros. Papier bleu, papier chamois. — Sous les drapeaux, 1914. — 5 timbres, compositions différentes. — Eylau, Rivoli, par Ch. Toché. — En avant les gosses. — A Lyon, on pense à vous. — Patience, on se reverra. — Comité de Secours de Maine-et-Loire. — Société française de secours aux blessés militaires, 20 timbres, monuments de Bordeaux, domaines et châteaux de la région. — Les Éclaireurs de France, boy-scouts français, 10 timbres différents. — Pro Patria, honneur et vigilance. — Pro Patria : Je me charge de tout, nous vaincrons. — Sous les drapeaux, 1914, 5 compositions différentes. — N'oublions jamais 1914, 12 compositions différentes. — Made in Germany. — Joffre, il symbolise le caractère français. — Méfiez-vous de leurs sourires. — Français, souvenez-vous de leurs crimes. — Françaises, souvenez-vous. — Nous chassons les boches pendant la guerre, vous civils, les laisserez-vous rentrer après la paix?

— 1915 (religieuse soignant un malade). — Les espions sont aux écoutes. — En avant. — Comité des Dames françaises, Montevideo. — Pour Dieu et pour la Patrie, Jeanne d'Arc, 2 formats. — Croix-Rouge française, Union des Femmes de France. — Pour le Droit, 3 médaillons : Joffre, French. Albert Ier. — J'ai reçu le mandat de défendre Paris contre l'envahisseur... — Th. du Vaudeville, Cabiria. — Union des Femmes de France, advolat auxilium. — Pro Patria : France avant tout, 2 formats. — Arcole, Hohenlinden, Iéna, Wagram. — Espérance, l'Union faite par la force. — Patria. — Pro Patria : N'ayons qu'un cri, la Victoire. — L'amour de la Patrie est la première vertu de l'homme civilisé. [Napoléon] — Automobile-Club de France. — Gloire à la grande Française Jeanne d'Arc. — Société Française de Secours aux blessés militaires. — 1914-1915. Français, souvenez-vous. Donnons tout notre or à la France. — O bienheureuse Jeanne d'Arc, assiste ceux qui combattent. — Notre deuil est notre fierté. — Automobile-Club de France, Timbre de solidarité nationale. — Croix de guerre : étoile d'or, étoile d'argent, palme. — Un transatlantique sur les flots. — Benoît XV. — Ypres en flammes. — L'oiseau brisé, l'oiseau noir. — 4 compositions de G. Scott. — 30 vignettes genre Épinal : Pau, Joffre, Gallieni (2 épreuves), Dubail, Castelnau, Grand-Duc Nicolas, Foch, 2 exemplaires, Cadorna, French, Jean-Marie Caujollé ; Le premier invalide de 1915, le Sénégalais, 2 exemplaires, Au repos, l'Écossais, sur l'Yser, Un poilu, Le turco ; lieutenant Warneford, aviateur, Gloria martyrum, Les victoires mutilées, Le vieillard et l'enfant, L'Enfant de troupe, Zouave en famille, L'ambulancière, L'infirmière, Un blessé, le Médecin-Major du ..., Tirailleur algérien, Chantecler, Petit prince belge. — M. Millerand, ministre de la Guerre, par Friant. — M. Poincaré, par Baschet. — La Conquête, par Rodin. — La Journée du Poilu, par Jonas. — La Journée du Poilu, par Poulbot. — Journée des éprouvés de la guerre, par L.-O. Merson, 5 exemplaires, encrages différents.

Cocardes en couleurs : 1914. 3 formats. — Drapeaux et pavillons, 20. — Cachets, produits français. — Sacré-Cœur de Jésus. — Écussons : Vade retro... Kaiser ! Honneur et Patrie, — Sacré cœur, 3 exemplaires. — Journée du 75.

Estampages, papier doré, argenté, couleurs métalliques. — 7 portraits du Général Joffre. — Joffre...French 3 exemplaires. — Ils se complètent pour vaincre. — Ils se complètent et sauvent la civilisation. — In hoc signo vinces. — Un ange, d'après Raphaël, accoudé et rêvant. — Napoléon Ier, sept médaillons de profil, or, argent, sur champs de tons différents.

4 estampages en forme de cœur, Espérance 1915, Alsacienne 2 exemplaires, Lorraine, 2 épreuves. — Sur trèfle à quatre feuilles, avers : Joffre, French ; revers, 1914-1915, Droit, Victoire 2 exemplaires. — Gallia, 3 épreuves. — Patria, 3 épreuves. — Les Poilus, 1916. — Une Jeanne d'Arc casquée et armée, grand modèle, 7 formats moindres, de tons variés. — Un petit format : une tête de

profil, auréolée. — Pro Patria, jusqu'au bout ; revers : Until the end. — Joffre, French ; revers : 1915, Droit, Justice, Liberté. — 1914. Schwars golbeskrenz. — Disabled 1914-1915 service. — Arrête! la cœur de Jésus est là. — De par le roy du Ciel. — Allumettes suédoises.

Timbres et étiquettes anglais — Take up, the sword of justice, un exemplaire en noir, un en couleur. — The evening news. — Pay your 5' for this. — Go and help. — Forward to Victory, 2 ex. noir, couleurs, Remember Scarborought. — Come and do your bit. The british sovereign will win... — You have in your pocket... — Go ! — Step into your place. — Lord Kitchner says. — Lend your five schiliings to your country and... — To my peaple... — Boys, come over here. — Dayly Mail (une croix rouge) Fund. Evening news (une croix rouge) Fund, 6 compositions par Frank Brangwyn. — Evening news thrift war loan scheme.

Poster designed by Frank Brangwyn : Rebuilding of Belgium 2 exemplaires. — British troope at Ypres [2 exemplaires]. — British occupy Dixmude 2 exemplaires. — The submarine menace, 2 exemplaires. — Mars appals to Vulcan, 2 ex. — German atrocities, 2 ex. — Refugees leave antwerp. — Woman's work in war, 2 ex. St-Neuve-Chapelle, 2 ex.. — The lonely prisoner, 2 ex. — The vow of vengeance, 2 ex. — Refugees leave antwerp. — Landing menfrom a naval fight, 2 ex.

The (une croix rouge) work cost. L. 2 per minute. Please help. — Thriift evening news war loan scheme. — Come lad, slip across and help. — Blue (une croix bleue) fund [Horses in wartime].

Daily mail (une croix rouge) fund : 6 compositions par Edmund Dulac ; Victory, Hope, Assistance, Alliance, Faith, Courage.

War fund. Ten cents. — Remember Belgium. One penny in aid of the Belgiam refugies.

Allemagne. — Sermanns Grholungsheim, 40 vignettes, 5 portraits, vaisseaux, scènes maritimes.

Italie. — 14e Regg^{to} Fanteria. Brig^{ta} Pinerolo 1 ex. sur fond blanc, 1 sur fond bleu, 1 sur fond vert. — 11e battaglione. 4 timbres : rose, bleu, vert, violet. — 9e Fanteria, 4 timbres : bleu, violet, rose, vert. 6e regg. Fanteria Aosta La Voja. — 8e regg. Bersaglieri, 4 timbres : vert, bleu, violet, rose. — 18^e regg. Fanteria Acqui.— 8^e, 10^e, 11^e bataglione, N° 7. — 13^e battaglione. — 5^e divisione di Milano. 4 timbres : vert, rose, indigo, mauve. — Reggimento casale MDCCXIII. Brigata casale [11^e, 12^e Fanteria]. — Per la piu grande Italia, Santi Quaranta (Albania), 2 exemplaires.

2 regg^{to} alpini. — 3^e regg. Lancieri di Novara. 4 timbres : violet, indigo, vert, rose. — Briganta Africa. — Bolonia avant : Savoia, 20 septembre 1860. — 68 regg. Fanteria, brig^{ta} Palermo. — Legione

Carab.ri Riali di Milano. — 11e battaglione. — Brigatta Piemonte 1636. — Reggimento di Fanteria. — 66 R. Fant. Valtelina. — Direzione Bolonia, genio militare. — Distretto mili.re di Napoli. — 66. — 2e corpo d'armata d'Alessandria, 5 timbres : vert foncé, vert pâle, rose, bleu, violet. — Legione Reau carabinieri di Ancona; 4 timbres : violet, vert, rose, indigo. — 10e regimento da Campagna, 4 timbres : indigo, rose, vert, violet. — Brigata Ravenna. 37 et 38; 4 timbres : rose, violet, indigo, vert. — Divisione militare Messina, 8 timbres : violet clair, violet foncé, vermillon, rose, vert, émeraude, vert olive, bleu cobalt, bleu indigo. — Lancieri. — 10 regimento da Campagna (noir sur fond rose). — Veron. — Brigata Casale (11e et 12e Fanteria). — 20e regg.to Fanteria. — 6e regg.to Bersaglieri (2 ex. différents). — Crithrea. — Baldi Cavalleggeri Vicenza. — Cavalleggeri Saluzzo. — Comando della 3e brigata di Catalleria, 2, 15, 19, 4.

73-74. Granatieri di Lombardia : 4 timbres : bleu, violet, rose, vert. — 1659, Granatieri di Sardegna. — 29e Fanteria brigatia Pisa, 1859. — 80 regg.to Brigata Roma. — Divisione militari Gagliari. — 47 regg.to Fanteria. — 51 Fanteria. — 27 regg.to Fanteria. — Pro rege, 24, pro Patria. Fert. — 16. — Avunque e sempre. — Artiglieria 34. — Reggimento genio (brigata specialisti) reggimento Artigueria; 5 timbres : indigo, vert, cobalt, violet, rose. — 36 Artiglieria. — 35 Artiglieria (2 ex. couleurs différentes). — 13 battaglione Bersaglieri. — 27 battaglione Bersaglieri. — Lega navale italiana, c. 2: 5 timbres encadrement bistre, rose, olive, vert, indigo. — Le monete italiane. 4 timbres, 4 vignettes différentes dans un encadrement pareil. — Cinquantenario del R. Instituto Technico superiore di Milano, F. B. G. Colombo. — Andrea Ponti. 2 ex. — Andrea Ponti 1821-1888, 2 ex. — Italiani illustri, Michelangelo. — Leonardo da Vinci. — Dante Alighieri. — Galileo Galilei. — Italiani proteggete e prèferite sempre l'industria nazionale : senatore Michele Lessona (Michele Lessona, 1832-1894). — Ambroglio Benda.

Vigil Tacitus; 5 timbres : vert, brun, sanguine, violacé, bleu. — Le citta manifatturiere d'Italia. Biella. — Monza. — Prato. — Como. — 4 textes sur Biella (Novara, Monza (Lombardie), Prato (Toscane), Cormo (Lombardie). — Le grandi citta d'Italia : Rome. — Genova. — XXIV Maggio MDMXD. — Monumento a Dante in Trento. — L'industria et il commercio sono fattori indispensabili alla grandezza della patria italiani proteggeteli — Esperanto, 16 timbres tirés en vert; les mêmes compositions tirées en vermillon. — Italiani ! per la grandezza della patria, preferite l'industria nazionale. — Distretto militare di Modena. — Italiani ! favorite l'industria nazionale. — Il commercio e il sangue della nazione : italiani arricchitelo. — Croce rossa italiana. — Croce rossa italiana. — Pro croce rossa, 1915. — Italia ! Sicura ne tuoi confini sii indipendente coi, tuoi prodotti. — Per nostri soldati. — Distretto militare di rovigo. — Roma, divisione militare. — Diretto militari di Bologna, 2 ép. rouge sur vert, bleu sur jaune. — Cavallegeri di Catania. — 21ᵉ reggᵒ artiglieri. — 3ᵉ reggᵒ Bersaglieri. — 10 divisione militare di Badova. — Ovunque e sempre, 25. — Piemonte reale.

Distretto militare di Venizia. — 18 distretto militare di Catania. — 87 distretto militare di Cefalu. — Eritrea, 1. — 39 distretto militare di Salerno.

BONS DE MONNAIE
émis depuis la guerre

FRANCE

Nota : Le chiffre entre parenthèses indique le nombre de Bons.
Abréviations : CC. Chambre de Commerce.
  B. Banque.
  V. Ville.
  C.E. Caisse d'épargne.
  S.I. Société industrielle.

ABBEVILLE (Somme). C.C. 0 fr. 50 c., 1 franc, 2 francs. — (3).

AGEN (Lot-et-Garonne). C. C. 0 fr. 50 c., 1 franc, 2 francs. — (3).

AJACCIO et BASTIA (Corse). C. C. 0 fr. 50 c., 1 franc. — (2).

ALAIS (Gard). C. C. 0 fr. 50, 1 franc. — (2).

ALENÇON et FLERS (Orne). C. C. 0 fr. 50 c., 1 franc. — (2).

AMIENS (Somme). C. C. 0 fr. 50, 1 franc, 2 francs. — V. 0 fr. 50 c., 1 franc, 2 francs, 5 francs. — (7).

ANGERS (Maine-et-Loire). C. C. 1 franc. — (2).

ANGOULÊME (Charente). C. C. 0 fr. 50 c., 1 franc, 2 francs. — (10).

ANICHE (Nord). S. I. Compagnie de Mines. 0 fr. 50 c., 1 franc, 2 francs, 5 francs, 20 francs. — (5).

ANNECY (Haute-Savoie). C. C. 1 franc. — (1).

ANNONAY (Ardèche). C. C. 0 fr. 50 c., 1 franc. — (4).

ANZIN (Nord). S. I. Mines. 5 francs. — (1).

ARRAS (Pas-de-Calais). C. C. 1 franc, 2 francs. — (2).

AUCHEL (Pas-de-Calais). S. I. Cie de Ferfay. 0 fr. 25 c., 0 fr. 50 c., 1 franc, 2 francs. — (8).

AULT, arr^t d'Abbeville (Somme). V. 1 franc, 5 francs, 20 francs. — (3).

AURILLAC (Cantal). C. C. 0 fr. 50 c., 1 franc. — (2).

AUXERRE (Yonne). C. C. 1 franc. — (1).

AVESNES (Nord). V. 0 fr. 50 c., 1 franc, 20 francs — (3).

AVESNES-sur-HELPE (Nord). C. E. 0 fr. 50 c., 1 franc. — (2).

AVEYRON. C. C. 0 fr. 50 c., 1 franc. — (2).

AVIGNON (Vaucluse). V. 0 fr. 50 c., 1 franc, 2 francs. — (3).

BAILLEUL (Nord). V. 0 fr. 50 c., 1 franc, 2 francs, 5 francs, 10 francs. 20 francs. — (6).

BAR-LE-DUC (Meuse). C. C. 0 fr. 50 c., 1 franc. — (2).

BAYONNE (Basses-Pyrénées). C. C. 0 fr. 50 c., 1 franc, 2 francs. — (5).

BEAUCOURT (Territoire de Belfort) [Banque Japy]. S. I. 1 franc. 2 francs, 3 francs, 4 francs, 5 francs, 10 francs (annulé). — (6).

BEAUREVOIR (Aisne). V. 0 fr. 25 c. — (1).

BELFORT (Territoire de Belfort). C. C. 1 fr. 50 c., 1 franc. — (2).

BERGERAC (Dordogne). C. C. 0 fr. 50 c., 1 franc, 2 francs. — (3).

BÉTHUNE (Pas-de-Calais). C. C. 0 fr. 25 c., 0 fr. 50 c., 1 franc, 2 francs. — (10).

BESANÇON (Doubs). C. C. 0 fr. 50 c., 1 franc. — (2).

BÉZIERS (Hérault). C. C. 1 franc. — (3).

BLOIS (Loir-et-Cher). C. C. 0 fr. 50 c., 1 franc. — (3).

BOLBEC (Seine-Inférieure). V. 0 fr. 25 c., 0 fr. 50 c., 1 franc, 2 francs. — (7).
— Baudin, Garault et Cie, S. I. 0 fr. 25 c., 0 fr. 50 c., 1 franc, 2 francs. — (4).
— Fauquet-Lemaître, S. I. 0 fr. 25 c., 0 fr 50 c., 1 franc, 2 francs, 5 francs, 10 francs, 20 francs. — (7).
— André Forthomme et Cie. 0 fr. 50 c., 1 franc, 2 francs, 5 francs, 10 francs. — (5).
— Manchon, Lemaître et Cie, S. I. 0 fr. 50 c., 1 franc, 2 francs, 5 francs. (4).
— T. Tetlow. S. I. 0 fr. 50 c., 1 franc, 2 francs, 5 francs, 10 francs. — (5).

BOLBEC-LILLEBONNE. Desgenétais frères, S. I. 0 fr. 50 c., 1 franc, 2 francs, 5 francs. 10 francs. — (5).

BORDEAUX (Gironde). C. C. 0 fr. 50 c., 1 franc, 2 francs. — (8).

BOULOGNE-SUR-MER (Nord). C. C. 0 fr. 50 c., 1 franc, 2 francs. — (9).

BOURGES (Cher). C. C. 0 fr. 50 c., 1 franc, 2 francs. — (2).

BRUAY (Pas-de-Calais). S. I. Mines. 0 fr. 50 c., 1 franc, 2 francs. — (3).

CAEN et HONFLEUR (Calvados). C. C. 0 fr. 50 c.. 1 franc, 2 francs. (3).

CAHORS (Lot). C. C. 0 fr. 57 c., 1 franc. — (2).

CALAIS (Pas-de-Calais). C. C. 0 fr. 50 c., 1 franc, 2 francs. — V. 5 francs, 10 francs, 20 francs . — (8).

CAMBRAI (Nord). C. C. 1 franc, 2 francs, 5 francs. 10 francs. 50 francs, 100 francs. — (6). — V. 1 franc, 2 francs, 5 francs, 20 francs.— (5).

CARCASSONNE (Aude). 0 fr. 50 c.. 1 franc. — (2).

CARVIN (Pas-de-Calais). V. 1 franc, 5 francs. — (2).

CETTE (Hérault). C. C. 0 fr. 50, 1 franc. — (4).

CHAMBÉRY (Savoie). C. C. 1 franc. — (2).

CHARLEVILLE, MÉZIÈRES et MOHON (Ardennes). V. 2 francs.— (1).

CHATEAUROUX (Indre). C. C. 0 fr. 50 c., 1 franc, 2 francs. — (5).

CLERMONT-FERRAND, ISSOIRE (Puy-de-Dôme). C. C. 1 franc, 2 francs. — (2).

CORBEHEM (Pas-de-Calais). V. 1 franc. — (1).

CORBIE (Somme). V. 0 fr. 25 c., 0 fr. 50 c.. 1 franc, 2 francs, 5 francs. — (5).

CORNIMONT (Vosges). V. 0 fr. 50 c.. 1 franc, 2 francs. — (3).

CORRE (Haute-Saône). C. C. 0 fr. 25 c., 0 fr. 50 c., 1 franc. — (3).

CORRÈZE. C. C. 0 fr. 50 c., 1 franc. — (2).

COUCY-LE-CHATEAU et communes voisines (Aisne). V. 10 franc. — (1).

COURRIÈRES (Pas-de-Calais). S. I. Mines. 1 franc, 1 francs. — (2).

CREUSE. C. C. 0 fr. 50 c., 1 franc, 2 francs. — (3).

CREUSOT (Saône-et-Loire). S. I. 0 fr. 50 c., 1 franc, 2 francs. — (3).

CROIX et WASQUEHAL (Nord). V. 1 franc, 5 francs, 10 francs. — (3).

CYSOING (Nord). V. 1 franc. — (1).

DEUX-SÈVRES. C. C. 0 fr. 50 c., 1 franc. — (2).

DIEPPE (Seine-Inférieure). C. C. 0 fr. 50 c., 1 franc, 2 francs. — (3).

DIJON (Côte-d'Or). C. C. 0 fr. 50 c., 1 franc.— (2).

DONCHERY (Ardennes). V. 1 franc. — (1).

DOUAI (Nord). V. 0 fr. 50 c., 1 franc, 2 francs, 5 francs, 10 francs, 20 francs, 50 francs, 100 francs. — (12).

DOURGES (Pas-de-Calais). V. 0 fr. 50 c., 2 francs. — (2).

DUNKERQUE (Nord). C. C. 0 fr. 50 c., 1 franc, 2 francs. — (3).

ELBEUF (Seine-Inférieure). C. C. 0 fr. 50 c., 1 franc, 2 francs. — (3).
— Blin et Blin (bons rose et vert, sans indication de sommes. 31 décembre 1915). — (2).
— Bons vert et blanc. 0 fr. 50 c., 1 franc. — (2).

ÉPERNAY (Marne). V. 0 fr. 25 c., 0 fr. 50 c., 1 franc. — (3).

EURE-et-LOIR. C. C. 0 fr. 50 c., 1 franc. — (2).

ÉVIN-MALMAISON (Pas-de-Calais). V. 10 francs, 20 francs. — (2).

LA FERTÉ-MACÉ (Orne). S. I. Tissage mécanique, Retour frères, 0 fr. 50 c., 1 franc, 2 francs. — (3).

FOIX (Ariège). C. C. 0 fr. 50 c., 1 franc. — (2).

FOURMIES (Nord). V. 0 fr. 25 c., 0 fr. 50 c., 2 francs. — (4).

FUMEL (Lot-et-Garonne). S. I. Société métallurgique du Périgord, 0 fr. 50 c., 1 franc, 2 francs. — (3).

GERS. C. C. 0 fr. 50 c., 1 franc. — (4).

GLAGEON (Nord). V. 1 franc. — (1).

GOUZEAUCOURT (Nord). V. 5 francs. — (1).

GRAISSESSAC (Hérault). S. I. Mines, 0 fr. 05 c., 0 fr. 10 c., 0 fr. 25 c., 0 fr. 50 c., 1 franc, 2 francs. — (6).

GRANVILLE (Manche). C. C. 0 fr. 50 c., 1 franc. — (2).

GRAY et VESOUL (Haute-Saône). C. C. 0 fr. 50 c., 1 franc. — (2).

GRUCHET-le-VALASSE (Seine-Inférieure). S.I. Forthomme-Alleaume-Ozanne et Cie, 0 fr. 50 c., 1 franc, 2 francs, 5 francs, 10 francs. — (5).

HALLUIN (Nord). V. 0 fr. 25, 20 francs. — (2).

HAM (Somme). V. 0 fr. 25 c., 2 francs. — (3).

HAVRE [Le] (Seine-Inf.). C. C. 0 fr. 50 c., 1 franc, 2 francs. — (5).
HEM (Nord). V. 1 franc. — (1).
LANCEY (Isère). S. I. Papeterie Bergès, 1 franc. 2 francs. — (2).
LA ROCHELLE (Charente-Inférieure). C. C. 0 fr. 50 c., 1 franc. — (2).
LEERS (Nord). V. 10 francs. — (1).
LEFOREST (Pas-de-Calais). V. 10 francs. — (1).
LENS (Pas-de-Calais). S. I. Mines, 0 fr. 50 c. — V. 1 franc, 2 francs. — (3).
LIBOURNE (Gironde). V. 0 fr. 50 c., 1 franc, 2 francs. — (3).
LIÉVIN (Pas-de-Calais). S. I. Société houillère, 0 fr. 25 c., 1 franc. — (2).
LILLE (Nord). B. 0 fr. 05 c., 0 fr. 25 c., 0 fr. 50 c., 1 franc, 2 francs. — V. 5 francs, 10 francs. — (10).
LILLEBONNE (Seine-Inférieure). S. I. Lemaitre et Cie, 0 fr. 50 c., 1 franc, 2 francs. 5 francs. — (4).
LIMOGES (Haute-Vienne). C. C. 0 fr. 50 c., 1 franc, 2 francs. — (5).
LONS-le-SAUNIER (Jura). C. C. 0 fr. 50 c., 1 franc. — (2).
LORIENT (Morbihan). C. C. 0 fr. 50 c., 1 franc, 2 francs. — (3).
LOUVIERS (Eure). V. 0 fr. 25 c., 0 fr. 50 c., 1 franc, 2 francs. — (9).
LUNÉVILLE (Meurthe-et-Moselle). V. 1 franc, 2 francs, 5 francs. — (3).
LURE (Haute-Saône). C. C. 0 fr. 50 c., 1 franc. — (4).
LYON (Rhône). C. C. 0 fr. 50 c., 1 franc. — (3).
LYS-lez-LANNOY (Nord). V. 10 francs, 30 francs. — (2).
MACON, BOURG (Saône-et-Loire). C. C. 0 fr. 50 c., 1 franc. — (2).
MANS [Le] (Sarthe). C. C. 0 fr. 50 c., 1 franc. — (2).
MARCHIENNES (Nord). V. 1 franc. — (1).
MARLES (Pas-de-Calais). S. I. Cie Minière, 1 franc, 2 francs. — (2).
MARSEILLE (B.-du-Rhône). C. C. 0 fr. 50 c., 1 franc, 2 francs. — (5).
MAYENNE (Mayenne). V. 0 fr. 25 c., 0 fr. 50 c., 1 franc, 2 francs, 5 francs. — (8).
MELUN (Seine et-Marne). C. C. 0 fr. 50 c., 1 franc, 2 francs. — (3).
MÉZIÈRES (Ardennes). V. 0 fr. 20 c., 2 francs, 5 francs. — (5).

MICHEVILLE (Meurthe-et-Moselle, commune de Villerupt). S. I. 0 fr. 10 c., 0 fr. 25 c., 0 fr. 50 c. — (5).

MIRAUMONT [70 communes] (Somme). 1 franc, 10 francs. — (2).

MONTAIGU (Vendée). V. 0 fr. 25 c., 0 fr. 50 c., 1 franc. — (3).

MONTAUBAN (Tarn-et-Garonne). C. C. 0 fr. 50 c., 1 franc. — (2).

MONT-de-MARSAN (Landes). C. C. 0 fr. 50, 1 franc. — (2).

MONTLUÇON-GANNAT (Allier). B. 0 fr. 50 c., 1 franc, 2 francs. — (10).

MONTPELLIER (Hérault). C. C. 0 fr. 50 c., 1 franc. — (4).

MONTREUIL-sur-MER (Pas-de-Calais). V. 0 fr. 50 c., 1 franc, 2 francs, 5 francs. — (4).

MOUY (Oise). V. 0 fr. 50 c., 1 franc, 2 francs. — (3).

NANCY (Meurthe-et-Moselle). C. C. 0 fr. 50 c., 1 franc. — V. 1 franc, 2 francs, 5 francs. — (5).

NANTES (Loire-Inférieure). V. 0 fr. 50 c. — C. C. 1 franc, 2 francs. — (3).

NARBONNE (Aude). C. C. 0 fr. 50 c., 1 franc. — (2).

NEVERS (Nièvre). C. C. 0 fr. 50 c., 1 franc. — (2).

NIMES (Gard). C. C. 0 fr. 50 c., 1 franc. — (2).

NOYON (Oise). V. 1 franc, 5 francs. — (2).

ORLÉANS (Loiret). C. C. 0 fr. 50 c., 1 franc, 2 francs. — (5).

PARIS. Banque de France, 5 francs, 5 francs, 5 francs, 10 francs, 20 francs, 20 francs. — (6).

PÉRIGUEUX (Dordogne). C. C. 0 fr. 50 c., 1 franc, 2 francs. — (9).

PERPIGNAN (Pyrénées-Orientales). C. C. 0 fr. 50 c., 1 franc. — (3).

POITIERS (Vienne). V. 0 fr. 50, 1 franc. — (4).

PUY-de-DOME. C. C. 0 fr. 50. 1 fr. — (4).

QUIMPER et BREST (Finistère). C. C. 0 fr. 50 c., 1 franc, 2 francs. — (3).

RAIMBEAUCOURT (Nord). V. 1 franc. — (1).

REIMS (Marne). V. Change Rémois, 0 fr. 25, 0 fr. 50, 1 franc, 2 francs.
— Bon municipal d'alimentation, 0 fr. 20 c, 0 fr. 25 c., 0 fr. 40 c., 0 fr. 50 c., 0 fr. 70 c.
— Docks rémois « Le Familistère », 0 fr. 25, 0 fr. 40, 0 fr. 50, 0 fr. 60, 1 franc, 1 franc.

REIMS (Marne). Travail, verrerie de Reims, 0 fr. 50 c., 1 franc.
— Secours, verrerie de Reims, 0 fr. 50 c., 1 franc. — (24).

REMIREMONT (Vosges). V. 0 fr. 50 c., 1 franc. — (2).

RENNES et St-MALO (Ille-et-Vilaine). C. C. 0 fr. 50 c., 1 franc. — (2).

ROANNE (Loire). C. C. 0 fr. 50 c., 1 franc. — Tissage A. Bréchard, 1 franc, 2 francs. — (4).

ROCHE-sur-Yon [La] et la VENDÉE. — 0 fr. 50 c., 1 franc, 2 francs. — (3.)

ROCHEFORT-SUR-MER (Charente-Inférieure). 0 fr. 50 c., 1 franc.—(2).

ROUBAIX et TOURCOING (Nord) 0 fr. 25 c., 0 fr. 50 c., 1 franc, 2 francs, 5 francs, 10 francs, 20 francs, 50 francs. — (9).

ROUEN (Seine-Inférieure). C. C. 0 fr. 50 c., 1 franc, 2 francs. — (18).

SAILLY-LEZ-LANNOY (Nord). V. 1 franc. — (1).

SAINT-BRIEUC (Côtes-du-Nord). C. C. 0 fr. 50 c. 1 franc. — (2).

SAINT-DIÉ (Vosges). 0 fr. 50 c., 1 franc. — (2)..

SAINT-DIZIER (Haute-Marne). 0 fr. 50 c., 1 franc. — Bon Lambonnet et Cie, Forges du Closmortier. 0 fr. 10 c., 0 fr. 20 c., 0 fr. 40 c., 0 fr. 50 c. — (6).

SAINT-ÉTIENNE (Loire). C. C. 1 franc. — (1).

SAINT-OMER (Pas-de-Calais). C. C. 0 fr. 50 c., 1 franc. — (2).

SAINT-QUENTIN (Aisne). C. E. 5 francs, 20 francs. — V. 0 fr. 25, 0 fr. 50 c., 1 franc, 2 francs, 5 francs (coupure annulée), 20 francs, 50 francs. — Bon de guerre. — 1 franc, 2 francs, 5 francs, 10 francs, 20 francs. — (26).

SEBONCOURT (Aisne). V. 1 franc. — (1).

SECLIN (Nord). — 1 franc, 5 francs, 10 francs, 20 francs. — (2).

SEDAN (Ardennes). V. 0 fr. 50 c., 1 franc, 2 francs, 5 francs, 10 francs, 20 francs. — (12).

SENS (Yonne). C. C. 1 franc. — (1).

SOMAIN (Nord). V. 20 francs. — (1).

TARARE (Rhône). C. C. 0 fr. 50 c., 1 franc. — (3).

TARBES (Hautes-Pyrénées). C. C. 0 fr. 50 c., 1 franc. — (2).

TARN. C. C. 0 fr. 50 c., 1 franc. — (2).

TOULOUSE (Haute-Garonne). 0 fr. 50 c., 1 franc. — (2).

TOURS (Indre-et-Loire). C. C. 1 franc. — (1).

TRÉPORT, EU, BLANGY, AUMALE (Seine-Inférieure). C. C. 0 fr. 50 c., 1 franc, 2 francs. — (14).

TROYES (Aube). C. C. 0 fr. 50 c., 1 franc. — (2).

VALENCE (Drôme). C. C. 0 fr. 50 c., 1 franc. — (2).

VALENCIENNES (Nord). V. 0 fr. 20 c., 0 fr. 50 c., 1 franc, 2 francs, 5 francs, 10 francs, 20 francs. — (15).

VERTUS (Marne). V. 0 fr. 10 c., 0 fr. 25 c., 0 fr. 50 c., 1 franc. — (4).

VICOIGNE (Nord). S. I. Mines. 0 fr. 25 c., 1 franc, 2 francs. — (4).

VIENNE (Isère). C. C. 0 fr. 50 c., 1 franc. — (2).

VILLEFRANCHE (Rhône). C. C. 0 fr. 50 c., 1 franc. — (2).

WASSY (Haute-Marne). V. 0 fr. 25 c., 0 fr. 50 c., 1 fr. — (12).

WATTRELOS (Nord). V. 2 francs, 5 francs. — (4).

WAZIERS (Nord). V. 2 francs. — (1).

WILLEMS (Nord). V. 10 francs. — (1).

COLONIES

ALGÉRIE

ALGER. C. C. 0 fr. 50 c., 1 franc. — B. 5 francs. — (4).

BONE. C. C. 0 fr. 50 c., 1 franc. — (2).

BOUGIE-SETIF. B. 0 fr. 50 c., 1 franc. — (2).

CONSTANTINE. C. C. 0 fr. 05 c., 0 fr. 10 c., 0 fr. 50 c., 1 franc. — (4).

ORAN. C. C. 0 fr. 05 c., 0 fr. 10 c., 0 fr. 50 c., 1 franc, 2 francs. — (5).

PHILLIPPEVILLE. C. C. 0 fr. 05 c., 0 fr. 10 c., 0 fr. 50 c., 1 franc. — (5).

TUNISIE

GAFSA. S. I. Phosphates. 0 fr. 50 c., 1 franc, 2 francs, 5 francs. — (4).

MARTINIQUE

MARTINIQUE (Banque de la Martinique). 2 francs (annulé). — (1).

ÉTRANGERS

ANGLETERRE

Ten shillings. (These notes are a Legal tender for a payment...)
One pound (id.).
Ten schillings (United Kingdom of Great Britain and Ireland...)
One pound (id.).

COLONIES ANGLAISES

The Government of Gibraltar. Two schillings. Ten schillings. One pound.
Imperial Indian mysore. One rupee.
Imperial Indian mysore. Two annas.
Imperial Indian mysore. Four annas.

BELGIQUE

Nationale Bank van Belgie. VIJF frank. 5.
Banque nationale de Belgique. Un franc. 2 fr., 5 fr., 5 fr., 20 fr.
Société générale de Belgique. Un franc. Deux francs. 5 francs.
Aubel. 1915. Bon de cinq centimes.
Bléharies, Ere, etc. (communes de). Bon de Un franc.
Stad Brugge. I, Goed voor een frank. 2 Goed voor twee frank.
Bruxelles. Banque nationale. 20 fr.
          Bon de monnaie. 1 fr.
Callénelle (Hainaut-Belgique). Bon de monnaie. Un franc.
Chênée. Bon pour 0 fr. 50 c. à prendre en marchandises.
Cornesse. Quinze centimes. Vingt centimes.
Dison. Bon de caisse. 1 fr.
Flémalle-Haute. 1 fr. 2 fr.
Fontenoy-Bourgeon. 2 fr.
Estaimbourg. (Belgique-Hainaut). 1 fr.
Gand. 0 fr. 50. 2 fr.
Stad Gent. 5 fr.
Gemeente marcke. 1. een frank.
Guignies. Un franc.

Hermalle-sous-Huy. Bon de caisse de Un franc.
Herseaux. 1 fr.
Hollain (Belgique-Hainaut). 1 fr.
Huccorgne. 1 fr.
Stad Kortrijk. Goed voor twintig frank.
Stad Kortruk. 1 goed voor een frank.
      2 goed voor twee frank.
      5 goed voor vijf frank.
      10 goed voor tien frank.
Kain. Bon de monnaie. Un franc.
Leers-Nord. Bon de monnaie. Un franc.
Liége. Bons de caisse. 5 fr. 10 fr. 20 fr.
Maubray. Bon de monnaie. Un franc.
Menin. 1 franc.
Montegnée. Bon de caisse de Deux francs.
Orcq. Bon de guerre. Un franc.
Péronne-lez-Antoing. Bons de monnaie. 25 centimes. Un franc. Deux francs.
Pipaix. Bon pour la somme de Un franc.
Templeuve. Un franc.
Thieulain. Un franc.
Tournai. Bons de guerre. Un franc. Deux francs. Cinq francs. Dix francs.
Tournai-Antoing, Calonne, Chercq, Vaux. Bon de Vingt francs.
Verviers. V. 0 fr. 10. 0 fr. 25. 0 fr. 50.
Vezon. Bons de monnaie. 0 fr. 50. 1 franc. 2 francs.
Wasmes. Audemetz. Briffoeil (Hainaut-Belgique). Bon de Un franc.
Wegnez. Bon de caisse de Cinquante centimes.

HOLLANDE

Zilverbon groot één gulden. 1. groot twee en een halve gulden. 2 fr. 50.

ROUMANIE

Banca nationala a Romaniei. 5 léi.

RUSSIE

Finlands bank. En mark. 1 guld.
Bons. 1, 2, 3, 5 kopeks.

SUÈDE

Sveriges Riksbank. En Krona.

SUISSE

Banque nationale suisse. Cinq francs. Vingt francs. Vingt-cinq francs.
La Caisse fédérale. Cinq francs.
Die Eidgenossische staatskasse, zehn franken, 10. zwanzig franken, 20.

TIMBRES-POSTE DE LA GUERRE

BELGIQUE

1914. — Effigie d'Albert Ier. Dentelés 15.
   5 c. vert et rouge.
   10 c. rouge.
   20 c. violet et rouge.

1914. — Groupe allégorique. Dentelés 14.
   5 c. vert et rouge.
   10 c. rouge.
   20 c. violet et rouge (oblitéré).

1915. — Effigie d'Albert Ier.
     Dentelés 14.
   5 c. vert et rouge.
   10 c. carmin et rouge.
   20 c. violet et rouge. *Dentelés 12 × 14.*
   5 c. vert et rouge (oblitéré).
     Dentelés 12.
   20 c. violet et rouge.

1915. — Effigie d'Albert Ier ou sujets divers. Dentelés 14.
   1 c. orange.
   2 c. brun.
   5 c. vert.
   10 c. rose.
   15 c. violet.
   20 c. lilas.
   25 c. bleu.
   35 c. brun-jaune et noir.
   40 c. vert et noir.
   50 c. lie de vin et noir.
   1 fr. violet.
   2 fr. gris-bleu.
   5 fr. bleu clair.
   10 fr. brun clair.

FRANCE

1914. — *Timbre de 1906-07 surchargé.*
  + 5 c. sur 10 vermillon.

1914. — *Type Semeuse. Dent. 14×13 1/2.*
  10 c. + 5 c. vermillon.

MONACO

1914. — *Timbre de 1901 surchargé.*
  + 5 c. s. 10 carmin.

BUREAUX FRANÇAIS

Alexandrie.

  1915. — *Timbre de 1902-03 surchargé.*
    + 5 c. s. 10 carmin.

Port-Saïd.

  1915. — *Timbre de 1902-03 surchargé.*
    + 5 c. s. 10 carmin.

PROTECTORATS FRANÇAIS

Maroc français.

  1914. — *Timbres-poste de 1911 avec « Protectorat français » en surcharge.*
    1 s. 1 c. gris.
    2 s. 2 c. brun-violet.
    3 s. 3 c. vermillon.
    5 s. 5 c. vert.
    10 s. 10 c. carmin.
    20 s. 20 c. brun-violet.
    25 s. 25 c. bleu.
    35 s. 35 c. violet.
    50 s. 50 c. brun et lilas.
    1 fr. s. 1 fr. lie de vin et olive.

  1914-15. — *Timbres précédents surchargés.*
    + 5 c. s. 5 vert.
    + 5 c. s. 10 carmin.
    + 5 — s. 10 carmin (sans c).
    + 5 c. s. 10 carmin (2).

  Timbre de 1911 surchargé.
    + 5 c. s. 10 carmin.

  Protectorat français en surcharge.
    10 c. + 5 c. sur carmin.

  Timbre de la Croix-Rouge de France surchargé. 1915.
    10 c. + 5 c. vermillon.

TUNISIE

1914. — *Timbre de 1906 avec + en surcharge.*
15 c. violet.

COLONIES FRANÇAISES (Afrique Occidentale française).

Côte d'Ivoire.
1915. — *Timbre de 1913 surchargé.*
+ 5 c. s. 10 vermillon et rose.

Dahomey.
1915. — *Timbre de 1913 surchargé.*
+ 5. c. s. 10 vermillon et rose.

Guinée.
1915. — *Timbre de 1913 surchargé.*
+ 5. c. s. 10 rouge et rose.

Haut Sénégal et Niger.
1915. — *Timbre de 1913 surchargé.*
+ 5 s. 10 orange et rouge.

Mauritanie.
1915. — *Timbre de 1913 surchargé.*
+ 5 c. s. 10 carmin et orange.

Sénégal.
1915. — *Timbre de 1913 surchargé.*
+ 5 c. s. 10 orange et rouge.

COLONIES FRANÇAISES (Asie, Amérique, Océanie).

Côte des Somalis.
1915. — *Nouveau type surchargé.*
+ 5 c. s. 10 c.

Inde française.
1915. — *Timbre de 1914 surchargé.*
+ 5 c. s. 10 rose.
Le même avec la surcharge placée plus haut.

Guadeloupe.
1915. — *Timbre de 1905-07 surchargé.*
+ 5 c. s. 10 rose.

Guyane.
1914. — *Timbre de 1905 avec surcharge.*
+ 5 s. 10 carmin.
Le même avec autre surcharge.

Indo-Chine.
1914. — *Timbre de 1907 surchargé.*
+ 5 s. 10 cin. et n^r.
La même surcharge sur une ligne.

Madagascar.
1915. — Timbre de 1908 surchargé.
— 5 s. 10 cin. et br. vert.

Nouvelle-Calédonie.
1915. — Timbre de 1905-07 surchargé.
5 sur 10 rose.

Martinique.
1915. — Timbre de 1908 surchargé.
5 c. s. 10 cin. et brun.

Saint-Pierre et Miquelon.
1916. — Timbre de 1909 surchargé.
5 s. 10 rose et rouge.

Tahiti.
1915. — Timbres d'Océanie de 1893-1906 surchargés.
5 s. 15 bleu.
5 s. 15 gris.

Océanie (Établissements français).
1915. — Timbre de 1900-06 avec E F O 1915 en surcharge.
10 c. carmin.
E sans barre au milieu.
10 c. carmin.
1915. — Timbre précédent surchargé.
10 c. + 5 c. carmin.
E sans barre au milieu.
5 s. 10 carmin.
5 c au lieu de 5 c.
+ 5 e s. 10 carmin.
1915. — Timbres de 1913-15.
— 5 s. 10 cin. et orange.
2 id. surcharge placée plus haut.

Réunion.
1915. — Timbre de 1907 surchargé.
+ 5 c. s. 10 carmin et vert (surcharge carmin).
+ 5 c. s. 10 carmin et vert (surcharge rouge).
+ 5 c. s. 10 carmin et vert (surcharge noire).
Croix rapprochée de la valeur.
+ 5 c. s. 10 carmin et vert (surcharge carmin).
+ 5 c. s. 10 carmin et vert (surcharge rouge).
+ 5 c. s. 10 carmin et vert (surcharge noire).

GRANDE-BRETAGNE

Canada.
1915. — Effigie de George V. Légende : War Tax. Dent. 12.
1 c. vert.
2 c. carmin.

Bushire.
1915. — *Timbres de Perse de 1911-13 avec « Bushire under British occupation » en surcharge.*
    1 c. vert et orange.
    2 c. carmin et brun.
    3 gris et vert.
    10 c. brun et carmin.
    6 c. vert et brun.
    9 c. bistre et violet.
    12 vert et bleu.

Indes anglaises.
1914. — *Timbres de 1911-13 avec I. E. F. en surcharge.*
    3 pies gris.
    1/2 a. vert jaune.
    1 a. carmin.
    2 a. violet.
    2 a. 6 p. bleu.
    3 a. orange.
    1 r. vert et brun.
    4 a. gris vert.
    8 a. violet.
    12 a. lie de vin.

NOUVELLE-BRETAGNE

Marshall.
1914. — *Timbre de 1900 avec G. R. I. et nouvelle valeur en surcharge.*
    1 d. sur 3 pf. brun.
    1 d. s. 5 pf. vert.
    2 d. s. 10 pf. carmin.
    2 d. s. 20 pf. bleu.
    3 d. s. 25 pf. rouge et noir (papier jaune).
    3 d. s. 30 pf. rouge et noir (papier chamois).
    4 d. s. 40 pf. rouge et noir.
    5 d. s. 50 pf. cin. et nr. (papier chamois).
    8 d. s. 80 pf. rouge et noir (papier rose).
    1 s. s. 1 mk. carmin.
    2 s. s. 2 mk. bleu.
    3 s. s. 3 mk. violet noir.
1915. — *Timbre de 1915 surchargé.*
    1 s. 2 d. s. 10 pf. carmin.

NOUVELLE-GUINÉE

1914. — *Timbres de la Nouvelle-Guinée allemande de 1900 avec G. R. I. et nouvelle valeur en surcharge.*
    1 d. s. 3 pf. brun.
    1 d. s. 5 pf. vert.

2 d. s. 10 pf. carmin.
2 d. s. 20 pf. bleu (2).
2 d. s. 10 pf. cin.
3 d. s. 25 pf. rouge et noir (papier jaune).
3 d. s. 30 pf. rouge et noir (papier chamois).
4 d. s. 40 pf. rouge et noir.
5 d. s. 50 pf. cin. et noir (papier chamois).
8 d. s. 80 pf. rouge et noir (papier rose).
1 s. s. 1 mk. carmin.
2 s. s. 2 mk. bleu.
1 d. s. 5 pf. vert sans point après d.

1915. — *Timbre de service. Timbre-poste de 1915 avec O. S. en surcharge.*
1 d. s. 3 pf. brun.
1 d. s. 5 pf. vert.

NORD-OUEST PACIFIQUE

1915. — *Timbre d'Australie (Confédération) de 1912-14 avec N. W. « Pacific Islande » en surcharge.*
1/2 p. vert.
1 carmin.
4 p. orange.
5 p. brun.
2 p. gris.
2 1/2 p. outremer.
3 p. olive.
6 p. outremer.
9 p. violet.
1 sh. vert.

SAMOA

1914. — *Timbres de 1900 avec G. R. I. et nouvelle valeur en surcharge.*
1/2 P. s. 3 pf. brun (oblitéré).
1/2 P. s. 5 pf. vert (oblitéré).
1 p. s. 10 pf. carmin (oblitéré).
2 1/2 p. s. 20 pf. bleu (oblitéré).
3 p. s. 25 pf. rouge et noir, papier jaune (oblitéré).
4 p. s. 30 pf. rouge et noir, papier chamois (oblitéré).
5 p. s. 40 pf. rouge et noir (oblitéré).
6 p. s. 50 pf. cin. et nr. papier chamois (oblitéré).
9 p. s. 80 pf. rouge et noir, papier rose (oblitéré).
3 s. s. 3 mk. violet noir (oblitéré).
3 s. s. 5 mk. noir et carmin (oblitéré).

9 renversé.
6 p. s. 50 pf. cin. et nr. (oblitéré).

TIMBRES-POSTE DE LA GUERRE

Sans barre, sans la fraction (oblitéré).
   1/2 p. s. 3 pf. brun.
   2 1/2 p. s. 20 pf. brun (oblitéré).

1914. — Timbres de Nouvelle-Zélande de 1900-10 avec Samoa en surcharge.
   1/2 p. vert.
   1 p. carmin.
   2 p. lilas.
   2 1/2 p. bleu.
   6 p. carmin.
   1 sh. vermillon.

1914. — Timbres fiscaux-postaux de 1882 avec la même surcharge.
   5 sh. vert.
   10 sh. brun.
   1 pound rose.

CAMEROUN

1915. — Timbres de 1900-07 avec C. E. F. et nouvelle valeur en surcharge.
   1/2 d. s. 3 pf. brun.
   1/2 d. s. 5 pf. vert.
   1 d. s. 10 pf. carmin.
   2 d. s. 20 pf. bleu.
   2 1/2 d. s. 25 pf. rouge et noir (papier jaune).
   3 d. s/ 30 pf. rouge et noir (papier chamois).
   4 d. s. 40 pf. rouge et noir.
   6 d. s. 50 cin. et noir (papier chamois).
   8 c. s. 80 pf. rouge et noir (papier rose).
   1 s. s. 1 mk. carmin.
   2 s. s. 2 mk. bleu.
   3 s. s. 3 mk. violet-noir.
   5 s. s. 5 mk. noir et carmin.

INDES NÉERLANDAISES

1915. — Timbres de 1912-14 surchargés.
   + 5 c. s. 1 c. olive.
   + 5 c. s. 10 c. carmin.
   + 5 c. s. 5 c. rose.

ITALIE

Timbre de 1906 surchargé.
   + 5 c. s. 10 rose.
   + 5 c. s. 15 ardoise.
   + 5 c. sur 20 orange.

ROUMANIE

1915. — Timbres de 1907-14 avec « Timbru de ajutor » en surcharge.
Dentelés 11 1/2 × 13 1/2.
    5 b. vert-jaune.
    10 b. carmin.
    50 b. orange.
Dentelés 13 1/2.
    5 b. vert-jaune.
    10 b. carmin.
    50 b. orange.

Timbres-taxe.
Timbres de 1911 avec la même surcharge.
Dentelés 13 1/2.
    10 b. bleu s. vert.

RUSSIE

1914-15. — Sujets divers. Dentelés 13 1/2.
    8 k. brun et vert s. chs.
Dentelés 11 1/2.
    1 k. brun-vert s. jaune.
    3 k. rouge et vert s. rose.
    7 k. brun et vert s. chs.
    10 k. bleu et brun s. azuré.
Dentelés 12 1/2.
    3 k. rouge et vert s. rose.
    10 k. bleu et brun sur azuré.
       Papier blanc.
Dentelés 13 1/2.
    10 k. bleu et brun.
Dentelé 11 1/2.
    10 k. bleu et brun.
Dentelé 12 1/2.
    10 k. bleu et brun.
1915. — Timbres-monnaie (Romanof) avec inscriptions au verso.
    10 k. bleu.
    15 k. brun-rouge.
    20 k. olive.

SUISSE

1915. — Timbres de 1909-14 avec nouvelle valeur en surcharge.
    1 s. 2 c. bistre.
    13 s. 12 c. bistre brun.
    13 s. 12 c. br. s. chs.
    80 s. 70 c. br. vert. et jaune.

13 c. olive.
5 c. vert.
10 c. rouge.

TOGO

1914. — *Timbres de 1900-09 avec « Togo occupation franco-anglaise » en surcharge.*
05 s. 3 pf. brun (obl.).
05 s. 3 pf. brun (obl.).
05 s. 3 pf. brun (obl.).
05 s. 3 pf. brun (obl.).
05 s. 3 pf. brun (obl.).
05 s. 3 pf. brun, chiffre espace.
10 s. 5 pf. vert (obl.).
10 s. 5 pf. vert.
10 s. 5 pf. vert (obl.).
10 s. 5 pf. vert.
20 pf. bleu.
25 pf. rouge et noir sur jaune.
30 pf. rouge et noir sur chamois.
40 pf. rouge et noir (obl.).
80 rouge et noir s. rose.

05 s. 3 pf. brun (obl.).
10 s. 5 pf. vert.
20 pf. bleu.
25 pf. rouge et noir sur jaune (obl.).
30 pf. noir et rouge s. chamois.

1914. — *Timbres de 1900-14 avec « Togo. Anglo-French occupation » en surcharge.*
3 pf. brun.
1/2 p. s. 3 pf. brun (obl.).
5 p. vert.
1 p. s. 5 pf. vert (obl.).
10 pf. carmin (obl.).
20 pf. bleu.
25 pf. rouge et noir sur jaune (obl.).
40 pf. rouge et noir (obl.).
80 pf. rouge et noir sur rose.
1 mk. carmin (obl.).

1914. — *Id., type II.*
20 pf. bleu.
25 pf. rouge et noir sur jaune.
30 rouge et noir sur chamois.

Petit Y à penny.
1/2 p. s. 3 pf. brun.

Petit O dans Togo.
    1/2 p. s. 3 pf. brun.
    5 pf. vert.
    10 pf. carmin.
    25 pf. rouge et noir sur jaune.
    30 pf. rouge et noir sur chamois.

Tog au lieu de Togo.
    1/2 p. s. 3 pf. brun.

Togo large.
    1/2 p. s. 3 pf. brun.
    5 pf. vert.
    20 pf. bleu.
    25 pf. rouge et noir s. jaune.
    30 rouge et noir s. chamois.
    80 pf. rouge et noir s. rose.

1915. — *Timbres de 1900-14 avec « Togo occupation franco-anglaise » en surcharge.*
    5 pf. vert.
    10 pf. carmin (obl.).
    20 pf. bleu (obl.).

1915. — *Surcharge renversée, avec « Togo Anglo-French occupation ».*
    5 pf. vert (obl.).
    10 pf. carmin (obl.).
    20 pf. bleu (obl.).

1915. — *Timbres de Côte d'Or de 1913 avec « Togo Anglo-French occupation » en surcharge.*
    1/2 p. vert.
    1 p. carmin.
    2 p. gris.
    2 1/2 p. bleu outremer.
    3 p. brun s. jaune.
    6 p. violet et lilas.
    1 sh. noir s. vert.
    2 sh. vert et bl. s. azuré.
    2 sh. 6 p. noir et cin. s. azuré.
    5 sh. vert et rouge s. jaune.
    10 sh. vert et cin. s. vert.
    20 sh. vert et noir s. rouge.

Papier blanc au verso.
    3 p. brun et jaune.

1915. — *Timbres de Côte d'Or de 1913 avec « Togo Anglo-French occupation » en surcharge. French avec petit F.*
    1/2 p. vert.
    1 p. carmin.
    2 p. gris.

1/2 p. outremer.
3 p. brun s. jaune.
6 p. violet et lilas.
1 p. noir et vert.
2 p. violet et bleu s. azuré.

Papier blanc au verso.
3 p. brun s. jaune.

G maigre à Togo.
1/2 p. vert.
1 p. carmin.
2 p. gris.
2 1/2 p. outremer.
3 p. brun s. jaune.
6 p. violet et lilas.

Papier blanc au verso.
3 p. brun s. jaune.

AFRIQUE ÉQUATORIALE

GABON

Avec surcharge « Corps Expéditionnaire Franco-Anglais Cameroun »
1 c. orange et brun.
2 c. brun et noir.
4 c. bleu et violet.
5 c. vert et brun.
10 c. carmin et vermillon.
20 c. violet et brun clair.
25 c. bleu et brun clair.
30 c. noir et vermillon.
35 c. violet et vert.
40 c. brun et bleu.
45 c. carmin et violet.
50 c. vert et noir.
75 c. orange et brun.
1 fr. brun.
2 fr. carmin et brun.

MOYEN CONGO

Avec surcharge + 5 c.
10 c. carmin et bleu + 5 c. (4).

POSTE ITALIANE

20 c. brun + rouge.

Liberia postage avec surcharge + 2 c. 3 cents Inland postage.
10 c. lilas et noir.
10 c. noir et bleu.

SERBIE

5 n. vert olive.
10 n. vermillon.

TUNISIE

5 c. vert avec surcharge + rouge et chiffre barré rouge.
Timbre à l'effigie de George V. Fiji.
1/2 p. vert avec surcharge noire « War stamp ».
Timbre à l'effigie de George V. FIJI.
1 d. carmin avec surcharge « War Stamp ».

RÉPUBLIQUE PORTUGAISE

1 c. vermillon correro.

Avec surcharge « Açores ».
1 c. vermillon.
Dois centavos lilas (télégrafos).

RÉPUBLIQUE FRANÇAISE. ALSACE

5 pf. vert.

Elsass-Lothringen avec surcharge « République Française Alsace ».
40 pf. lilas.

Timbres-quittance avec surcharge « Droit de timbre Alsace ».
5 pf. orange.
10 pf. carmin.
20 pf. gris.
40 pf. violet.
50 pf. brun.
80 pf. bleu.
1 mk. outremer.
2 mk. vert.
5 mk. lilas.

PAPIER TIMBRE

Timbre République Française Alsace.
40 pfennings.
80 pfennings.

Elsass Lothringen.
1,50 mark avec surcharge République Française Alsace, droit de timbre 1,50 mark (2).

Imp. Chaix
Rue Bergère, 20
Paris

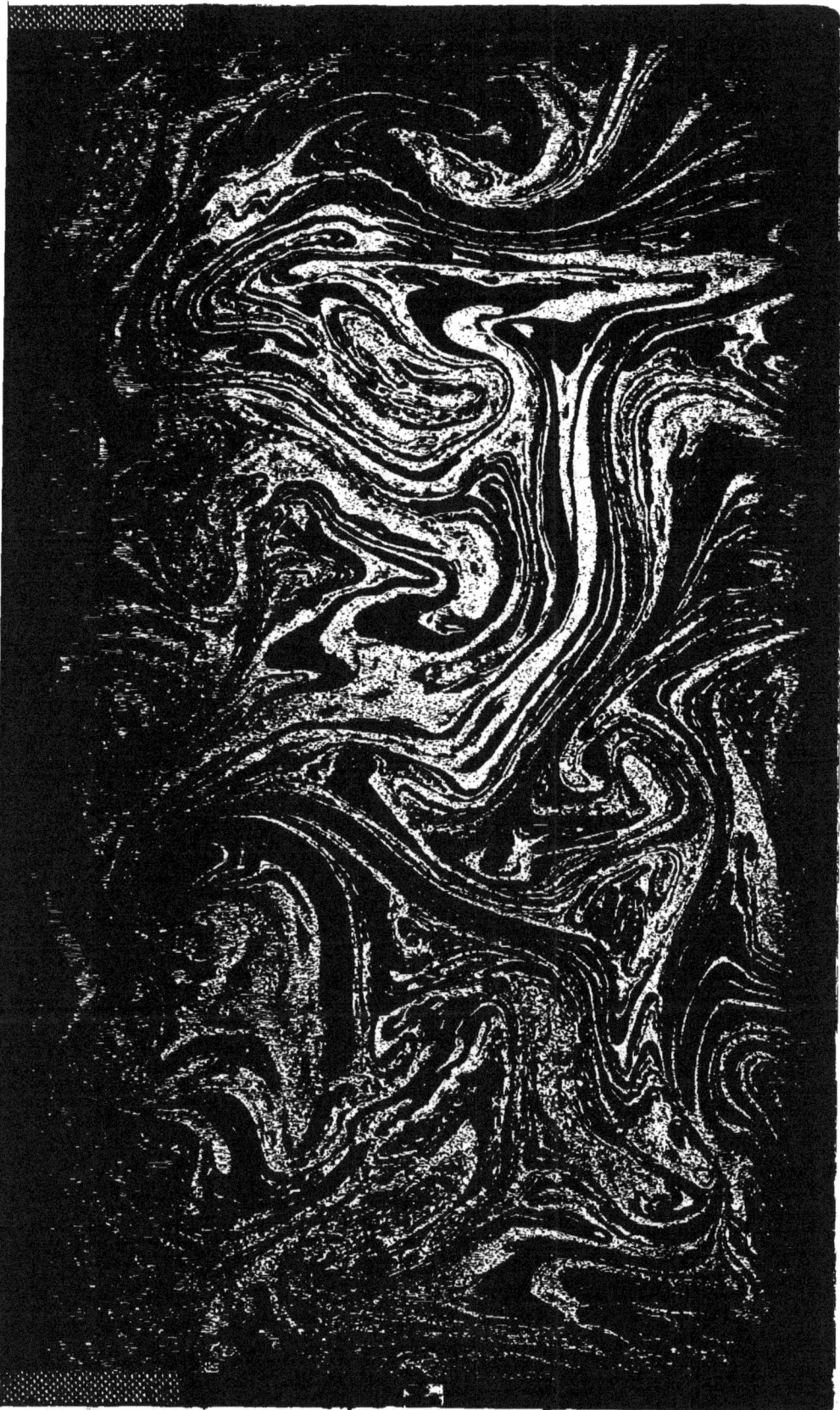

www.ingramcontent.com/pod-product-compliance
Lightning Source LLC
Chambersburg PA
CBHW060220230426
43664CB00011B/1491